本书是湖南省教育厅科学研究重点项目"刑法修改的理性研究"（编号：13A101）的最终研究成果

刑法修改
理性研究

XINGFA XIUGAI LIXING YANJIU

黄明儒　项婷婷　王振华　段湘湘　瞿　目／著

中国检察出版社

图书在版编目（CIP）数据

刑法修改理性研究/黄明儒等著. —北京：中国检察出版社，2019.3
ISBN 978 - 7 - 5102 - 2153 - 8

Ⅰ.①刑…　Ⅱ.①黄…　Ⅲ.①刑法 - 研究 - 中国　Ⅳ.①D924.04

中国版本图书馆 CIP 数据核字（2018）第 176662 号

刑法修改理性研究

黄明儒　项婷婷　王振华　段湘湘　瞿　目/著

出版发行：中国检察出版社

社　　址：北京市石景山区香山南路 109 号　（100144）

网　　址：中国检察出版社（www.zgjccbs.com）

编辑电话：(010)86423703

发行电话：(010)86423726　86423727　86423728
　　　　　(010)86423730　68650016

经　　销：新华书店

印　　刷：北京宝昌彩色印刷有限公司

开　　本：710 mm×960 mm　16 开

印　　张：17

字　　数：310 千字

版　　次：2019 年 3 月第一版　　2019 年 3 月第一次印刷

书　　号：ISBN 978 - 7 - 5102 - 2153 - 8

定　　价：60.00 元

目 录

引　言

犯罪与刑法的相伴相生，就会发生刑法需要与犯罪现象、社会发展保持相互协调、相互适应的问题，即刑法需要修改的问题。按照辩证唯物主义的基本原理，世界上的任何事物都处在不停发展变化的过程中，人类社会如此，作为社会子系统之一的法律系统也是如此。正如黑格尔所言，"法律的范围一方面应该是一个完备而且有系统的整体，另一方面它又继续不断地需要新的法律规定"①。刑法作为法律子系统中众多部门法之一，由于自身所具有的剥夺性与严厉性，其规制范围的划定，亦即刑法所调控社会关系的确定更需谨慎、更需与时俱进。刑法修改不仅是我国刑事法律发展过程中的常伴现象，也是世界各个国家刑法发展过程中必不可少的重要活动之一。如现行韩国刑法于1995年修订前，从1953年9月18日法律第293号公布并于同年10月3日实施开始，除1975年新设立的侮辱国家罪在1988年被废除外，一直维持着制定时的基本原貌。但由于随后急剧的产业化导致政治、经济、社会等诸多领域的结构更新，也使得国民的伦理意识、规范意识发生了变化，新的犯罪现象随之产生。为弥补刑法规范与犯罪现实的乖离，韩国政府组织于1984年12月31日成立刑法改正特别审议委员会，开始着手刑法修改的准备工作，直到1995年12月2日国会会议议决了司法委提交的对策案，刑法改正工作正式完成。此次刑法修正工作，韩国社会通过清理过去权威主义政权惯行化的不法过程打破了政治性和社会性的神化，并逐渐成熟为由理性和动态规范所支配的社会。随着改革与民主主义的发展，应该说，此次的刑法修改是韩国刑法改正的开始而非终止。②又如战后日本刑法的发展，以1956年为界大致可以分为两个阶段。前一阶段是战后刑法的再编纂时期。后一阶段即1956年以后，随着战后刑法修改工作的开始，产生了社会伦理主义和法益保护主义之间的对立并延续

---

① ［德］黑格尔：《法哲学原理》，范扬译，商务印书馆1982年版，第225页。
② 参见［韩］金日秀、徐辅鹤：《韩国刑法总论》，郑军男译，武汉大学出版社2008年版，第87～93页。

至今。①

自新中国成立以来，刑法修改也是我国刑法发展过程中一项重要的研究内容。以我国 1979 年《刑法》为例，作为新中国历史上第一部真正意义上的刑法典，从整体上讲是一部保护人民、惩罚犯罪、维护社会秩序、保障改革开放和现代化建设的良法。但是，由于受当时历史条件和立法经验的限制，这部刑法典无论是在体系结构、规范内容还是立法技术上都存在一些缺陷。从 1981 年开始，最高立法机关先后通过了 23 个单行刑法，并在 107 个非刑事法律中设置了附属刑法规范，对 1979 年刑法典作了一系列的补充和修改，内容涉及刑法的适用效力范围、犯罪主体、刑罚种类、量刑制度、缓刑制度和分则罪名等多个方面。从上述修改和补充情况来看，新中国在第一部刑法典制定后，对刑事立法与修改工作抓得非常紧，对司法实践的适用也起到了很大的指导作用。但是由于在刑法典之外还有大量的单行刑法与附属刑法，缺乏一个体系上的归纳，显得有些分散、凌乱，不便于全面掌握与适用，而这也直接催生了 1997 年刑法的制定与修改工作。② 由此可见，刑法修正伴随着每一个国家刑法的发展历程，对刑法自身的完善与改进具有极其重要的作用。因此，刑法修改的问题，值得给予更多的关注。

诚如我国学者所言，"刑法哲学，是对刑法所蕴涵的法理提升到哲学高度进行研究的一门学科"③，刑法修改涉及修改的原因、修改的主体、修改的程序等诸多方面的具体内容，也横跨刑法学、立法学、刑事政策学等多个法律学科部门，同样也不能脱离哲学上的思考，即必须由科学的方法论作为先验指导。方法论正确是研究结论正确的前提与保证，刑法修改也应该以科学的哲学思想为指导。作为任何哲学思想理论的核心要素，理性自然成为刑法修改研究中必须要遵循的首要价值。

目前，从刑法修改的实践情况来看，对刑法规范内容进行修改主要是从废除、修正或者补充几个角度来着手。每次刑法修改几乎都会针对不同内容形式的修改，以我国现行刑法为例，截至 2018 年 1 月，立法机关除了 1998 年 12 月 29 日颁布了《关于惩治骗购、逃汇和非法买卖外汇犯罪的决定》唯一一部单行刑法外，还颁行了 10 部刑法修正案、13 个立法解释。与此同时，最高人民法院与最高人民检察院针对审判实践与检察实践中出现的疑难问题，颁行了

① 参见黎宏：《日本刑法精义》，法律出版社 2008 年版，第 13 页。
② 参见高铭暄：《中华人民共和国刑法的孕育诞生和发展完善》，北京大学出版社 2012 年版，第 3~4 页。
③ 陈兴良：《论刑法哲学的价值内容和范畴体系》，载《法学研究》1992 年第 2 期。

数百个刑事司法解释，这些法律与规范性文件共同构成了我国刑事实体法体系。修改的范围几乎涉及了 1997 年《刑法》最初颁布时的全部章节。

就我国刑法修改的理论研究成果来看，在能够收集到的资料中，单独就刑法修改问题进行专门研究的学术成果并不多见，而且研究成果多集中出现在 1997 年现行刑法颁行以前，1997 年之后的刑法修改专著只见 2011 年由李希慧教授主编、武汉大学出版社出版的《刑法修改研究》一书。而关于刑法理性的研究成果，我国学者似乎更倾向于"拿来主义"，直接将理性作为学术研究的指导原则与标准，而不对理性的内涵进行界定，将理性思想运用于刑法、刑法修改的成果更是凤毛麟角，目前仅见专著一篇与博士学位论文一篇，即由张智辉教授所著、北京大学出版社 2006 年出版的《刑法理性论》与华东政法大学朱德才博士 2008 年完成的博士学位论文《刑法理性构造研究》。而将刑法理性用于指导刑法修改过程可谓一崭新的研究课题。现有研究成果的薄弱基础为刑法修改理性研究提供了广阔的空间。当然，这一研究过程也注定充满艰辛。改变目前刑法理性与刑法修改理性的研究基础薄弱的现状，全面、系统而深入地研究刑法修改理性问题，对于完善我国刑事立法、指导我国刑事司法和繁荣我国刑法科学都具有重要的意义。

首先，研究刑法修改理性，是完善我国刑事立法的有效路径。

在当下，"全面推进法治中国建设"已经成为国家未来发展的导向，建设法治中国，必须坚持依法治国、依法执政、依法行政共同推进。依法治国意味着"法的统治"，而"有法可依"作为法统治的前提与基础，对我国法治建设中"良法"建设的要求也越来越高、越来越迫切。作为新中国历史上第二部真正意义上的刑法典，1997 年《刑法》颁行至今，经过近 20 年的适用、历经多次修改，无论从内容还是体系上都取得了长足的进步，在通往良法的道路上越走越顺。当然，也应该看到，在当前意欲使《刑法》更加完善的刑法修改过程中，也存在着许多的非理性因素，使刑法修改的结果与想要达到的修法效果渐行渐远。例如有学者指出，"从 1979 年第一部刑法典颁布至今，我国刑事立法已在犯罪化的道路上进行了三十余年……重刑轻民的中国法律传统在当今社会以对刑法的过度迷信与依赖、以不断设立新罪的方式变相地表现出来"[①]。刑法作为公民权利保护的最后一道保障，应当具有谦抑性，未经其他部门法律的缓冲而把刑法推到社会治理的第一线，其结果无疑是社会与刑法本身的双重崩坏。故，倡导刑法修改过程中将理性思想作为行动的指导，强调罪刑法定原则与刑法谦抑性原则在刑法修改过程中的

---

① 刘艳红：《我国应该停止犯罪化的刑事立法》，载《法学》2011 年第 1 期。

重要意义，无疑是完善我国刑事立法、实现真正意义上刑事"良法之治"的重要途径。

其次，研究刑法修改理性，是更好地指导我国刑事司法实践的前提保障。

立法是司法的前提，科学的刑事立法是公正合理刑事司法的保障。目前，我国刑事司法领域出现的种种不理性现象，固然存在执法者自身素质方面的原因，但刑事实体法体系自身的不科学规定也是导致这一局面出现的重要因素。例如最高人民法院《关于审理交通肇事刑事案件具体应用法律若干问题的解释》将交通肇事后指使肇事人逃逸，致使被害人因得不到救助而死亡的单位主管人员、机动车辆所有人、承包人或者乘车人解释为交通肇事罪的共犯，显然违反了《刑法》第 25 条规定的共同过失犯罪行为不能视为共同犯罪的原理。① 根据这样的刑事法律规范，即使严格遵循刑事程序法的规定公平执法，得出的结论也依旧不能令人满意。因此，要以理性眼光审视我国刑事立法与司法过程，在刑法修改过程中纳入更多的理性化要素，从而推动我国刑事司法的科学化、公正化和理性化。

最后，研究刑法修改理性，是繁荣我国刑法科学的迫切需要。

尽管在 1997 年刑法颁行之后，刑法学具有了"体系调整"与"价值转换"的双重研究任务，传统的"修改论"受到冷落，"解释论"逐渐兴起并成为研究主流，但这一现实局面依旧改变不了刑法修改理性研究之于繁荣我国刑法学研究的重要意义。刑法修改理性研究不会将研究的视域局限于单纯的刑法修改过程，而是以理性的眼光看待刑法的完善过程，刑法解释、刑法修改以及二者之间的相互关系都是刑法修改理性的研究内容。"解释论"的兴起并不意味着"修改论"的彻底沉寂，社会是向前发展的，也许每天都会产生新的犯罪行为与犯罪类型，刑法必须对此作出回应。这一回应的过程中，有的问题可以通过解释来完成，而有的内容则必须通过修改刑法而得以实现，就连"解释论"最忠实的倡导者也不得不承认，"没有疑问的是，刑法不可能没有漏洞；可以肯定的是，这种漏洞只能由立法机关通过修改刑法来填补"②。所以，刑法修改理性研究的是在何种情况下，可以通过解释来完成刑法的完善过程，在何种情况下则必须启动刑法的修改程序并且如何确保刑法修改的结论更有利于保护法益目的的实现。而这一研究过程，几乎涵盖了刑事立法与刑事司法的所有内容与方法，对于繁荣我国刑法学研究的重要意义不言而喻。

---

① 参见黄明儒：《刑法规范的适用性解释论略》，载《法治研究》2015 年第 5 期。
② 张明楷：《实质解释论的再提倡》，载《中国法学》2010 年第 4 期。

　　综上，本书尝试用理性主义重新厘定刑法的修改过程，在通过采用文献分析法、对比研究法、实证调研法等方法厘清我国目前刑法修改、刑法修改与刑法解释的关系等内容存在的不理性因素的基础上，立足我国现实国情与刑法实践，依据理性主义提出解决上述问题的可行方法，以期为我国刑事法律的完善贡献自己的力量。

第一章　刑法修改理性概述

"法律必须稳定，但又不能静止不变"，"人们必须根据法律应予调整的实际生活的各种变化，不断地对法律进行检查和修正"①。幻想通过人类的普遍理性制定出人类普遍适用的法典完全是一种荒诞无稽的想法，从来没有一劳永逸的法律存在。刑法典也不例外，社会发展、刑事政策以及法治观念、制度变化都可能引起刑法规范的改变。为了充分发挥刑事法治在社会转型过程中的重要作用，我国从 1997 年刑法修改一直到 2018 年 1 月为止，仅刑法修正案就通过了 10 部。对于那些不断出现且需要用刑罚手段予以制裁却又未作出适当规定的犯罪类型，有必要通过修改刑法，以适应社会管理目的上的需要。但频繁的修改刑法又必然会损害刑法典的稳定性与权威性，这种频繁的刑法修改活动是否合适，是否应当受到质疑，都需要从理论上进行追问。应该说，立法不能包办所有的司法活动，刑法修改并非是我国刑法适用的唯一出路。需要着重解决的问题是，在何种情形下，不需要通过刑法修改而是通过刑法解释来达到有效适用刑法的目的；在何种情形下，才是必须修改刑法才能使刑法与社会需要保持统一性；以及在必须启动刑法的修改程序时，如何保持科学合理。这就涉及刑法修改的理性问题。

第一节　刑法修改理性的概念与特征

理性是分析任何刑法问题都必须遵循的基本原则，可以说，刑法的发展是伴随着人类理性的发展历程，"理性之于刑法之所以重要，是因为无论是刑法的产生还是刑法的存续，都须臾不能离开理性的指引"②。因此，"刑法修改"概念与"理性"概念就成为刑法修改理性概念界定的基本前提。

---

① ［美］罗斯科·庞德：《法律史解释》，邓正来译，中国法制出版社 2002 年版，第 2 页。
② 张智辉：《刑法理性论》，北京大学出版社 2006 年版，第 30 页。

一、影响刑法修改理性概念界定的基础性要素

（一）刑法修改概念

正如黑格尔所言，"法律的范围一方面应该是一个完备而且有系统的整体，另一方面它又继续不断地需要新的法律规定"①。世界上的任何事物都处在不断发展变化的过程中，人类社会如此，作为社会子系统之一的法律系统也是如此。刑法作为法律子系统中众多部门法之一，由于自身所具有的剥夺性与严厉性，其规制范围的划定，亦即刑法所调控社会关系的确定更需谨慎、更需与时俱进。因此，需要以发展变化的眼光审视刑法修改的概念。

从目前我们能够搜集到的资料来看，单独就刑法修改问题进行专门研究的学术成果并不多见，而且研究成果多集中出现在 1997 年现行刑法颁行以前，1997 年之后的刑法修改专著只见 2011 年由李希慧教授主编、武汉大学出版社出版发行的《刑法修改研究》一书。该书分为上、中、下三编，分别论述了"刑法修改的基本问题""刑法总则之修改""刑法分则之修改"等的问题，并且认为，"修改，从字面意义上讲，是指修正的意思。但刑法修改里所讲的'修改'，其含义远远广于其字面含义。刑法修改，当然包括对刑法已有规定的修改，但绝不仅仅限于此。刑法修改，是指针对现行刑法所进行的废、改、立。所谓'废'，是指废除现有刑法中不必要的规定；所谓'立'，是指增加现有刑法中没有但根据同犯罪作斗争的需要应该有的规定；所谓'改'，是指改正现有刑法中不科学的规定，使之更加完善"②。从这一概念界定中可以看出，刑法修改作为刑事立法的一种特殊形式，具有极为丰富的内涵和外延。而现有的学术论文中，则更多的是将刑法修改的概念进行细化，分别就刑法修改的原则、刑法修改的技术、刑法修改的轨迹等不同问题展开论述，而且随着近年来刑法修正案逐渐成为刑法修改的主要形式，对刑法修正案的评析、改进等问题的论述逐渐成为刑法修改研究中的主流形式。鉴于此，本书拟从法律修改的概念分析入手，在明确法律修改的概念后，再结合刑法修改的特殊之处，从而对刑法修改的概念作出界定与判断。

关于法律修改的概念，我国现行法律无论是《宪法》《立法法》还是其他宪法性法律都并未对"法律修改"作出明确界定，而在我国学理对法律修改的探讨中，大体有如下几种有代表性的观点：

① ［德］黑格尔：《法哲学原理》，范扬、张启泰译，商务印书馆 1982 年版，第 225 页。
② 李希慧：《刑法修改研究》，武汉大学出版社 2011 年版，第 2 页。

有的概念界定比较凸显法律修改的原因及目的，如周旺生教授认为，"法的修改和补充是立法主体对现行法实施变动，使其呈现新面貌的专门活动"①；李步云教授认为，"法律修改是指已生效、施行的法律，因社会发展、形势变化等原因，使一部分法律的某一或某些规范不能适应需要而根据新情况加以变动的活动"②；张曙光教授认为，"法的修改就是通过改变法的某些规定，使立法达到预期目的，适应新的社会需要"③。

有的概念比较凸显法律修改的方式，如郭道晖教授认为，"法律修改包括对宪法和法律的修改和补充以及废止，补充是全面的修改，废止则是负面的修改——全面否定"④；学者孙潮也认为，法律修正是指"以增加、删减、替代的方式，部分地修改、废弃、补充原有的法律规范的调整范围、内容和效率的立法行为"⑤。

有的概念比较强调法律修改是一种方法、一项活动，如《法律辞典》对法律修改的定义："严格意义上的法律修改是近代民主政治的产物，是指国家有权机关依照法定程序对现行法律的某些部分加以变更、删除、补充的方法。"⑥ 而有的概念则凸显法律修改是一项立法活动的特征："严格意义上的法律修改是近代民主政治的产物，是指国家有权机关依照法定程序对现行法律的某些部分加以变更、删除、补充的活动。"⑦

法律修改作为一项系统的、复杂的、特殊的立法活动，其概念界定应该具有包容性、全面性、概括性，涵盖法律修改的主体、客体、目的、技术等多方面的内容，单纯某一方面的特征并不足以对法律修改活动作出完全概括，因而，应该综合上述三种概念的不同角度，认为所谓法律修改，是指国家有权机关因社会发展、形势变化等原因，依照法定程序对现行法律的某些部分加以变更、删除、补充，使立法达到预期目的、适应新的社会需要的立法技术与方法。

"法律体系不仅要求法律部门之间既相对独立又协调统一，而且法律部门内部的法律规范之间从本质上也应当是协调统一的"⑧，刑法作为我国法律系

---

① 周旺生：《立法学》，法律出版社 2004 年版，第 222 页。
② 李步云：《法理学》，经济科学出版社 2001 年版，第 544 页。
③ 转引自朱力宇：《立法学》，中国人民大学出版社 2006 年版，第 188 页。
④ 郭道晖：《法律修改方略述评》，载《中国法学》1989 年第 6 期。
⑤ 孙潮：《立法技术学》，法律出版社 2000 年版，第 187 页。
⑥ 《法律辞典》，法律出版社 2000 年版，第 526 页。
⑦ 李林：《立法理论与制度》，中国法制出版社 2005 年版，第 213 页。
⑧ 舒国滢：《法理学导论》，北京大学出版社 2012 年版，第 123 页。

统整体的重要组成部分，其概念界定也离不开法律整体修改概念与原则的指导。因而可以借鉴法律修改的概念来界定刑法修改的概念，将刑法修改界定为"基于某种目的或者需要，采用一定的修改技术与方法，由有权修改刑法的机构对现行刑法里面的内容作出相应调整，或者改正刑法条文中存在的错误的一种立法活动"①。刑法的修改除了修正刑法条文文本中存在的某些文字表述、内容不协调之处外，主要是针对变化发展的社会政治、经济和科学文化的需要，由立法机构进行适当修改、补充，其目的在于使刑法规范适应社会需要，保持与社会的同一性。

（二）理性概念

"理性"概念是哲学中的一个重要范畴，但纵观国内外的哲学词典，很少有对"理性"概念作出过明确的界定。主要的原因在于，"理性"这一概念，不同的哲学家理解和运用都不尽相同，这就为"理性"这一概念的界定带来了不少困难。哲学家黑格尔就曾感叹，"我们一般时常和多次听人说起理性，并诉诸理性，却少有人说明理性是什么，理性的规定性是什么"②。人类历史上一直存在着两种相互对立的认识世界的方法——理性认识方法与感性认识方法，"理性认识注重理性、观念和理念在人的认识形成中的作用，十分注重演绎推理的作用，强调人类理性的权威和统治作用而忽视感性经验、感觉经验的作用，而感性的经验的认识正好相反"③。刑事法律作为社会行为规范和裁判规范，是社会治理的终极手段之一，其目的在于保护法益，维护社会秩序，实现社会的公平与正义。而"正义理论涉及所有问题之核心是法律的理性与合理性，因为善德、公平与正义正是法律的理性与合理性的根本内涵。当下中国法治现代化进程中，人们普遍关心如何通过法律实现社会正义，如何通过理性化的正当程序实现具有实质合理性价值内涵的法律规范，此即法治的理性化问题"④。对于刑法修改过程中所注重的理性问题，有必要从法律与理性的传统开始考察，因为"一个溺水者眼前会闪过他的整个生命过程。这可能是他下意识的努力，以便在他的经验范围内寻找摆脱险境的办法。所以，我不得不从遥远历史的视角，从头考察西方的法律与法制、秩序与正义的传统，以便找到

---

① 黄明儒：《论刑法的修改及其原则》，载《山东警察学院学报》2009年第5期。

② ［德］黑格尔：《小逻辑》，贺麟译，商务印书馆1980年版，第355~356页。

③ 王全福：《大陆法系理性主义认识倾向——浅谈理性主义对大陆法系的影响》，载《太原大学学报》2003年第9期。

④ 刘艳红：《理性主义法律观之解读》，载《中国政法大学学报》2009年第6期。

摆脱目前困境的出路"①。理性是法律的生命和本质。法律思想的发展史表明，从古希腊古罗马的法律思想到欧洲中世纪神学法学，及至近代西方法学中的古典自然法学以及以康德、黑格尔等人为代表的哲理法学，再到 20 世纪以降的现代法学，理性主义与法学有着深厚的渊源，理性主义对法学产生了巨大影响；正是理性主义的不断向前发展，促使了法学不断向更高更深的层面发展。

按照西方的学术传统，论述西方法律思想，一般要从古代希腊说起，而在古代希腊，则首推哲学家苏格拉底的思想，他强调人定法也是正义的表现。在这一阶段，自然法作为神意志的表现形式，是社会公平、正义与理性的代表。之后在希腊出现的比较重要的法律思想是柏拉图、亚里士多德和斯多葛学派，其在吸纳先前自然法思想的基础上，正式提出法的正义理论与法治理论，正义观点成为这一时期法律思想的核心。柏拉图认为理性，从本质上理解就是一种至善，他说，"任何人凡能在私人生活或者公共生活中行事合乎理性的，必定是看到了善的理念的"，而这种至善，就以法律为代表，"法律会以某种方式告知：遇到不幸时尽可能保持冷静而不急躁诉苦，是最善的"②。作为柏拉图的学生，亚里士多德在柏拉图学说基础之上进一步发展了理性概念的内涵。他将法律与理性同等看待，认为法律是不受主观愿望左右的客观理性。他认为，"由自然正义产生自然法，这是人类理性的表现，是人类行为和国家的道德标准，是制定实在法的根据。因此，以人类理性体现的自然法为基础所制定的法律是不受主观影响的理性，是最高的权威"③。与此同时，自然法理论之集大成者斯多葛学派"所持的是一种本体理性观。同时受神学观念的影响，这种理性也是一种神学理性观，即认为世界中存在着一种纯粹的、脱离物质的理性，它是上帝用来统治世界的大法，体现的是神的意志"④。由上可见，这一时期的理性观认为，作为法治基础的法律，应当是一种好的法律，并且"法律所以能见效，全靠民众的服从"⑤。对于柏拉图、亚里士多德和斯多葛学派的思想来说，整个宇宙是个实体，这一实体则是理性，自然法对他们来说同理性是一回事。

之后的罗马法时代，由于社会经济的发展，罗马诞生了丰富发达的法律思想，其中最为重要的当属西塞罗的法律思想，他指出，"法"和"法律"是不

① ［美］哈罗德·J. 伯尔曼：《法律与革命》，贺卫方等译，中国大百科全书出版社 1993 年版，第 1 页。

② ［古希腊］柏拉图：《理想国》，郭斌和、张竹明译，商务印书馆 1986 年版，第 271 页。

③ ［古希腊］亚里士多德：《政治学》，吴寿彭译，商务印书馆 1965 年版，第 40 页。

④ 转引自刘艳红：《实质刑法观》，中国人民大学出版社 2009 年版，第 3 页。

⑤ ［古希腊］亚里士多德：《政治学》，吴寿彭译，商务印书馆 1965 年版，第 81 页。

同的概念，"法是指自然法，而法律则是人民通过的法律"①，认为法是一种人类的最高理性，法代表公正，"如果不存在自然，便不可能存在任何意义；任何被视为有利而确立的东西都会因对他人有利而被废弃。如果法不是源于自然……都将被废除"②。同一时期的奥古斯丁、阿奎那等人则将神学世界观与理性自然法精神相结合，形成了颇具特色的神学法律观。如奥古斯丁认为，"一个没有理性的人，需要别人用命令来控制他的各种欲望"③，阿奎那则认为，"人的行为受理性的支配，人类行为的准则和尺度是理性，理性可以根据需要指挥一切力量去达到它所指的目的。而法是受理性限制的，符合理性的才能够称为法。因此，法是理性的精神，法是理性的一种命令，是正义的体现。法既以理性为原则，又是理性的产物。法律则是理性的具体形式，是法的外化"④。

从公元 476 年西罗马帝国灭亡，到 17 世纪中叶英国爆发资产阶级革命为止这一段时间，被学术界公认为是西欧的中世纪。在这一历史时期，天主教会的势力崛起并不断扩张，使这一时期欧洲的法律思想与神学紧密联系，基督教神学为基础的"神权政治论"占据了法律思想的统治地位。直到 14、15 世纪，由于商品货币关系的发展，自治城市的增多，市民阶级的力量不断增强，有力地冲击了教会的传统权威和地位，并使其日趋衰落，理性主义才再次登上历史舞台⑤。中世纪末期，随着资本主义经济的产生和发展，西方自然法学也发展到一个新的阶段，自然法思想不再容忍基督神学对自己的束缚与控制，要求有自己的世界观，古典自然法学派由此产生，其标志是 1625 年格劳秀斯《战争与和平法》的出版。26 年后，霍布斯出版《利维坦》，再一次掀起理性自然法思潮。霍布斯认为，自然法代表理性，而自然法应该成为人们行为的最高规范，人们的行为应该以理性主义为向导，他明确指出，"自然律是理性所发现的戒条或一般法则。这种戒条或者一般法则禁止人们去做毁损自己的生命或剥夺保全自己生命的手段的事情，并禁止人们不去做自己认为最有利于生命保全的事情"⑥。显然，在霍布斯这里，法律与理性是一个层面上的概念。

如果说格劳秀斯、霍布斯将自然法的基础定位为人的本性，也就是人的自

---

① ［古罗马］西塞罗：《论共和国，论法律》，王焕生译，中国政法大学出版社 1997 年版，第 171 页。

② ［古罗马］西塞罗：《论共和国，论法律》，王焕生译，中国政法大学出版社 1997 年版，第 189 页。

③ 张宏生：《西方法律思想史资料选编》，北京大学出版社 1983 年版，第 86 页。

④ ［意］托马斯·阿奎那：《阿奎那政治著作选》，马清槐译，商务印书馆 1963 年版，第 102 页。

⑤ 参见何勤华：《西方法律思想史》，科学出版社 2010 年版，第 26 页。

⑥ ［英］霍布斯：《利维坦》，黎思复、黎廷弼译，商务印书馆 1985 年版，第 122 页。

我保存，其实质在于"自由"，那么洛克的自然法思想，则在于"自我保全同时不要伤害他人"① 思想，主张既然人是平等的，任何人就不得侵害他人的生命、健康、自由或者财产。② 因为既然"理性把一个人提高到差不多与天使相等的地位，当一个人抛开了他的理性时，他的杂乱的心灵可以使他堕落到比野兽远为残暴。人类的思想比恒河的沙还多，比海洋还宽阔，假使没有理性这个在航行中指示方向的唯一的星辰和罗盘来引导，幻想和情感定会将他带入许许多多奇怪的途径"，"当理性被抛到一边时，人的意志便随时可以作出种种无法无天的事情来"③。随后的孟德斯鸠、卢梭等思想家，则将自由与平等作为法律的核心思想，如孟德斯鸠在《论法的精神》一书中开宗明义地指出，"从最广泛的意义上来说，法是由事物的性质产生出来的必然关系，在这个意义上，一切存在物都是它们的法……由此可见，是有一个根本理性的存在着"④；卢梭更是发出"我宁可伴随着危险的自由，也不要被奴役下的和平"⑤ 之呐喊。18 世纪至 19 世纪，法国的启蒙运动以及 1789 年法国大革命给德国思想界带来了极大的震动，经康德首创，费希特、谢林等人的发展，至黑格尔，哲理法学派逐渐发展成熟起来。哲理法学派深深打上了近代哲学的烙印，启蒙运动以来宣扬的自由、民主、平等和天赋人权等思想在哲理法学家那里体现的淋漓尽致。

虽然不同时期的法学思想家赋予了自然法不同的哲学基础，但还是有一些共同的东西——即都认为法，应该是理性的代名词，应该体现自由、平等、公正、关注人权等基本价值，理性应该内化为法的本质与核心。总之，"理性主义法律观的基本内容则可以概括为两方面：从本体论和价值论角度出发，理性是事物本质之所在，人类共同的善德公平正义是其内涵；从实践论和认识论角度而言，理性的意义在于，法律通过人类的理性认识而发现，人们的行动通过作为理性之体现的法律得以规制"⑥。

二、刑法修改理性概念的界定

刑事法律作为重要的部门法之一，也应该将理性作为自己的核心价值之一，刑法制定、适用、解释、修改的过程都应该体现着理性主义的光芒。随着

---

① 严存生：《西方法律思想史》，法律出版社 2004 年版，第 150 页。
② 与洛克同时代齐名的自然法学派代表还有荷兰的斯宾诺莎和德国的普芬道夫。
③ ［英］洛克：《政府论》，叶启芳、瞿菊农译，商务印书馆 1982 年版，第 84 页。
④ ［法］孟德斯鸠：《论法的精神》，张雁深译，商务印书馆 1995 年版，第 1 页。
⑤ ［法］让·雅克·卢梭：《社会契约论》，徐强译，江西教育出版社 2014 年版，第 86 页。
⑥ 刘艳红：《理性主义法律观之解读》，载《中国政法大学学报》2009 年第 6 期。

科技时代、网络时代日新月异的发展以及社会与经济全球化进程的加快，我国一直处于一种社会转型过程中。这种状况导致我国刑法远未达到完善而完全适应社会要求的地步，对刑法进行不断修改的状态已经足以证明这一点：从1979年刑法到1997年刑法整体修订前共有23个单行刑法的颁行；从1997年刑法修订至今，共已颁行一个单行刑法与十部刑法修正案，以每两年一次大的修改频率而处在变动之中。问题在于，尽管现行刑法的不断修订是源于我国社会一直处于现代化与转型化的过程导致刑事政策不断变化，以及现行立法技术还需要改进之故，尽管我国刑法远未达到完善而完全适应社会要求的地步，刑法需要予以适时修改是不争事实，但是否所有的刑法修改都是合适的？有些修法所涉及的内容是否可以通过解释的功能予以解决？另外修法是否应该遵循一些基本原则与方法？这些问题的答案，只有基于理性主义刑法观的立场才能得出正确的结论，有必要将理性作为刑法修改过程中的核心要素。

　　目前，我国刑法理论界对刑法理性的概念界定还存在不同观点，并未统一。如有学者认为："刑法理性就是国家在制定和适用刑法时所表现出来的自觉设定目的，不断寻求合理有效的惩罚方式以及自我克制的特性。它以对刑法基本范畴的理性认识为基础，根据所处社会公认的基本价值准则，确定刑法的目的，并使刑法的制度设定和具体适用自觉地服从刑法目的的要求，以追求刑法目的最大限度地实现。"① 也有学者认为："刑法理性的基本内涵是刑法的各种技术性要素能够满足于预期功能的状态。"② 还有学者并未直接对何为刑法理性作出直接界定，而是以客观回溯的视角，分别阐述了启蒙主义时代、刑事古典学派与刑事人类学派三个刑法发展的不同阶段中刑法理性的基本内容，进而得出 "刑法的基础观念和基本立场是刑法理性的基础；刑法合乎社会潮流的价值蕴含是刑法理性的追求目标；刑法的内在形式与结构规律是刑法理性的实体表达；刑法方法是刑法理性实现的重要途径"③ 几个基本结论。就目前的研究成果来看，我国学者专门研究刑法理性的成果不多，基本上都是从宏观的视角出发，将刑法理性作为指导问题分析的先验理念与方法论，以理性视角审视目前我国刑法运行过程中出现的种种问题，并以刑法理性的指导思想提出相关的完善建议。如有学者面对我国目前社会需求依旧旺盛的对贪腐犯罪 "重刑严惩" 倾向，认为 "腐败的产生是国家权力缺乏有效拘束的后果，是政府

---

① 张智辉：《刑法理性论》，北京大学出版社 2006 年版，第 35 页。
② 周少华：《刑法理性与规范技术——刑法功能的发生机理》，中国法制出版社 2007 年版，第 4 页。
③ 参见朱德才：《刑法理性构造研究》，华东政法大学 2008 年博士学位论文，第 62~63 页。

主导经济社会发展模式的伴生物，是市场经济发展中法治缺失和严重滞后的恶果，也是当下我国经济社会发展已徘徊在权贵资本主义门口的征表。反腐迫切需要制度转型，需要刑事政策的现代化。重刑反腐是国家反腐基础性制度和体系缺失状态下一种不得已的选择和填充手段，存在巨大法治风险。面对严峻腐败形势，刑法必须最大限度恪守法治理性"①。还有学者用理性思想指导我国刑法中正当化行为与犯罪构成关系的处理，认为"刑法中的正当化行为是游离于我国传统的耦合式犯罪构成体系之外的一个'活泼元素'。这样的关系，与现代刑事法治的精神不相契合，实有认真检讨和改进的必要。英美法系双层次犯罪构成模式为刑法中的正当化行为的纳入，尤其是超法规的正当化行为的充分展开，不仅提供了极其广阔的空间，而且因赋予其程序要件的色彩，从而突出强调了程序正义的价值，推动了宪法在刑事领域的司法化。因之，借鉴英美法系双层次犯罪构成的结构模式，吸纳我国传统犯罪构成体系中的合理成分，实现经验与理性的沟通，应当成为改造我国传统的耦合式犯罪构成体系的努力方向"②。也有学者从个罪出发，主张适用理性观念指导食品安全犯罪的刑法规制，从而将理性观念从总论贯穿到整部刑法典，认为面对我国刑事立法单边扩张之态势，刑法的理性立场是"坚持社会学观念和整体论思维，坚持宽严相济刑事政策，坚持刑法机能的中庸之道，唯此，才能更全面、更客观地看到原因何在和解题思路之所在"③。应该说，用理性观念指导我国的刑事立法与刑事司法实践已经成为我国大多数学者的共识，但如果在理性观念成为我国刑事立法、司法、刑法解释、刑法修改共同的指导思想与先验方法论时，有关刑法理性的概念界定却是模糊并存在争议的，这种局面无疑是荒谬的。因此，一个明确的刑法理性概念界定就成为解决上述问题的前提与基础。

就上述有关刑法理性的不同界定而言，虽然使用的词语不同，但其共同点都强调刑法的目的性，只不过有的认为应该根据所处社会公认的基本价值准则确定刑法的目的，并使得之后的刑事立法与司法活动都符合此种目的设定；而有的则是从技术角度出发，强调通过技术的合目的性来实现刑法整体的合目的性。从理性的视角审视，通过国家和所处社会的公众认知来确定刑法的目的，无疑增加了非理性进入刑法目的的可能性。如德国纳粹时期的刑法目的性也是通过国家和社会认知确定的，而这种目的性无论如何都不会满足理性主义的要

---

① 何荣功：《"重刑"反腐与刑法理性》，载《法学》2014 年第 12 期。

② 田宏杰：《刑法中的正当化行为与犯罪构成关系的理性思考》，载《政法论坛》2003 年第 6 期。

③ 房清侠、许天夫：《食品安全问题刑法规制的理性立场》，载《刑法论丛》2013 年第 4 卷，法律出版社 2014 年版，第 212 页。

求。而从技术层面界定刑法的合目的性，是一种本末倒置的做法，因为目的性是上位概念，技术是下位概念，只能通过理性的目的来完善技术，而不能通过技术来促进目的的科学性。虽然存在瑕疵，但这两种概念界定的合理之处也显而易见，是值得借鉴的。因此，本书认为，所谓刑法的理性，是指在刑事立法、司法、刑法解释、刑法修改过程中的行为与所作出的结论都应该符合科学界定的目的性的要求。而科学的目的性，就刑法而言，无疑是指符合罪刑法定原则与刑法谦抑性原则的要求而设定的目的。易言之，所谓刑法理性，是指刑事立法与刑事司法过程中的任何行为与结论都应该遵循罪刑法定原则与刑法谦抑性原则要求的合目的性。

刑法修改作为刑事立法概念范畴中的重要环节，刑法修改理性概念的界定也应该符合刑法理性概念的要求。所谓刑法修改理性，是指在刑法修改过程中，以目的性为导向，明确在何种情形下不需要通过刑法修改而是通过刑法解释就既可以实现刑法与社会发展的协调一致，又符合罪刑法定原则与刑法谦抑性原则的要求；在何种情形下，只有通过修改刑法才能满足社会发展提出的新课题；以及在必须启动刑法的修改程序时，如何保证修改程序的公开、公平科学与理性。更为重要的是，经解释或修改之后的刑法还应该体现理性主义精神，将维护人权、自由、平等、公正等价值内化为刑法的本质。这一研究对于刑法修改的科学合理化的意义不言而喻。只有正确处理好与刑法解释的限度之间的冲突与协调，妥善处理好立法权与司法权关系的刑法修改，才有可能是一种理性的刑法修改。刑法修改理性的理论价值就在于为司法适用过程中刑法修改与刑法解释之间出现的选择冲突提供一个科学合理的衡平原则来予以协调解决。其司法实践价值也在于通过这种刑法修改的理性追求，尽可能在罪刑法定原则的框架下寻求一个统一的司法规范，以保证司法的公平合理，从而维护刑法的权威性。

三、刑法修改理性的特征

按照现代汉语的理解，所谓特征，是指"可以作为人或者事物特点的征象、标志等"[1]，"从哲学上讲，任何事物的特征都是在与其他事物的比较中表现出来的"[2]。同样，刑法修改理性的特征也只有在与其他相关概念的比较过程中方能显现出来。

---

[1]　中国社会科学院语言研究所词典编辑室：《现代汉语词典》，商务印书馆2005年版，第1336页。

[2]　舒国滢：《法理学导论》，北京大学出版社2012年版，第29页。

（一）强烈的目的导向性

西方哲学家大多认为目的性是理性主义的当然因素之一，如亚里士多德认为，"事物不能够偶然或自发性的结果，那就可以断定它一定是有目的的……由此可见，在那些产生出来而且由自然产生出来的东西里面，是有那种目的的活动存在的"。康德也认为，"自然在其产物中的目的性这个概念，虽然它并不涉及对象的确定，然而关于自然，对于人类的判断力来说，乃是一种必须的概念，所以它为着判断力的使用，乃是理性的一条主观原理"，"有理性者与世界的其余物类的分别就在于有理性者能够替自己立个目的"①。作为哲学大师，理性与目的性也成为黑格尔哲学著作中反复出现的词汇，"人类自身具有目的，就是因为他自身具有'神圣'的东西——那便是我们从开始就称作'理性'的东西"②。应该说，人类设定目的，总是为了目的的实现，从目的设定到实现的过程，人类逐渐认识客观的外在世界，也逐渐认识人类自己，最终用理性思维来规范自身的行为。

刑法修改理性将理性作为审视刑法修改过程的方法论，力图去除刑法修改过程中的非理性因素，实现刑法修改过程与结果的理性化构建。考虑到目的性是理性概念的核心要素，刑法修改理性具有目的导向性也就属于题中之义。需要进一步讨论的是，刑法修改理性中目的导向性的"目的"该作何种理解？其与刑法本身的目的是否是同一概念？

所谓目的，是指"那种通过意识、观念的中介被自觉地意识到了的活动或者行为所指向的对象和结果"③。关于我国刑法的目的，可谓众说纷纭，并未形成定论。一是刑法的创造者说。如有学者认为"目的是刑法的创造者，《刑法》第 2 条关于刑法任务的规定也是关于刑法目的的规定。刑法目的具有刑事政策（指导刑事立法）的机能，刑法目的与刑法机能具有一致性，作为刑法目的的法益保护，包括对行为人自由的保障"④，即主张根据我国《刑法》第 2 条关于刑法任务的规定可以得出刑法的目的在于保障法益与法益主体的自由。二是时代性与相对性说。如有学者认为刑法目的具有时代性与相对性，不能一概而论，宜根据国情社会的发展情况来具体确定，即"对于处在剧烈转型时期的当下中国社会而言，权利关系不清、规范有待建构、国民规范意识薄弱的现实决定了应当将刑法目的定位于对规范的维护。稳定规范是刑法的现实

---

① 夏甄陶：《关于目的的哲学》，上海人民出版社 1982 年版，第 15 页。
② ［德］黑格尔：《历史哲学》，王造时译，生活·读书·新知三联书店 1959 年版，第 73 页。
③ 夏甄陶：《关于目的的哲学》，上海人民出版社 1982 年版，第 227 页。
④ 张明楷：《刑法目的论纲》，载《环球法律评论》2008 年第 1 期。

目的。在权利关系明确，国民的规范意识逐步形成，社会整体高度稳定之后，刑法目的可能从规范维护转向对法益的保护。刑法的法益保护目的就成为最终目的"①。三是人权保障说。如有学者将我国刑法的目的设定在人权保障方面，认为"对于刑法目的的正确阐明，只有站在国家及国家权力存在的目的、宪法基本价值的高度，只有从刑法的特殊性入手，只有依据宪法和刑法的具体规定，才能具体而深入地得以揭示。保护包括犯罪人在内的全体公民的基本人权不受侵害，是制定和适用刑法的唯一目的"②。四是综合说。如有学者站在总揽全局的立场之上，以德国、日本刑法去伦理化为视角，对刑法目的观的历史转变作了客观回溯，认为"在蔑视人权、专制统治时代，强调刑法目的是维护国家道义、社会伦理；在提倡保护人权、重视宪法、实行法治的时代，强调刑法目的是保护宪法性法益。当前，德日两国刑法学界一般认为，刑法的目的是保护（宪法性）法益，在刑事立法和司法中，应将单纯违背社会伦理而没有任何外部侵害性的行为排除在犯罪之外"③。

本书基本赞同人权保障说的立场，因为保障人权是典型的宪法性表述，在我国将"保护人权"正式写入宪法后，应该说人权保护已经成为我国各个部门法律共同的任务，任何部门法律都不能将保护人权排除在自己的目的设定之外。就刑法而言，由于刑法具有保护性的同时兼具惩罚性与剥夺性，与其他部门法律相比，人权保障的提法更显必要与迫切，因此，将人权保障作为刑法的基本原则而非刑法的目的，更易突显人权保障在刑法中的重要地位。即使是规范维护论者也认为刑法的最终目的在于保护法益，只是现阶段应该通过对规范效力的维护来实现这一目的："对于违法性的认定，就必须将行为设定为思考问题的逻辑起点，必须和规范违反相关联，通过规范来确保人不实施违法行为，通过对规范效力的确证来控制人的行为，从而实现保护法益的刑法任务。"④ 既然如此，还不如直接将保护法益作为刑法的目的，至于是通过确证规范效力的方式来实现这一目的，还是通过其他途径实现这一目的，则只是方式的选择问题。

在明确了刑法目的的基本内涵后，需要解决的是，刑法修改理性目的导向中的"目的"与刑法"目的"之间的关系问题。根据一般的理解，既然是刑法的"目的"，自然就是统摄刑事立法、刑事司法各个环节的总目的，正如我

① 周光权：《刑法目的的相对性》，载《环球法律评论》2008年第1期。
② 蔡英：《保护人权——刑法的终极目的》，载《西南大学学报（社会科学版）》2009年第3期。
③ 丁慧敏：《刑法目的观转变简史——以德国、日本刑法的去伦理化为视角》，载《环球法律评论》2011年第2期。
④ 周光权：《刑法总论》，中国人民大学出版社2016年版，第34页。

国《刑法》第2条规定的刑法任务一样，该任务自然也是统摄刑事立法与刑事司法的总任务，而不能认为刑事立法的任务是《刑法》第2条的规定，刑事司法的任务还能在此之外另寻依据。因此，刑法修改理性中的目的与刑法的目的具有一致性，即都在于保护法益。换句话说，刑法修改理性的目的导向性，意味着刑法修改应该以更好地保护法益为指导，刑法修改的结果应该符合法益保护目的的要求。

（二）彰显理性精神

顾名思义，既然刑法修改理性要求刑法修改程序的启动、修改的过程与结论都要符合理性主义的要求，理性主义的彰显自然成为刑法修改理性的最基本特征。事实上，理性自然法作为一种指导观念一直贯穿于思想意识的重要环节中，特别是中世纪文艺复兴以来思想家们无不从观念的困顿和氛围的窒闷中，转向自然法而探究一种精神解脱。自然法于人类精神历史之意义，正如我国台湾学者耿云卿所言，"自然法是人类求生之大道，历史已经明确地昭示吾人，每当自然法被压抑被排斥的时候，也就是人类黑暗的年代"①。以理性原则指导刑法修改的实践过程，其实是人类对刑法价值重新审视的过程，例如，我国1997年《刑法》废除了1979年《刑法》规定的类推制度就是理性主义指导刑法修改取得良好效果的典范。"类推实际上体现了立法者价值取向上的社会保护本位论的思想。即刑法的社会保护优于刑法的权利保障。只要统治者认定某种行为具有一定的社会危害性，即使刑法分则没有明确规定，也可以通过类推来让行为人承担刑事责任以获得社会秩序的正常运行，而不问这种刑事责任的承担对行为人来说是否合理、人道和公平"②，类推制度的废除，彻底消灭了罪刑擅断在我国刑事司法实践中立足的根基，从而使我国刑事立法与司法正式步入"罪刑法定"时代，刑事立法与司法均走上保护法益的正确道路，彰显了理性主义的光辉。

其实，人们之所以对自然法研究具有如此浓厚的兴趣，是与法文化本身的人身属性密切相关的。人生来就有一种贯穿于道德之中的亲情和理性的存在，这在近代或现代的常人看来是一个难以否定的命题。对理性的"崇拜"和对自然法则一类现象的联想，使人们对自然法一词情有独钟。孟德斯鸠的一段论述可算是这种现象的最好注脚，"从最广泛的意义上来说，法是由事物的性质产生出来的必然关系，在这个意义上，一切存在物都有它们的法。上帝有他的法；物质世界有它的法；高于人类的'智灵们'有他们的法；兽类有它们的

---

① 江山：《中国法理念》，中国地质大学出版社1989年版，第106页。
② 蔡道通、范晓芸：《类推制度应当废止》，载《法学家》1994年第4期。

法；人类有他们的法。有人说，我们所看见的世界上的一切东西都是一种盲目的命运所产生的东西，这是极端荒谬的说法。因为如果说一个盲目的命运竟能产生'智能的存在物'，还有比这更荒谬的么？由此可见，是有一个根本理性存在着的。法就是这个根本理性和各种存在物之间的关系，同时也是存在物彼此之间的关系"，而"所以称为自然法，是因为它们是单纯渊源于我们生命的本质"①。毫无疑问，刑法学作为一门社会科学，也与理性密切相关。从自然法意义上探讨刑法的本原，不仅成为一种可能，也成为一种必要。由此而构筑的刑法学，即是自然法意义上的刑法哲学。自然法意义上的刑法哲学所追求的是能够通过人类理性或人的本性，获得超越社会的规范性秩序的刑法的普遍性和自治性的一般命题和行为规则，就与刑法修改理性的主张具有一致性。刑法修改的理性倡导一种对刑法规范的宏观把握，刑事立法、司法，刑法规范的制定与修改，都应该以自然法所倡导的理性精神相结合，尽量减少冲动立法、民情立法等非理性因素，科学性与合理性成为刑法修改理性的同位语。

（三）贯穿刑法修改的整个过程

刑法修改的理性要求刑法修改程序的启动必须具有十足的依据，只有非得通过修改刑法不能实现刑法与经济社会的协调发展时才能够启动刑法修改程序。更为重要的是，刑法修改的过程与结论都必须满足理性主义的要求。换句话说，只有现行刑事法律不能适应社会发展进程的需要，若不及时对之进行修改，就会严重妨碍社会的发展时，才能启动刑法的修改程序，从而使刑事法律本身得到相应的完善与发展。因此，刑法修改的理性主义贯穿于刑法修改的整个过程，刑法的修改必须能够反映社会发展历史进程的要求，必须具有鲜明的时代特征。

1. 刑法修改理性保证了刑法修改动因的科学性

刑法修改具有符合理性原则要求且具有说服力的原因是刑法修改程序启动的前提。刑法作为社会治理的上层建筑总是受制于经济基础的发展需要，必须适应社会发展和与犯罪作斗争的实际需要。从 1997 年现行《刑法》颁布施行以来已有 20 年的时间，在这 20 年中，我国随着改革开放的继续进行使社会现实产生了翻天覆地的变化，人民大众的思维与生活方式、生活水平也变化巨大。这些变化使有些原本常见常发的犯罪不再常见，有些原本性质恶劣的犯罪现在看来不再严重，甚至可能连犯罪都算不上。但随着经济与科技的发展，也会出现原本并不存在的新类型犯罪。例如，盗窃等财产性犯罪的对象范围原本

---

① ［法］孟德斯鸠：《论法的精神》（上），张雁深译，商务印书馆 1995 年版，第 1~4 页。

非常明确，但随着通信网络技术的发展，盗窃他人网络游戏中的装备、通过技术手段盗接他人的网络信号资源等一系列新型犯罪出现，刑法必须对此作出回应，以满足社会治理的需要；又如，近年来，恐怖主义与极端主义犯罪在我国愈演愈烈，严重威胁到国家安全与人民生活环境的稳定和谐，作为维护国家安全与社会稳定最后手段的刑法，通过《刑法修正案（九）》对此作出相应的回应就是最好的证明。

另外，刑法作为保障公民权利的最后手段，其本身应该兼具体系的科学性与权威性，如果刑法典本身都错误百出，前后矛盾，当然不能激起公众对刑法的信赖，刑法的公众认同或者信仰问题也就无从谈起。1997 年现行《刑法》颁布施行至今的 20 年间，我国立法机关与司法机关出台了大量的刑事立法解释、司法解释、案件指导意见等规范性文件，这些规范之间以及它们与刑法典本身之间难免出现矛盾和不协调之处，令司法实践部门与人民大众无所适从。因此，从理性主义角度出发，为实现刑法典体系的完整性与地位的权威性而进行的刑法修改也是符合理性要求的修改原因之一。

2. 刑法修改理性实现了刑法修改过程的合法性

刑法修改过程的理性，就是要在刑法修改的过程中严格遵循我国《宪法》与《立法法》的明文规定，由适格的法律修改主体提起、经过法定程序与民主投票决定。这里唯一需要反思的是，我国刑法修改实践从《刑法修正案（八）》开始通过刑法修正案的形式对刑法总则的内容进行了修改，这一修改是否符合法律的规定则存在争议。众所周知，制定并通过刑法修正案的主体是全国人民代表大会常务委员会，根据我国《宪法》第 62 条和第 67 条的规定，全国人民代表大会行使的职权包括"制定和修改刑事、民事、国家机构和其他的基本法律"，而全国人民代表大会常务委员会行使的职权包括"制定和修改除应由全国人民代表大会制定的法律以外的法律"和"在全国人民代表大会闭会期间，对全国人民代表大会制定的法律进行部分补充和修改，但是不得同该法的基本原则相抵触"，《立法法》第 7 条重申了上述法律制定和修改的权限。有学者认为，"刑法典总则的规定，应当说属于该法的'基本原则'的范畴，如果全国人大常委会可以任意修正刑法典总则的所有条文，则刑法典就不存在属于'基本原则'的条文了，宪法和立法的上述法律制定和修改权限划分的规定，也就丧失了存在的意义，全国人大常务委员会的修正权限本身就存在进一步讨论的空间"[①]。此一问题的提出具有现实意义，理性主义要求刑

① 常秀娇：《宪政视野中的刑法修正》，载《刑法论丛》2013 年第 1 卷，法律出版社 2013 年版，第 58 页。

法修改的程序必须符合法律的规定，既然法律明文规定刑法等基本法律的基本原则等部分内容的制定与修改权必须由全国人民代表大会行使，刑法修改的主体就应该严格按照法律行事，以使刑法修改符合理性主义的要求。

3. 刑法修改理性保障了刑法修改结果的合目的性

刑法修改的结果，最直接的表现为经过法定的修改程序，刑法条文得以修正，新的刑法典得以公布施行，更为重要的是刑法经修改后的适用效果。按照大多学者的观点，刑法制定与施行的目的在于保护法益，而法益是指"根据宪法的基本原则，由法所保护的、客观上可能受到侵害或者威胁的人的生活利益"[1]。如果经理性修改后，刑法保护法益的作用能够更好地发挥，则意味着刑法修改理性保障了刑法修改结果的合目的性。如《刑法修正案（九）》针对日渐猖獗的贪腐犯罪，理性选择通过完善刑罚配置、增设新罪、严格减免刑罚适用条件等方式重新调整了贪腐犯罪的刑罚结构，这样更有利于打击贪腐犯罪，为维护国家和人民大众的切身利益最大可能地实现刑法的有效性功能。理性意味着社会公众作为"人"的基本权利与社会生活秩序能够得到保障，故刑法修改的理性必然要求经修改后的刑法能够更好地保障社会公众最基本的人权，能够适应新的社会环境的需要，能够更好地起到社会行为规范的作用，使刑法作为最后保障法的功能得以最大程度地发挥。不难看出，刑法修改的理性与刑法的目的性要求具有内在一致性，而正是这种一致性，使刑法保护法益的目的，只有经理性修改后才能得以最终、全面实现。

第二节　刑法修改理性的要素

按照我国法学理论的通说观点，所谓法的要素是指"法的基本成分，即构成法律的基本元素"[2]。由此可以认为，刑法修改理性的要素是指刑法修改理性的基本成分，即构成刑法修改理性的基本元素。其特征如下：（1）个别性与局部性。它表现为一个个元素或者个体，是组成刑法修改理性有机体的细胞。（2）多样性和差别性。组成刑法修改理性的要素具有多样性，不同的要素具有差别性。这至少可以从两个层次来理解，一是刑法修改理性的要素可以分成不同的种类，它不是同一的；二是相同种类的刑法修改要素又可以有多种不同的个性。（3）整体性和不可分割性。虽然每个刑法修改的要素都是独立

---

① 张明楷：《法益初论》，中国政法大学出版社 2000 年版，第 167 页。

② 张文显：《法理学》，高等教育出版社、北京大学出版社 2011 年版，第 65 页。

的单位，但是刑法修改理性的要素作为刑法修改理性的组成部分又具有整体性和不可分割性。某一刑法修改理性要素的改变可能会引起其他要素或整体发生相应的变化，某一要素被违反可能会引起整体或者其他要素的反应。每一个要素都与其他要素相关联，具有不可分割性。考虑到组成理性概念与刑法修改概念要素的多样性而导致组成刑法修改理性概念要素的多样性，这里主要讨论刑法修改理性以下几个重要要素。

一、刑法修改理性的主体要素

刑法制定的主要目的在于通过适时的刑法规范作为依据，给予犯罪行为以有效、及时的刑罚，即达到对规范的社会同一性予以保障的刑法效果，因而刑法必须符合社会发展变迁的趋势和犯罪变化特点的同一性要求。也就是说，刑事立法者必须随时审视各种社会发展变化状况与犯罪趋势，以此评价现有刑法规范的有效性，对失去效用或者不再适应社会统一性需要的刑法规范进行适当修改，或者对于具有严重社会危害性并侵害到刑法所保护的重要法益却没有被规定为犯罪的行为予以犯罪化，制定相应的刑法规范。而且，成文法在显现高度概括与抽象优势，尽可能覆盖较大适用范围的同时，也呈现出难以还原被抽象法条隐去具体内容而无法总是正确适用法律规范的先天不足。对于刑法而言，这种先天不足有基于刑法规范之概括性与抽象性的错误导致无法适用于本来意图适用的具体情形，也有基于概括而抽象的定型化规范本来不能适用到所有立法者意图作为犯罪处理的情形。这样，除了在司法适用之时可以通过解释的方法进行适当的漏洞弥补外，很多场合则需要通过修改刑法规范的方法来解决这种成文法的先天不足。在这种意义上，刑法的修改也属于一种重要的立法创制活动。

既然是一种立法创制活动，那么刑法的修改，就必须由具有相应刑事立法权的机构进行。由于刑法是设立犯罪及其刑事责任的法律，而刑事责任承担的主要形式——刑罚则是最严厉的一种法律制裁措施，所以才有刑法是其他法律的最后保障措施的这种说法。也正是因为这点，我国《立法法》才明确规定，有关设立犯罪与刑罚的事项只能制定法律，即使是全国人民代表大会及其常务委员会决定授权国务院可以根据实际需要，对法律所规定的部分事项先制定行政法规，有关犯罪和刑罚、对公民政治权利的剥夺和限制人身自由的强制措施和处罚、司法制度等事项也不能作为授权立法的内容。也就是说，在我国，行政机关不能行使刑事立法权，自然也就没有刑法修改的权限。按照我国《立法法》的规定，有权修改刑法的机构只能是全国人民代表大会及其常委会。不过全国人大常委会对刑法规范的修改权只限定于全国人民代表大会闭会期间，并且其对刑法的修改与补充不得同刑法典所确立的基本原则相抵触，而全国人民代表大会则可以对任何刑法规范进行各种修订，即使是对刑法典所确立的基本原则，同样可以作出相应的修改。

二、刑法修改理性的对象要素

刑法修改理性的对象要素是指刑法修改理性针对的客体，即我国的刑事实体法律。因此，问题在此转换成为我国刑事实体法体系的组成部分。根据我国刑法的通说观点并结合理性主义的要求，本书认为我国的刑事实体法体系包括：

（一）刑法典

刑法典是国家以刑法名称颁布的、系统规定犯罪及其法律后果的法律。新中国成立以来颁布的 1979 年《刑法》与现行 1997 年《刑法》可谓新中国的刑法典。（当然，1997 年《刑法》至今已历经 10 部刑法修正案的修改）

（二）单行刑法

单行刑法是"国家以决定、规定、补充规定、条例等名称颁布的，规定某一类犯罪及其法律后果或者刑法的某一事项的法律"①。1981 年 6 月至 1995 年 10 月，全国人大常委会共颁行了 23 部单行刑法，如《惩治军人违反职责罪暂行条例》《关于惩治走私罪的补充规定》《关于禁毒的决定》等。这些单行刑法要么针对旧刑法典的漏洞作了增加规定，要么针对旧刑法典的不完善作了补充规定，要么针对旧刑法典的缺陷作了修改规定。根据现行《刑法》第 452 条的规定，《惩治军人违反职责罪暂行条例》等 15 部单行刑法被废止；《关于禁毒的决定》等 8 部单行刑法有关犯罪与刑罚的规定失去效力，有关行政处罚与行政措施的规定则继续有效。② 这是因为上述 23 部单行刑法的内容基本上都已纳入现行刑法典。现行刑法颁布施行后，按照目前刑法理论的通说观点，我国目前仅有一部单行刑法，即全国人大常委会 1998 年 12 月 29 日颁布的《关于惩治骗购外汇、逃汇和非法买卖外汇的决定》。需要讨论的是，全国

---

① 张明楷：《刑法学》，法律出版社 2016 年版，第 17 页。
② 需要注意的是，这部分的单行刑法中有关行政处罚和行政措施的规定已经有了相当大的变化，如《关于禁毒的决定》已被 2007 年《禁毒法》第 71 条明文废止；《关于惩治偷税、抗税犯罪的补充规定》《关于严惩组织、运送他人偷越国（边）境犯罪的补充规定》已被 2009 年 6 月全国人大常委会《关于废止部分法律的决定》明文废止；《关于惩治走私、制作、贩卖、传播淫秽物品的犯罪分子的决定》、《关于严惩拐卖、绑架妇女、儿童的犯罪分子的决定》与《关于严禁卖淫嫖娼的决定》中的相关规定尽管没有被明文废止，但其适用依据已经变为《治安管理处罚法》。

人大常委会 1999 年通过的《关于取缔邪教组织、防范和惩治邪教活动的决定》、2000 年 12 月 28 日通过的《关于维护互联网安全的决定》以及 2015 年 8 月 29 日通过的《关于特赦部分服刑罪犯的决定》三部规范性文件是否属于单行刑法的范畴？

从内容上看，《关于取缔邪教组织、防范和惩治邪教活动的决定》全文共 4 条，其中第 2 条后段"对构成犯罪的组织者、策划者、指挥者和骨干分子，坚决依法追究刑事责任；对于自首或者有立功表现的，可以依法从轻、减轻或者免除处罚"的规定涉及犯罪与刑罚的内容；《关于维护互联网安全的决定》全文共 7 条，其中第 1 条至第 5 条一致采用"为了……对有下列行为之一，构成犯罪的，依照刑法有关规定追究刑事责任"的形式规定了不同行为的法律后果；《关于特赦部分服刑罪犯的决定》全文共 4 条，对符合"为纪念中国人民抗日战争暨世界反法西斯战争胜利 70 周年，体现依法治国理念和人道主义精神，根据宪法，决定对依据 2015 年 1 月 1 日前人民法院作出的生效判决正在服刑，释放后不具有现实社会危险性的罪犯实行特赦"的条件进行了明确规定。按照我国传统刑法学的观点，所谓刑法，是指"规定犯罪、刑事责任和刑罚的法律"，"也就是掌握政权的阶级即统治阶级，为了维护本阶级政治上的统治和经济上的利益，根据自己的意志，规定哪些行为是犯罪和应负刑事责任，并给犯罪人以何种刑罚处罚的法律"[1]。从上述刑法的定义来审视，《关于取缔邪教组织、防范和惩治邪教活动的决定》《关于维护互联网安全的决定》虽然使用了"坚决依法追究刑事责任""可以依法从轻、减轻或者免除处罚"等词语，但却没有明确指出应该追究的刑事责任的具体内容，具体罪名和刑罚的确定还依赖于刑法典；《关于特赦部分服刑罪犯的决定》从内容上看可以被理解为刑罚执行方式的改变，因为该决定所特赦的罪犯是依据《刑法》作出的具体的刑罚处罚决定，但特赦所依据的是我国《宪法》的相关规定，而且也没有改变刑法的实体性内容。这样，以上 3 个规范性文件并未具体规定犯罪与刑罚，并不能因为使用了"依法追究刑事责任"等词语就应当被认为是单行刑法。换句话说，本书赞同我国目前只有一部真正意义上单行刑法的观点。

（三）附属刑法

附属刑法，即附带规定于民法、经济法、行政法等非刑事法律中的罪刑规范。1979 年《刑法》颁布施行后，立法机关一共出台了 130 多个附属刑法条

---

① 高铭暄、马克昌：《刑法学》，北京大学出版社、高等教育出版社 2016 年版，第 7 页。

文，在当时的社会条件与刑法具体规定不足的情况下起到了完善刑法规定的作用。与国外的附属刑法不同，旧刑法时代的附属刑法条文除 1987 年《海关法》规定有走私罪的定义并规定有相应的刑罚措施[①]外，都没有直接规定犯罪的成立条件与法定刑。1997 年《刑法》颁布后，民法、经济法、行政法等法律中的一些条款，更只是形式上概括性地重申了刑法的相关内容（通常的表述是"构成犯罪的，依法追究刑事责任"），而没有对刑法的规定作出解释、修改、补充等实质性改变。这些规范并不属于严格意义上的刑法规范，因此，1997 年现行《刑法》颁行后，我国还没有真正意义上的附属刑法。

（四）刑事立法解释

所谓立法解释，是指"制定法律机关作出的，为使法律准确适用对其条款的立法含义的明确说明"[②]，据此，所谓刑事立法解释，是指立法机关作出的，为使刑法准确适用而对刑法条款的立法含义作出的明确说明。自 1997 年现行《刑法》颁行以来，我国立法机关（主要是全国人大常委会）共颁行了 13 个刑事立法解释，如全国人大常委会 2014 年 4 月 24 日一次性就出台了关于《中华人民共和国刑法》第 30 条、第 158 条、第 159 条、第 266 条、第 312 条、第 341 条的解释的四部刑事立法解释。对于刑事立法解释，我国有学者认为，"立法解释不符合法治原则的要求，不符合罪刑法定原则，不符合解释的必要性，不符合客观解释的目标，也不是发现法律真实含义的有效途径"[③]。但在刑事司法实践过程中，刑事立法解释在一定程度上确实起到了平息争议、

---

① 1987 年《海关法》在第 47、49 条中对走私罪进行了界定并规定了相应的刑罚，其中第 47 条规定："逃避海关监管，有下列行为之一的，是走私罪：（一）运输、携带、邮寄国家禁止进出口的毒品、武器、伪造货币进出境的，以牟利、传播为目的运输、携带、邮寄淫秽物品进出境的，或者运输、携带、邮寄国家禁止出口的文物出境的；（二）以牟利为目的，运输、携带、邮寄除前项所列物品外的国家禁止进出口的其他物品、国家限制进出口或者依法应当缴纳关税的货物、物品进出境，数额较大的；（三）未经海关许可并补缴关税，擅自出售特准进口的保税货物、特定减税或者免税的货物，数额较大的。以武装掩护走私的，以暴力抗拒检查走私货物、物品的，不论数额大小，都是走私罪。犯走私罪的，由人民法院依法判处刑事处罚包括判处罚金，判处没收走私货物、物品、走私运输工具和违法所得。企业事业单位、国家机关、社会团体犯走私罪的，由司法机关对其主管人员和直接责任人员依法追究刑事责任；对该单位判处罚金，判处没收走私货物、物品、走私运输工具和违法所得。"第 49 条规定："有下列行为之一的，按走私罪论处，依照本法第四十七条的规定处罚：（一）直接向走私人非法收购国家禁止进口的物品的，或者直接向走私人非法收购走私进口的其他货物、物品，数额较大的；（二）在内海、领海运输、收购、贩卖国家禁止进出口的物品的，或者运输、收购、贩卖国家限制进出口的货物、物品，数额较大，没有合法证明的。有前款所列行为之一，尚不构成走私罪的，依照本法第四十八条的规定处罚。"

② 蔡定剑、刘星红：《论立法解释》，载《中国法学》1993 年第 6 期。

③ 张明楷：《立法解释的疑问——以刑法立法解释为中心》，载《清华法学》2007 年第 1 期。

指导案件审理的作用。不过从现代国家权力划分的理论来看，制定法律的主体同时可以解释自己所制定的法律，是否符合现代法治原则的要求，确实是一个值得斟酌的问题。关于刑事立法解释的效力问题也应该成为刑法修改理性研究的客体之一。

（五）刑事司法解释

根据我国《立法法》《人民法院组织法》《人民检察院组织法》的规定，最高人民法院、最高人民检察院对在各级人民法院、人民检察院刑事审判、检察过程中如何具体应用法律、法令的问题有权进行解释，这种解释即谓刑事司法解释。据不完全统计，最高人民法院与最高人民检察院仅在 2014 年、2015年、2016 年、2017 年四年间就出台了 90 部左右的刑事司法解释，数量之多与频率之快令人咋舌。更为棘手的是，这些刑事司法解释中有一些与刑法规定、刑法基本原则相矛盾的内容。如最高人民法院、最高人民检察院 2013 年 5 月2 日出台的《关于办理危害食品安全刑事案件适用法律若干问题的解释》第 9条第 1、2 款分别规定："在食品加工、销售、运输、贮存等过程中，掺入有毒、有害的非食品原料，或者使用有毒、有害的非食品原料加工食品的，依照《刑法》第一百四十四条的规定以生产、销售有毒、有害食品罪定罪处罚"，"在食用农产品种植、养殖、销售、运输、贮存等过程中，使用禁用农药、兽药等禁用物质或者其他有毒、有害物质的，适用前款的规定定罪处罚"。而《刑法》第 144 条所规定的构成要件行为是"在生产、销售的食品中掺入有毒、有害的非食品原料的，或者销售明知掺有有毒、有害的非食品原料的食品的"。这样就出现了问题：上述司法解释第 9 条第 2 款所规定的行为，是否符合"在生产、销售的食品中掺入有毒、有害的非食品原料的"构成要件？正如有学者所言，"诚然，一般来说，在食品中'添加'禁用物质，也属于在食品中'掺入'禁用物质。然而，并不是任何'使用'禁用农药、兽药等禁用物质或者其他有毒、有害物质的行为，都属于在'食品'中'掺入''添加'有毒、有害的非食品原料"[①]。应该说，司法解释的大量存在一定程度上对下级司法机关正确适用法律起到了指导性的作用，但应理性审视之，应当尽可能地培养司法工作人员准确理解刑法规范的理性思维。

总之，实现刑事法律的"良法之美"，就要确保刑事法律体系本身是科学的、合理的、不存在矛盾的、值得信赖的。而这些都有赖于刑事实体法体系自身的科学与组成要素相互之间关系的协调，即应将不违反罪刑法定原则和不破

---

① 张明楷：《简评近年来的刑事司法解释》，载《清华法学》2014 年第 1 期。

坏刑事法律体系作为最低标准，将罪刑法定原则作为"刑事司法解释权不可恣意逾越的最后一道防线"①。而在刑法体系的完善、修改过程中，理性主义将起到至关重要的作用。

三、刑法修改理性的方法要素

尽管刑法的修改也属于一种刑事立法活动，但这种立法活动与典型的立法活动还是有区别的。典型的立法就是所创制的法律规范属于全新的法律规范，整个法律文本一般都属于该次立法活动的成果，而与之前的立法活动无关。刑法的修改主要是针对现行刑法进行修订、补充或者废除，而不是以新的刑法制度与刑法规范替代、废除原有的刑法制度与刑法规范，也不是制定全新的刑法文本建构新的刑法制度与刑法规范。刑法的修改所针对的现行刑法文本属于广义上的刑法文本，既包括刑法典，也包括单行刑法与附属刑法，而且主要是针对这些刑法文本所载明的有关不能适应社会发展需要的刑法规范内容，所进行的废除、修订或者补充。正是由于现行刑法规范不再适应社会发展的需要，与社会需求不再保持同一性，才需要修改相应的刑法规范，对刑法规范内容进行修改主要有废除、修改与补充这样几种方法。所谓废除，就是将现有刑法文本中某些不再适应社会需要的刑法规范通过立法的形式予以删除的一种修改方法。而所谓修订，则是指根据刑事政策或者社会现实的需要对现有刑法文本中相关刑法规范通过立法程序修改其内容的一种修改方法。所谓补充，是指需要对某些侵犯法益的行为作犯罪处理，但现行刑法却又没有规定时，立法机构通过新增相关刑法规范的一种修改方法。后两种刑法修改方法，一般都是从构成要件及罪状与法定刑等内容着手进行的。而且一般而言，这三种修改方法有可能在一次刑法的修改活动中均被运用到，甚至有可能在一个刑法条文或者一个刑法规范的修改中将这几种修改方法结合起来运用。

第三节　刑法修改理性与罪刑法定原则

我国现行《刑法》第 3 条明确规定了罪刑法定原则，将类推解释从刑法典彻底移除，罪刑法定原则成为指导我国刑事立法与司法的根本性原则。罪刑法定原则的基本含义是"法无明文规定不为罪""法无明文禁止不处罚"。一

---

① 陈兴良：《当代中国刑法新视界》（第二版），中国人民大学出版社 2007 年版，第 829 页。

般认为，从法律规定上看，罪刑法定原则的最先来源是 1215 年英王约翰签署的大宪章第 39 条的规定，这一规定奠定了"适当的法律程序"的思想基础。英国 1628 年的《权利请愿书》、1688 年的《人身保护法》也从不同的角度巩固了罪刑法定主义思想。上述思想后来在美国广为传播，美国的《权利宣言》及宪法都肯定了罪刑法定主义，并且在某些方面使罪刑法定原则具体化。不过，现代意义上的罪刑法定原则的法律渊源是法国 1789 年的《人权宣言》、1791 年的《法国宪法》及 1810 年的《法国刑法典》。1810 年的《法国刑法典》第 4 条规定："没有在犯罪行为时以明文规定刑罚的法律，对任何人不得处以违警罪、轻罪和重罪。"这是最早在刑法典中规定罪刑法定原则的条文，它的历史意义在于使罪刑法定原则从宪法中宣言式规定转变为刑法中的实体性规定。受 1810 年《法国刑法典》的影响，大陆法系国家刑法典纷纷规定了罪刑法定原则。"罪刑法定主义推动了法治原则的形成。"① 一般认为，现代罪刑法定原则可以作形式侧面与实质侧面的划分，形式侧面的思想基础是心理强制说与三权分立理论，倡导成文法主义（或称排斥习惯法）、禁止溯及既往、禁止类推解释、禁止绝对不定期刑；而实质侧面的思想基础在于自由主义、民主主义与尊重人权主义，倡导刑罚法规内容的适正，刑罚内容的适正原则包括刑法明确性、禁止处罚不当罚的行为等。②

罪刑法定原则最为核心的价值在于刑法的明确性与国家刑罚权的限制，禁止刑罚滥用给国民造成的严厉痛苦。刑法的处罚范围与程度直接关系着每一个人的生命、身体、自由、财产与名誉，属于特别重大的事项。"在特别重大的问题上，公民继续保留其否决权：这属于人权与基本权利，可以被理解为民主的创造性存在。"③ 所以，应当由国民（一般体现为由国民选举出来的立法机构）决定什么行为是犯罪、对犯罪科处何种刑罚。而这与刑法修改理性观念所追求的自由、平等、公正、关注人权等基本价值完美契合。刑法修改理性以罪刑法定原则为最高指导，以保障人权、公平正义为价值追求，其最终目的仍在于期待一部最能保障公民自由与公正的刑法典的诞生或者维系。在修改刑法的过程中，扩大犯罪圈决定的作出应该慎之又慎。刑罚本身作为一种恶，轻则限制犯罪人的自由，重则剥夺犯罪人的自由、财产乃至生命，刑罚的适用不可

---

① 张明楷：《刑法学》，法律出版社 2016 年版，第 45 页。

② 参见［日］大塚仁：《刑法概说（总论）》，有斐阁 2008 年第 4 版，第 58 ~ 59 页；张明楷：《罪刑法定与刑法解释》，北京大学出版社 2009 年版，第 26 页；周光权：《刑法总论》，中国人民大学出版社 2016 年版，第 45 ~ 47 页；等等。

③ ［德］乔治·恩德勒：《经济伦理学大辞典》，李兆雄、陈泽环译，上海人民出版社 2001 年版，第 89 页。

不慎重，不必要的刑罚即是对人权的侵犯。限制刑罚权的发动成为刑法修改理性概念的题中之意。尊重人权主义强调的是，为了不致阻碍国民的自由行动，不致使国民产生不安感，就必须使国民能够根据成文刑法预测自己行为的性质，就不会因为不知道自己的行为是否会受到刑罚处罚而感到不安，从而导致行为萎缩的效果。刑法修改的理性追求刑法典体系的完整性与用语的科学性、准确性，刑法修改的理性与罪刑法定原则在保证国民的预测可能性方面具有高度的一致性，二者都主张只有当行为人在事前已经知道或者至少有机会知道自己的行为被刑法禁止时，才能讨论行为人是否具有非难可能性。

因此可以说，刑法修改的理性观念奉行最彻底的罪刑法定原则，对犯罪行为人进行责任非难的前提在于犯罪行为人能够知道或者有机会知道自己的行为为刑法所禁止，以保障国民的自由权利。由此，罪刑法定原则与刑法修改理性的关系就在于二者都倡导刑法应该具备明确性与适时性的特点，并且认为刑罚法规的适正性是刑法理性的题中之义。

一、明确性

罪刑法定原则的基本含义是"法无明文规定不为罪，法无明文规定不处罚"，它有两个基本要求："一是刑法的法定化、实定法，一是条文规定明确化。前者要求刑法中的犯罪与刑罚必须同条文规定，必须作实体的规定；后者要求条文的规定必须意思确切，文字清晰，不容稍有混淆。"[①] 罪刑法定原则的这两个基本要求正是刑法确定性的基本内容。

最早对刑法明确性展开论述的当属贝卡利亚，其在传世巨著《论犯罪与刑罚》一书中指出刑法明确性的重要意义："对于犯罪最强有力的约束力不是刑罚的严酷性，而是刑罚的必定性，这种必定性要求司法官员谨守职责，法官铁面无私、严肃认真，而这一切只有在宽和法制的条件下才能成为有益的美德。即使刑罚是有节制的，它的确定性（即本书所言的明确性——引者注）也比联系着一线不受处罚希望的可怕刑罚所造成的恐惧更令人印象深刻。因为，即便是最小的恶果，一旦成为确定的，就总令人心悸。然而，希望——这一天赐物，往往在我们心中取代一切，它常常使人想入非非，吝啬和软弱所经常容许的不受处罚更使它具有力量。"[②] 这一论断的基本精神在于，要通过适用刑罚建立起刑罚是犯罪的必然结果的观念。刑法明确性的重要意义在于：即使刑罚并不严酷，而是有节制的，只要它能确定不移地不可避免地成为犯罪的

---

① 甘雨沛、何鹏：《外国刑法学》，北京大学出版社1984年版，第216页。

② ［意］贝卡利亚：《论犯罪与刑罚》，黄风译，中国法制出版社2005年版，第72页。

后果，就足以达到遏制犯罪的目的。但如果刑罚并不是确定的，即使十分严酷，也会使人们产生侥幸心理而冒险实施犯罪行为，刑罚的目的也就难以实现。

刑法的明确性是指规定犯罪与刑罚的法律条文必须清楚明确，使人们能够确切了解违法行为的内容，准确界定犯罪行为与非罪行为，明确犯罪圈的界限，以保障刑法规范没有明文规定的行为不会成为刑罚适用的对象。简言之，刑法的明确性是指"刑法应当简单、明晰和准确"①。

一般认为，刑法的明确性涉及立法和司法两个方面的要求：从刑事立法的角度，要求刑法规范必须内容清晰，用语准确，使人们能够知道什么行为是犯罪，即要求刑法对什么行为是犯罪，对犯罪追究何种刑事责任，应当是明确的。此时这一原则着重点在犯罪构成和处罚程度的明确性上。从刑事司法角度，要求刑法不能超出所明确规定的范围而适用，即刑罚不得适用于刑法没有明文规定的情况与行为。此时这一原则着重点在刑事法律适用的确定性上。刑法修改的理性要求刑法的明确性更多地应是立法层面上的意义。

事前明文规定什么行为是犯罪、对犯罪给予什么处罚，能使人们能够事先预测自己行为的性质与后果，如果刑法对此没有明确性的规定，人们就不能事先预测自己行为的性质与后果，在实施行为之前或者实施过程中，就会担心自己的行为是否受到惩罚，而产生不安感。而且，"对刑罚的无知和刑罚的捉摸不定，无疑会帮助欲望强词夺理"②。我们大都主张并且习惯在相互关系中遵守一定的规则，正如马斯洛所说，"我们社会中的普遍成年者，一般都会倾向于安全的、有序的、可预见的、合法的、有组织的世界；这个世界是他所能依赖的，而且在他所倾向的这个世界上，出乎意料的、难以控制的、混乱的以及其他诸如此类的危险事情都不会发生"③。因此，坚持行为方法的规则化，会给予社会生活以很大程度的有序性和稳定性，将行为方法的一种表现形式——犯罪行为通过刑事立法活动用刑事法律予以规则化，给予刑法特定的目的与功能，其给予社会生活的有序性与稳定性程度会更高。

以罪刑法定原则为指导，刑法修改的理性倡导在未来的刑法修改过程中，应尽可能使刑法典中刑法规范对构成要件的描述越来越清晰准确。至于"清晰准确"的标准，我国有学者提出过四点最基本的要求："首先，刑法条文应

---

① ［美］迈克尔·D. 贝勒斯：《法律的原则——一个规范的分析》，张文显等译，中国大百科全书出版社1996年版，第356页。

② ［意］贝卡利亚：《论犯罪与刑罚》，黄风译，中国法制出版社2005年版，第19页。

③ 转引自［美］E. 博登海默：《法理学——法律哲学与法律方法》，邓正来译，中国政法大学出版社2004年版，第239页。

当尽量使用普通用语，因为普通用语往往有明确的含义，人们（包括司法人员）可以通过普通用语了解立法精神；其次，应尽量采用核心意义明确且外延确定的词语，避免核心意义不明确且外延不确定的词；再次，应尽量使用客观的、记述的构成要件要素规定，减少规范的构成要件要素规定；最后，应尽可能采用具体的规定，减少抽象的规定。"① 应该说这四点要求基本能达到刑法修改理性对刑法典用语与表述的修改标准，但普通用语的使用还是应该限制在一定的范围之内，应提倡核心含义明晰、外延清晰的法律专门用语。

从技术层面来看，刑法的明确性要求刑法规范在规定犯罪构成时，必须清楚地说明犯罪行为的客观特征，"犯罪行为应与非犯罪行为准确地区分开"②。当然，这种明确、清晰也是相对的，因为总是存在一些不常见的事实或概念的边界模糊，总存在一些处于边界线的案件，对此并不容易界定，刑法理性修改的任务也就是将这种明确、清晰提高到最大限度，而将处于边界的用语限制在最小范围。

二、适时性

德国古典刑法学家费尔巴哈将心理强制说作为罪刑法定原则的理论基础之一，这一理论从康德哲学二元论出发，认为人作为自然的存在者，无不生活在感性的世界中，人具有追求快乐、逃避痛苦、计较厉害轻重的本能，正是这种追求在犯罪时获得快乐的感性冲动促使人犯罪，为了防止犯罪，就需要防止、抑制人们这种感性冲动。"所以，国家通过感性本身，使作用于感性的手段不能存留。趋于行为的倾向，由于具有反向的倾向而扬弃：即趋于行为的感性的冲动，由于其他的感性的冲动而扬弃。"③ 这就是说，人们的心理往往会受到作为一种社会客观存在事物的作用和影响。一方面，社会上绝大多数人都确信，当自己的合法权益受到最严重的损害时，将会受到刑法的最后保护；另一方面，社会上极少数不稳定分子（潜在犯罪人）则确信当自己实际实施犯罪行为时，最终必然会受到刑法的惩治。但刑法给社会成员心理上的这种确信程度，取决于刑法的保护或惩治的及时性和必定性。而刑法的保护或者惩治的及时性和必定性之保障，首先是要保证刑法规范要具有适时性特质。如果刑事法律系统不能与整个社会系统保持同一性，就很难对社会成员产生心理作用和影

---

① 张明楷：《刑法的基础观念》，中国检察出版社 1995 年版，第 134～136 页。

② ［美］迈克尔·D.贝勒斯：《法律的原则——一个规范的分析》，张文显等译，中国大百科全书出版社 1996 年版，第 356 页。

③ 马克昌：《近代西方刑法学说史略》，中国检察出版社 1996 年版，第 83 页。

响，更遑论刑法的社会保护和人权保障机能的实现。因此，保持刑法规范的适时性就成为罪刑法定原则与刑法修改理性的共同要求。

所谓刑法的适时性，是指刑事法律的制定、认可、修改、废除等活动应立足于社会现实，适当考虑立法水平、司法承受能力与执行能力，并充分审慎社会未来的发展趋势和未来的犯罪特点，使刑事法律建立在现实性与科学预测的基础上而合理控制犯罪化的规模，以维护刑法系统与整个社会系统的同一性——即是要处理好刑法典稳定性与变动性的有机结合。具体而言，有以下两方面的措施①：

首先，加强立法预测，运用科学方法，揭示刑法的发展路径及其规律，使刑法合乎未来的发展规律，符合社会发展的目标，符合改革的方向。这样，刑法就会避免或者减少同社会变革之间的冲突与摩擦，具有相对稳定性和较强的适应性。

其次，提高刑法的伸缩性。我们能探索未来的发展规律，但却不可能事无巨细地预测未来的具体状况。而刑法作为社会行为规范又必须为人们提供行为的模式，促进社会的发展。这就要求刑法要保持一定程度上的伸缩性，即要保持刑法规范适度的模糊性。刑法的模糊性是不可避免的，也并不一定都是坏事。正如有学者论述的，刑法适度的模糊性具有以下作用：第一，能够弥补罪刑法定原则的不足；第二，使刑法具有相对的稳定性，不至于随着客观情况的千差万别、千变万化而包罗万象、烦琐庞杂而朝令夕改；第三，是法官自由裁量权的渊源和必然要求。②

可能有人认为刑法明确性与适时性存在冲突，但正如上文所述，刑法修改理性要求的明确性与适时性二者具有相互补充的关系，刑法修改的理性奉行最彻底的罪刑法定原则，明确性是第一位的，刑事司法应该以刑法的明文规定为依据而展开，只有在由于成文法不可避免的局限性导致立法缺失时，才可提起刑法的修改与补充，而这也正是刑法修改理性的根本主张。

三、刑罚法规的适正

所谓"刑罚法规的适正"，一般是指"刑罚法规规定的犯罪和刑罚都应是适当的"③。早先的罪刑法定原则只被理解为"无法律则无犯罪也无刑罚"，只要有法律的规定，不管刑罚法规的内容如何，都被认为不违反罪刑法定主义。

---

① 参见李希慧：《刑法修改研究》，武汉大学出版社2011年版，第37页。
② 参见徐德华：《论刑法的模糊性》，载《公安学刊》2007年第3期。
③ 李希慧：《刑法总论》，武汉大学出版社2008年版，第52页。

但随着 19 世纪末 20 世纪初依法治国理论的发展变化，罪刑法定原则与相应发生了变化。在形式的罪刑法定原则所强调的刑法规范和程序的完备以外，实质的罪刑法定原则更要求刑法规范在内容上符合公平正义之理念。

实质的罪刑法定原则不仅是对罪刑法定理念的更新，罪刑法定原则在内容上也相应地有所变化。最为重要的是依据实质的罪刑法定原则，刑法必须符合公平正义之理念，罪刑法定原则增加了实体正当性为其新内容。具体来讲，刑罚法规的适正原则包括：（1）禁止处罚不当罚的行为。刑事立法者应当调整刑法规范的处罚范围，以保护公共安全与秩序所绝对必要为限度。对于具有社会危害性的行为只有采用刑法方能保护其侵害的法益时，才能被规定为刑法中的犯罪；对于随着时代的变迁其社会危害性已经不再严重的行为应及时予以非犯罪化。在这里，实际上需要贯彻刑法的谦抑性原则。（2）罪刑均衡。国家刑罚权的发动应该有一定的限度，应防止刑罚过剩与刑罚过度，尤其是应该禁止残酷的社会制裁手段。

刑法创制的根本目的在于维护个人自由与社会秩序的协调统一，刑法的这种功利性决定了刑法必须实际有效。从刑法修改理性观念的根本目的出发，也在于坚持刑罚法规的理性而克制其中的非理性因素，将刑法规制的范围限制在合理的限度内，在体现刑法理性的同时实现罪刑均衡。罪刑法定原则与刑法修改理性在刑罚法规适正这一点上的关系连接点就在于刑法规制范围的理性控制，坚持刑法谦抑性。

按照马克斯·韦伯对人类理性的分类（即工具理性和价值理性），刑法的有效性也就在其工具价值与理性价值的协调中得到彰显。如果说刑法"工具理性的探索更直接地指向犯罪治理的手段，那么，价值理性的关怀则较多地关联着犯罪治理的目的"[1]。刑法修改理性价值"关联着犯罪治理的目的"，强调实现刑事立法的"良法之善"。所谓良法之善是指法具有合目的性的价值，具有"良法之善"的刑事法律应该体现人类正义、维护法益、促进社会公正，即刑法应该严格恪守自身的谦抑性并保障公众之自由。"良法之善"重在体现正义、保障公民权利，刑法之谦抑性强调刑事法律"由于同药效大的药物一样伴有副作用（资格限制与作为犯罪人的烙印），判断以什么作为刑法的对象时，必须慎重考察对某种行为是否有必要动用刑罚来抑止"[2]，重视刑事法律的"最后性"特征，"良法之善"与刑法谦抑性在保障公民权利、确保自由方

---

[1] 姜涛：《追求工具理性与价值理性的整合》，载《北方法学》2011 年第 1 期。

[2] ［日］西田典之：《日本刑法总论》（第二版），王昭武、刘明祥译，法律出版社 2013 年版，第 25 页。

面完美契合。故而，刑事立法，亦即犯罪圈的划定应该以刑法谦抑性为指导，纳入刑法调控的危害行为范围应该符合刑法谦抑性的要求。所谓刑法的谦抑性，"应该从刑事处罚范围与惩罚程度两方面进行理解"①：在采用其他社会控制手段能够充分抑制违法行为，充分保护法益时，就没有必要采取刑事制裁手段，同时还要考虑刑罚的强度，使刑罚不致破坏社会的道德基础；也有学者认为刑法谦抑性原则是以刑法的补充性、不完整性和宽容性为内容的刑事立法和刑法解释的原理。② 但无论怎样理解刑法的谦抑性，其能够制约刑法任意扩张和刑罚滥用的特点是毋庸置疑的。在现代社会市场经济发展、民主法治进步、多元文化共存的大背景下，"刑法所确定的犯罪圈应该是内敛而刚硬的"③。所谓内敛，就是强调刑法的第二性，只有其他部门法所不能调整的社会越轨行为才能由刑法进行调整，犯罪圈的划定应该是"必要且最小的"；所谓刚硬，就是刑法所划定的犯罪范围应当是范围明确、不容国家权力和任何人践踏破坏的，刑事法律的适用必须符合罪刑法定原则的要求。当然，刚性并不代表一成不变，犯罪圈也应该随着社会的发展而不断完善。但"一味增设罪名的做法其实并不是一种妥当的选择"④，因此，一遇到新型的严重危害社会行为就主张增设新罪的彻底刑法工具思想是不可取的。首先，刑法罪名具有高度的概括性，如果随意在刑法体系中增加新罪，"不但容易破坏刑法原有的体系，导致刑法体系的过度扩张，而且还易造成对现有刑法罪名的适用混乱"⑤；其次，彻底的刑法工具思想还易导致我国刑法体系不断膨胀，从而造成刑法的肥大症，更不利于刑事司法适用。"刑法在根本上与其说是一种特别的法律，还不如说是对其他一切法律的制裁"⑥，只有当运用其他法律手段不能有效维护上述利益时，才不得已运用刑法手段。

因此，不应将刑法视为维护社会稳定的首要工具，刑法应当定位于法益保护而不单是社会防卫，犯罪圈的范围应该根据法益保护的需要来确定，不能为了惩罚某种行为进行不必要的刑事立法活动。"一个法律制度之实效的首要保

---

① 黄明儒：《也论谦抑性原则——以刑事立法活动为视野》，载《珞珈法学论坛（第 2 卷）》，武汉大学出版社 2002 年版，第 189~197 页。

② ［日］大谷实：《刑法讲义总论（新版第 2 版）》，黎宏译，中国人民大学出版社 2008 年版，第 8 页。

③ 吴富丽：《刑法谦抑实现论纲》，中国人民公安大学出版社 2011 年版，第 98 页。

④ 黄明儒、向夏厅：《虐童行为入罪及路径选择》，载《湘潭大学学报（哲学社会科学版）》2013 年第 5 期。

⑤ 任海涛、张思远：《虐童行为的刑法理论分析——兼论"虐童罪"不宜成为独立罪名》，载《青少年犯罪问题》2013 年第 2 期。

⑥ ［法］让-雅克·卢梭：《社会契约论》，徐强译，江西教育出版社 2014 年版，第 50 页。

障必须是它能为社会所接受，而强制性的制裁只能作为次要的和辅助的保障。"① 另外，刑法应该充分尊重并保障社会公众的自由。按照社会契约论的观点，社会本身就是个人将其自由的一部分让出、汇聚而形成的，"一旦这些社会契约遭到破坏，每个人将会重新获得他原初所具有的权利，并在失去他们用天然的自由所换得的契约自由的同时，又重新获得他们天然的自由"。自由是刑事立法的终极价值所在，西塞罗更是提出"为了得到自由，我们才是法律的臣仆"的著名论断。总之，刑法修改理性结果的"关键在于：刑法需要不断地根据社会文明的发展重新塑造其自身的形象，真正使刑法成为蕴含着人性的刑法；不再是恐怖物，而是公民自由的圣经"②。

第四节　刑法修改理性的意义

刑法的修改是一项具有目的性的刑事立法活动，根据我国刑法学者的理解，"我国刑法修改面临着双重使命，即价值转换与体例调整。价值转换是指刑法内容上的突破，通过修改使刑法的价值内容能够适应当前社会的需要。体例调整是指刑法形式上的改进，通过修改使刑法的体例形式更趋完善"③。刑法修改理性对于刑法修改的指导意义也就在于实现《刑法》在价值转换与体例调整上的双重追求。

一、价值转换：刑法修改理性使刑法紧跟社会发展步伐

刑法作为中国特色社会主义法律体系的重要组成部分，其必然根植于中国特色的国情与社情。近年来，随着中国在经济建设方面取得的重大突破，国家整体环境、社会状况、人民的精神面貌与道德观念都发生着急剧的变化，作为社会秩序最后保障手段的刑法有必要对此作出积极的回应，以保持其作为社会子系统与社会整体环境的同一性。

例如，面对猖獗的贪腐犯罪活动，党和国家领导人在几次重要的会议上逐渐确定了"高压反腐"的顶层制度设计。随着近几年反贪腐司法实践的开展，中国在反腐败领域取得的成绩是举世瞩目的。作为社会秩序重要保障手段的刑

---

① ［美］E. 博登海默：《法理学——法律哲学与法律方法》，邓正来译，中国政法大学出版社2004 年版，第 365 页。

② 陈兴良：《一般预防的观念转变》，载《中国法学》2000 年第 5 期。

③ 陈兴良：《刑法修改的双重使命：价值转换与体例调整》，载《中外法学》1997 年第 1 期。

事法律，虽不要求其时刻站在反腐败的最前线，但对于具有严重法益侵害性与社会危害性的行为，《刑法》必须重拳出击，以震慑已经实施和准备实施贪腐犯罪的行为人。但"打铁还需自身硬"，刑事法律充分发挥社会保障功能的前提仍在于《刑法》自身的条文内容是合理的、科学的、经得住考验的。以贪污、受贿罪为例，尽管经过《刑法修正案（九）》的修改和最高人民法院、最高人民检察院出台并于 2016 年 4 月 18 日正式实施的《关于办理贪污贿赂刑事案件适用法律若干问题的解释》的进一步解释，但贪腐犯罪的刑法治理仍旧不十分乐观，其中争议最为激烈的则是应否为腐败犯罪增设资格刑的问题。就此，对于腐败犯罪资格刑的适用，必须以法律条文的明确规定为主，不能似是而非，也就是说不能以《刑法》第 37 条之一的规定为满足，应该对现行《刑法》第 383 条进行修改，明确规定贪污受贿等腐败犯罪必须同时适用《刑法》第 54 条，并处剥夺政治权利；腐败犯罪行为人都具有国家工作人员的身份，享受国家特殊的补助和津贴保障，具有较高的社会地位，如果对腐败犯罪行为人能够以刑法明文规定并处剥夺政治权利，褫夺其终身或者一定时期继续担任国家工作人员的资格，无论是从物质上还是精神上都能够起到良好的一般预防效果。[①]

刑法修改理性并不要求用《刑法》来解决社会中存在的所有争议与矛盾，《刑法》仍然应当定位于法益保护与最后顺位的社会治理手段。刑法修改理性强调的是，在必须动用《刑法》时，《刑法》是值得信赖的，其在保持自身谦抑性的同时，也具有与时俱进的时代感与社会同一性。

二、体例调整：刑法修改理性使刑法向"良法"逐步靠近

刑法的修改包含两个方面的内容，一是犯罪圈的划定，即罪与非罪的判定；二是刑法自身体系的完善，即避免刑法内部矛盾、保持刑法体系顺畅、刑法规范表达简洁完整。刑法修改的理性力求实现刑法规范语言表达的准确性、简洁性与伸缩性，以限制公权力、保障公民权利。鉴于我国实行单一制的统一刑法典模式，对刑法典形式上的严格要求就显得非常重要，主要涉及三个方面的内容：

首先，刑法修改理性要求处理好刑法典文本与司法解释的关系。司法解释的大量存在一定程度上对下级司法机关正确适用法律起到了指导性的作用，但其所带来的负面影响也应该引起足够的重视。刑事司法领域出现的部分司法工

---

① 参见黄明儒、王振华：《我国腐败犯罪刑罚配置完善建议》，载《刑法论丛》2015 年第 4 卷，第 32~38 页。

作人员遇到问题首先想到的是寻找有无相关司法解释的规定，而不是向刑法典本身寻找答案，离开司法解释就不会办案的奇怪现象，说明司法解释在逐步"架空"刑法。试想，如果作为刑法适用主体的司法机关都不依据刑法典来裁判案件，怎么能够要求社会民众根据刑法规范规划自己的行为？司法解释"排挤"刑法典的现实，说明刑法典文本在"良法之美"层面还有巨大的提升空间。而且，更令人担忧的是，近年来最高人民法院与最高人民检察院（下文简称"两高"）颁行司法解释的数量越来越多、频率越来越快，其中大部分解释的结论是值得肯定的，但有些也存在非常明显的问题。如最高人民法院《关于审理交通肇事刑事案件具体应用法律若干问题的解释》将交通肇事后指使肇事人逃逸，致使被害人因得不到救助而死亡的单位主管人员、机动车辆所有人、承包人或者乘车人解释为交通肇事的共犯，明显违反了《刑法》第25条规定的共同犯罪不能由共同过失行为构成的原理，从而僭越了立法权。① 实现刑事法律的"良法之美"，就要确保刑事法律体系本身是科学的、合理的、不存在矛盾的、值得信赖的。而这些都有赖于司法解释与刑法典文本的体系协调和司法解释自身质量的提高，应将不违反罪刑法定原则和不破坏刑事法律体系作为最低标准，将罪刑法定原则作为"刑事司法解释权不可恣意逾越的最后一道防线"②。

其次，刑法修改理性要求保证刑法典用语的严谨性，描述具体犯罪构成要件力争做到准确、完整、清晰、易懂。在我国现行刑法典分则中，主要通过简单罪状、叙明罪状、空白罪状、引证罪状等几类方式来描述犯罪的基本构成要件。③ 从刑法典分则的条文来看，对于罪状的描述，叙明罪状虽占较大比重，但采用空白罪状、简单罪状的条文亦不在少数，对行政犯尤为明显。"由于简单罪状只规定犯罪的名称；空白罪状不直接描述某一犯罪构成的特征，只是指明这种犯罪行为的特征需要参照其他法律或者法规中有关的规定来确认"④，就会比较笼统、抽象、模糊。而这种不明确性，一方面不利于司法工作人员在刑事司法实践中正确掌握定罪量刑的具体标准，容易引起刑法规范的不正确适用，导致错判、引发错案，有损刑事法律的社会形象；另一方面，由于刑法条文具有高度的概括性，类型化、专业性特征明显，其用语内涵和该词语的日常生活含义往往存在差异，这就会给社会公众理解刑法条文带来困难和迷惑，阻

① 　参见黄明儒：《刑法规范的适用性解释论略》，载《法治研究》2015年第5期。
② 　陈兴良：《当代中国刑法新视界》，中国人民大学出版社2007年版，第829页。
③ 　参见张明楷：《刑法学》，法律出版社2016年版，第666～667页。
④ 　周道鸾：《中国刑事法的改革与完善》，中国人民公安大学出版社2007年版，第15页。

碍刑法作为社会行为规范作用的发挥。如果刑法分则条文再大量使用简单罪状、空白罪状，将进一步拉大刑事法律与社会公众之间的距离。在今后的刑法修改活动中，尤其是对行政犯，宜借鉴相关行政法律，逐步减少简单罪状、空白罪状的适用，提高立法技术，详细描述犯罪构成，用语避免晦涩难懂，消除刑事法律与社会公众之间的鸿沟，提升刑事法律在社会公众心中的形象，为刑法公众认同感的培养扫除障碍。

最后，也是最为重要的一点，刑法修改理性要求进一步提高刑法修改技术，尽量避免刑法典内部存在矛盾与不明确性，即注重刑事立法的科学性。刑法修改的科学性意味着创制刑事法律规范时要贯穿科学的指导思想，运用科学的立法技术与方法，使刑事法律规范内容全面、系统、明确、协调，富于理性的准则。总体而言，我国现行刑法做到了总则与分则前后呼应，罪罪之间、刑刑之间、罪刑之间基本实现了协调统一，但仍旧存在不足之处。以我国刑法关于共同犯罪的规定为例：现行刑法关于共同犯罪的规定主要集中于总则第二章第三节（《刑法》第25条至第29条），分则个罪中也有个别条款存在共同犯罪的相关规定（如《刑法》第382条）。从条文表述上看，我国刑法对共同犯罪基本上采取了按犯罪中作用大小的分类方法，即按照犯罪中作用的大小分为组织犯、主犯、从犯、胁从犯并由重到轻规定了法定刑。上述规定似乎表明我国更倾向于"单一制"的共犯体系（或称犯罪参与体系）。但由于《刑法》第29条第1款又对教唆犯的定罪处罚单独作出了规定，这就使得关于我国的共犯体系究竟是单一制还是区分制存在激烈的争论，这一问题的明确也对诸如《刑法》第29条第2款的理解、共同犯罪的着手、间接正犯概念的存废等问题的界定具有前提性的基础意义，立法上的缺失与不足，使接近真相的道路荆棘遍布。又如"危险驾驶罪"的增设使得《刑法》第133条与《刑法》第133条之一出现适用上的争议，有损刑事司法的社会效果。刑事法律作为一种正当的恶，要求其在创制时就必须将恶的一面限定在必要的范围之内，完备而自足的刑法典也就成为社会民众心中所追求的目标，而科学的刑法技术无疑对"刑法之美"理性目标的实现具有积极的推动作用。

第二章 刑法修改的现状与问题分析

1997 年刑法尽管历经漫长的修改过程，但在社会转型时期，司法实践不时出现新问题，其内容就不可能完美无缺，而且凸显了刑事立法的不成熟以及刑法修改的非理性。刑法理性修改需要根据刑法修改现状的客观需要确定理性修改方向。梳理刑法修改现状，反思当代刑法修改的不足，这是提高刑法修改的科学性和刑法修改理性的前提。

第一节 刑法修改的现状

在没有什么事物能够持久存在的地方，法律也可能变成一种短期的权宜之计。① 从来不可能有垂范久远的刑法典，政治、经济以及社会生活的变化发展，使刑法在司法实践适用中随时都可能出现一定的滞后性，急需刑法做出相应的调整以满足司法实践的需求，刑法的修改也是理论与实践发展的必然结果。1997 年至今经历了 1 次单行刑法与 10 次刑法修正案修改的刑法典，调整变动的具体内容涉及很多方面，这里主要从刑法修改的总体、刑法修改原则及技术、刑法修改模式等方面分析刑法修改的现状。

一、刑法修改的总体现状

刑法修改形式多种多样，有常见的修正案形式，也有通过单行刑法、立法解释进行的修改，在我国还存在司法解释对某些刑法规范修改的现象。其中有的修改是有形的，有的修改是无形的，但都在改变刑法的形式和内容，完善刑法的规定。只是在这种多样性中，应该仅认为通过立法机关对刑法规范进行形式修改的修正案、单行刑法等修改方式才是刑法修改的方式，而且我国现今对于刑法的修改主要以修正案为主。

---

① 参见 ［德］伯恩哈德·格罗斯菲尔德：《比较法的力量与弱点》，孙世彦、姚建宗译，清华大学出版社 2002 年版，第 107 页。

1997 年刑法之前，我国刑法修改主要采用单行刑法的修改形式，而现今我国主要采取刑法修正案的形式对 1997 年颁布的刑法即现行刑法进行修改完善，而鲜有采用单行刑法的修改形式，并逐渐把修正案作为刑法修改的唯一方式。到目前为止，我国立法机关总共颁行了 10 个《刑法修正案》，它们分别是 1999 年 12 月 25 日颁行的《中华人民共和国刑法修正案》、2001 年 8 月 31 日颁行的《中华人民共和国刑法修正案（二）》、2001 年 12 月 29 日颁行的《中华人民共和国刑法修正案（三）》、2002 年 12 月 28 日颁行的《中华人民共和国刑法修正案（四）》、2005 年 2 月 28 日颁行的《中华人民共和国刑法修正案（五）》、2006 年 6 月 29 日颁行的《中华人民共和国刑法修正案（六）》、2009 年 2 月 28 日颁行的《中华人民共和国刑法修正案（七）》、2011 年 5 月 1 日施行的《中华人民共和国刑法修正案（八）》、2015 年 11 月 1 日施行的《中华人民共和国刑法修正案（九）》与 2017 年 11 月 4 日施行的《中华人民共和国刑法修正案（十）》。在此期间全国人民代表大会常务委员会仅颁布了一部单行刑法即《关于惩治骗购外汇、逃汇和非法买卖外汇犯罪的决定》（简称《关于惩治骗购外汇、逃汇和非法买卖外汇犯罪的决定》）（1998 年 12 月 29 日）。

近 20 年间，我国刑法已经过 10 次修改，可见修改频率之大，虽说整体上侧重于分则修改，但从每一次的修改来看，侧重点也不尽相同。《刑法修正案（一）》共 9 个条文涉及 8 个罪名，其中有 5 个罪名是有关破坏金融管理秩序的犯罪，1 个罪名是扰乱市场秩序的犯罪，2 个罪名是妨害对公司、企业的管理秩序罪。可以看出《刑法修正案（一）》补充修改的都是《刑法》分则第 3 章破坏社会主义市场经济秩序罪中的罪名。《刑法修正案（二）》仅修改了一个条文，即刑法第 342 条非法占用农用地罪，属于妨害社会管理秩序罪中的罪名。《刑法修正案（三）》总计 9 个条文，对《刑法》的 8 个条文 9 个罪名进行了修改，其中 9 个均为危害公共安全犯罪中的罪名。《刑法修正案（四）》总计 9 个条文，针对《刑法》的 8 个条文进行了修改补充，所涉及的主要是生产、销售不符合标准的医用器材罪、走私淫秽物品罪、强迫职工劳动罪、盗伐林木罪、徇私枉法罪等破坏社会主义市场经济秩序犯罪、妨害社会管理秩序犯罪和国家机关工作人员的渎职犯罪。《刑法修正案（五）》总计 4 个条文，对《刑法》的 3 个条文进行了修改补充，其中 1 条增加了《刑法》第 177 条之一妨害信用卡管理罪及窃取、收买、非法提供信用卡信息罪，1 条修改了第 196 条信用卡诈骗罪，可以看出其主要是完善信用卡犯罪。《刑法修正案（六）》总计 20 个条文，对《刑法》的 19 个条文进行了修改补充，修改主要涉及刑法典分则七大类犯罪：安全责任事故犯罪，妨害对公司、企业管理秩序犯罪，破坏金融管理秩序犯罪，侵犯公民人身权利犯罪，妨害社会管理秩序犯罪，妨害司法犯罪，渎职犯罪。《刑法修正案（七）》总计 15 个条文，对《刑法》的 14 个条文进行了修改补充，分别涉及的是破坏社会主义市场经济秩序犯罪、侵犯公民权利犯罪和贪污贿赂犯罪三大类犯罪。《刑法修正案（八）》共 50 个条文，其中 49 个条文是对刑法典的修改补充。在这 49 个条文中，有 19 个条文都是针对刑法总则进行的修改，其他 30 个条文是针对刑法分则个罪条文进行的修改，在这 30 个条文中，又有 10 个是取消死刑罪名的修改条文，共废除了 13 个罪名的死刑设置。它们从根本上说是属于"调整死刑与无期徒刑、有期徒刑之间的结构关系"的刑罚结构问题。① 《刑法修正案（九）》共 52 个条文，其中 4 个条文是有关总则的补充修改，其余涉及分则条文的修改。就总则修订内容来看，具体针对职业禁止、死缓变更后果、罚金缴纳、有期徒刑与拘役或管制的数罪并罚进行了修改完善。在分则方面，共修改完善了 35 个条款，废除 2 个条款即刑法第 199 条和第 360 条第 2 款，新增罪名 21 个，其中危害公共安全罪新增 5 个罪名，侵犯公民人身权利罪 1 个，妨害社会管理秩序罪 14 个，贪污贿赂罪 1 个，修改完善后变更罪名 11 个，取消了 9 个犯罪的死刑配置。《刑法修正案（十）》也只有 1 个条文，主要是以《中华人民共和国国歌法》为依据新增了侮辱国歌罪。

刑法修改涉及的罪名大都分布在除第十章军人违反职责罪外的其他九个章节。10 次修正共涉及危害公共安全罪，破坏社会主义市场经济秩序罪，侵犯公民人身权利、民主权利罪，妨害社会管理秩序罪，危害国防利益罪，渎职罪等犯罪，其中以第二章危害公共安全罪和第三章破坏社会主义市场经济秩序罪中的内容修正最为集中，这表明危害公共安全的犯罪最为严峻以及当前我国经济领域的情势变化最为频繁，已成为修正的重点领域。

（一）对刑法总则的修正

历次刑法修正案对于刑法总则的修正次数较少，近 20 年来，刑法修正案对刑法总则的修改仅体现在《刑法修正案（八）》及《刑法修正案（九）》中。之前的 7 个刑法修正案与《刑法修正案（十）》只是修改刑法分则的具体犯罪或是增加新罪的修改内容，未涉及刑法总则的内容。随着中央司法体制和工作机制改革意见提出："完善死刑法律规定。适当减少死刑罪名，调整死刑与无期徒刑、有期徒刑之间的结构关系。建立严格的死刑缓期执行、无期徒刑执行制度，明确死刑缓期执行和无期徒刑减为有期徒刑后罪犯应实际执行的刑期。"《刑法修正案（八）》中开始出现对于刑法总则的修改。所以有学者认

---

① 参见刘艳红：《〈刑法修正案（八）〉的三大特点——与前七部刑法修正案相比较》，载《法学论坛》2011 年第 3 期。

为,《刑法修正案(八)》开启了修改刑法总则的先河,① 并对《刑法修正案(八)》中的总则修改给予了很高的评价,认为"《刑法修正案(八)》更好地体现了中国特色社会主义刑法的文明和人道主义。这些修改完善就是在新的社会形势下对宽严相济刑事政策的进一步贯彻落实,既有从严的一面,又有从宽的一面……调整了死刑与无期徒刑、有期徒刑之间的结构关系。这些修改具有开创性"②。有学者还认为,"《刑法修正案(八)》实现了刑法总则规范修改与刑法分则规范修改的相互配合、相互作用,有利于进一步完善我国刑法典的规范体系"③。也有学者认为,"刑法总则关乎认定犯罪的基本框架,在已有框架下的内容已经作了修订的情况下,总则之规定就不可避免的要作出调整,《刑法修正案(八)》对刑法总则进行修订可谓水到渠成"④。当然,也有学者对《刑法修正案(八)》中的总则性修正规定提出了批评。如有学者认为,"刑法总则大多关乎定罪量刑的全局,因而,需要保持应有的稳定。所以,当总则规范涉及的刑法基本原则、制度、体系等要进行变动时,就会涉及'总体性'的某些大问题,需要慎之又慎,或许应当提请全国人大常委会去进行讨论"。⑤ 总体来说,刑法修正案对于刑法总则的修改已改变了我国仅侧重于刑法分则的修改而忽视对总则内容修改的局面。

在内容上,《刑法修正案(八)》和《刑法修正案(九)》对刑法总则的规定共涉及 22 个条文的修改,均主要涉及对刑罚结构的调整。具体来说:

《刑法修正案(八)》第 1 条至第 19 条对刑法总则的修正内容主要涉及调整刑罚结构,包括对一些严重暴力犯罪被判处死缓罪犯的减刑、假释和延长在监狱的实际最低服刑期限作出新规定,延长了有期徒刑数罪并罚的刑期,完善了有关老年人⑥与未成年人从宽处理的规定;将"坦白从宽"的刑事政策法律

---

① 参见高铭暄:《走向完善的中国刑事立法》,载《法制日报》2011 年 5 月 18 日第 11 版。

② 高铭暄:《中国共产党与中国刑法立法的发展——纪念中国共产党成立 90 周年》,载《法学家》2011 年第 5 期。

③ 魏东主编:《刑法观与解释论立场》,中国民主法制出版社 2011 年版,第 389~406 页。

④ 刘伟:《刑法修正的基本动向及客观要求研究》,载《政治与法律》2011 年第 5 期。

⑤ 游伟:《刑法修改需更多民意参与》,载《人民法院报》2010 年 11 月 30 日第 2 版。

⑥ 《刑法修正案(八)》第 1 条规定,在《刑法》第 17 条后增加一条,作为第 17 条之一:"已满七十五周岁的人故意犯罪的,可以从轻或者减轻处罚;过失犯罪的,应当从轻或者减轻处罚。"第 3 条规定,在刑法第 49 条中增加一款作为第 2 款:"审判的时候已满七十五周岁的人,不适用死刑,但以特别残忍手段致人死亡的除外。"

化。① 另外还增加了社区矫正与人民法院禁止令的规定，② 这是首次在刑法修正案中肯定人民法院的禁止令，社区矫正首次被写入刑法。《刑法修正案（八）》第 9 条删去刑法第 68 条第 2 款 "犯罪后自首又有重大立功表现的，应当减轻或者免除处罚" 的规定，这也是刑法总则中唯一被废除的条文；《刑法修正案（八）》对刑罚制度进行了较大幅度的修改，如提高了数罪并罚中有期徒刑的最高限额，修改了缓刑制度、减刑制度、假释制度的有关规定，体现了立法机关重新审视和考量我国刑罚制度；此外，对刑法总则的修正还涉及累犯的相关规定，犯罪时不满十八周岁的人的前科报告义务的免除等。③

《刑法修正案（九）》对刑法总则的规定共涉及 4 个条文、4 项内容，一是新增规定非刑罚处罚措施，有的也称之为保安处分措施，即在非刑罚性处置措施的条文之下增加禁止从事一定职业的职业禁止规定。④ 二是对死刑缓期执行制度进行了修改完善，使得死刑缓期执行制度总体上更科学合理。在死缓变更的条文之中增加 "情节恶劣" 的核准执行死刑的实质性要件，限制死刑立即执行的适用。⑤ 三是对罚金刑的执行进行修改完善。在罚金的缴纳规定中增加 "经人民法院裁定" 的规定，作为被执行人 "可以延期缴纳、酌情减少或者免除罚金" 的程序性要件。⑥ 四是对于数罪并罚制度进行修改完善。新增有

---

① 参见黄太云：《刑法修正案解读全编——根据刑法修正案（八）全新阐释》，人民法院出版社 2011 年版，第 3 页。

② 《刑法修正案（八）》第 2 条规定，在《刑法》第 38 条中增加一款作为第 2 款："判处管制，可以根据犯罪情况，同时禁止犯罪分子在执行期间从事特定活动，进入特定区域、场所，接触特定的人。"原第 2 款作为第 3 款，修改为："对判处管制的犯罪分子，依法实行社区矫正。"增加一款作为第 4 款："违反第二款规定的禁止令的，由公安机关依照《中华人民共和国治安管理处罚法》的规定处罚。"

③ 梁娟：《刑法修正案研究》，中国政法大学 2011 年硕士学位论文。

④ 《刑法修正案（九）》第 1 条规定，在《刑法》第 37 条后增加一条，作为第 37 条之一："因利用职业便利实施犯罪，或者实施违背职业要求的特定义务的犯罪被判处刑罚的，人民法院可以根据犯罪情况和预防再犯罪的需要，禁止其自刑罚执行完毕之日或者假释之日起从事相关职业，期限为三年至五年。""被禁止从事相关职业的人违反人民法院依照前款规定作出的决定的，由公安机关依法给予处罚；情节严重的，依照本法第三百一十三条的规定定罪处罚。""其他法律、行政法规对其从事相关职业另有禁止或者限制性规定的，从其规定。"

⑤ 《刑法修正案（九）》第 2 条规定，将《刑法》第 50 条第 1 款修改为："判处死刑缓期执行的，在死刑缓期执行期间，如果没有故意犯罪，二年期满以后，减为无期徒刑；如果确有重大立功表现，二年期满以后，减为二十五年有期徒刑；如果故意犯罪，情节恶劣的，报请最高人民法院核准后执行死刑；对于故意犯罪未执行死刑的，死刑缓期执行的期间重新计算，并报最高人民法院备案。"

⑥ 《刑法修正案（九）》第 3 条规定，将《刑法》第 53 条修改为："罚金在判决指定的期限内一次或者分期缴纳。期满不缴纳的，强制缴纳。对于不能全部缴纳罚金的，人民法院在任何时候发现被执行人有可以执行的财产，应当随时追缴。""由于遭遇不能抗拒的灾祸等原因缴纳确实有困难的，经人民法院裁定，可以延期缴纳、酌情减少或者免除。"

关有期徒刑、拘役及管制数罪并罚的执行规定，数罪中有判处有期徒刑和拘役的，仅执行有期徒刑。数罪中有判处有期徒刑和管制的，有期徒刑执行完毕后，管制仍须执行。数罪中有判处拘役和管制的，拘役执行完毕后，管制仍须执行。① 此外，《刑法修正案（九）》还规定了因贪污罪而被判处死刑缓期执行的，人民法院根据犯罪情节等情况可以同时决定在其死刑缓期执行二年期满依法减为无期徒刑后"终身监禁，不得减刑、假释"。② 某种意义上说，《刑法修正案（八）》《刑法修正案（九）》对刑法总则的修改主要集中于刑罚制度的修改。

（二） 对刑法分则的修正

刑法修正案对刑法分则的修正，构成了刑法修改的主体，10 个刑法修正案共 171 个条文，③ 除了《刑法修正案（八）》中前 19 条和《刑法修正案（九）》中前 4 条是对刑法总则的修正外，其余 148 个条文都是针对刑法分则的修改完善。刑法分则的修正内容主要体现在以下三个方面：

1. 增设新罪

随着社会的发展变化，尤其是经济的飞速发展引发的各种问题对刑法不断地提出要求，为适应社会经济发展的需要，发挥刑法的功能，刑法适时地将一些严重危害社会的行为规定为犯罪，纳入刑法规制的范围。新的规定主要是为了解决目前定罪中的困惑和分歧，统一各地司法机关对这种行为的定性，彻底贯彻罪刑法定原则。④ 这些新增之罪一般表现为以下形式：

第一，直接在条文后增加一条作为该条之一（之二、之三……）而增加新罪。九个刑法修正案中共有 38 个条文直接在条文之后增加一条，如《刑法修正案（一）》第 1 条，在《刑法》第 162 条之后增加一条作为第 162 条之一，增设了隐匿、故意销毁会计凭证、会计账簿、财务会计报告罪，《刑法修正案（六）》又在《刑法》第 162 条之一后增加一条作为第 162 条之二，增设

---

① 《刑法修正案（九）》第 4 条规定，在《刑法》第 69 条中增加一款作为第 2 款："数罪中有判处有期徒刑和拘役的，执行有期徒刑。数罪中有判处有期徒刑和管制，或者拘役和管制的，有期徒刑、拘役执行完毕后，管制仍须执行。"原第 2 款作为第 3 款。

② 魏东：《刑法总则的修改与检讨——以〈刑法修正案（九）〉为重点》，载《华东政法大学学报》2016 年第 2 期。

③ 《刑法修正案》总计 9 个条文，《刑法修正案（二）》只有 1 个条文，《刑法修正案（三）》总计 9 个条文，《刑法修正案（四）》总计 9 个条文，《刑法修正案（五）》总计 4 个条文，《刑法修正案（六）》总计 20 个条文，《刑法修正案（七）》总计 15 个条文，《刑法修正案（八）》总计 50 个条文，《刑法修正案（九）》总计 52 个条文，《刑法修正案（十）》只有 1 个条文。

④ 参见周光权：《〈刑法修正案（九）〉（草案）的若干争议问题》，载《法学杂志》2015 年第 5 期。

了虚假破产罪。《刑法修正案（九）》第7条在《刑法》第120条之一后增加5条，作为第120条之二、第120条之三、第120条之四、第120条之五、第120条之六，增设了准备实施恐怖活动罪（第120条之二），宣扬恐怖主义、极端主义、煽动实施恐怖活动罪（第120条之三），利用极端主义破坏法律实施罪（第120条之四），强制穿戴宣扬恐怖主义、极端主义服饰、标志罪（第120条之五），非法持有宣扬恐怖主义、极端主义物品罪（第120条之六）。

第二，在原条文后增加款或增加新罪，或新增单位犯罪。前者如《刑法修正案（五）》中，在《刑法》第369条中增加一款作为该条第2款，增设了过失损坏武器装备、军事设施、军事通信罪；《刑法修正案（七）》中第2条在《刑法》第180条中增加一款作为该条第4款，增设了利用未公开信息交易罪；后者如《刑法修正案（九）》第26条在《刑法》第285条中增加一款作为第4款："单位犯前三款罪的，对单位判处罚金，并对其直接负责的主管人员和其他直接责任人员，依照各该款的规定处罚。"第27条在《刑法》第286条中增加一款作为第4款："单位犯前三款罪的，对单位判处罚金，并对其直接负责的主管人员和其他直接责任人员，依照第一款的规定处罚。"

第三，修改补充原条文内容，从原有罪名中分离出或者补充出新罪名。如《刑法修正案（六）》第1条修改《刑法》第134条，将《刑法》第134条分离为两款，第2款规定将强令违章冒险作业行为单列出来，增设了强令违章冒险作业罪；其对《刑法》第303条的修改亦是如此，将开设赌场行为从原赌博罪中分离出来、单独列出，增设了开设赌场罪。《刑法修正案（四）》第6条将《刑法》第344条由原来的"非法采伐、毁坏珍贵树木的"修改为"非法采伐、毁坏珍贵树木或者国家重点保护的其他植物的，或者非法收购、运输、加工、出售珍贵树木或者国家重点保护的其他植物及其制品的"，这样在修改的同时就补充增设了非法收购、运输、加工、出售国家重点保护植物、国家重点保护植物制品罪。

2. 修正构成要件

第一，修改原文罪状内容，不改变罪名，也不增加新罪名，仅增加行为对象，增设行为方式，扩大处罚范围，如《刑法修正案（九）》第37条对《刑法》第309条扰乱法庭秩序罪增设了新的行为类型，所新增第3款、第4款"侮辱、诽谤、威胁司法工作人员或者诉讼参与人，不听法庭制止，严重扰乱法庭秩序的"与"有毁坏法庭设施，抢夺、损毁诉讼文书、证据等扰乱法庭秩序行为，情节严重的"，这两款内容即是行为方式的增设。

第二，修改原有罪状，并取消旧罪名，替之以新罪名。一般表现为修改旧罪的构成要件，如扩大客体范围，完善犯罪客观要件、扩充犯罪主体、规范犯罪主观方面等，赋予旧罪新内容，从而增加新罪名。如《刑法修正案（一）》第4条、第5条修改《刑法》第180条、第181条和第182条规定的行为对象，由修改前的仅限于证券领域扩充到证券和期货两个领域，罪名相应地也由修改前仅为证券一个方面的犯罪扩充为证券、期货两个方面的犯罪；《刑法修正案（一）》第3条对《刑法》第174条进行了补充，在金融机构的经营许可证之外增加了金融机构的批准文件，罪名修改为伪造、变造、转让金融机构经营许可证、批准文件罪，实际上将伪造、变造、转让金融机构批准文件的行为增加规定为犯罪；《刑法修正案（六）》第7条对《刑法》第163条进行了修改，将主体从"公司、企业的工作人员"扩大到"公司、企业或者其他单位的工作人员"，罪名也由公司、企业人员受贿罪修改为非国家工作人员受贿罪；《刑法修正案（六）》第5条扩展了《刑法》第161条中的行为方式，增加规定"对依法应当披露的其他重要信息不按照规定披露而严重损害股东或者其他人利益，或者有其他严重情节的行为"为犯罪，并将罪名修正为违规披露、不披露重要信息罪。

3. 调整法定刑

纵观历次的刑法修改，法定刑的调整是刑法修改的主要内容之一，其中包括刑罚幅度的降低和提高、死刑的废除以及罚金刑的完善。

第一，降低或者提高法定刑。10个刑法修正案中有多个被降低法定刑的罪名，如绑架罪、传授犯罪方法罪等。修改的主要形式如《刑法修正案（七）》在《刑法》第339条绑架罪的刑罚中增加规定"情节较轻的，处五年以上十年以下有期徒刑，并处罚金"，将原本最低十年有期徒刑的刑罚降低为五年有期徒刑。不过，刑法修改中占主要部分的是提高部分个罪的法定刑，如《刑法修正案（六）》将《刑法》第312条掩饰、隐瞒犯罪所得、犯罪所得收益罪的法定刑幅度提高，在原本仅规定"处三年以下有期徒刑、拘役或者管制，并处或者单处罚金"的基础上增加了"情节严重的，处三年以上七年以下有期徒刑，并处罚金"；《刑法修正案（七）》将《刑法》第395条巨额财产来源不明罪的法定最高刑由5年有期徒刑提高到10年有期徒刑。在历次的刑法修改中增加或降低刑法个罪的法定刑，充分体现了我国宽严相济的刑事政策。

第二，废除死刑。废除死刑可以说是理论界和实务界关注焦点，终于在《刑法修正案（八）》得以实现，《刑法修正案（八）》一次废除了13个罪名的死刑，主要是取消了近年来较少适用或者基本未适用的经济性非暴力犯罪的死刑，具体包括：走私文物罪，走私贵重金属罪，走私珍贵动物、珍贵动物制品罪，走私普通货物、物品罪，票据诈骗罪，金融凭证诈骗罪，信用证诈骗罪，虚开增值税专用发票、用于骗取出口退税、抵扣税款发票罪，伪造、出售伪造的增值税专用发票罪，盗窃罪，传授犯罪方法罪，盗掘古文化遗址、古墓葬罪，盗掘古人类化石、古脊椎动物化石罪。其中如传授犯罪方法罪规定的死刑从来没有适用过，属于刑法中虚置的死刑。《刑法修正案（九）》又进一步取消了9个非暴力性罪名的死刑，分别是走私武器、弹药罪，走私核材料罪，走私假币罪，伪造货币罪，集资诈骗罪，组织卖淫罪，强迫卖淫罪，阻碍执行军事职务罪，战时造谣惑众罪。我国的现有死刑罪名降至46个。同时，《刑法修正案（九）》进一步提高了死缓罪犯实际执行死刑的门槛，规定死缓期间故意犯罪，只有情节恶劣的，才可以报请、核准死刑。死刑罪名的进一步取消，死刑实际执行门槛的提高，都体现了我国宽严相济的刑事政策落实以及逐步减少死刑适用的趋势，同时也是对公众死刑观念的正确引导。

第三，完善罚金刑。罚金刑数额的确定方式主要有普通罚金刑、比例罚金刑、无限额罚金刑、日额罚金刑等。我国现行的罚金刑数额属于无限额罚金刑。作为附加刑的罚金刑在历次刑法修改中得到了补充完善，比如取消了某些罪名的罚金刑适用标准，即删除了按一定比例或倍数确定罚金的标准。如生产、销售假药罪，生产、销售不符合食品安全标准的食品罪，生产、销售有毒、有害食品罪，原刑法对这些罪名单处或者并处罚金都限定了按照销售金额百分之五十以上二倍以下的标准，《刑法修正案（八）》就删除了这些限定标准，意味着单处或者并处的罚金既可以低于销售金额百分之五十以下，也可以高于销售金额二倍以上，增大了法官关于罚金刑的数额标准的自由裁量权，也保持了罚金刑处罚规定的统一性。除此之外，还在某些罪名的量刑中增加了罚金刑，即修正案针对部分罪名本身尚未设置罚金刑的增设了罚金刑，如《刑法修正案（八）》在《刑法》第274条敲诈勒索罪的法定刑中增设了罚金刑；《刑法修正案（九）》第5条中对组织、领导恐怖活动组织的，积极参加恐怖活动组织的增设"并处罚金"，其他参加恐怖活动组织的"可以并处罚金"；同时还修改了行贿罪的罚金刑设置，行为人构成行贿罪的，一律判处罚金，情节特别严重的，并判处罚金或没收财产，同时也增加了单位行贿罪、介绍贿赂罪的罚金刑规定。

二、刑法修改原则的现状

我国法律中刑法的修改次数应该算是最多的，无论是1979年《刑法》还是现行的1997年《刑法》。其中1979年《刑法》之后通过颁布单行刑法的形式共修改了23次，除去那些对刑法所作的立法解释以及司法解释，1997年《刑法》的修正案现已有10个，修改次数远远超过其他法律。而且修改的数量也在增多，近三次的刑法修正案条文已达到50余条。可见，我国刑法正处于大幅度修改时期。在频繁的刑法修改过程中，只有坚持刑法修改的原则，才能把握刑法理性修改的方向。

（一）刑法修改的原则概览

刑法与其他部门法相比，具有保障人权、惩治犯罪的最后手段性，刑法的修改不能随意而为，为保持刑法规范的效力及威信应遵循一定的修改原则。刑法修改原则应是指在刑法的修改过程中必须普遍遵循的根本准则且为刑法修改所特有。尽管刑法修改原则对于修改活动具有宏观上的指导作用，但在刑法修改过程中，无论是立法性文件还是修改草案说明，都很少有明确指出采用了哪一原则的，某种意义上，刑法修改原则是刑法长期修改过程中积淀下来的修改准则，对这些原则的讨论基本都是基于学界对刑法修改原则的概括总结。

刑法修改的研究自 1979 年《刑法》实行之后开始萌芽，[①] 在广义上，法律的修改是一项重要的立法行为。[②] 刑法修改作为法律修改的具体形式，当然也属于广义上的立法行为。据此，刑法修改研究经常以立法研究的形式出现，立法的一般原则应适用于刑法的修改中，这也就是有关刑法修改原则常被包含在立法原则里进行阐述的原因之一。关于刑法立法的一般原则，存在不同的主张。有人认为一般原则主要有合宪性原则、合法性原则、民主化原则、科学性原则、法制统一原则、原则性与灵活性相结合的原则，以及保持法的稳定性、连续性与适时性相结合的原则，立足本国现实与吸收、借鉴历史和外国经验的原则。[③] 有人认为刑法的立法原则有明确原则、公正原则、谦抑性原则、协调原则和稳定原则。[④] 因此，从刑法立法原则出发，有学者认为刑法修改的原则主要包括立法权限的统一性、立法思想的统一性、立法时间的及时性与立法内容的协调性等。[⑤] 以上种种均是专门从刑法典立法的角度讨论刑法修改原则的。

另有学者并非专门讨论刑法的修改原则而仅仅讨论的是特别刑法的立法原则，但考虑到包括单行刑法、附属刑法在内的特别刑法立法本身就是对刑法的修改与补充，因而也可以把这些特别刑法的立法原则探讨视为刑法的修改原

[①] 参见高铭暄、赵秉志：《新中国刑法学研究历程》，中国方正出版社 1999 年版，第 101 页。

[②] 参见郭道晖：《法律修改方略述评》，载《中国法学》1989 年第 6 期。

[③] 参见杨斐：《法律清理与法律修改、废止关系评析》，载《太平洋学报》2009 年第 8 期。

[④] 参见金泽刚：《法定刑的立法原则与新刑法中法定刑的立法缺陷探微》，载《法学评论》1999 年第 2 期。

[⑤] 参见赵国强：《刑事立法导论》，载《刑事法专论（上）》，中国方正出版社 1998 年版，第 165 页。

则。有的认为特别刑法的立法主要有与刑法典基本原则相一致[①]的原则、立法必要性原则、立法内容协调原则、立法方法多样化、立法内容明确化等原则。也有的认为附属刑法规范的立法需要遵循立法权的统一性、立法方法的多样性、立法内部的协调性与立法技术的科学性等原则。[②]

然而，无论是从刑法典角度考量刑法修改原则，还是从特别刑法角度探讨刑法修改原则，都没有脱离刑法立法原则的范围。由于刑法立法原则不能概括地等同于刑法修改原则，导致了学界关于刑法修改原则的定论各异。

（二）刑法修改具体原则的现状梳理

关于刑法修改具体原则的探讨各有特色，并没有孰是孰非之分，具体梳理如下：

有学者认为，在刑法修改中应遵循理由充分原则、刑罚合理化原则、明确化原则、科学归类原则。这一原则的遵循，意在对于危害行为的犯罪化应做到罪刑法定与罪刑相适应，应具有充分的犯罪化理由；对于危害性相当的犯罪，应进行综合平衡，在法定刑力度上应基本相同；分则罪名的表述即罪名、罪状及法定刑应予以明确，不易引起歧义和操纵上的困难；特别刑法的罪刑条款应以我国现行刑法分则以同类客体为犯罪分类依据，对罪刑各条款作科学界定、合理划分。[③]

有学者认为，惩办与宽大相结合的刑事政策对于刑法修改具有重要的指导意义，因而应当成为刑法修改的指导思想。对刑法修改要求具有前瞻性，应当以科学理性为指导，而不能受情绪冲动的制约；还应当注意树立我国刑法的国际形象。[④] 现今也有学者认为《刑法修正案（八）》中坦白制度法律化遵循的是宽严相济的刑事政策以及司法公正与效率。[⑤]

亦有学者从刑法本身所应有的效益价值、公正价值、人道价值论及对刑法修改的要求，这些价值上的修改要求也可视为刑法修改的原则性要求。如有人认为我国经济刑法立法应当遵循有限性原则、控制性原则、效益性原则。[⑥] 首

[①] 参见赵秉志：《中国特别刑法研究》，中国人民公安大学出版社 1997 年版，第 14～22 页。

[②] 参见赵秉志、张智辉、王勇：《中国刑法的运用与完善》，法律出版社 1989 年版，第 359～370 页。

[③] 参见林亚刚、贾宇：《论特别刑法的立法特点及在分则修改中的吸收》，载《中外法学》1997 年第 1 期。

[④] 参见陈兴良：《刑法修改的指导思想》，载《政治与法律》1997 年第 1 期。

[⑤] 参见段启俊、刘源吉：《〈刑法修正案（八）〉新增坦白制度的理解与适用》，载《法学杂志》2012 年第 7 期。

[⑥] 参见魏昌东：《经济风险控制与中国经济刑法立法原则转型》，载《南京大学学报（哲学人文科学·社会科学）》2011 年第 6 期。

先刑法本身具有效益价值，有效性、必要性、有利性与节俭性是刑法的效益价值的内在规定。有效性即刑法的设置与运行应该起到控制犯罪的作用；有利性，就是指刑法的运行所耗费的社会资源、成本、代价与其所取得的效果之间，应有尽可能大的余额；必要性意指只有其他社会控制措施与其他法律规范不足以控制的行为始可成为刑法规制的对象；节俭性即是在同样的控制犯罪的效果可以由代价不同的刑罚实现的情况下，代价小的刑罚便构成唯一合适的选择。其次是刑法的公正价值包括等价性，在作为惩罚手段的刑罚与作为惩罚对象的犯罪之间，存在一种害或恶的对应关系；平等性，同罪同刑意味着犯罪相同的人，所受到的惩罚应该相同，且平等注重的是刑法对人以及人价值的同等看待；宽容性作为与严厉相对应的范畴，宽容缓和着对犯罪的评价；奖赏性，它基于犯罪人在犯罪后所为之有益于社会之事而缓解犯罪人本应承受的惩罚。再次，刑法的人道价值要求不得剥夺人的基本权利和保障人的最低待遇，刑法不得剥夺犯罪人作为人的基本权利构成刑法人道性的首要规定，犯罪人作为人而存在，其作为人生存的最低待遇便应该得到保障。[①] 其中关于刑法修改的必要性，有学者认为，对刑法的修改，必须反映社会现实的最新发展状况，反映社会现实的需要，规范调整相关社会关系。我国刑法修正案对刑法的修改正是必要性原则的反映。[②] 这种必要性原则反映在死刑的调整上，就是减少死刑罪名时既要适应我国经济、政治、社会发展形势的需要，体现我国社会主义法治的文明进步，又要考虑维护国家安全、社会治安、社会稳定和反腐败斗争的需要，考虑公众的心理感受和社会的接受程度，以循序渐进的方式作出调整为宜。即死刑调整应遵循适应原则、需求原则及社会承受原则。[③]

再有学者，认为刑法修改的原则包括合法性、合理性、协调性与慎重性四项内容。[④] 我国还有学者在评析《刑法修正案（九）草案》时主张刑法修改要充分评估，注重负面效果，规定应更明确，修改时将违法行为犯罪化要慎重，某些规定不宜在分则中增设，修改应该顺势而为。[⑤] 首先，刑法修改要充

---

① 参见邢馨宇、邱兴隆：《刑法的修改轨迹应然与实然兼及对刑法修正案八的评价》，载《法学研究》2011 年第 2 期。

② 参见高铭暄、吕华红：《论刑法修正案对刑法典的修订》，载《河南省政法管理干部学院学报》2009 年第 1 期。

③ 参见黄太云：《〈刑法修正案（八）〉解读（一）》，载《人民检察》2011 年第 6 期。

④ 参见王政勋：《刑法修正论》，陕西人民出版社 2001 年版，第 53～54 页。

⑤ 参见周光权：《〈刑法修正案（九）〉（草案）的若干争议问题》，载《法学杂志》2015 年第 5 期。

分评估，注重负面效果。如草案第 13 条修改《刑法》第 241 条第 6 款①有关对收买妇女、儿童者从轻、减轻、免除处罚的规定不利于保护妇女儿童；第 41 条的修改②也不利于有效打击腐败犯罪，因为司法实践中一般从行贿人打开贪腐案件突破口的现实，如果行贿人在被追诉时主动交代行贿行为，不能免除处罚，将不利于反腐。其次，个别规定需要更为明确。如草案第 1 条在《刑法》第 37 条后增加一条作为第 37 条之一规定的职业禁止，应当明确是否属于新增刑种，是否与"禁止令"一样需要在判决时同时宣告。而"公安机关依法给予处罚"中公安机关执行的依据也应当予以明确。与此相类似的问题还有草案第 14 条的规定③，公安机关提供协助的依据、拒不协助的后果以及法院的处理措施都未明确。再次，修改时将违法行为犯罪化要慎重。如草案第 28 条规定在《刑法》第 290 条中增加两款作为第 3 款、第 4 款，④ 将征地拆迁补偿、案件处理等事件中的正当要求在得不到及时处理或者任何回应之后的过激行为犯罪化，不利于督促地方党政机关依法施政，也容易导致罪刑失衡；草案第 32 条将替代考试、考试作弊作为犯罪规定在《刑法》第 304 条后增加一条作为第 304 条之一，但国家规定考试的范围不明确，考试类型过多，处罚范围还需要限定，对替考者、让他人替考者进行行政处罚已经足够，将其犯罪化可能处罚过严。最后，应该顺势而为，修改原有不合理的介绍贿赂罪。⑤ 认为草案仅对增设罚金刑作出规定是明显不够的，应该删除本罪的处刑部分，规定介绍贿赂行为"以受贿罪共犯论处"。

还有学者，虽没直接概括刑法修改的原则，但对我国刑法现代特点总结的同时，其实质即是对刑法修改原则现状的概括。他们认为，现代刑法注重刑法理念的时代更新，包括刑法的人权保障理念、民生保护理念、宽严相济理念；

---

① 草案第 13 条规定将《刑法》第 241 条第 6 款修改为："收买被拐卖的妇女、儿童，按照被买妇女的意愿，不阻碍其返回原居住地的，对被买儿童没有虐待行为，不阻碍对其进行解救的，可以从轻、减轻或者免除处罚。"《刑法》此处原规定为"可以不追究刑事责任"。

② 草案第 41 条将《刑法》第 390 条中"行贿人在被追诉前主动交待行贿行为的，可以减轻处罚或者免除处罚"的规定，修改为"行贿人在被追诉前主动交待行贿行为的，可以从轻或者减轻处罚。其中，犯罪较轻的，检举揭发行为对侦破重大案件起关键作用，或者有其他重大立功表现的，可以免除处罚"。

③ 草案第 14 条规定在《刑法》第 246 条中增加一款作为第 3 款："通过信息网络实施第一款规定的行为，被害人向人民法院告诉，但提供证据确有困难的，人民法院可以要求公安机关提供协助。"

④ 草案第 28 条规定在《刑法》第 290 条中增加两款，作为第 3 款、第 4 款："多次扰乱国家机关工作秩序，经处罚后仍不改正，造成严重后果的，处三年以下有期徒刑、拘役或者管制。""多次组织、资助他人非法聚集，扰乱社会秩序，情节严重的，依照前款的规定处罚。"

⑤ 草案第 43 条规定将《刑法》第 392 条第 1 款修改为："向国家工作人员介绍贿赂，情节严重的，处三年以下有期徒刑或者拘役，并处罚金。"

强化刑法立法的法典化方向，1997 年修订刑法典，自此之后采取的是刑法修正案的方式，进一步有效地保证了刑法的统一性；同时坚持刑法改革的国际化趋向，其中死刑改革、轻刑制度改革的国际化趋向明显；还深化新型犯罪的刑法治理，完善了恐怖主义犯罪、危害食品药品安全犯罪、贪腐犯罪、网络犯罪等的刑法治理。①

另有学者针对刑法修改中的行政刑法修改予以阐述，认为，行政刑法修改有别于刑法一般修改，应遵循间接调整、以行为为本位、照应型规范与独立型规范结合、设置特有的刑罚种类等立法原则。②

根据学界对刑法修改原则的概括总结，现实中刑法修改所遵循的原则大致可以归纳为必要原则、明确原则、适时原则、均衡原则和效益原则。

1. 必要原则

所谓刑法修改的必要原则，是指在刑法修改过程中，增减罪名或者调整刑罚力度应该是在其他法律规范无法调整的情况下做出的必要选择。刑法对于新罪的增加以及法定刑提高应该是在别无他法的情况下才能做出的修改，其对必要性的要求比其他的立法形式更加明显。对于刑法修改的必要性要求应该体现在三个方面，即社会法治的需要、保障人权的需要以及刑法本身谦抑性的要求。

首先是社会法治的需要，在修改刑法时坚定法治原则，就是要通过犯罪化途径，把相当部分的危害行为规定为新罪或者增加为某罪新的行为类型。因为既不能对所发生的危害行为放任不管，也不能通过不合法的方式来处理所发生的危害行为。③ 近年来，信息技术和网络运用快速发展，我国成为互联网用户第一的国家。在网络迅速发展的同时网络犯罪也持续大幅上升，为打击破坏计算机网络安全犯罪活动，《刑法修正案（七）》在《刑法》第 285 条中增加两款作为第 2 款、第 3 款新增非法获取计算机信息系统数据、非法控制计算机信息系统罪以及提供侵入、非法控制计算机信息系统的程序、工具罪。④ 此举即为刑法修改的必要性所体现的法治需要，网络世界已成为新的犯罪空间，犯罪形势日趋严峻，冲击着我国的法律秩序。网络思维的演变与网络罪情的发展要

---

① 参见赵秉志：《中国刑法的演进及其时代特色》，载《南都学坛（人文社会科学学报）》2015年第 2 期。

② 参见刘宪权、张娅娅：《行政刑法立法原则重构》，载《西部法学评论》2009 年第 5 期。

③ 参见冯军：《刑法再修改的理念与规则——以现今的议论为根据》，载《河北大学学报（哲学社会科学版）》2007 年第 6 期。

④ 参见黄太云：《刑法修正案解读全编——根据〈刑法修正案（八）〉全新阐释》，人民法院出版社 2011 年版，第 151 页。

求刑事立法模式的调整。① 有学者甚至主张通过在刑法典中设立独立的"网络犯罪"章节来应对现实网络犯罪的需要，并由此着力思索今后刑事立法和司法解释的投放方向。② 这种增加新罪名或是拟设置新章节以规范网络空间秩序的修改形式显然是为了适应现代法治的需要，也从侧面反映了当存在新的犯罪空间时，刑法不得不以增加新罪的修改方式对其进行相应的规制。

其次是人权保障的需要，保障人权是现代法治国家最重大的使命。为了加强人权保障，在修改刑法时，刑法对民生的关注和保障是刑法修改的一个基本价值追求。如《刑法修正案（三）》对于恐怖活动犯罪的相应修改，虽然主要是基于维护社会安全和社会秩序的现实需要，但客观上也会对公民的生命、财产安全的保障产生积极影响，体现了民生保障的基本要求。再如《刑法修正案（六）》中对"重大安全生产事故"犯罪的修改；《刑法修正案（七）》中对于"非法泄露、获取公民个人信息犯罪行为"的打击，虽然这是根据经济和社会形势发展的需要，在充分听取各方面意见的基础上对刑法所作的一次新的修正，是刑事法律自我完善的最新体现的内容之一，但从立法目标上看，修正案将保护个人隐私纳入刑法之中是对公民的人身、财产安全和个人隐私权的有力保障；《刑法修正案（八）》中第 22 条对于飙车和醉酒驾驶行为的增加规定、第 41 条对于恶意欠薪行为的增加规定，都被视为此次刑法修改中体现保护民生的明确规范。③ 加强人权保障不仅体现在历次的刑法修正案中，在司法机关颁布的司法解释中也有充分的体现，如为保障未成年人的合法权益而颁布的有关未成年人刑事案件的司法解释。

最后是刑法修改的必要原则是刑法本身谦抑性的要求，在修改刑法的过程中应保持刑法谦抑性为必要。刑法的谦抑性，就是根据一定的规则控制处罚范围，即犯罪圈的划定问题。在处罚程度问题上，对于已经确定为犯罪的行为，如果以较轻的刑事责任实现方式足以抑制该种犯罪行为，就不用较重的刑罚去处罚。④ 随着社会的发展变化，越来越多的人意识到，刑罚并不是处理所有犯罪的最佳选择。在修正刑法的过程中出现了一定的重刑主义倾向，很大程度上是因为刑法谦抑性原则的缺失。有学者认为中国目前实现刑法谦抑性的途径不

---

① 参见于志刚：《网络犯罪与中国刑法应对》，载《中国社会科学》2010 年第 3 期。

② 参见于志刚：《网络思维的演变与网络犯罪的制裁思路》，载《中外法学》2011 年第 1 期。

③ 参见江登琴：《民生保障的刑法之维及其限度——以〈中华人民共和国刑法修正案（八）〉为视角》，载《江汉大学学报（社会科学版）》2011 年第 4 期。

④ 参见王军明：《论刑法修正与刑法谦抑原则》，载《和谐社会的刑法现实问题（下卷）》，中国人民公安大学出版社 2007 年版，第 1362 页。

在于非犯罪化和非刑罚化，而在于大幅度地降低刑罚量，逐渐实现轻刑化。[1] 在此意义上，我国刑法修改过程中逐步取消部分犯罪的死刑设置就是对刑法谦抑性的遵从。在单行刑法的修改形式中，经济刑法的修改属于刑法修改的重要部分，修改范围不能超过刑法的范围。同时适度干预要求国家充分尊重经济自主，经济刑法在保障经济法建构的经济秩序时，也应遵循适度性与必要性原则。[2]

2. 明确原则

刑法修改的明确原则不仅是指在刑法修改过程中应尽力保持用语的简洁完整，不产生歧义，还包括修改内容的确定。修改时用语表达的精确其实是对修法技术的要求，而修改内容的明确不仅包括法定刑的确定，还包括罪状的确定。法定刑明确要求调整法定刑时增加或减少确定刑种，包括刑罚的种类和数量确定，是主刑还是附加刑，是单一刑种还是多个刑种，以及明确附加刑的适用方式，是单处还是并处。[3] 如《刑法修正案（九）》中有关《刑法》第69条规定的修改，使管制和附加刑的执行规定更为具体，并且分别规定了合并执行与分别执行等执行方式。该修改细化了刑罚执行的规定，增强了司法运用的可行性，充分体现了刑法修改的明确原则。法定刑的明确还包括刑度的明确，刑度的明确与法定刑的立法类型密切相关。刑度的明确化必然排斥绝对不确定法定刑的适用，但也不仅仅是法定刑的绝对确定化。只有相对确定的法定刑，才既可以使司法机关在法定刑度内根据案件具体情况确定应当判处的刑罚，又可以避免司法机关不受法律的制约而滥用刑罚。此外，适应罪责刑相适应原则的要求，明确原则还要求法定刑空间的相对狭小，对那些犯罪情形较复杂的犯罪更是如此。这就要求立法者依据罪行的轻重区别不同情况，划分法定刑的档次或者层次，形成档次相接、层次分明的刑罚布局。

罪状是分则条文对具体犯罪构成特征所做的描述，被视为犯罪构成的住所。在刑法理论上根据对罪状描述方式的不同，通常将罪状分为简单罪状、引证罪状、空白罪状和叙明罪状。从法律适用的角度来看，罪状为司法人员指明了适用刑法规范的条件，某一行为只有符合刑法规范所规定的罪状，才能按该规范定罪。可以说罪状的明确性程度直接决定和影响着刑法的刑事调控范围，即刑事法律中所规定的可以构成犯罪应被追究刑事责任的范围。故此，欲实现

---

[1]　参见陈兴良：《刑法哲学》，中国政法大学出版社1992年版，第6～7页。

[2]　参见魏昌东：《经济风险控制与中国经济刑法立法原则转型》，载《南京大学学报（哲学人文科学·社会科学）》2011年第6期。

[3]　参见金泽刚：《法定刑的立法原则与新刑法中法定刑的立法缺陷探微》，载《法学评论》1999年第2期。

刑法修改的明确性，首先需要修法者对具体犯罪的构成特征做清晰明了的表述。这就要求在表述个罪的构成特征时，尽量多地使用叙明罪状、少用或不用简单罪状、科学使用空白罪状，以最大限度地实现罪状表述的明确化。

3. 适时原则

法律思维既偏好于维护社会的稳定性又无时不适应着社会的变革性，刑法修改的适时原则是指刑法的修改应符合刑事法律制度的稳定性以及规制新型犯罪的及时性。一方面，法治是社会存在的客观反映和要求，一定时期的社会发展状况总是相对稳定的，这决定着国家的法律和制度也具有相对稳定性。[①] 刑法修改也应与法治的稳定性相一致。刑法修改的时间间隔应在相对稳定的区间，不应频繁的变动，否则将影响刑事法律秩序的稳定，刑法修改活动也不具有预见性。在 1979 年《刑法》颁布之后，受整个国家法律制度不健全的影响，不断更新的单行刑法变动较大。这样的修改显然有违法律的稳定性要求，不利于刑法一般预防功能的发挥。另一方面，社会的快速发展也带来了犯罪形式的变化，从而导致刑法不断被修正。一旦社会中出现新型的严重危害社会的行为或新的犯罪形式，立法机关就会及时地修正刑法，增设新罪或修改旧罪。例如，在日益重视经济发展和经济效益的社会环境下，社会上一些不法生产企业雇佣未成年人从事高危险性的生产劳动，造成严重的人身伤害和社会后果，《刑法修正案（四）》就增设雇用童工从事危重劳动罪以打击此类犯罪行为。又如，由于人们的安全意识越渐淡薄，社会上各个领域的安全事故不断发生，相关负责人员不报、谎报安全事故的行为也随之出现，《刑法修正案（六）》便适时增设了不报、谎报安全事故罪。再如，《刑法修正案（七）》增设了组织、领导传销活动罪、侵犯公民个人信息的犯罪，都体现了刑法为规范社会主义市场经济秩序和保障公民权利的及时修正。[②] 综上而言，刑法修改的适时原则是现在刑法修改一直坚持遵循的原则之一。

4. 均衡原则

刑法修改的均衡原则不仅包括在修改时保持罪刑均衡、各罪之间的协调，还包括保障人权的平等以及保持国内外法律步伐的一致。首先，现行刑法第5条明确地把罪刑均衡规定为刑法的基本原则，罪刑均衡不仅是刑事司法的重要原则，也是刑事立法的重要原则。如果刑事立法上对犯罪配置的法定刑不合

---

① 参见金泽刚:《法定刑的立法原则与新刑法中法定刑的立法缺陷探微》，载《法学评论》1999年第 2 期。

② 参见王永兴:《综述历次刑法修正：内容、特点和原因——兼论和谐社会视野下的刑法修正案》，载《西南政法大学学报》2009 年第 5 期。

理，则很难在刑事司法中实现罪刑相适应。刑法修改的罪刑均衡原则是指在增加不同的罪名或者增减法定刑时，考虑刑罚与其罪行的危险程度相适应。罪行的实质不同，其刑罚也就不同。具体在刑法修改中的体现就是法定刑对于需要修改的刑罚，既有增加又有减少，轻罪轻罚、重罪重罚。历次刑法修正案对大多数犯罪采取提高其法定刑的方式予以修正，但近几年来刑法修正中也废除了不少死刑，尤其是经济类犯罪的死刑，如《刑法修正案（七）》对偷税罪和绑架罪的处罚所作的修改，减轻了其法定刑，首次肯定轻刑化制裁，符合当今世界刑法轻刑化的发展趋势，这种对刑罚结构的修正调整充分体现了宽严相济的刑事政策和罪刑相适应的基本原则。其次，各罪之间的协调不仅是指不同罪名的犯罪之间刑种与刑度的协调，还包括相同罪名但轻重程度不同的犯罪之间刑种和刑度的协调。它既要求同一章节的犯罪之间法定刑要保持平衡，还要求不同章节的犯罪之间的法定刑也应保持平衡。同时，刑法自身各异罪之间也需要相互协调均衡。如《刑法修正案（五）》增设的妨害信用卡管理罪，就是为了与相关的信用卡犯罪相协调；《刑法修正案（六）》增设的枉法仲裁罪，也是为了与相关的枉法裁判犯罪相均衡协调。罪名适用的协调还体现在刑法修正与非刑事法律制定的相互协调性。近年来，立法机关陆续制定或修订了《证券法》《企业破产法》《治安管理处罚法》《反洗钱法》等非刑事部门法，历次刑法修正紧随着也进行了相应修改。如《刑法修正案（六）》所增设的操纵证券、期货市场罪，虚假破产罪，组织残疾人、儿童乞讨罪，修改的洗钱罪等都是为了与相关法律协调统一。历次刑法增改新罪时基本都保持了与其他部门法的衔接性和刑法自身各罪之间的协调性。① 再次，刑法修改均衡原则中保障人权平等是指在修改刑法时，要对所有的法益都同样加以保护，不能因为法益主体具有不同的身份和性别等而在法益保护上区别对待。平等思想不仅是适用法律的原则，而且是刑事立法修法的指导理念，我国《刑法》第 4 条也明确规定刑法适用平等原则。《刑法修正案（九）》将《刑法》第 237 条强制猥亵罪的对象由妇女修改为他人，旨在用刑法规制实践中时有发生却无相应法条保护的严重侵犯男性性权利的事件，这一修改从性别上体现了刑法的平等保护原则。最后，刑法修改的国际化是指在修改刑法时，也要适应国际社会文明进步的潮流，应尽快将我国参加的国际条约所规定的犯罪转化为国内刑法上的犯

---

① 参见王永兴：《综述历次刑法修正：内容、特点和原因——兼论和谐社会视野下的刑法修正案》，载《西南政法大学学报》2009 年第 5 期。

罪。① 我国刑法修改也基本遵循了这一原则，如《刑法修正案（七）》增设的特定关系人受贿罪，即是将以非公职人员为主体实施的影响力交易行为与《联合国反腐败公约》影响力交易的有关规定相协调；修改巨额财产来源不明罪的罪状和刑罚则是与《联合国反腐败公约》中资产非法增加罪的规定相协调；拓宽掩饰、隐瞒犯罪所得、犯罪所得收益罪的主体范围也是为了与《联合国反腐败公约》中追究法人窝赃的规定相对接，有效履行国际公约义务。

5. 效益原则

法律的制定通常受制于国家的经济、政治及社会发展等因素，而当一部法律颁布施行之后则会表现出一定的独立性，不能朝令夕改，否则会损害法律的稳定性及造成立法资源的浪费。在维护刑法稳定性及谦抑性要求的前提下，修改已纳入刑法调整范围、受刑法否定评价的行为应遵循效益原则。效益原则是指修改刑法时需要注重其修改的成本以及之后在司法运用中的效果，即在保证刑法有效性的同时考虑刑法修改成本。有人认为，刑事立法成本是指制定、修改、废除刑事法律所耗费的人力、物力、财力。② 也有学者主张刑事立法成本应指刑法所确立的罪与刑给社会造成的损失，刑法修改中以效用为宗旨，在减少刑法成本时，不应损及刑法的有效，将两者结合作为经济性原则的内容。③ 我们也主张在刑法修改中应该讲究修改的成本，追求刑法修改的效益，即不必要以刑法归罪的不将其规定为罪，不必要增加或者减少法定刑的不予调整。

刑法修改遵守的效益原则以司法实践的运行效果及再修改的幅度为检验标准。"徒善不足以为政，徒法不足以自行。"④ 法律的生命在于其在司法实践中的运用，任何修法的内容最终都要归结于司法。修改后的刑法也要求满足于司法实践的需要，司法实践检验着刑法修改的效果。在原有刑法规定不足以适应现实生活时，刑法需要作出及时的修改。这不仅要求修改者对刑法在司法实践中出现的弊端了如指掌，还要求熟悉刑法运行中遇到的新情况，如此才能使修改的内容不仅具有针对性且兼具有效性，也才符合刑法修改的效益原则。除此，是否坚持了刑法修改的效益原则还可以通过以后再修改的幅度来判断。刑法规范是所有法律规范中的最后防线，不能随意调整，要求修改者具有一定超前的预见性，使刑法修改的内容具有导向作用，有助于人们预见自己行为的法律后果，也符合刑法一般预防的社会功能。修改的刑法要尽量做到能够较长时

---

① 参见卢建平：《国际人权公约视角下的中国刑法改革建议》，载《华东政法学院学报》2006年第5期。

② 参见陈正云：《刑法的经济分析》，中国法制出版社1997年版，第166页。

③ 参见李希慧主编：《中国刑事立法研究》，人民日报出版社2005年版，第125页。

④ 出自《孟子·离娄上》。

间适应社会的发展变化，能够做到不修改或者少修改而仍然不失其效力。

三、刑法修改的方法与技术现状

（一）刑法修改的方法现状

既然刑法典颁布实施后，需要基于社会形势的发展与犯罪趋势，对刑法规范作出相应修改，以应对这种形势需求，那么采取怎样的修改方法就成为问题。如果要分析我国现在刑法修改的通用方式是否妥当，是否需要采用更多的修改模式，就必须弄清楚刑法修改到底有哪些模式，这些模式的特点是否适合具体的情形。从理论上对刑法的修改模式进行讨论，有助于我国刑法修改的完善。根据现有各国或地区刑法修改的经验与现状，一般有以下几种不同类别的修改模式。

1. 全面修改与部分修改

就刑法修改所涉及的范围内容而言，主要有全面修改与部分修改两种模式。

刑法的全面修改是指基于某种刑事政策或者刑法目的，根据某种原则，针对整体或者大部分刑法规范的内容与模式进行修订的方法。这种修改模式涉及刑法规范的全部或者大部分内容，甚至包括刑法目的、基本原则、刑法规范的基本制度。根据法律稳定性与权威性的要求，除非以小修小改不能克服现行刑法与社会需要的不协调，一般不会采取这种修改模式来修改刑法规范。一部新制定的刑法典尽管也会如旧刑法典一样经过或废止一部分规范或补充一部分规范的修改，但如果一部法典刚刚问世就要全面修改，那就很难保证公民对该法典的尊重与忠诚，刑法典的权威性就会丧失殆尽。所以，一般而言，除非是一个国家公认的基本观念、基本制度与根本价值发生改变，而这些根本价值又不能通过旧有的刑法规范得到充分的保护，才必须动用全面修改的方式来修改刑法规范。如德国的刑法立法最初仅限于《刑法典》的总则部分，后来因 1969 年 6 月 25 日的《第一部刑法改革法》、1969 年 7 月 4 日的《第二部刑法改革法》与 1974 年 3 月 2 日的《刑法典实施法》，包括《刑法典》分则部分在内的刑法典的全面改革才得以进行，而且分则部分的改革至今仍未结束。[①] 再如法国，在 1994 年 3 月 1 日新《刑法典》被修订通过以前一直适用的是 1810 年问世的旧《刑法典》，而且在很多问题上，新《刑法典》中基本上保留了

---

① 参见［德］汉斯·海因里希·耶赛克、托马斯·魏根特：《德国刑法教科书（总论）》，徐久生译，中国法制出版社 2001 年版，第 124 页。

1810 年《刑法典》的精神，并且其条文所表现出来的谨慎也符合"演变中的连续性"，当然该刑法典也存在有些断接的内容，或者某种观念的离弃。前者如新刑法典增加了很多新的犯罪规定，扩大了刑法的制裁范围，后者如新刑法典承认法官在确定刑罚方面享有更大的权力。① 在日本，现行刑法典是 1907 年以德国刑法为蓝本而制定的刑法典，在该刑法典颁行实施后，为了适应社会情况的变化，从 1921 年（大正 10 年）11 月政府向临时法制审议会发出是否需要对刑法进行修改的咨询开始，刑法的修改问题就摆上了议事日程，即使其间经过了无数次小范围或单个、单种罪名的修改，并由相应机构提出了《刑法改正纲领》与经反复多次修改的《刑法改正草案》，刑法的整体修改仍然未提交立法机构审议通过。其间 1995 年，日本立法机关实行了刑法典的通俗化，将刑法典原本使用了片假名和较难的汉字用平假名改写，但作为具体内容的修改来说，也仅仅删除了有关减轻聋哑人刑罚以及有关针对尊亲属等犯罪加重处罚的规定，而并没有实现全方位的修订。当然也有学者认为这次修订属于一次全面修订。② 在我国，从 1979 年刑法制定后，从 1981 年实行改革开放的政策以来，就因为价值观念、社会制度与经济体制的急剧转型，导致刑法规范不再适应社会发展的需要，急需对刑法典进行相应的修改，但在 1997 年全面修订之前，也仅仅是采用单行刑法的模式对刑法规范的内容做了 23 次的部分修改，另外非刑事法律中也增加规定了许多罪刑规范从而形成对刑法规范事实上的修改。修改刑法的工作进行了十多年，并就如何全面修改刑法经过多次讨论、商议草案，为了保持刑法规范的连续性与稳定性，制定一部具有中国特色的统一完备的刑法典，理论上也做了比较充分的准备，才开始着手完成刑法典的全面修改工作。当然我国 1997 年刑法典的修改既是一种对旧刑法典的全面修改，也是对所有既有刑法规范的一次编撰。在我国台湾地区，2005 年 1 月 7 日"立法院"三读通过"刑法"暨施行法之修正案，才终于使得已经争议多时并一改再改的"刑法"修正案（其改正草案在"立法院"审议的版本就超过 30 个，而且各版本均有坚持，几乎形成僵持的局面），在跨越二个世纪的漫长变动中尘埃落定，得以通过。可以说，我国台湾地区这次"刑法典"修正的"难产"历程正是说明了全面修改"刑法"的复杂与不易。大体而言，我国台湾"刑法"修正的历程可以分为三大阶段：第一阶段为"刑法"修改拟议发起时期。从 1974 年成立"刑法修正委员会"着手研修起，嗣后于 1989 年 9 月

---

① 参见《法国新刑法典·序》，罗结珍译，中国法制出版社 2003 年版，第 2~3 页。

② 参见［日］大谷实：《刑法讲义总论（新版第 2 版）》，黎宏译，中国人民大学出版社 2008 年版，第 30 页。

份完成"刑法"修正草案及"刑法施行法"修正草案最原始的版本，并于1990年2月13日送"立法院"审议，尽管已有部分条文获得一读通过，但受托审议的"司法委员会"在1996年10月21日审查时认为该草案形成时间是在20世纪70年代，距审查时已经过了20年，相对于变化的社会，"刑法"是否仍属于妥善完整的规范，就成为问题，必须重新检讨，另行提案。第二阶段为后续期，主要的讨论版本为由"法务部"1997年组成的"刑法"研究修正小组于2000年8月14日最终提出的"刑法"修正草案。之后多次公听会参考学者建议修订草案，形成初步定稿，提交"行政院"审查，"行政院"为求慎重，从2002年3月28日到同年7月11日就召开了八次审查会，而形成这一阶段的修正版本，并于2002年11月7日送交"立法院"审议，该草案却为学界大失所望，最终通过立法委员形成近30个版本草案共存的局面。第三阶段为协商定案期，该阶段所形成的版本即为2005年1月7日三读通过的版本。为避免"刑法"修改陷入遥遥无期的境况，"立法院"与"行政院"及"司法院"协商，先通过征询意见、协调会的方式，将近30个修正提案的版本先行汇整，整合出一个单一的完整版本，再将其送"司法委员会"审议，这次争议不多，审议也较为顺利，很快完成了三读的立法程序。①

刑法的部分修改是指基于某种刑事政策或者刑法目的，根据某种原则，针对某一些或者某种刑法规范的内容与模式进行修订的方法。这种修改方式只涉及全部刑法规范的一部分内容，而且一般不涉及刑法目的与基本原则、基本制度的修改，所以一般国家规定的修改启动与通过程序甚至修改主体都比全面修改较为方便、灵活，刑法规范的部分修改就成为各国刑法修改采用最多的一种修改模式。刑法规范只有发挥其功能，才能具有权威性，才能适应社会的需要，所以刑法规范从制定通过之日起就面临修改的问题。但有时可能仅仅某个或某些刑法规范失去效用需要修改，如果采取全面修改刑法典的方式就全无必要，这时部分修改刑法规范这种方式就显现出明显的优势。如我国台湾地区旧"刑法"从1935年1月1日公布并自1935年7月1日起施行后一直到2005年1月7日全面修改为止，先后15次部分修正了包括总则规范与分则规范在内的有关刑法条文，② 而且即使是针对刚刚修改通过的新"刑法典"，截至2016年6月，又有了16次之多的修改：如2006年5月17日修正公布第333、334

---

① 参见柯耀程：《刑法总论释义——修正法篇（上）》，台湾元照出版有限公司2006年版，第3~8页。

② "中华民国刑法"法例沿革，载 http://www.rclaw.com.tw/6Laws.asp? LawId = 94&Ftype = detail&SwType = 1，访问日期：2017年1月10日。

条；2007 年 1 月 24 日修正公布第 146 条；2008 年 1 月 2 日修正公布第 185－3 条；2009 年 1 月 21 日修正公布第 41 条；2009 年 6 月 10 日修正公布第 42、44、74 至 75－1 条，增订第 42－1 条；2009 年 12 月 30 日修正公布第 41、42 之 1 条；2010 年 1 月 27 日公布修正第 295 条，增订第 294 之 1 条；2011 年 1 月 26 日修正公布第 321 条；2011 年 11 月 30 日公布修正第 185 之 3 条；2012 年 12 月 5 日公布修正第 286 条；2013 年 1 月 23 日公布修正第 50 条；2013 年 6 月 11 日公布修正第 185 之 3 条，185 之 4 条；2014 年 1 月 15 日公布修正第 315 之 1 条；2014 年 6 月 18 日公布增订第 339 之 4 条、344 之 1 条修正第 251、285、339 条至第 339 之 3 条、第 341 至 344、347、349 条；2015 年 12 月 30 日公布增订第 37 之 1、37 之 2、38 之 1 至 38 之 3、40 之 2 条，删除第 34、39、40 之 1、45、46 条，修正第 2、11、36、38、40、51、74、84 条，增订第 5 章之 1 章名，增订第 5 章之 2 章名；2016 年 6 月 22 日公布修正第 38 之 3 条。部分修改的频繁由此可见一斑。再如日本，尽管到现在为止整体适用的还是 1907 年颁行的刑法典，但多次的部分修改早已令刑法典的诸多条文规范面目全非。1947 年 10 月 26 日法律 124 号从合宪性的角度对有关侵犯皇室与外国元首、使节的犯罪的修改、删除，可谓是二战后最重要的刑法修改。此次部分修改还对外患罪进行了修改；提高了公务员职权滥用罪、特别公务员职权滥用罪、特别公务员暴行凌虐罪、暴行罪、胁迫罪、名誉毁损罪、猥亵文书颁布罪、公然猥亵罪以及重过失致死伤罪的法定刑；将暴行罪改为非亲告罪，将犯人藏匿罪与证据隐灭罪的亲属参与的场合改变为刑罚的任意免除；缓和与扩大了缓刑的要件（徒刑、监禁由 2 年以下改为 3 年以下，罚金刑也可判缓刑），新设了前科消灭制度；并删除了连续犯、累犯的事后加重的规定。2004 年的刑法典修改也比较重大，如将有期惩役与禁锢的期限上限由 15 年提高为 20 年；将死刑、无期惩役与禁锢减为有期惩役与禁锢的期限由 15 年提高到 30 年；将加重有期惩役与禁锢的期限由 20 年提高到 30 年。同时提高了强制猥亵罪、准强制猥亵罪、强奸罪、准强奸罪、强奸致死伤罪、杀人罪、伤害罪、伤害致死罪、危险驾驶致伤罪的法定刑，不过也降低了强盗致伤罪的法定刑，增设了集团强奸罪与集团准强奸罪两个罪名。[①] 但有的刑法修改案所涉及修改的刑法规范比较少或者说比较单一。例如，1960 年 5 月 16 日的法律第 83 号就仅仅新设了不动产侵夺罪与境界标识毁损罪；1980 年 4 月 30 日法律第 30 号也只是提高了行贿受贿罪的法定刑以及完善了与之相应的有关规定；1991 年 4 月

---

① 参见［日］大谷实：《最近の刑事立法について》，载《同志社法学》307 号（57 卷 2 号，2005 年），第 292 页。

17 日法律第 31 号则只是根据罚金等临时处置法，修改了刑法本则中罚金、罚款的金额。① 2011 年 6 月 24 日法律第 74 号则只是修改或增加了封印等破弃罪、强制执行妨害罪、强制执行行为妨害罪、强制执行关系出售妨害罪、加重封印等破弃罪、公契约关系竞卖等妨害罪几个与有关强制执行妨害的罪名，同时还基于 2001 年《网络犯罪条约》所承担的义务而增加第 19 章之二 "有关不正指令电磁的记录的犯罪" 这一章以及对猥亵物颁布等罪进行了修订。② 2017 年 6 月 23 日法律第 72 号则主要对侵害性自由的犯罪做了较大改动，如将强奸罪改为 "强制性交等罪"，将男性也纳入该罪的保护范围，并将其法定刑下限由 3 年提高到 5 年；扩大了 "性交" 行为的外延，将肛交、口交行为等广义性交行为也纳入 "性交" 行为的范畴；为处罚监护人利用自己的影响力对未满 18 岁的人实施猥亵或性交的行为增设了 "监护人猥亵及监护人性交等罪"，加强对未成年人性自主权的保护；废除了 "集团强奸罪"；全面废除了有关强制猥亵、强制性交等犯罪的亲告罪的规定，使侵害性自由的犯罪全部成为非亲告罪；修改了有关 "抢劫强奸罪" 的规定，将抢劫过程中实施强制性交以及强制性交过程中实施抢劫的行为都作为结合犯予以处罚。

刑法规范全面修改的目的在于以新的刑法典取代旧的刑法典，因而其修改主体只能是制定该刑法典的主体。在我国，全面修改刑法的主体只能是全国人民代表大会，而刑法规范的部分修改则是为了使刑法规范随时与社会需要保持同一性，对刑法规范进行删减、增加或者修改其中某一部分内容。因而这种修改一般可以是一种经常性的刑法改革活动，可以由较低一级的刑事立法机构来主持，如在我国，刑法规范的部分修改主体就是全国人大常务委员会。当然，多次对刑法规范进行部分修改最终可能导致刑法规范的全面修改，可以说，部分修改方式是全面修改方式的前提与基础，而全面修改方式则属于部分修改方式的后果与经验总结。

2. 刑法典修改、单行刑法修改与附属刑法修改

根据刑法规范修改的载体模式不同，可以将刑法规范的修改分为刑法典修改、单行刑法修改与附属刑法修改三种模式。后两种模式又可以合称为特别刑法修改模式。

刑法典修改既可以是对刑法典的全面修改，也可以是仅仅就刑法典中某一或某些刑法规范的部分修改。如果现行刑法规范过于凌乱、分散，不便学习、

① 参见 [日] 野村稔：《刑法总论》，全理其、何力译，法律出版社 2001 年版，第 27~31 页。

② 参见 [日] 西田典之：《刑法各论（第 6 版）》，第 6 版序言，弘文堂 2012 年版，第 1 页及相关章节内容；日本《判例六法》（平成 24 年版第 1 卷），有斐阁 2011 年版，刑法部分。

掌握和操作，就需要对现行刑法进行全面修改，编撰制定出一部统一的刑法典。当然，这种统一并不是不加区别地将所有包含有刑法规范内容的附属刑法、单行刑法不加区别地全部吸纳，加以列举，而是应该根据刑事政策的目的、刑法典的制定原则与方法，分析筛选、归类合并，并进行相应地删减、增设、修改有关条文，在保持刑法典的连续性与承继性的同时，坚持刑法典规范的单一性、整体性与适用性，并满足法治原则与社会形势的需要。我国1997年刑法典、法国1994年刑法典、我国台湾地区2005年"刑法典"就属于这种修改的典型模式。但仅仅通过全面修改重新制定刑法典还远不足以使刑法典保持一成不变。因为刑法规范的特质决定了它是个开放的体系，为了保持与社会的同一性，必须随时根据需要作出修改。刑法典的全面修改并不能说明刑法规范的修改工作就此终止，还必须辅以其他修改方式适时修正刑法，以保证刑法对社会同一性的自我确认。针对刑法典中某一或某些刑法规范进行部分修改的方式，一般是采用刑法修正案的方式。刑法修正案，是刑事立法机关制定的对刑法典某一条文或某一部分进行修改的规范性文件。即在不改变刑法条文数目和模式的情况下，变更刑法典的内容。在内容上它直接而明确地对刑法典中有关条文的修改、补充或更换，不能独立于刑法典而存在，发布后应当直接纳入刑法典之中，成为刑法典的一部分。① 一般而言，刑法修正案颁行后，刑法典就必须重新公布，使内容和模式获得统一。刑法修正案与刑法典相关条文的关系，是模式上的统一和内容上的替代关系，刑法修正案在模式上和内容上取得了刑法典相应规定的效力。因此，刑法修正案一旦通过，立即完成它的使命，而被纳入于刑法典中，原刑法典的内容立即被新的内容所替代。以修正案的方式修改法律在国外较为常见。如在美国，宪法修正案是1787年宪法明文规定的修改宪法的唯一模式，并多次以修正案的方式修改了数条宪法规定。不过在我国，立法实践中采取这种修改法律的模式还比较少见，只是近些年来，才以修正案的方式修改了包括宪法、刑法在内的少数法律。我国刑法第一次采用修正案的方式是在1999年12月召开的第九届全国人大常委会第十次会议通过的《刑法修正案》，这是我国第一次以修正案的模式修正刑法。当时采用修正案的立法背景和原因是：国务院在会上提出了《关于惩治违反会计法犯罪的决定（草案）》和《关于惩治期货犯罪的决定（草案）》两项单行刑法修改议案，一些委员、部门和专家提出，考虑到刑法的统一和执行的方便，认为采取刑法修正案的方式修正刑法比较合适。立法机关也认为采取这种修改方式是必要的：首先，有些立法建议的内容大多数行为在刑法典里都有犯罪化规定，有

---

① 参见赵秉志主编：《中国特别刑法研究》，中国人民公安大学出版社1997年版，第42页。

些建议内容又与刑法典规定内容的许多方面具有相似之处；其次，一部统一的刑法典不仅便于司法机关适用，同时便于广大群众学习和掌握，不宜再单独制定两、三个决定或者补充规定；最后，不论修改或者补充多少内容，均可一次或者多次修正原有规定，增加条文的，可以在内容相近的刑法条文之后，作为某条之一、二。如果修改条文，就直接修改，其优越性在于不改变刑法的总条文数，有利于维护刑法典的完整性和稳定性。① 在此之后，全国人大常务委员会在近 20 年间又相继通过了 10 个刑法修正案。可以预见，如果不改变刑事立法的现状，今后刑法修正案将成为修改刑法的主要方式甚至唯一方式。其实很早就有学者建议："应当加强使用刑法修正案的方式来对刑法进行修改和补充。这种方式既灵活又简便，有利于立法机关及时地对刑法中已经不符合当前形势的有关条文作出修正，或对当前迫切需要在刑事立法上加以解决的问题作出补充规定"，"刑法修正案不但可以对刑法加以补充，而且可以修改或废除刑法中原有的条文"②。但由于目前我国现实中行使刑法修正案立法权的主体是全国人大常委会，其立法权低于作为刑法典制定主体的全国人大代表大会，因而有学者认为，刑法修正案作为刑法修改体例创新的一种模式完善，其通过程序，必须应该采取不同于其他修改模式而更为严格的通过程序。即应当和刑法典的通过程序一样，由全国人大代表大会审议和通过。"虽然全国人大常委会有权修改和补充刑法典，但无权采用刑法修正案的模式，只能采用传统的单行刑法和附属刑法的模式。"③ 特别是《刑法修正案（八）》及《刑法修正案（九）》还针对了总论进行了大量修正，这涉及与刑法原则相关条文的修改，而涉及刑法立法的权限问题，曾一度还有传言修正案可能会改由全国人大代表大会审议通过。

单行刑法修改是指由刑事立法机关通过颁布单行刑法的方式，就某一类犯罪及其法律后果或者刑法的某一事项，对刑法进行补充和修改的一种方法。在我国，全国人民代表大会及其常务委员会是我国的立法机关，因而单行刑法的制定权属于全国人大及其常委会，不过目前全国人民代表大会还没有采取过这种方式制定或者修改刑法规范，都是由全国人大常委会来行使这一立法权，并且一般是以"决定""规定""补充规定""条例"等名称为模式来颁行单行刑法，以对刑法进行补充和修改的。在 1997 年刑法修订之前，这种单行刑法

---

① 参见黄太云：《中华人民共和国刑法修正案的理解与适用》，载《刑事审判参考》2000 年第 1辑，法律出版社 2000 年版，第 73 页。

② 赵秉志、张智辉、王勇：《中国刑法的运用与完善》，法律出版社 1989 年版，第 210 页。

③ 张波：《论刑法修正案——兼论刑事立法权之划分》，载《中国刑事法杂志》2002 年第 4 期。

的修改方式是我国最常见的刑法规范修改方式。自 1979 刑法颁布以后，全国人大常委会 1981 年 6 月至 1995 年 10 月一共颁布了 23 部单行刑法。就所修订的内容来看，主要体现为这样几种情形：（1）针对刑法适用的原则性规范进行了修订。如 1982 年 3 月 2 日颁布的《关于严惩严重破坏经济的罪犯的决定》，针对投案自首的日期有条件地规定了从新原则，1983 年 9 月 2 日颁布的《关于严惩严重危害社会治安的犯罪分子的决定》，更是对某些犯罪在适用刑法的时候规定了从新原则，从而改变了刑法所规定的从旧兼从轻原则。（2）对刑罚适用作出了补充或者变更规定。如《关于处理逃跑或者重新犯罪的劳改犯和劳教人员的决定》，对逃跑或者重新犯罪的劳改犯、劳动教养人员作出了从重或者加重处罚的补充规定，从而改变了刑法典规定的累犯处罚原则，1981 年 6 月 10 日颁布的《关于死刑案件的核准问题的决定》对刑法第 43 条第 2 款死刑案件的核准问题作了限时性补充规定。（3）对刑法所规定的罪名增加法定刑或者减少犯罪成立的构成要素。如 1991 年 9 月 4 日颁布的《关于严惩拐卖、绑架妇女、儿童的犯罪分子的决定》对刑法第 141 条规定的拐卖人口罪从犯罪对象、犯罪目的等方面进行了修改，并提高了其法定刑，以及各种法定刑对应适用的情形。（4）新设类罪或者增设新的罪名。如 1990 年 6 月 28 日颁布的《关于惩治侮辱中华人民共和国国旗、国徽罪的决定》增设了侮辱国旗、国徽罪，1981 年 6 月 10 日颁布的《中华人民共和国惩治军人违反职责罪暂行条例》，则全面增加了军人违反职责的犯罪规定，作为刑法对军职罪的补充。应该说在我国这段刑事立法时期内，单行刑法修改最多的内容就是增加罪名、减少犯罪成立的构成要素与提高法定刑。这点主要与 1979 年刑法典是基于"宜粗不宜细"的原则而制定，而我国当时又处于社会转型时期，各种新型犯罪不断出现，刑法很难适应社会的需要，导致重刑主义抬头等因素密切相关。当然，这些单行刑法有的也并不仅仅规定犯罪与刑罚，同时还规定有行政处罚与行政措施，我们从 1997 年刑法典附则第 452 条所列举的两种类型的单行刑法就很容易得出这种结论。也就是说，在通过单行刑法来增修刑法规范时，有时必须得规定与这些刑法规范相适应的其他法律规范。1997 年刑法实施之后，全国人大常委会形式上通过了 4 部单行刑法，但由于 1999 年 10 月 30 日通过的《关于取缔邪教组织、防范和惩治邪教活动的决定》与 2000 年 12 月 28 日通过的《关于维护互联网安全的决定》并未从实质上对现行刑法进行修改或者补充，也没有创制新的罪名，而 2015 年 8 月 29 日通过的《关于特赦部分服刑罪犯的决定》则是根据宪法所作出的有关减免刑罚执行的决定，不涉及刑法典的变动，因而 1997 年刑法之后到目前实质上只有 1998 年 12 月 29 日颁布的《关于惩治骗购、逃汇和非法买卖外汇犯罪的决定》一部单行刑法。单行刑法是我国以前修正刑法的主要模式之一，在完善刑法方面发挥着重要的作用。

附属刑法修改是指立法机构在制定非刑事法律时将与该非刑事法律相关的犯罪及其刑事责任规定在该法律内，从而形成对刑法规范的事实上修改补充的一种刑法规范修改方式。在德国，"由于立法者的喜好，也由于不相干的法领域被赋予刑法规定，附属刑法法规逐渐变成了一种越来越多的不可忽视的刑法渊源"①。但也有国家仅仅由刑法典制定刑法规范，而排除在其他法律中规定刑事责任的可能性，更排斥行政机关规定刑事责任的可能性。如《俄罗斯联邦刑法典》第1条开宗明义规定："俄罗斯联邦的刑事立法由本法典构成，规定刑事责任的新法律，应列入本法典。"据此，俄罗斯的刑法规范只能完全体现于刑法典中，如果规定刑事责任的新法律要成为具有效力的刑法规范，就必须法典化，即必须纳入《俄罗斯联邦刑法典》，这种立法模式的好处就在于，仅仅存在一个规范性渊源，使刑法规范的实践变得简单易行，对其修订自然也只能通过对刑法典的修订方式来进行。在我国，1997年刑法修订前，曾使用过多次附属刑法修改方式。例如，1982年8月23日通过的《商标法》第40条对刑法第127条假冒商标罪作了补充，扩大了要对擅自制造或销售他人注册商标标识的行为，追究刑事责任；1984年9月20日颁布的《药品管理法》第50条、第51条规定对生产、销售假药、危害人民健康的个人或者单位直接责任人员，对生产、销售劣药，危害人民健康，造成严重后果的个人或单位直接责任人员，分别要"依照""比照"《刑法》第164条制造、贩卖假药罪追究刑事责任。设置有类似具有附属刑法性质法条的法律还有《海关法》《专利法》《水污染防治法》《森林法》《野生动物保护法》《传染病防治法》《集会游行示威法》《文物保护法》《烟草专卖法》《妇女权益保障法》《产品质量法》《枪支管理法》等。但由于我国采取的是统一刑法典的制定方式，从1997年刑法典修改后，在行政法、经济法、民商法等法律中的一些责任条款，仅仅以"构成犯罪的，依法追究刑事责任"之类的表达模式来重申刑法的相关内容，而并未设置真正的罪刑规范，不能认为是真正意义上的附属刑法。因而，在我国，对刑法的修改补充已经没有严格意义上的附属刑法修改方式了。

3. 废止型修改、修订型修改与补充型修改

根据刑法规范所修改的内容不同，可以分为废止型修改、修订型修改与补充型修改。

---

① ［德］汉斯·海因里希·耶赛克、托马斯·魏根特：《德国刑法教科书（总论）》，徐久生译，中国法制出版社2001年版，第138页。

　　废止型修改方式是指对原有刑法规范中某些不再适应社会需要的有关内容予以删除而不再适用的一种修改方式。这种刑法修改方式在国外使用率比较高，如《法国刑法典》第 132－57 条中"被告不在场的情况下"由 1995 年 2 月 8 日第 95－125 号法律废止，而最后三款由 1992 年 12 月 16 日第 92－1336 号法律废止；第 421－1 条第 4 项则废止了"1870 年 9 月 4 日关于制造战争武器之法令的 1871 年 6 月 19 日法律第 3 条所指的制造或持有杀人或爆炸用装置、器械之犯罪"。① 再如在《日本刑法典》，大量被删除仅存条文顺序的条款甚至整个章节随处可见，如该法总则第 2 条第 1 项、第 40 条、第 55 条，第 2 编第 1 章第 73 条至第 76 条、第 131 条等②，尽管很难从法典条文看出这些被删除条款的规范内容，也难以判断是通过怎样的途径与方式被删除的，但我们至少可以知道这些刑法规范是通过立法程序废止而被删除的。在我国目前的刑法立法例中，特别是在从 1979 年刑法典到 2009 年的《刑法修正案（七）》的修订颁行，很多条文实质是被废止了的，但还没有这种典型的直接注明删除的废止型修改方式。《刑法修正案（八）》则开始采用这种删除某些不再适应社会需要之条文的修改模式，如其第 9 条"删去了刑法第 68 条第 2 款"，第 32 条"删去刑法第 205 条第 2 款"，第 34 条"删去刑法第 206 条第 2 款"。《刑法修正案（九）》第 12 条删除了刑法第 199 条有关金融犯罪死刑的规定，即删除了"犯本节第一百九十二条规定之罪，数额特别巨大并且给国家和人民利益造成特别重大损失的，处无期徒刑或者死刑，并处没收财产"这一条文；第 43 条"删去刑法第 360 条第 2 款"关于嫖宿幼女罪的规定，即删除了"嫖宿不满十四周岁的幼女的，处五年以上有期徒刑，并处罚金"这一条文。采用这种刑法修改方式，一般是基于原有刑法规范不再适应社会需要，并基于刑法规范特别是刑法典的稳定性而考虑的，"一个完全不具稳定性的法律制度，只能是一组仅为了对付一时事变而制定的特定措施。它会缺乏一致性与连续性。这样，人们在为将来安排交易或制订计划的时候，就会无从确定，昨天的法律在明天是否仍会是法律"③。刑法所规制的行为在现阶段不应再作为犯罪处理自然应当予以删除，或者删除过剩的刑罚处罚规定使某类罪或者某个罪名得以轻刑化，或者将一些体现特权观念而不符合现代平等观念的刑法规范予以删除。

---

　　① 参见《法国新刑法典》，罗结珍译，中国法制出版社 2003 年版，第 40、141 页。
　　② 参见日本《判例六法》（平成 24 年版第 1 卷），有斐阁 2011 年版，第 1012、1027、1031、1036、1045 页。
　　③ ［美］E. 博登海默：《法理学——法律哲学与法律方法》，邓正来译，中国政法大学出版社 2004 年版，第 391 页。

　　修订型修改是指根据刑事政策或者社会现实的需要，按照立法程序对现有刑法文本中不再适应社会现实的相关刑法规范进行改变的一种修改方式。这种修改方式并不完全废弃原有刑法规范，主要是针对现有刑法规范中不再适应社会同一性需要的诸如罪状、法定刑等有关内容进行相应修改，而保留其他合理的部分内容。目前我国刑法规范修改采用最多的就是这种修改方式，1997年刑法典颁行后的10次刑法修正案中，很多条款都是针对原有刑法规范的罪状或者法定刑的某些内容进行修改。如1999年刑法修正案第3条对《刑法》第174条的修改就是对擅自设立金融机构罪与伪造、变造、转让金融机构经营许可证、批准文件罪两罪罪状的修改，而且对后罪罪状的修改还导致了最高人民法院与最高人民检察院对刑法第174条第2款所涉罪名认定的改变。又如《刑法修正案（六）》第14条通过修改刑法典第187条第1款，将吸收客户资金不入账罪"以牟利为目的"这一主观构成要件以及"将资金用于非法拆借、发放贷款，造成重大损失的"这一客观结果要素，予以删除，从而减少了该罪的构成要件，使该罪从本来的法定目的犯改变为非目的犯，本来的"结果犯"修改为"行为犯"，事实上增大了该罪的打击范围和打击力度。再如《刑法修正案（七）》第6条将情节较轻的绑架罪规定为"处五年以上十年以下有期徒刑，并处罚金"的刑罚。修订型修改还包括合并或者分解罪名的模式，前者如《刑法修正案（六）》第18条将《刑法》第303条修改为两款，尽管其实质仅仅是将原刑法典中赌博罪的开设赌场行为加重了刑罚处罚，但模式上则是将开设赌场的行为单独作为一个罪名，独立于赌博罪之外；后者如《刑法修正案（六）》第13条将第186条所规定的"违法向关系人发放贷款罪"与"违法发放贷款罪"两个罪名合并成了一个罪名。《刑法修正案（八）》则基于刑事政策的改变，第一次修改了不少总则性的规定，但这种总则性规范的修改也是增加或改变刑罚方法与措施，或者对某类犯罪或某类犯罪人采取更加宽和或者更为严厉的刑罚手段。如第6条将不满十八周岁的人犯罪与过失犯罪一起修改排除在《刑法》第65条第1款规定的累犯之外，而第7条则将《刑法》第66条所规定的特别累犯范围修改扩充到除了危害国家安全犯罪之外的恐怖活动犯罪与黑社会性质的组织犯罪的犯罪分子，实质是加重了对这两类犯罪的再犯处罚力度。《刑法修正案（九）》加大惩处腐败犯罪力度，如第44条修改了《刑法》第383条关于贪污贿赂罪的定罪量刑标准，删除了原有具体数额规定，重新规定了数额较大或者情节较重、数额巨大或者情节严重、数额特别巨大或者情节特别严重三种情况，相应规定三档刑罚。其中对于贪污数额特别巨大或者有其他特别严重情节的贪贿者判处死缓时可同时决定终身监禁，不得减刑、假释。

所谓补充型修改，是指根据社会同一性的要求需要对某些侵犯法益的行为作为犯罪处理，而现行刑法没有规定，并且无论通过怎样的解释途径都无法找到合适的刑法规范时，立法机构通过立法方式对现行刑法新增相关刑法规范的一种修改方式。这种修改主要是通过增加新的刑法条文，制定新的刑法规范，确认新的罪名、罪状及其法定刑，或者设置新的刑法原则与刑罚制度，以填补现有刑法规范的不足。在 1997 年刑法典颁行前，由于 1979 年刑法制定的刑法规范比较粗糙简单，而且我国当时正处于制度转型过程中，因而在随后的单行刑法甚至很多附属刑法中都补充规定了大量的刑法规范，但这些刑法规范在刑法典中并没有相应的系统性地位。在 1997 年刑法颁行后，由于采取的是大一统的刑法典立法模式，后来所补充规定的刑法规范都在刑法典中具有相应的体系性位置。如《刑法修正案（一）》第 1 条所增加的第 162 条之一，新设置了隐匿、销毁会计凭证、会计账簿、财务会计报告罪；《刑法修正案（三）》第 3 条所增加的第 291 条之一，新设置了投放虚假危险物质罪；《刑法修正案（六）》第 3 条所增加的第 135 条之一，新设置了大型群众性活动重大责任事故罪；《刑法修正案（八）》第 22 条所增加的第 133 条之一，新设置了危险驾驶罪；《刑法修正案（九）》第 25 条在《刑法》第 284 条后增加第 284 条之一，增加组织考试作弊罪，非法出售、提供试题、答案罪，代替考试罪等犯罪；第 35 条在《刑法》第 307 条后增加第 307 条之一，新增了虚假诉讼罪；等等。不过全国人大常务委员会《关于惩治骗购外汇、逃汇和非法买卖外汇犯罪的决定》第 1 条所增设的骗购外汇罪在刑法典中的体系性位置似乎并不明确，但学者们在编写教材或者撰写著述时往往将其放在"破坏金融管理秩序罪"这一节中"逃汇罪"的后面，应该说这种定位还是比较准确的。

有学者认为刑法的修正可以分为增加型条文、修改型条文、重复型条文、合并型条文和调序型条文等五种类型。① 但我们认为这几种类型的划分过于烦琐，也不能揭示刑法修正的实质，因而无须在此一一讨论。

（二）刑法修改的技术现状

所谓技术，按照字面意思来讲是指"人类在认识自然与利用自然的过程中积累起来并在生产劳动中体现出来的经验和知识，也泛指其它操作方面的技巧"②。可见，技术层面所强调的重点在于技巧。虽然立法技术在任何一次的立法、法律修改过程中都会有所使用，但对立法技术的概念至今都没有一个统

① 参见《加紧对刑法修正案进行法律适用解释及重新公布刑法文本的建议》，载 http://zhyh.fyfz.cn/art/459435.htm.访问日期：2017 年 1 月 10 日。
② 中国社会科学院语言研究所词典编辑室：《现代汉语词典》，商务印书馆 2005 年版，第 646 页。

一的表述，概括起来，主要有以下一些观点：第一种观点认为，所谓立法技术，就是制定和变动规范性法律文件活动中所遵循的方法和操作技巧的总称①；第二种观点可以称为"活动、过程说"，认为所谓立法技术是指"依照一定之体例，遵循一定之格式，运用妥帖之词语（法律语言），以显立法原则，并使立法原则或国家政策转换为具体法律条文之过程"②；第三种观点认为，立法技术"乃出于立法工作上的一种技巧，而用来实现立法使命之方法，增加条文效用之手段"③，可被称为"方法、技巧说"。上述三种不同观点的共通之处在于都强调了立法技术的"方法性"与"操作技巧性"，应该说，立法技术体现在立法活动的整个过程当中，任何一次立法活动都离不开技术方面的指导，甚至可以认为整个立法过程就是立法技术的运用过程。综合技术的字面含义，可以认为上述"方法、技巧说"道出了立法技术的核心概念。因此，有学者认为，刑法修改技术，泛指国家制定刑事法律条文所采取的方法和技能。即立法机关以什么样的方法、技巧对刑事法律的内容及形式进行有效的、科学的增补、变更、删除，以赋予刑法条文以新的意义。④

刑法是人权保障的最后防线，在遵循刑法修改原则的前提下，刑法修改应该特别注意刑法修改技术问题，如刑法修改的幅度、刑法修改与废止相结合、修改内容的公告方式、修改后的刑法文本颁布等问题。有学者将修改的立法技术分为直接（明示）修正、间接（默示）修正、立法引致、立法类推、法律包裹以及无形修正。⑤ 本书主要从刑法修改方法及修改技术的特点着手分析。

1. 从刑法修改方法来看，我国现行刑法进行修改的修改技术，可大致分为增补、变更、删除三种。这三种修改方法，在每一次的修正案中均可以单独使用，也可以合并使用。⑥

增补修改是指在修正案中增加某些条文或者补充某些款项来修改刑法的技术。如针对某单一条款进行增补，即明确指明对刑法中的某一条款进行增加的修改方法。常常出现的形式是在具体条文后面增加一条，以"第XX条之一"作为新增条文的出现形式。《刑法修正案》第 1 条就明确指明在 1997 年《刑法》第 162 条后增加一条，作为第 162 条之一，规定"隐匿或者故意销毁依法应当保存的会计凭证、会计账簿、财务会计报告，情节严重的，处五年以下

---

① 侯淑雯：《新编立法学》，中国社会科学出版社 2010 年版，第 203 页。
② 罗成典：《立法技术论》，文笙书局 1987 年版，第 1 页。
③ 周旺生：《立法论》，北京大学出版社 1994 年版，第 179 页。
④ 参见方忠耀、刘丹红：《刑法修改的立法技术评析》，载《中国刑事法杂志》2011 年第 12 期。
⑤ 参见郭道晖：《法律修改方略述评》，载《中国法学》1989 年第 6 期。
⑥ 参见方忠耀、刘丹红：《刑法修改的立法技术评析》，载《中国刑事法杂志》2011 年第 12 期。

有期徒刑或者拘役，并处或者单处二万元以上二十万元以下罚金"。在接踵而至的九部修正案中大量存有以此形式增加的条文，如《刑法修正案（九）》中第 7 条在刑法第 120 条之一后就连续增加了五个条文以修改恐怖主义犯罪。

变更修改是指对刑事法律的内容进行变动或更改的法律修改。我国刑事法律修改最常采用变更修改技术。刑事法律变更修改的主要特点，是它通过调整法律条文的具体文字来达到修改的目的，常见的有修改刑法分则条文中的构成要件、刑罚幅度等。如《刑法修正案》第 2 条就明确将 1997 年刑法第 168 条变更修改为"国有公司、企业的工作人员，由于严重不负责任或者滥用职权，造成国有公司、企业破产或者严重损失，致使国家利益遭受重大损失的，处三年以下有期徒刑或者拘役；致使国家利益遭受特别重大损失的，处三年以上七年以下有期徒刑"。"国有事业单位的工作人员有前款行为，致使国家利益遭受重大损失的，依照前款的规定处罚"。"国有公司、企业、事业单位的工作人员，徇私舞弊，犯前两款罪的，依照第一款的规定从重处罚"。

删除修改是指把刑事法律中不合时宜的、不必要的内容予以剔除的刑事法律修改技术。即删除修改是指明确地对刑事法律的某条或某款进行删除的修改方法。如《刑法修正案（八）》第 9 条删去《刑法》第 68 条第 2 款："犯罪后自首又有重大立功表现的，应当减轻或者免除处罚。"第 32 条删去《刑法》第 205 条第 2 款："有前款行为骗取国家税款，数额特别巨大，情节特别严重，给国家利益造成特别重大损失的，处无期徒刑或者死刑，并处没收财产。"第 34 条删去《刑法》第 206 条第 2 款："伪造并出售伪造的增值税专用发票，数量特别巨大，情节特别严重，严重破坏经济秩序的，处无期徒刑或者死刑，并处没收财产。"《刑法修正案（九）》第 12 条删去《刑法》第 199 条票据诈骗罪，第 43 条删去了《刑法》第 360 条第 2 款嫖宿幼女罪。

1979 年刑法颁布后，我国立法机关全国人大常委会共通过 23 个条例、补充规定、决定对 1979 年刑法进行修改。与修正案修改刑法的不同在于，条例、补充规定、决定对 1979 年刑法的修改绝大部分都是概括性修改。而 1997 年刑法的历次修改都是明确针对具体条文条款进行的修改。自 1997 年刑法颁布至今，立法机关只有 1 次以决定这种单行刑法的方式，后来就一直以修正的形式对 1997 年刑法进行修改或再修改。可见，我国刑事法律修改从采用概括性修改的修改技术过渡为采用指明具体条款修改的修改技术，体现了我国刑法修改立法技术的进步。

2. 在刑法修改技术的特点上，我国刑法修改技术呈现出渐趋成熟的特征和发展趋势。① 主要表现在两个方面：一是注重刑法立法语言的明确性；二是强调刑法条文体系的协调性。

首先是用语的明确性，从实质上看刑法修改技术，立法的明确性应当是评价刑法修正案质量的首要指标。刑法条文的语言表述，不仅仅是个立法技术的问题也是罪刑法定的要求。刑法规范依托刑法语言，刑法条文本身的语词内涵对于刑法规范的确定化具有重要影响。准确的语言文字有助于清晰表达立法意图，并对司法实践发挥有效的指导作用。立法语言的细密和粗疏程度更关涉罪刑法定原则的实现程度，明确性是罪刑法定的当然要求。② 刑法修正案不仅在宏观上把握大的修正方向，贯彻落实相关刑事政策，也修正了细微处的语言文字，使刑法规范更加准确、更加科学，也更具协调性和包容性。

1979 年《刑法》在用语上存在用词不够准确、用词不合逻辑、条文表述不够确切、条文过于简单等诸多不足。由于这些缺点，最高人民法院不得不作出大量司法解释，有些司法解释甚至产生了立法效果。在 1997 年《刑法》中，这些缺陷在相当大的程度上得到矫正。③ 虽然从刑法解释论的角度看，任何立法的适用都离不开解释，但司法解释不能替代立法的功能和地位。1997年《刑法》之后的历次刑法修正案均注重刑法立法语言的准确性和明确性。以《刑法》第 201 条为例，原刑法规定的处罚条件为"偷税数额占应纳税额的百分之十以上不满百分之三十并且偷税数额在一万元以上不满十万元的""偷税数额占应纳税额的百分之三十以上并且偷税数额在十万元以上的"。此种比例加数额的犯罪认定模式在实际操作中出现了很多问题，形成了逻辑矛盾，比如依照条文的字面表述，对于偷税数额在十万元以上但所占比例低于30%的情形，难以处罚，为此，《刑法修正案（七）》第 3 条规定，"逃避缴纳税款数额较大并且占应纳税额百分之十以上的，处三年以下有期徒刑或者拘役，并处罚金；数额巨大并且占应纳税额百分之三十以上的，处三年以上七年以下有期徒刑，并处罚金"，解决了这一问题。又如《刑法修正案（六）》修正了《刑法》第 161 条违规披露、不披露重要信息罪，在"公司、企业"的前面加了限定词组"依法负有信息披露义务的"；以及将《刑法》第 182 条中"操纵证券、期货价格"修改为"操纵证券、期货市场"，取消原操纵证券、期货交易价格罪，使用操纵证券、期货市场罪，等等。再如《刑法修正案（九）》修改《刑法》第 383 条贪污贿赂罪的犯罪数额，主要修改是删去对贪

---

① 参见赵秉志：《刑法修改的四特点与两方向》，载《检察日报》2009 年 3 月 2 日第 5 版。
② 参见郭泽强：《从立法技术层面看刑法修正案》，载《法学》2011 年第 4 期。
③ 参见李希慧主编：《中国刑事立法研究》，人民日报出版社 2005 年版，第 351 页。

污受贿犯罪规定的具体数额，规定"数额较大或者情节较重、数额巨大或者情节严重、数额特别巨大或者情节特别严重"三种情况。这些条文对适用条件的明确都是为了实现刑法在司法实践中的可操作性。

其次是条文体系的协调性，我国现行刑法的修改大都采用刑法修正案的形式，以追求刑法条文体系的协调。相对于单行刑法而言，刑法修正案不但直接被纳入了刑法典，又不打乱刑法典的条文次序，从而有利于维护刑法典的完整性、连续性和稳定性，有利于刑事法治的统一和协调。[①] 采用修正案模式不但能避免单行刑法一事一立法的烦琐，也没有了附属刑法那样的庞大，在修正刑法的同时保持着刑法的原貌，便于查找、对比和适用。在修改技术的选择上具有合理性，能够最大程度地协调社会不断发展与刑法稳定性之间的矛盾，有利于维护刑法典的统一性和权威性。如果刑法修正案所意欲新增的法条没有对应的体系性位置，就采取相似性的原则，将需要增加的新罪放在相应的条款之后，以"第几条之几"的形式出现。这样既保证了法律条文的协调统一，也能补充相应条文，以适应现实法律生活的需要。但应当值得注意的是，如果此种形式的条文出现得过多，累积到一定数量，也势必会使得刑法典追求的形式完美无从谈起。而且单纯以刑法修正案的方式来修改刑法，也可能会出现刑法典无限膨胀和大肆扩展的局面，从而造成不同刑法分则条文之间容量的失衡。

第二节　刑法修改现状问题分析

我国刑法经过数十年的修改，修改内容、技术、方式都有进步，但在修改阶段面临的问题也不容忽视。只要刑法修改正在进行就需要不断地反思，以期能够坚持理性的修改原则，完善我国的修改技术，寻求恰当的修改模式来保持刑法的生命力。在此着重从刑法修改的总体、修改的原则与技术以及刑法修改模式方面反思其中的问题。

一、刑法修改的总体问题

通过修正案的形式修正刑法典，具有一定优越性：第一，刑法修正案修正的内容与原刑法典相关条文是替代与补充关系，在不改变刑法典条文顺序的情况下进行修改补充，维持了刑法典的稳定性。第二，以修正案的形式修正刑法

---

① 参见郭泽强：《从立法技术层面看刑法修正案》，载《法学》2011 年第 4 期。

使得刑法渊源集中，便于公民查阅和遵守，同时也便于司法机关的统一适用。第三，刑法修正案一次可以修改多个条文规范，将几个修改条文同时进行审议，提高效率，节约立法成本。第四，有利于实现刑法规范的指引、评价、教育和预测功能。① 但频繁的修改刑法又必然会损害刑法典的稳定性与权威性，而且刑法频繁的修改活动也会造成缺陷。

（一）刑法总则修改的总体问题

《刑法修正案（八）》和《刑法修正案（九）》改变了我国仅侧重刑法分则修改的局面。刑法总则的修改主要涉及有关刑罚的增设、死刑缓期执行制度和无期徒刑的实质修改等内容，首次将社区矫正、禁止从事相关职业（职业禁止）的概念纳入刑法，进一步限制了未成年人的累犯规定以及如实报告义务，扩大了特殊累犯的范围，明确了坦白从轻处罚的原则，进一步细化了宣告缓刑的条件，提高无期徒刑、死缓实际执行的刑期等，且对死刑缓期执行制度、罚金刑的执行及数罪并罚制度等进行修改完善。但这种有关刑法总则内容的修改，存在以下问题值得反思：

1. 立法权限问题

全国人民代表大会常务委员会最初是采用制定单行刑法的立法方式对刑法典进行修改，单行刑法是独立于刑法典之外的一部刑事法律，全国人民代表大会常务委员会具有制定单行刑法的权力，因此这样的修改不存在争议。但是，从全国人民代表大会常务委员会开始采用刑法修正案的方式对刑法典进行修改，这样的修改属于对刑法典进行的直接修改。对于全国人民代表大会常务委员会是否具有这样的修改权一直存在争议。从学界争议焦点可以看出，肯定立场和否定立场均是笼统地针对"刑法总则"内容而言，双方均在认可全国人民代表大会有权修改刑法总则内容的前提下来讨论全国人大常委会的修改权限和修订范围的问题，肯定立场主张全国人大常委会有权对刑法总则内容进行修改，否定立场主张全国人大常委会无权对刑法总则内容进行修改。② 如《刑法修正案（九）》将预备行为正犯化、共犯行为正犯化以及设立从业禁止制度和终身监禁等。存在新增加刑罚种类超越全国人大常委会立法权限的嫌疑，在学界引起的激烈争议不可忽视。

2. 刑罚制度修改的合理性问题

在我国刑法修正案中关于总则的修改主要集中在刑罚制度的调整，但仍可

---

① 参见黄华平、梁晨源：《试论刑法修正案的立法模式》，载《中国人民公安大学学报》2005 年第 3 期。

② 参见陈兴良：《刑法修正案的立法方式考察》，载《法商研究》2016 年第 3 期。

能存在死刑削减不足，而生刑却略显严苛的隐忧。死刑消减不足的问题，突出的表现是尚有大量非暴力犯罪并没有在立法上废除死刑，刑法典保留死刑规定的罪名仍然多达 46 个，这表明今后在立法上废除死刑之路可能还较为漫长遥远。"加重生刑"问题形成的主要体现是：提高数罪并罚的最高刑期为 25 年，规定了"对被判处死刑缓期执行的累犯以及因故意杀人、强奸、抢劫、绑架、放火、爆炸、投放危险物质或者有组织的暴力性犯罪被判处死刑缓期执行的犯罪分子"限制减刑，也规定了"对累犯以及因故意杀人、强奸、抢劫、绑架、放火、爆炸、投放危险物质或者有组织的暴力性犯罪被判处十年以上有期徒刑、无期徒刑的犯罪分子"不得假释，还规定了对贪污罪和受贿罪"终身监禁，不得减刑、假释"。因此，面对死刑消减不足、生刑加重的现象值得我们进一步反思。

（二）刑法分则修改的总体问题

刑法分则作为历次刑法修改中最主要的部分，虽然刑法修改的技术在不断进步，也取得了一些刑事法律修改上的成果，但经历过多次的修改，刑法修正案在修正刑法分则时仍然存留如下缺憾与问题：

1. 分则条文之间存在矛盾

分则条文修改后并没有注意前后的衔接问题，而导致了一些条文之间存在矛盾。如修正后的《刑法》第 185 条挪用资金罪、挪用公款罪与《刑法》第 184 条非国家工作人员受贿罪就存在不协调之处。原《刑法》第 184 条与第 185 条分别规定了银行或其他金融机构工作人员的受贿行为和挪用行为。这两个条文的主体相同，且同为提示性条款。如果要进行修正，理应对它们同时进行修正，但是《刑法修正案（一）》却只对第 185 条进行了修正，扩大了其犯罪主体的范围，但对第 184 条中相同的规定未作修正，到底什么原因导致两罪的主体不一致，却无从得知，这样就导致了两罪存在不协调之处了。再如修正后的《刑法》第 152 条走私废物罪与第 339 条非法处置进口的固体废物罪也不协调，《刑法修正案（四）》第 2 条对原《刑法》第 152 条进行了修正，将走私固体废物罪修正为走私废物罪，即所指的废物除固体废物外，还包括气态废物和液态废物，应该说这样修正是根据实际情况作出的合理修正。与此同时，为了和第 2 条保持一致，《刑法修正案（四）》第 5 条对《刑法》第 339 条第 3 款作了相应地修正，扩大了不能用作原料的范围，这也是值得肯定的。遗憾的是，本修正案以及其后的修正案中一直未对第 339 条的第 1 款和第 2 款进行修正，其处罚范围仍然限定在"固体废物"这一类废物。

2. 引致分则体系相对混乱

刑法的修正不仅造成了分则条文与条文间的不协调，也使分则体系出现了混乱。众所周知，刑法分则是按照犯罪所侵犯法益将整个犯罪分为十章，有些大章内部又根据该类犯罪所侵犯的次一级的同类法益划分了小节，可以说犯罪所侵犯的法益类型决定了刑法分则体系。刑法修正案的很多内容都是对原刑法的补充，如果补充后的犯罪所侵犯的法益没有超出原章节的法益保护范围，将补充内容置于原章节的相关条文中或之后是没问题的。反之，如果已经超出了原章节的法益保护范围而坚持放在原章节中且没有作出相应的调整，就势必会造成分则体系的混乱。如《刑法修正案（六）》将《刑法》原第 163 条、第164 条公司、企业人员受贿罪和对公司、企业人员行贿罪中的主体由"公司、企业的工作人员"扩大至"公司、企业或者其他单位的工作人员"，相关罪名也相应地修改为非国家工作人员受贿罪和对非国家工作人员行贿罪。不能忽视的是，《刑法》原第 163 条和第 164 条同属于妨害对公司、企业的管理秩序罪这一节，而修正案增加的其他单位工作人员的受贿和被行贿行为侵犯的已经不限定于有关公司、企业的管理秩序与商务活动的廉洁性，再将其归属于此，就不甚合适。① 再如《刑法修正案（七）》中在《刑法》第 368 条后增加一条作为第 368 条之一，把"国家工作人员的近亲属或者其他与该国家工作人员关系密切的人""离职的国家工作人员或者其近亲属以及其他与其关系密切的人"作为受贿犯罪的行为主体，但是这类人并不属于刑法贪污受贿罪所规定的犯罪主体范围，即不在国家工作人员范畴之列，把它放在《刑法》第 368条之后，就会产生受贿罪的主体不明确的问题，容易引致分则体系的混乱。

3. 分则与总则修改不同步导致诸多不协调

刑法修正同样造成了刑法分则与刑法总则之间的不协调，以至于总则和分则的不衔接。刑法分则进行了修改而总则没有相应修改，如《刑法修正案（三）》前两条对《刑法》第 114 条、第 115 条修正后，对刑法分则规定的原投毒罪进行了补充修改，将原条文中的"投毒"二字修改为"投放毒害性、放射性、传染病病原体等物质"，这一罪名也随之修改为投放危险物质罪，但对总则第 17 条第 2 款规定的已满 14 周岁不满 16 周岁的人应负刑事责任的八种罪名中有关"投毒"内容却一直未做相应修改。② 因而可能出现相对刑事责

---

① 参见卢勤忠：《〈刑法修正案（六）〉视野下我国商业贿赂犯罪的立法完善》，载《华东政法学校学报》2006 年第 5 期。

② 参见黄华平、梁晨源：《试论刑法修正案的立法模式》，载《中国人民公安大学学报》2005 年第 3 期。

任年龄人对除投毒行为以外的投放危险物质行为是否应当承担刑事责任的争议。① 尽管这只是一个立法修正技术上的问题，并且通常认为可以通过改进立法技术使疏漏得到圆满解决，但是无疑总则的规定有欠严谨。由于未能对刑法总则与分则同时修改，造成人们在适用刑法时的困惑，两种表述的内容是等同还是各有包含？《刑法》第 17 条第 2 款规定已满 14 周岁不满 16 周岁的人犯投毒罪，以及刑法第 56 条剥夺政治权利的适用范围中的投毒是否包括投放毒害性、放射性、传染病病原体等物质，如果是，则应当负刑事责任或者可以附加剥夺政治权利，如果否则反之。按罪刑法定原则，法律没有明文规定为犯罪的，不得定罪处罚，但这样理解又有可能违背了刑法修改的初衷。这种"修分不修总"而导致刑法总则修正停滞的现象是不合理的。再如《刑法修正案（六）》在第 399 条后增加一条，规定了枉法仲裁罪，即在渎职罪中增设了枉法仲裁罪，但依据我国刑法总则和全国人民代表大会常务委员会《关于〈中华人民共和国刑法〉第九章渎职罪主体适用问题的解释》的规定，渎职罪的主体包括国家机关工作人员，在依照法律、法规规定行使国家行政管理职权的组织中从事公务的人员，在受国家机关委托代表国家机关行使职权的组织中从事公务的人员，虽未列入国家机关人员编制但在国家机关中从事公务的人员。但是，我国的仲裁立法强调仲裁机构的民间性、非行政性，且根据仲裁法的规定，与行政机关没有隶属关系而独立的仲裁委员会中对民商事争议承担仲裁职责的人员不属于渎职罪的主体范围。② 可见，该条修正与总则第 93 条、渎职罪司法解释以及仲裁法的规定均相矛盾。因此，修改刑法需要统筹整个刑法体系，坚持修改原则的同时还要求修改技术的不断成熟，以弥补现存的刑法修改活动中条文不协调、体系混乱等缺陷，如此才能最大化地发挥刑法的积极功效，促使刑法立法更加科学、完备，并对社会发展具有更长久的适应性。

二、刑法修改的原则问题

刑法修改原则是刑法修改过程中的标尺和方向，刑法修改原则的确立有助于刑法进一步有效的改进和完善，促进刑法功能的发挥。根据上述刑法修改原则现状的分析，可以发现，当前我国刑法修改过程中并没有明确刑法修改的原则。刑法修改原则的不明确，导致刑法修改有些混乱。因此，尽管现行刑法较 1979 年《刑法》更加完善、此罪与彼罪界限更加清晰、罪刑阶层设计更加合

---

① 参见赵秉志主编：《和谐社会与中国现代刑法建设》，北京大学出版社 2007 年版，第 471 页。
② 参见罗致：《我国刑法修正存在的缺陷及其完善》，湘潭大学 2008 年硕士学位论文，第 21 页。

理，具备一部具有里程碑意义的法典的特色，① 但为了保持刑法与社会系统的同一性，必须适时修改刑法，而这种修改必然应遵循一定的原则。

这里着重讨论中国刑法修改过程中是否相应地遵循了上节所述的必要、明确、适时、均衡与效益等刑法修改原则，以发现我国刑法修改原则存在的具体问题，进而为刑法修改原则的确立奠定应有的基础。

（一）刑法修改的启动应当建构更为明显的原则性规则

现今刑法修改的启动应有一定的原则标准作为依据，而不能盲目修改。没有确定原则的进行修改，容易模糊刑法与其他法律之间的界限。比如，《刑法修正案（六）》增设了骗取贷款罪，就有人认为此举是刑法对贷款行为的过激回应，模糊了刑事与民事责任的界限，弱化了刑法的应然功能。② 再如，《刑法修正案（八）》增设的虚开发票罪与持有伪造的发票罪，更是受到了刑法理论界的强烈批评："以虚假发票充帐的行为尚未通过刑法修正案的形式确立相应的涉税犯罪罪名，那么将相比之下社会危害性更为轻微的单纯虚开行为先行入罪，在某种程度上违背了公平原则，存在立法瑕疵。"③ 在共同追求良好法秩序的前提下，其他法律所追求的秩序与刑法所追求的秩序往往存在不同，理性的刑法修改与其他法律之间应考虑穷尽其他法律的调整方法，而不是直接用刑法将以简单规制。这种刑法的提前介入，将会导致其他法律丧失应有的调整空间，且不能产生预期的效果。再如，由于信息网络技术的发达，侵害公民个人信息权的事实大量存在，公民个人信息安全受到严重威胁，引发了公民个人隐私权被严重侵犯的现象，《刑法修正案（七）》因而增设了出售、非法提供公民个人信息罪，《刑法修正案（九）》对其进一步修改，可以说是对于公民隐私权的保护的重要举措，但是这样也会存在一个问题，刑法盲目的介入难以避免会带来负面效果，一旦出现社会失范行为，人们会把更多的希望寄托于刑罚规制而忽视了民事、行政法律的救济渠道，导致法律部门间失衡的现象越来越明显。④ 频繁的修改刑法尽管解决了一些司法实践中遇到的问题，但也给司法实践带来了诸多困惑。只要社会出现无法用现有法律规制的异象，从修法者乃至普通国民首先就考虑将该行为入罪，动则用刑法来进行规制，而不是首先寻找其他法律救济途径来解决，这也就是导致目前刑法修正案越修越多，陷入

---

① 参见高铭暄：《刑法续言——高铭暄刑法学文集》，北京大学出版社 2012 年版，第 45~46 页。
② 参见顾肖荣、陈玲：《必须防范金融刑事立法的过度扩张》，载《法学》2011 年第 6 期。
③ 顾肖荣、陈玲：《对〈刑法修正案（八）草案〉和〈刑法〉的几点意见和建议》，载《政治与法律》2010 年第 10 期。
④ 参见卢勤忠：《我国刑法修正案立法的问题及对策》，载《南京大学学报》2009 年第 3 期。

被动修正循环的原因所在。

在总体上，我国刑法还可以进一步的谦抑性与轻缓化。

第一，我国死刑罪名还存在进一步减少的空间，经过《刑法修正案（八）》《刑法修正案（九）》的死刑废除，仍然还有 46 个死刑罪名，其中贪污贿赂犯罪的死刑废止问题一直是理论界争议的焦点，贪污贿赂犯罪所侵犯的是公私财物的所有权以及国家工作人员的职务廉洁性或者不可收买性，而死刑作为剥夺人生命权的刑罚，应当主要针对人身安全的恶性暴力犯罪。贪污贿赂罪所侵害的法益价值与死刑所剥夺的生命价值对比，显然在刑法价值观念上就不具有对等性。特别是当前我国反腐败犯罪已经取得压倒性胜利的情况下，死刑用于遏制贪污贿赂犯罪的发生，其威慑力显然是有限的。刑法修改有必要体现刑法的谦抑性原则，对于类似于贪污贿赂犯罪的死刑设置应该予以直接废除，减少我国死刑罪名的设置，同时也符合国际社会所认同的人道主义原则。

第二，法定最高刑与法定最低刑还可以设计得更为相近协调些，如《刑法》中诸多罪名所设两个或两个以上的罪刑阶段中，通过衔接式将前一阶段法定最高刑与后一阶段法定最低刑衔接，就可能出现一个罪名中从最宽和的刑罚到最严酷的死刑都有设置的情况，如在刑法第 264 条盗窃罪的刑罚在《刑法修正案（八）》没有将其废除死刑之前就是如此，从单处罚金到死刑。这种立法现象，尽管刑罚设置不同阶段的法定刑考虑了不同情形的适用，但也容易会造成一些操作性的误差。另外也存在一些罪刑阶段基本犯或加重犯所设法定最低刑偏高的罪名，[①] 需要引起重视，如在〈刑法修正案（七）〉对绑架罪予以修正之前，绑架罪的基本犯最低法定刑为十年，十年以上有期徒刑作为法定最低刑不可不谓之偏高，为了避免这种过于重刑化，《刑法修正案（七）》对绑架罪的法定刑增设了一个情节较轻的减轻犯，其最低法定刑设置为五年。

第三，刑法修改过程中犯罪化与非犯罪化还有值得慎重与深入讨论的空间。无论是犯罪化，还是非犯罪化，刑法都应当保持刑法作为最严厉措施的补充性特征。总体而言，在历次的刑法修正过程中，一方面减少了死刑罪名，轻缓了刑罚的适用，另一方面，主要是新增罪名。如《刑法修正案（一）》"为了惩治破坏社会主义市场经济秩序的犯罪，保障社会主义现代化建设的顺利进行"，增加了隐匿、故意销毁会计凭证、会计账簿、财务会计报告罪、国有事业单位人员失职及滥用职权罪，增加了期货行业的犯罪规定。再如《刑法修

① 李晓鸥：《中国重刑化弊端及其限制路径——以〈刑法修正案（八）〉为关照》，载《当代法学》2010 年第 6 期。

正案（四）》增加了非法雇佣童工劳动罪、执行判决裁定失职及滥用职权罪等3个新罪名。又如《刑法修正案（五）》增加了妨害信用卡管理罪，窃取、收买、非法提供信用卡信息罪，过失损坏武器装备、军事设施、军事通信罪等相关罪名；《刑法修正案（六）》新增加了强令违章冒险作业罪，大型群众性活动重大安全事故罪，不报、谎报安全事故罪，虚假破产罪，背信损害上市公司利益罪，骗取贷款、票据承兑、金融票证罪，背信运用受托财产罪，违法运用资金罪，组织残疾人、儿童乞讨罪，枉法仲裁罪，开设赌场罪等11个罪名。

（二）刑法修改在语言表达上可以尽可能地采取语义明确或者无歧义的规范用语

修法者为兼顾刑法稳定性，常常采用增加刑法规范的弹性来维持其稳定。而这种弹性修法往往会因为存在歧义用语的表达，损害刑法修改的明确性。如《刑法修正案（一）》第2条第2款规定："国有事业单位的工作人员有前款行为，致使国家利益遭受重大损失的，依照前款的规定处罚。"但这里"依照前款的规定处罚"的这一表达，就容易造成歧义，对这一款是确定了一个新罪名，还是一个拟制性规定，就需要进一步明确。有学者甚至批评认为，修订的刑法典基本上延续了这种暗示式的罪名立法模式，这种立法模式导致罪名确定严重混乱，降低司法实践中适用修改后刑法的有效性。①

（三）刑法修改在与相关法律法规保持一致性的问题上还有继续提升的空间

刑法在调整社会关系时具有广泛性和最后性，这就决定对某一问题采用刑事规制必须与民事、行政规制相衔接和一致，但现实中刑法的修改和其他非刑事法律的变动并不是一致的，这就有可能导致制裁手段缺乏连贯性和一致性。特别是大量的经济类法律法规为应对现实情况的变化，变动比较频繁，在采用单一修正案方式修改刑法的情况下，刑法对某些经济犯罪的应对措施只能通过刑法修正案的方式来得以跟进。实践中在经济类法律法规发生变动后，立即通过刑法修正案的方式修改刑法的原有规定或增加新的罪名的做法，以保持体系上的一致性，但有时刑法的修改与相关法律法规的修改并没有完全一致，有时刑法的修改稍微滞后，也有时是其他相关法律法规的修改会相应滞后，因此应当在每一次刑法修改时充分考虑到不同法律部门的协调性与统一性。

---

① 潘家永：《刑法修正案述评》，载《安徽大学学报（哲学社会科学版）》2008年第8期。

三、刑法修改方法与技术问题

（一）刑法修改的方法问题

我国目前采取刑法修正案模式确实有助于刑法的稳定，也是保持刑法与时俱进的模式，刑法修正案模式的存在具有其必要性，但不可否认修正案模式的种种缺陷也已暴露出来：如上述立法权主体的权限问题，刑法体系的不协调问题，以及立法技术的不完善问题。单一的修正案模式显而易见存在着一些利弊，如果修正案作为唯一修正模式必有其诸多不足。应当在采取修正案的形式下，兼顾考虑附属刑法，尤其是有关行政犯的立法，更有必要采取这种形式。针对我国刑法修改的模式，有学者对比分析了三种修改模式的利弊，认为就附属刑法而言，在欧洲国家和日本等亚洲国家，行政法规中大规模地设置附属刑法条款，既是一个立法现实，也有着值得肯定的司法效果。同时，即使此类附属刑法条款被不断地修正和调整，也不会影响刑法典的权威性，尤其是能够保障刑法典的稳定性，至少不会出现 7 个刑法修正案中对于刑法典中的 5 个条文连续进行两次修改的尴尬现象。就单行刑法而言，有些新型危害行为的入罪化可能是成批的设置罪名，不是简单地增添几个彼此独立的刑法条文就能够解决的，而刑法典之中尚且没有出现过成"建制"地增加"章"或者"节"的大胆尝试，同时，还可能涉及特殊司法程序的配套增设问题，此时，就应当制定兼含实体和程序规则的单行刑法，例如，计算机犯罪就是如此。因此，在今后的刑事立法实践中，死守《刑法修正案》作为唯一刑法修改模式的理由已经不再充分，必要性也值得怀疑。[①]

进言之，这种修正案如果频繁发生，特别是在刑法修正案中部分条文被反复修改（如刑法第 151 条、第 162 条、第 164 条、第 180 条、第 182 条、第 185 条、第 191 条、第 225 条、第 312 条、第 399 条就分别被 2 次修改），同样会损害刑法典的稳定性与权威性。而且还会涉及刑法的立法权限问题，《刑法修正案（八）》《刑法修正案（九）》这两次修订涉及总则性条款，有些属于刑法原则性问题，其修订权限是否应该依然由全国人大常委会来行使，在《刑法修正案（八）》草案出台后就有学者对此提出了异议[②]。再者，仅仅采取刑法修正案的方式修改刑法，容易导致所修订的各条文之间缺乏内在联系，难以形成系统性的规范结构，特别是在目前权威机构一直没有就修订刑法条文

[①] 参见于志刚：《刑法修正何时休》，载《法学》2011 年第 4 期。

[②] 参见龚培华：《我国刑法修正的特点及发展》，载《东方法学》2010 年第 5 期。

进行整体编撰，将所修订的条文与刑法典融为一体的情况下，容易导致司法适用过程中出现应当适用的规范已经修订，而依然适用旧的刑法条文的情况。当然如何对条文的引用也成为一个问题。

我国目前采取的是一种大一统的刑法典立法，其优点在于将行政犯规定在刑法法典之中，使行政刑法具有刑法之外形，自然较易产生一般预防作用而具有吓阻行政犯罪的功能。但行政犯同刑事犯相比，有其自身的特殊性①，这种立法不利于行政犯所特有的对社会及政策需要的适应性之维持。而且由于行政的复杂化、专门化、技术化以及不稳定的特点，要由立法机关对行政犯统一规定在一部法律中基本不可能。如果不改变传统的刑法立法观念，仍机械地推行某一种立法模式，而不顾现实立法的客观要求，势必继续扩大现行刑事立法存在缺陷的范围，必然导致现行刑法修改过程中所存在的问题进一步恶化，导致司法实践的更加混乱。

近一个世纪以来，很多国家在刑事立法上采取双轨制立法修法模式，即除在刑法典规定一些已经类型化且具有严重法益侵害性的行政犯外，在行政法规特别是经济法规中也规定很多具有独立罪状和法定刑的行政犯。如在意大利，"散布于其他法律中的刑法规范，在数量上大大超过了刑法典中的规定"②。再如，日本尽管很难查证其单行刑法与附属刑法到底规定了多少罪名，但可以明确一点，日本的"刑罚法规不但附属于刑法典，也存在于补充刑法典的个别的单独的法律之中（特别刑法）。此外，在各种行政法规中也有规定。而后者，是为了达到行政的取缔目的而借用刑罚这种手段，因此称作行政刑法。根据行政目的，行政刑法又分为固有的行政刑法、劳动刑法、租税刑法和经济刑法"③。

在我国，除了刑法和一些单行的刑事法规以外，其他所有的法律都没规定独立罪名和法定刑，这在当今世界是很少见的。中国过去长期是计划经济，行政关系比较简单，行政犯因而很少，一部刑法典囊括所有的行政犯，是有可能的。但是现在已进入高度发展的市场经济时期，经济关系十分复杂，经济犯罪大量发生。如果为适应社会经济发展的要求，按照我国现在单轨制的立法原则，把这些罪名全部纳入刑法典，就会造成两种情况：或者刑法典不可能稳定，会不断变化；或者很难具体操作。如1997年刑法制定后，受东南亚金融

---

① 有关行政犯与刑事犯的区别学说，区别的必要性及其性质，可以参阅黄明儒所著《行政犯比较研究——以行政犯的立法与性质为视点》相关章节（法律出版社2004年版）。
② ［意］杜里奥·帕多瓦尼：《意大利刑法学原理》，陈忠林译，法律出版社1998年版，第2页。
③ ［日］野村稔：《刑法总论》，全理其、何力译，法律出版社2001年版，第3页。

危机的影响，中国出现了大量的套汇行为，而 1997 年刑法取消了套汇罪，我国不得不于 1998 年制定《关于惩治骗购外汇、逃汇和非法买卖外汇犯罪的决定》规定了骗购外汇罪，导致刑法典的稳定性与权威性受到一定损害。如果将行政犯的具体罪刑内容直接规定在行政法规中，那这些行政法律中的刑法规范最大的特点即是它可以随着犯罪态势的变化，随时灵活地增删废改，以适应打击犯罪的需要。这将有利于运用刑罚手段对不法行为作出及时的反应，而不至损害刑法典的稳定。将行政犯和规范相关行政关系的法律规定在一部法典中，还能比较容易地认定行政违法行为，目前刑事领域比较难认定的大多是行政犯，其重要原因就是立法模式的单轨制割裂了行政犯与相关行政法规间的衔接。

毋庸置疑，我国目前行政法规中的附属刑法规范关于行政犯的规定主要采取原则式的立法方式，不是直接规定出行政犯的罪刑具体内容，特别是不直接设定刑事处罚，只是笼统地作出"构成犯罪的，依法追究刑事责任"或"违反本法规定，依照法律应当追究刑事责任的，依照有关法律的规定追究刑事责任"之类的规定。至于其全部或一部分内容以及如何追究刑事责任，要依附于刑法典或单行刑法的有关条款规定，对刑法典或单行刑法有一定依附关系，大部分这样的条款也没指明对该行为应当适用刑法典中何条何款。这种依附性立法的旨意在于使行政法律中的刑法规范与刑法典及单行刑事法律的有关规定相协调，彼此能够保持一致，不会使之因数量的增多破坏刑法体系的完整性和统一性。但过分依赖刑法典，存在着规定笼统、空泛等许多缺陷，导致遇到刑法典或单行刑法对这类问题的规定不十分明确或者与社会生活之间出现较大差距的情况时，对司法实践工作缺乏有效的指导作用，甚至不能适用，而成为形同虚设、没有司法意义的一纸空文，失去其自身存在价值。同时，也给弹性司法准备了一只"大口袋"，造成定罪量刑的随意性，从而破坏了罪刑法定原则，并导致我国行政犯在立法、司法及理论上的混乱现象。因此，必须改变我国目前行政法规中关于行政犯的规定只是笼统地作出"构成犯罪的，依法追究刑事责任"之类的原则规定的立法方式。

（二）刑法修改的技术问题

在刑法修改阶段，如何修改才能符合修法的意图是一个值得慎重对待的问题。有人认为立法能够达到与立法意图一致，并不关涉立法的思想，也不涉及立法意图的评价，仅是一个立法技术问题。[①] 但修改刑法的技术问题却常常被

---

① 参见李洁：《遏制重刑：从立法技术开始》，载《吉林大学社会科学学报》2009 年第 3 期。

忽略，我国几经修改的刑法已被认为是重刑思想的泛滥区，以至于刑法修改本身追求的善意没能较好的体现。其中关键就在于只有修法技术的完善才能够使刑法思想得到真正的实现，否则，即使再深刻的思想，多善意的追求，都可能无以为继。修法技术问题绝不是可以被忽略的，没有符合刑法修法要求的技术，就难成理性的刑法。因此，对于修改技术应予高度关注，反思我国修改技术的不足，以期对修改技术能够有所提高。

1. 少数表述不规范

刑法修改时，用语的不协调、不规范，如《刑法修正案（三）》第 1、2条对刑法原投毒罪进行的补充修改，将原条文的"投毒"二字修改为"投放毒害性、放射性、传染病病原体等物质"，《刑法》总则第 17 条第 2 款中关于投毒罪的规定并没有得到相应修正，这种未能把刑法总则与分则共同修改可以视为是技术表述上的欠缺，才会造成理解上的混淆。还有《刑法修正案（六）》第 21 条规定："依法承担仲裁职责的人员，在仲裁活动中故意违背事实和法律作枉法裁决……"这里的"违背事实和法律"表述不妥，理由在于它忽视了仲裁与审判的区别。仲裁并非"以事实为依据，以法律为准绳"，而是具有尊重当事人意思自治的特点，在很多情况下仲裁员可以在当事人自愿的条件下依据商业惯例等来解决纠纷，那么在这种情况下就不一定是违背事实和法律。显然该条修改存在用语不当，形成逻辑矛盾。再如《关于惩治骗购外汇、逃汇和非法买卖外汇犯罪的决定》第 3 条将逃汇罪的行为方式表述为，"擅自将外汇存放境外，或者将境内的外汇非法转移到境外"，这种表述也显然不当，"擅自将外汇存放境外"中既包括了将境内的外汇转移、存放境外的情形，也包括了将境外的外汇擅自存放境外。① 二者是包容关系而非并列关系，其中间用"或"字连接确有不妥。另外，在修改刑法时，语言有适度的模糊性可以增加规范的弹性，可以在实际情况变动较少时，不需要修改刑法规范内容，也给解释留有余地，如刑法中有关量刑幅度、情节程度、危害后果等的语言表达，既便于执法时自由裁量，又为司法解释作界定留有空间。当然，这类弹性规范与模糊语言也不能滥用，以防任意解释和任意裁量。

还有表述不够简练，表达冗长。如《刑法修正案（五）》第 2 条修改的《刑法》第 196 条第 1 款第 1 项，将"（一）使用伪造的信用卡的"修改为"（一）使用伪造的信用卡，或者使用以虚假的身份证明骗领的信用卡的"，本只需将修改的部分列明在修正案中即可，但《刑法修正案（五）》第 2 条却冗长的将其所有修改和未修改的都一并抄录一遍。这样的修改在修正案中可谓司

---

① 参见王政勋：《刑法修正论》，陕西人民出版社 2001 年版，第 181 页。

空见惯，将未修改的大部分内容也抄在修正案中，实属没有必要。修改部分杂糅在一堆没有修改的条文中既浪费了修法成本，又不便于广大群众学习和掌握修改内容。此外，还有用语不包容的现象。如为了和2005年10月修改的《证券法》的规定相衔接，《刑法修正案（六）》将《刑法》第182条操纵证券、期货市场罪修改，但仍与1999年《刑法修正案》对本条的修改一样，采取细化、列举的方式，如果将来期货法规出台，对操纵期货市场的行为重新进行表述，第182条将面临第三次修改。因此，立法者可设立一空白罪状，以加强法条的包容性。这种立法显示刑法修改上的不严谨，立法上的不成熟。

2. 部分条文层次不清

部分修正案对项没有分段表述，结构层次不清。根据《立法法》第54条的规定，"编、章、节、条的序号用中文数字依次表述，款不编序号，项的序号用中文数字加括号依次表述，目的序号用阿拉伯数字依次表述"。但是，我国部分刑法修正案的表述，没有按照"依次表述"的结构技术规范进行表述。如《刑法修正案（三）》第7条规定对《刑法》第191条的修改，其中第3项的表述"通过转帐或者其他结算方式协助资金转移的"与第4项所表述的"协助将资金汇往境外的"并不符合结构技术的规范，两项内容分别是依据不同的角度进行归纳，前者是依据行为方式，后者是依据行为的目的地，这就难免会存在重合之处，表述结构就存在交叉。结构不清之处还体现在单位犯罪的规定中，此条中规定"单位犯前款罪的，对单位判处罚金，并对其直接负责的主管人员和其他直接责任人员，处五年以下有期徒刑或者拘役；情节严重的，处五年以上十年以下有期徒刑"。这里情节严重的法定刑表述是采用单罚制还是双罚制显然交代不明，容易使人形成误解。再如《刑法修正案（四）》第3条规定："将刑法第155条修改为：下列行为，以走私罪论处，依照本节的有关规定处罚：（一）直接向走私人非法收购国家禁止进口物品的，或者直接向走私人非法收购走私进口的其他货物、物品，数额较大的；（二）在内海、领海、界河、界湖运输、收购、贩卖国家禁止进出口物品的，或者运输、收购、贩卖国家限制进出口货物、物品，数额较大，没有合法证明的。"其中两项中间的内容都有扩充，都以"或者"并列了不同的内容，显然不符合我国《立法法》中关于条文表述的规范性要求。

3. 部分条文之间不协调

刑法修改中罪名体系存在问题，表现在当要增加的新犯罪行为不能纳入刑法典分则已有的罪名体系时，采用刑法修正案的方式有欠妥当。如果该新的犯罪行为所侵犯的法益已经超出了现有刑法典犯罪分类的法益体系的范围，那么，就不能勉强以"增删法"的方式将其纳入现有刑法典分则体系的某一章节及其该章节的条款之中。例如,《刑法修正案(六)》对原公司、企业人员受贿罪主体从"公司、企业人员"增加"其他单位人员",是为了严密法网惩治非公司、企业领域的其他单位人员的商业贿赂行为,但事业单位、社会团体、协会等非公司、企业人员利用职务便利的受贿和被行贿行为侵犯的利益就不是公司、企业的管理秩序了,再将其归属于"妨害对公司、企业的管理秩序罪"之下,就不合适。① 还有关于刑法修改中"刑法 XX 条之一"的问题。立法机关认为,不论修改或者补充多少内容,均可一次或者多次修正原有规定,增加条文的,可以在内容相近的刑法条文之后,作为某条之一、二。如果修改条文,就直接修改。② 这种常常将新罪作为"刑法 XX 条之一"的做法,虽说有利于维护刑法典的完整和稳定,也不改变刑法的总条文序数,但却忽视了条文内在逻辑的严谨,有些条文放一起相关性并不紧密。如《刑法修正案(六)》增加一条,将不报、谎报安全事故罪规定在《刑法》第 139 条后,作为第 139 条之一,但该罪与第 139 条规定的消防责任事故罪在客观方面存在较大差异,不具有内在的逻辑联系,将该内容放在第 139 条之后显然不妥当。再如《刑法修正案(六)》增加一条,将组织残疾人、儿童乞讨罪规定在刑法第 262 条后作为第 262 条之一,该罪的客观行为及犯罪对象均与第 262 条规定的拐骗儿童罪存在显著差异,两条文之间完全不协调;还如《刑法修正案(六)》第 1 条增加的第 162 条之一"隐匿、销毁会计账簿、会计凭证、财会报告罪"所侵犯的法益与作为类罪名的妨害对公司、企业的管理秩序罪的保护法益之间并没有包容与被包容的关系,作为其条文之一也不妥当,有人主张宜采用单行刑法予以修正。③ 由此可见,有些"之一""之二"增加的新罪名与原条文间存在较大差别,容易造成刑法罪名体系上的混乱,虽重视了刑法条文形式上的统一,但忽视了增加的新罪与其被归属的罪名之间的实质区别。另外,这样的修改技术将不断地造成刑法体系的庞大和杂乱,也亟需我们理性考量。

4. 有些条文适用时效规定不科学

立法者对于一些比较重要的法律,在通过之后经过一段时间才生效,给国民熟悉和掌握法律留有一定时间,从而有利于贯彻罪刑法定主义及不溯及既往的原则。尤其是对于一些修改量较大的修正案,如《刑法修正案(八)》《刑

---

① 参见曹坚:《刑法修正案立法体例有待完善》,载《检察日报》2007 年 7 月 27 日第 1 版。
② 参见黄太云:《〈中华人民共和国刑法修正案(四)〉的理解和适用》,载《刑事审判参考》,法律出版社 2000 年第 1 辑,第 10 页。
③ 参见卢勤忠:《〈刑法修正案(六)〉视野下我国商业贿赂犯罪的立法完善》,载《华东政法学院学报》2006 年第 5 期。

法修正案（九）》分别达到了 50 多个条文，不仅仅涉及刑法分则罪名的增设和修订，更牵涉到刑法总则里具体制度的变化，采用公布后过一段时间生效的做法是合情合理的。而前五个刑法修正案以及《刑法修正案（十）》因为修改内容和条文较少，人们较易掌握，并且因为修正案是因情势急需，采用自公布之日即生效的方式是可以为人们所接受的。但《刑法修正案（六）》《刑法修正案（七）》对刑法做了大面积修改，内容分别有 20 条、14 条，仍然沿用以前五个刑法修正案的生效方式，其科学性值得斟酌。

第三章 刑法修改理性的基本范畴：
原则、方法与机制

刑法修改要保持相对理性，必须遵循一定理性原则、方法与技术，同时也要形成相对有效的修改机制，这是刑法修改如何保持理性的依据与基石。

第一节 刑法修改的理性原则

刑法修改的目的旨在使刑法更加科学、能够更好地与社会发展的需要保持同一性。因此，刑法的修改是否科学合理，在很大程度上影响着刑法规范的生命力与有效性。在这一意义上，刑法的理性修改必须遵循一定的原则，只是刑法的修改到底要遵循哪些原则学界存在不同意见，关于这些不同的意见，在第二章中已详述，在此不再赘述。概览这些不同的观点，可以发现，它们都强调了与相关法律以及刑法本身内容的协调一致性，说明在刑法的修改过程中必须要注重法律规范的协调性。但将与刑法典基本原则相一致、立法内容的协调分别作为刑法修改的原则，并不妥当，这种做法有损原则的宏观性。将协调性作为刑法规范修改的原则并不能保证刑法修改的合法性，在刑事立法实践中必须时刻警惕僭越立法权的立法活动，刑法的修改必须严格遵守法律赋予刑法立法修改机关的立法权限，因而，合法性应当成为刑法修改的常设性考察内容。同时，刑法的修改是为了保持刑法与社会需要的同一性，适时性是刑法规范的生命，刑法的修改还必须遵循必要性与适时性的要求，考虑到适时性作为罪刑法定原则与刑法修改理性的必然要求，上文已经做过详细的论述，在此不赘。针对刑法规范如何保持适时性的问题，必须要考虑刑法修改的时机，应当把慎重性作为刑法修改的一项基本原则。

由于谦抑性、科学性、合理性与有效性等原则本来就是作为刑事立法活动必须遵循的基本原则，无须在刑法修改时作为其原则再重新提出。从刑法修改的理性出发，刑法的修改除了要遵循刑法的创制原则外，还应当把慎重性、合法性与协调性等三项内容作为其活动的基本原则。

一、慎重原则

如果刑法总是处于不断变化的非稳定状态，会使国民难以了解刑法的真正内涵，并对刑法存在的必要性产生怀疑，进而刑法的规制机能也很难实现。一个不具有稳定性的刑法规范，过于频繁变动或者经常处于不稳定状况，其内容就无法为人所知，很难为国民的日常生活、社会交往提供有效的行动指南。因此，维持刑法的一致性与连续性，是刑法稳定性的必然要求。当然，借口刑法的稳定性而保守所有的既成刑法条文，拒绝与变化甚至转型的社会需要保持同一性，都是不妥的。正如美国著名法学家罗斯科·庞德所言，"一般安全中的社会利益促使人们去探寻某种据以彻底规制人之行动的确定基础，进而使一种坚实而稳定的社会秩序得到保障。但是，社会生活情势的不断变化却要求法律根据其他社会利益的压力和种种危及安全的新形式不断做出新的调整。因此，法律秩序就必须既稳定又灵活。人们必须根据法律应予调整的实际生活的各种变化，不断地对法律进行检查和修正"①。因此，刑法必须巧妙地通过刑法修改将刑法制度与时刻变化的社会结构、社会秩序需要有机地协调起来。

刑法的变化是一个渐变性的过程，这些变化往往根据变化了的社会需要局限于刑法制度的一些特殊方面，或者局限于一个特定框架中的具体问题。刑法制度中只有受到影响的部分发生变化，其原有结构的大部分则仍保持不变，大多数刑法改革都具有非整体性或者不完全性，刑法的修改一般都是稳定性与变动性相互联结、相互渗透。刑法的修改必须慎重进行，不能随意、频繁或者大规模的修改，在坚持刑法与社会保持同一性的同时，必须坚持慎重性原则。

所谓慎重性原则，是指只有在社会政治、经济、犯罪及其社会反应状况等发生了明显变化，刑法已经不能适应社会现实需要时，才能对存在重大漏洞与不适时的刑法规范进行理性修改的原则。这种慎重性原则要求刑法的修改必须是在社会政治、经济、犯罪及其社会反映状况确实发生了显著变化，现行刑法又难以适应这种变化的社会需要与犯罪状况，甚至存在重大漏洞之时，并充分考虑刑法的稳定性与合理性，理性地分析刑法应当修改的必要性以及修改内容与如何修改，按照严格的立法程序，及时针对刑法适用中出现的各种问题作出有效调整。刑法新的调整与修改无论是犯罪化还是非犯罪化，轻刑化还是重刑化，都必须保证其适用的有效性。具体而言，刑法修改的慎重性原则主要包括以下几个方面：

---

① ［美］罗斯科·庞德：《法律史解释》，邓正来译，中国法制出版社 2002 年版，第 2 页。

首先，刑法的修改不能情绪化。刑法修改的慎重性，意即刑法修改必须冷静分析犯罪状况、成因及社会反映系统，不能一出现某种具有社会危害性的行为，又找不到合适的刑法规范时，就失去理性思维地修改刑法；亦不能总是仅考虑满足人民群众的需求即所谓民愤、舆论压力以及个别领导的旨意而修改刑法；更不能一味地将刑法甚至重刑视为解决社会问题的唯一路径而去修改刑法。

其次，刑法的修改应有条件限制。刑法的修改，无论是设置新罪、提高法定刑，抑或废除罪名、降低刑罚，都必须是在社会生活发生了显著或者重大变化，现有刑法规范不能解决，或者用现有刑法规范解决过于严厉，或者与现实的社会生活需求明显脱节时才启动。刑法的创制，追求稳定性与权威性，不能在可以通过包括民事法律规范、行政法律规范在内的所有现有法律规范体系解决问题之时，或者在能够通过刑法解释学与司法运用的方法解决问题之时，追求所谓的适时性与有效性，而盲目修改、调整刑法规范，更不能坚持报应主义的重刑思想，迷信刑法的威慑力与恐吓力，而动不动就设立新罪，或者加重刑罚。

最后，刑法的修改应遵循严格的立法程序。无论采取哪种形式修改刑法，都必须严格遵守刑法的制定程序，从制订刑法修改方案的调研与规划、到修改草案的起草、广泛征求意见、讨论、审议，再到修改草案的最终表决、通过及颁行，都必须符合《立法法》的有关规定，而不是贸然修改。当然，刑法的修改并不需要有特别的立法程序，只是严格遵守刑法的制定程序就已足够。

应当说，我国现行刑法修改过于频繁。一方面，刑法的频繁修改会导致刑法典应有的权威性严重缺失，而缺乏相对稳定性的刑法很难让人产生信任，更不可能让人产生权威感。一部缺乏权威性的刑法，绝不可能有效达到刑法修改的旨意。另一方面，刑法的频繁修改还有可能导致与社会现实需要与价值观念发生冲突的仓促立法甚至轻率立法，而这样的刑法更难被认同。

二、合法性原则

刑法的理性修改，必须合宪、合法，这就要求刑法在修改时必须遵守法律有关立法权划分的规则，遵循合法性原则。合法性是法治社会的必然要求。作为一项立法活动的刑法修改而言，也必须符合法治社会的原则要求，即必须遵守合法性原则。所谓合法性原则，是指刑法的修改必须符合宪法和法律的规定与要求。

首先，刑法的修改必须符合法治的基本精神与原则。在法治社会，"通过法律促进自由、平等和安全，乃是由人性中根深蒂固的意向所驱使的"①。某种意义上，自由、平等与安全可以涵盖整个法治社会的精神实质，"一个旨在实现正义的法律制度，会试图在自由、平等和安全方面创设一种切实可行的综合体和谐和体"②。尽管目前还没有找到一个合适的能够同时实现这一目标的具体解决办法，但不能因为这种困难以及法律制度还必须考虑的其他价值的实现意义，在立法特别是刑法的修改时不再追求法治基本精神的契合与实现。

其次，刑法的修改必须符合宪法的精神与规定。宪法是其他所有法律与法规直接或间接的立法基础。无论是全国人民代表大会还是全国人大常委会或者其授权的立法机构（目前这一主体还不具有刑法的修改权）修改刑法，也无论采用刑法修正案的方法还是采取单行刑法或者附属刑法的立法方法来修改刑法，都必须首先以宪法的规定、精神与价值作为其指导原则与立法标准。根据《立法法》的规定，"立法应当遵循宪法的基本原则"（该法第 3 条），"宪法具有最高的法律效力，一切法律、行政法规、地方性法规、自治条例和单行条例、规章都不得同宪法相抵触"（该法第 87 条）。在修改刑法时，如果出现有与宪法规定及其精神不相符合的形式或内容，都不应该予以通过，如果发现原有刑法规范与宪法规定和精神相违背，也应当予以废除、摒弃。

再次，刑法的修改必须符合刑法典所确定的基本原则。刑法典所确立的基本原则不仅仅是刑事司法原则，也是刑事立法原则，刑法的修改必须以现行刑法典所确立的罪刑法定、罪责刑相适应及适用刑法人人平等三大基本原则为基础，决不能违背这三项基本原则的要求而任意制定新的规范或者作出违法解释规定。违背刑法基本原则而修改的刑法规范，很难有效实现刑法的功能。

最后，刑法的修改必须在修改主体、修改权限与修改程序上符合法律规定。我国《宪法》和《立法法》均规定，刑法的修改只能由全国人民代表大会及其常务委员会行使，其他任何机构都无权修改、设置刑法规范。即使全国人民代表大会及其常务委员会对有些尚未制定法律的事项，有权作出决定授权国务院根据实际需要，对其中的部分事项先制定行政法规，但是也不能授权制定有关犯罪和刑罚的行政法规。同时，立法者在修改刑法时不能超出法律所规定的权限。按照《宪法》和《立法法》的规定，全国人民代表大会有权制定和修改作为基本法律的刑法及其规范，全国人大常务委员会在全国人民代表大

---

① ［美］E. 博登海默：《法理学——法律哲学与法律方法》，邓正来译，中国政法大学出版社 2004 年版，第 294 页。

② ［美］E. 博登海默：《法理学——法律哲学与法律方法》，邓正来译，中国政法大学出版社 2004 年版，第 295 页。

会闭会期间，有权对全国人民代表大会制定的刑法及其规范进行部分补充和修改，但是不得同该法律的基本原则相抵触。全国人民代表大会有权全面制定、修改或者部分修改、补充刑法典或者刑法规范，但全国人大常务委员会只能对刑法典或者刑法规范进行部分补充和修改。全国人大常务委员会超越权限修改刑法规范或者刑法典的，全国人民代表大会有权根据相应法律予以撤销，而被撤销的刑法规范则自始无效，不能发生任何法律效力。刑法的修改属于一种立法活动，其活动必须遵循刑法的制定程序，这点不言而喻，无须赘言。

三、协调性原则

刑法规范修改的协调性，属于法律规范内在逻辑的要求。协调性本来属于刑事立法科学性原则的内容，但刑法的修改工作与制定工作在刑法的整体性上存在区别，有必要将协调性独立作为刑法修改的一项原则，以示其重要性。

刑法的修改是一个刑事立法不断完善的过程，除了在刑法的制定过程中要注重与其他法律的协调性，在对刑法进行修改时也要注重与其他法律规范的协调性。刑法修改的协调性主要包括修改后的刑法与其他法律的协调、刑法修改条文之间的内部协调以及与刑法典及其他形式的刑法规范之间的协调等。

所谓刑法修改后与其他法律的协调，是指在修改刑法时，如果涉及某些部门法，必须注意所要改定的刑法规范与相关法律规范之间是否存在冲突矛盾之处，特别是作为类型化的构成要件及刑事责任必须与其他法律规范所规定的行为类型及其法律责任相协调。这种协调首先体现为刑法的修改应该充分考虑刑法手段仅仅属于其他法律规范实施的最终强制力量与保障，不能随意将本来可以或者应该由其他法律规范规制的某种危害社会的行为归入刑法规制的范围。所修改的刑法规范需要有与其配套相关的法律规范才能有效实施，就必须对该配套法律规范通过立法程序同时建构或者与之协调一致。例如，在修改有关金融犯罪的刑法规范时，就必须考虑这些规范与相关的金融法律规范协调一致，或者建构相关的金融法律规范以作为修改后的金融刑法规范的配套制度。

所谓刑法修改条文之间的内部协调以及与刑法典及其他形式的刑法规范之间的协调，是指在修改刑法时，应从总体上对刑法规范进行综合平衡，使各罪名及其相关法定刑的布局合理，比例协调；注重修改的刑法规范与刑法基本原则以及总则性规定之间的协调统一；注重修改的刑法规范的体系性地位以及与相关罪名的协调一致。罪名与法定刑设置不能违背刑法的基本原则，尽量避免罪名易混淆、罪状缺乏确定性或者法定刑配置不合理的刑法规范修改。所修改设定的不同犯罪的构成要素设置与法定刑配置均应与整个刑法典或刑法规范相互衔接、协调一致。

另外，我国会根据不同的需要加入相关国际公约，承担相应的国际义务。尽管我国刑法规定了普遍管辖原则，承诺了如果国际公约的某种规定与刑法典已有的原则或制度发生冲突，优先适用条约的原则，但如何落实国际公约所规定的相关义务，以及如何修改刑法规范以与国际刑法公约的规定相协调，却没有明确。我国目前尚无关于国际法规范的实施方法和在整个法律体系中地位的立法规定，实践中在不同时期、针对不同性质的国际公约适用模式也并不统一。我们认为有必要从立法上明确对国际刑法规范统一采用间接实施方法，通过将所加入批准的国际条约规定的犯罪及时转化为国内法上的犯罪并设置相应的法定刑的方法，修改刑法规范。特别是有些国际公约仅仅规定了犯罪的定义、构成要件而没有设置法定刑，如果要履行其国际义务，更是必须通过立法修改程序，使其成为国内刑法规范的有效部分，才能产生效力。否则，参加该国际条约就没有任何意义。如我国批准加入的《联合国反腐败公约》规定了多种犯罪类型，并要求缔约国予以处罚。但其中许多行为没有在我国刑法中规定为犯罪，这便需要根据所承担的公约义务，注重与国际条约的协调性，修改我国相应的刑法规范，并增加相应的犯罪类型。

第二节　刑法修改的理性方法与技术

一、刑法修改的理性方法

刑法典在颁布实施后，必然需要基于社会形势的发展与犯罪趋势，对刑法规范作出相应修改，以应对这种形势需求。幻想通过所谓的人类普遍理性制定出一部永恒并且具有普适性的刑法典，不过是一种荒诞无稽的想法，因为从来不可能有一劳永逸的法律存在。无论一个国家的法治状况多么稳定，法律必须随着社会的进步发展以及各种适时需要，作出相应的调整。我国人大常委会所通过的 10 次刑法修正案，都是基于这种惩罚犯罪适应社会的需要所作出的刑法修改。

对刑法规范内容进行修改主要从废除、修正或者补充几个角度来着手。但针对不同内容形式的修改，采取哪种外在形式来修改刑法才更为合适，是刑法修改理性观念在刑法修改方法上所关注的问题。就我国 1997 年刑法后所通用的刑法修改方法而言，除了 1998 年 12 月 29 日颁布的《关于惩治骗购、逃汇和非法买卖外汇犯罪的决定》一部单行刑法外，现在已经习惯采用刑法修正案的方法进行修改，而基本放弃了其他刑法修改方法。这种情形的出现，主要是基于我国目前采取的是一种大一统的刑法典立法模式。毋庸置疑，在刑法立法模式没有改变前，这种刑法典的修改方法将会继续，而且还保持频繁。问题就在于现在所采取的修改方法是否就一定妥当，是否应当成为唯一选择，或者是否唯一正确，其他的修改方法就一无是处，却是需要从理论上进行检讨的。下文主要从刑法修改形式方法和内容方法两个层面对刑法修改的理性方法作出说明。

（一）刑法修改的形式方法

刑法修改的形式方法，主要指进行刑法修改的形式结构，即采取何种方式对刑法进行修改以及用何种形式体现修改后的刑法。

刑法作为社会的一个子系统，必须保持与社会同一性的自我确定，因而必须针对改变了的社会现实与犯罪发生的特征作出适时修改。从这点看，刑法典的修订没有任何立法与理论上的障碍。问题是，如果总是将作为公民自由大宪章的刑法典处于一种不确定的状态，是无法使公民信仰刑法与忠诚于刑法的。正如美国著名法学家伯尔曼所言，"没有信仰的法律将退化成为僵死的法条；而没有法律的信仰将蜕变为狂信"①。在应对社会变动的策略方面，刑法修改要有一定的前瞻性与预见性，修改的条文不能还没开始适用就被再次修改了。

不同的修改方法是针对不同的情形而适用的，应当说任何修改形式都不应当成为刑法修改的灵丹妙药，或者是唯一的途径。从我国近年来刑法修改的司法实践来看，似乎已经将修正案方式作为刑法修改的唯一途径，在采取大一统的法典时代里，刑法典修正案的修改方法应当说是一种相对合适的修改形式。但修改形式不能仅局限于刑法修正案这一种形式，还应该采取多样化的方式，从各个层面与角度来维护刑法的稳定性与权威性，从而使公民自觉地养成对刑法忠诚的习惯。

刑法修改的目的不仅是将犯罪定型化，而且在于修改后的刑法能够被有效地运用于惩治、预防犯罪。首先必须改变目前众多修正案与刑法文本并存的情形，到目前为止从来没有官方重新公布修正后的刑法总条文。这种情形容易导致适用上的不便甚至矛盾。基于刑法修改的理性观念，建议由修改刑法典的主体机构采用宪法修正后重新公布新的宪法条文的方式，将现行刑法文本和所有的刑法修正案进行梳理整合，重新公布正式的刑法文本，以便统一适用，从而

---

① ［美］伯尔曼：《法律与宗教》，梁治平译，中国政法大学出版社 2003 年版，第 38 页。

增强刑法修正的实效性和合理性。

（二）刑法修改的内容方法

刑法修改的内容方法，主要指不同的犯罪类型、不同的刑法内容分别进行修改的方法。

刑法总论部分的修改，应当慎重，尽可能少改或者不改有关刑法原则与犯罪成立条件方面的条文，因为涉及刑事政策的变迁以及所承担的国际条约义务，可以适当修改有关刑法的适用范围、刑罚手段与措施、刑法裁量与执行等规定，但这种修订涉及刑法原则，应当通过最高立法机构——全国人民代表大会审议通过，而且应该以刑法修正案的方式来颁行。至于其他一些具体的犯罪，则可以根据具体情况灵活使用不同的修改方式，如果修改的问题比较集中或者单一，可以采用单行刑法的方式修改，如果所修改的条文过于分散，则应采取刑法修正案的方式予以修改。

基于行政犯的特殊性，关于刑法中行政犯的修改，应给予特殊的对待。一方面，考虑到法律的稳定性与权威性，将对相关法律的修订减少在最小范围，并要使行政刑法规范制定得科学妥当，便于司法实践中贯彻执行，我国行政犯立法应当采取基本适用普通刑法总则的原则性规定；另一方面，有必要制定一些与适用于刑事犯的现行普通刑法总则不同的原则性规定，将各种具体的行政犯分散规定在相应的行政法规中的立法模式。即对那些还没有完全定型化还需要根据不同的行政目的与社会需要予以变动的行政犯，应当直接在相关行政法规中规定其成立要件及其刑事责任。这样在需要修改相应规范时，直接针对行政法律中的刑法规范予以修订即可。这种修订的优势具有适应性、灵活性、有效性、可操作性等优点，能够更加突出行政犯不同于刑事犯的性质，有利于克服刑法典和单行刑法立法上的局限性，及时惩治各种行政犯新类型和适应变化了的刑法调整新情况，提高刑法调整的社会效果；并且可以随着犯罪态势的变化，灵活地增删废改，有利于运用刑罚手段对不法行为作出适时的反应，而不致损害刑法典的稳定。将行政犯和行政违法行为规定在一部法典中，也能够使对二者之间的处罚有机协调起来，彼此保持一致。也不会因为伴随数量的增多而破坏刑法体系的完整性和统一性。

这种修订方式适用于刑法上没有规定而在行政法规中需要补充规定的一切行政犯行为，而不管该种行政犯行为能否在刑法典或单行刑法中找到最相近的条款，从而也弥补了比照式立法方式因牵强比照而导致的诸多弊端；能够使司法人员对该法律规定的罪名、罪状和法定刑问题一目了然，无须再去比照其他法律仔细分析和斟酌，便于实践中统一贯彻执行。① 采用这种方式修改刑法规范也并不能随心所欲，因为如果运用不好，就会脱离刑法典总则的原则指导以及与刑法分则规范的协调，比其他立法方式更易在罪名、罪状和法定刑问题上造成混乱和不平衡，从而影响整个刑法立法内部的和谐统一及司法的正确执行。因此，在运用这种修订方式时，应注意以下几点：一是独立于刑法典之外的行政刑法规范在没有特别规定的情况下，必须与刑法总则的一般原理、原则协调一致，同时与刑法典分则所规定的刑法规范无原则性冲突；二是存在于各特别行政法规与单行刑法中的行政刑法规范之间也必须协调统一；三是行政刑法规范的立法权只能由全国人大及其常委会行使；四是在刑法典与单行刑法对某种行政犯的罪状与法定刑已有明文规定的情况下，行政法规对这种行政犯的规定只是为了重申其刑事否定评价，采用比照性方式比独立性方式可能要更为协调统一些。只有在刑法典所规定的行政刑法规范不能满足行政目的的需要时，才需要运用制定独立于刑法典之外的行政刑法规范来予以修改。

当然，上述内容并非这种修改方法本身固有的弊端，只要坚持立法权的统一，立法机关在运用这种立法方式时坚持以刑法总则为指导，坚持刑法立法内部的协调，上述立法操作时的弊端定能克服。我们认为，这种立法方式本身具有灵活性和可操作性的特点，加上今后我国大量出现的新犯罪表现为行政犯，这就决定了我国今后的刑事立法与修改活动应当借鉴和吸收这种立法模式。②

需要注意的是，随着社会共同生活关系日趋复杂，国家对人民日常生活的干预范围也与日俱增，对于那些应以国家强制力为手段来加以干预的不法行为，并不可能也不宜完全划归刑法的领域，由刑事司法机关通过刑事诉讼程序处理。如果情节轻微的不法行为也须经由刑事诉讼程序审理，不仅费时费力，而且将大量增加刑事司法机关的负荷量，耗损其刑事追诉与审判的能力。因此，在行政刑法规范制定与修改过程中，切忌将所有的行政违反行为，均赋予刑事刑罚的法律效果，而使纯正的行政秩序违反行为轻易地转化为行政犯罪行

---

① 我国学者张明楷教授也主张在行政刑法规范中直接规定罪名与法定刑，并对其主张的理由的优劣作了较为全面的分析（见张明楷：《刑法的基础观念》，中国检察出版社 1996 年版，第 339－345 页。并且在另一篇文章又重申了该观点，见论者：《刑事立法的方向之“分散性”》部分内容，载《中国法学》2006 年第 2 期），在此，本文不再赘言。

② 当然，就刑事立法政策与社会心理学的观点而言，这种独立性的行政犯立法模式也存在不可避免的缺失：一方面是因为在立法体制上，它以规定行政事项或其他法律关系为主体，而只在违反限制或禁止之规定时，才附带科以刑罚。另一方面则因为此种规定虽具有刑法的实质，但不具刑事法典的形式。在此情形下易于隐蔽刑罚的威吓性，而且其立法意旨和刑罚构成要件以及对经济犯罪行为的社会非价判断，往往易为社会大众与刑事司法人员所忽视。因此，将行政犯规定在刑法以外法规的立法方式，在一般预防效果上，其犯罪吓阻功能较低。

为，致使行政犯的范围大幅度地扩张。

二、刑法修改的理性技术

刑法修改作为一种广义上的刑事立法活动，其所使用的技术可以与一般立法活动中所使用的技术作相同理解。如前所述，刑法修改技术，泛指国家制定刑事法律条文所采取的方法和技能。即立法机关以什么样的方法、技巧对刑事法律的内容及形式进行有效的、科学的增补、变更、删除，以赋予刑法条文以新的意义。[①] 刑法修改需要具有较高的技术性，其技术性体现在刑法修改形式的采纳以及罪名的拟定、体系结构排列、语言表述等具体问题上，涉及范围较广。刑法修改技术关系到条文修改的科学性，需要修法工作者高度重视修改技术。法律是否具有稳定性是衡量立法质量最直接的标准，而其稳定性依赖于立法技术的高低。只有在良好的技术条件下才能制定出科学的刑法规范，满足司法实践需求的同时维持刑法的稳定性。也只有提高修改技术，才能使刑法实施具有连续性及前瞻性，使刑法避免过于频繁修改而保证其效力稳定。在修法阶段，重视和运用良好技术适时地对刑法进行修改，使刑法规范日臻完善，也使刑法体系更加符合社会发展。现在刑法的修改也越来越追求科学化，修改刑法时，应尽力保持刑法的系统化以及用语的简洁、严谨。

然而，既然称之为技术，就有高低好坏之分，刑法修改的理性技术要求在刑法修改过程中所使用的技术必须具有科学性，必须能够体现刑法修改的理性与刑法的基本原则，有助于刑法修改目的的实现。按照现行立法学教材的一般理解，立法技术主要分为"立法语言"与"法律规范的结构"两个方面，因此，本书也遵循此种约定俗成的探讨模式，从语言和结构两个方面对刑法修改的理性技术进行介绍。

（一）刑法规范的语言表达

"立法，即以审慎刻意的方式制定法律，以被论者确当地描述为人类所有发明中充满了最严重后果的发明之一，其影响甚至比火的发现和火药的发明还有甚远。"[②] 刑法规范的质量在很大程度依赖于其制定技术。良好的刑法规范制定技术，可以使刑法规范的表达形式臻于完善，而细化罪刑关系并保持罪刑均衡；可以构造出科学的刑事法律体系，使之结构完整、条理清楚、协调统一从而准确反映立法者意图，避免对刑法规范的内容产生不正确甚至错误的

---

① 参见方忠耀、刘丹红：《刑法修改的立法技术评析》，载《中国刑事法杂志》2011 年第 12 期。

② ［英］弗里德利希·冯·哈耶克：《法律、立法与自由（第 1 卷）》，邓正来等译，中国大百科全书出版社 2000 年版，第 113 页。

理解。

刑法规范的制定技术作为立法技术在刑法规范修改过程中的具体应用，有着自己特定的内涵。刑法是规定刑罚等刑事责任的法律，首先应该考虑实现刑罚的报复、赎罪、感情绥靖以及预防等机能。刑罚的各种机能有可能通过刑罚以外的其他法的效果而运行，但刑罚与其他法律措施在本质上存在差异：刑罚的本质是从国家立场出发对犯罪进行谴责的体现，是一种报应。修法者的任务就是同包括其他法的效果在内的各种社会统治手段相比较，选择可处以刑罚的行为类型，而修改刑法规范。刑法规范不应仅仅是条文的堆砌，更应是具有自己独特逻辑结构的整体。

语言是人类思维的重要载体，它使人类的思维外化。法律规范也不例外，它必须以通过语言表达才能记载、揭示和发展。"如果没有语言，法和法律工作者就只能失语。"① 在一切法律领域中，尽可能准确地运用语言是成功完成与法律打交道的工作不可替代的前提，并由此形成了相对独立的法律语言系统。"法律语言作为法律范畴逻辑思维的工具，自成体系的符号系统，是立法与司法、执法实践的终极成果——规范性法律文件与非规范性法律文件的物化载体。"② 一部法典的科学化，按照边沁的标准，应当具备如下条件："第一，它必须是完整的，也就是说，它必须提出十分充分的整套法律，以致无须用注释或判例的形式加以补充。第二，在叙述其包含的法则时，必须使每一句话都达到最大可能的普遍性。换句话说，它必须可以用最少的法则说明全部的法律。第三，这些法则必须以严格的逻辑顺序叙述出来。第四，在叙述这些法则时，必须使用严格一致的术语，给这个作品中可能提到的每件事物以唯一的具有一个准确界定的名词。"③ 由于在语言上存在词语的多义性、词语含义的变化性以及词义的不确定性与开放性可能导致法律语言的不准确，因而需要在刑法修改的过程中选择语言表达的方式，这样就形成一种刑法规范的语言表达技术。

如何准确表述立法者的意图，正确体现刑事政策，这就涉及刑法规范语言表达的特点。一般而言，刑法规范的语言表达应当具备如下特点：

1. 刑法规范语言表达的准确性与严谨性

要准确地规范人们的行为，必然要求刑法规范使用的语言表达准确、严谨，不存在歧义、含混的现象。作为人进行思想交流最重要工具的语词，必须

① ［德］魏德士：《法理学》，丁晓春、吴越译，法律出版社2005年版，第71页。
② 孙懿华：《法律语言学》，湖南人民出版社2006年版，第18页。
③ ［英］边沁：《政府片论》，沈叔平等译，商务印书馆1995年版，第51页。

在使用时拥有一致和确切的概念，这是人类思想交流成为可能的前提。作为具有普遍性要素的法律，就更应注重语词使用的一致性与确切性，唯有此，法律才可能完成其国家与社会使命。因此，法律语言尤其是立法语言必须准确、严谨，否则就难以在立法时明确、无歧义地设定义务，亦不能在适用法律时准确地把握法条所描述的情形。刑法规范必须具有足够的具体性并且能为一般公众所理解，否则不明确的刑法规范不仅很难真正约束法官，而且无法有效防止法官的专断与专横。

语言表达的准确性是指在某一特定的语言环境中，为了表达某一特定的内容，对词语进行最恰当的选择，而采用以一般人能够获得最低限度的理解方式表达出来。刑法规范语言表达的准确性是以刑法规范的明确性为前提的，而明确性是罪刑法定原则在刑事立法中的具体要求，因为若"法律是用一种人民所不了解的语言写成的，这就使人民处于对少数法律解释者的依赖地位，而无从掌握自己的自由，或处置自己的命运。这种语言把一部庄重的公共典籍简直变成一本家用私书"①。应当说，刑法规范的准确性不在于为公民提供行动指南，而在于成为防止权力滥用的有力保障，为社会成员提供某种程度的安全感。这种准确性"依赖于预先设定的法律原则的可操作性。可操作性以法律用语的含义明确为前提"②。尽管刑法规范不可能将已规定为犯罪的危害行为的全部内涵完全明确地揭示，但刑事立法的这种局限性并不能成为刑法规范不明确、含义模糊之借口，刑事立法必须对各种犯罪行为及其法律后果予以明确规定，使人们在行为之前就知晓法律对自己行为的态度，能够从法律那里找到尽可能多的可供遵循的行为规则，以增强自己实施某种行为的安全感。语言表达的严谨性即是指为了表达某种特定含义，在语言文字上必须严密谨慎、科学规范的意思。刑法规范语言表达严谨意味着逻辑清楚，文字、条文之间互相照应、准确、统一协调，结构上没有缺失和错误，规范要严密而不疏漏，以保证法的统一性。不过严谨最难的地方不是严谨本身，而是通过严谨表达出准确一致的意思。需要注意的是，严谨绝对不是刻板，刻板的语言文字只是一种失败的表达。

2. 刑法规范语言表达的简洁性

刑法规范目的在于调整人们的行为，因而要使人们易于理解和掌握，法律就必须以一般人能够获得最低限度的理解的方式表达出来，立法者所采用的语

---

① ［意］贝卡利亚：《论犯罪与刑罚》，黄风译，中国法制出版社2005年版，第15页。
② ［斯洛文尼亚］卜思天·M. 儒攀基奇：《刑法理念的批判》，丁后盾等译，中国政法大学出版社2000年版，第47页。

言就必须做到字面简明、内涵丰富、易于记忆和理解。法律所具有的普遍适用性决定了法律是针对所有人而制定的。如果法律条文过于烦琐复杂，"即使这些规则很清楚，也可能因为其数量太多以至于受这些规则约束的人们不可能掌握它们"①，而导致规范无效性的增加。在法律受众对法律规范不清晰的情形下，法官就可能与其他官员根据其主观意志处理案件，而人们也无法预见尚未被起诉的行为的法律后果，从而导致他们在安排自己未来行为的时候变得无法确定危险感与不安全感的有无。因此，立法者制定刑法规范时必须尽可能通俗易懂，多采用法律受众易于接受的简洁性语言文字，烦琐啰唆的语言达不到使刑法规范明晰的表达效果。"法律作为一种行为指南，如果不为人知而且无法为人所知，那么就会成为空话。"② 因此，尽管刑法规范所调整的生活事实多种多样，但刑法条文及其数量必须做到尽可能精简而且具备条理性。

3. 刑法规范语言表达的伸缩性

如前所述，刑法规范的语言文字首先应尽可能排除含义含混不清的词句，以免因为客观上一词多义、一词多解造成执行上的偏差。"精确是法律文件的独有特征，得以形成的驱动力量。精确不一定就意味着极度清晰——它也可能包括采用适当程度的模糊性或灵活性。"③ 因而刑法规范的明确性只能是相对的，不可能存在每个人都懂且不存在任何争议的刑法规范。这种适当程度的模糊性或灵活性就是一种语言表达的伸缩性。正如魏德士所言："词语和句子的含义常常是多义的、不确定的和变化的，语言的这种特点从艺术的角度看是优点，但是从科学的角度看是缺点。"④ 社会生活的纷繁复杂决定了刑法规范不可能对这种无限性的事实一一予以规范，而必须对意欲处罚的危害行为的行为方式、危害程度以及量刑幅度制定一个普遍的、一般化的评价标准。这种采取一般化、普遍性评价的结果就是在刑法规范中需要使用一些不确定也即具有伸缩性的法律概念或者语言表达。通过这种具有伸缩性的立法语言表达技术，刑法规范就能有一个比较大的适用范围，从而给法官以在刑法规定的框架与立法原旨的范围内一定的裁量空间，刑法也因此具有了灵活性，而不是一经制定成为法律文本就显示出某种程度的滞后性。借助于具有伸缩性的法律语言表达所带来的开放性与不确定性，刑法规范就可以较好地适应变化了的社会环境以及所产生的事实及其由此变化了的价值观，从而在不破坏现行法律规定的情况下

① ［美］波斯纳：《法理学问题》，苏力译，中国政法大学出版社1994年版，第61页。
② ［美］E. 博登海默：《法理学——法律哲学与法律方法》，邓正来译，中国政法大学出版社2004年版，第311页。
③ ［美］约翰·吉本斯：《法律语言学导论》，程朝阳等译，法律出版社2007年版，第45页。
④ ［德］魏德士：《法理学》，丁晓春、吴越译，法律出版社2005年版，第77页。

保持法律的稳定性、维护刑法的权威。但我们反对在刑事法治还不健全、法官素质还不尽如人意的现阶段过多地运用诸如"情节较轻""情节严重""情节恶劣""严重后果""其他""重大损失""数额巨大"之类伸缩性太强的语言表达，这种立法技术可能会最终造成对刑事法治进程的破坏。在制订与修改刑事规范时，必须保存好刑法规范的明确性与伸缩性的平衡与协调。刑法规范的明确性是刑事立法的目标，刑法规范的模糊性是其保持社会统一性自我确认与稳定性的重要机制。二者不可偏废，否则就可能导致刑事立法的无效或者有效性大大降低，从而导致刑法规范功能的萎缩甚至丧失。

4. 刑法规范语言表达的特定性

魏德士说："要减少作为理解手段的语言的不准确性与不完整性，就应当借鉴那些更加精确的手段。在数学、物理、化学以及技术中，有时部分地使用人为创造的、约定的、'无法变化的'概念与符号来取代日常语言。"[1] 在法律语言的使用上，法律工作者一方面也使用日常用语，另一方面也总是在以自然科学的语言使用为榜样，不断地尝试用特定的人为概念、标志和符号来表达成文法或者法律逻辑的操作，通过用符合目的的专业术语及其定义来限制日常用语的不明确性，希望借此尽可能将想表达的法律问题与意义表达精确，而减少或者排除因为语言的模糊性所致的误解和错误含义。基于犯罪与刑事责任是刑法规范的核心内容，刑法规范语言就必须凸显罪刑关系，因而对刑事立法而言，仅仅有作为观念载体的语言文字还远远不够，刑法规范还必须有自己的专门语言表达。罪刑法定、罪责刑相适应、犯罪、故意犯罪、过失犯罪、共同犯罪、刑事责任、刑罚、犯罪预备、犯罪未遂、犯罪中止等都是刑法规范中的特有用语。我国刑法学者陈兴良提出建构刑法学"专业槽"的想法估计也主要是从刑法规范用语的特定性出发，认定刑法学应当基于其科学性、专业性、科学性，建构自己独特的一套"庞杂恢宏而又深奥抽象的理性符号系统"[2] 的。但是由于数学、物理学、化学等自然科学的语言可以根据需要的理想实验条件进行孤立的表达，刑法语言却必须面对社会的全部现实，调整一切需要调整的利益冲突并且以成文或者不成文的方式提供有效的解决办法，且法律专业术语对非法律专业人士而言大多难以理解，他们还得首先学习相关专业术语的特殊含义，这个学习过程还由于强行移植的所谓"行话"而尤为困难。只有公民理解并认同了法律制度的基本内容，法律制度才具有真正的生命力。因而专业术语也不能过度使用，以防止一些不必要的人为创造的新词，这些人造词语往

---

① ［德］魏德士：《法理学》，丁晓春、吴越译，法律出版社 2005 年版，第 87 页。

② 参见陈兴良：《刑法哲学·后记》，中国政法大学出版社 1997 年版，第 704 页。

往会加重理解法律的困难。在这一意义上，刑法规范也经常使用一些能够为一般人所理解的日常用语，只不过法律概念从来不是纯粹观念性的日常用语意义上的概念。在刑法规范中，安全、社会、破坏、故意、生命、健康、自由、婚姻、动物、植物以及许多其他的概念都是从法律规范的保护目的与规范之间的联系中才能获得具体的含义。通过将这些日常用语赋予新的内容与新的外延，从而作为特殊的法律概念纳入刑法规范，日常用语中一些描述性的观念概念就演变成具有刑法规范性的制度形成工具。

（二）刑法规范的逻辑结构

法律规范的逻辑结构是立法学（法律修改理论）研究的重要课题之一，通常是指"一个法律规范由哪些要素构成，以及这些要素之间的相互关系等问题"①。刑法规范作为兼具保护性与剥夺性、惩罚性的法律规范，其逻辑结构与其他部门法律规范相比具有特殊性。应该说，任何刑法规范都由语句组成并只能存在于语句之中，但由于语言往往是不准确的、变化的而且常常包含一些可能被误解的因素，因而"对语言的把握是研究和使用法的必要前提"②。只有通过对组成完整刑法规范的各个要素从结构上予以把握，才能真正从语言学意义上准确理解刑法条文所包含的刑法规范。这就是所谓的刑法规范的逻辑结构问题。

关于刑法规范的结构，刑法学界有不同的认识，主要包括二要素说和三要素说。根据具体要素内容的不同，二要素说又包括两种不同的观点：第一种观点，认为刑法规范的结构由法律要件与法律效果二要素组成，如我国台湾学者甘添贵认为，"刑法规范系由法律要件与法律效果二部分组成。前者明示一定之犯罪，后者则规定刑罚之种类与范围"③。再如台湾学者苏俊雄也认为，"刑法法规的结构，并不只以一定形式的定义为内容，而是与所有法规一样，包括构成要件及法律效果，发生维护权利，课处义务的作用"④。第二种观点，认为刑法规范由假定与处理两要素组成。刑法规范的假定主要是犯罪构成范式，处理是定罪量刑规则。⑤ 在二要素的基础上，三要素说认为刑法规范应由假

① 朱力宇、叶传星：《立法学》，中国人民大学出版社 2015 年版，第 244 页。
② ［德］魏德士：《法理学》，丁晓春、吴越译，法律出版社 2005 年版，第 48 页。
③ 甘添贵：《刑法总论讲义》，台湾瑞兴图书股份有限公司 1992 年版，第 3 页。日本刑法学者大塚仁也持这种观点：体现刑法规范的刑法条文一般是"在前半部分作为法律要件表示了一定的犯罪的要件，在后半部分限定性地规定着作为其法效果的刑罚的种类及范围"。（见［日］大塚仁：《刑法概说（总论）》，冯军译，中国人民大学出版社 2003 年版，第 21 页。）
④ 苏俊雄：《刑法总论Ⅰ》，台湾大学法学院图书部 1998 年版，第 121 页。
⑤ 参见张小虎：《刑法的基本观念》，北京大学出版社 2004 年版，第 265 页。

定、处理和制裁三要素组成。① "在法律规范中，假定、处理、制裁这三个要素是具有内在联系的统一整体，任何一个完整的法律规范都必须具备上述三个要素。"②

按照德国法学家魏德士的观点，一个完整的法律规范的结构应当包括接受对象、附有条件适用（这种条件是由对适用条件即法定的事实构成的描述性规定及当为与行为规定组成）并表达了某种价值评判等基本要素③。诚然，任何法律规范如若适用于司法实践，必须基于某种条件，针对某一特定行为人而做出相应的价值评判。"各要素之间在逻辑上具有的这种因果联系是法律能够有效发挥作用的重要保证。"④ 只是刑法规范与其他法律规范有所不同，对其适用所带来的法律后果只能是一种针对行为人动用刑罚等制裁措施的消极、否定性评价，而不可能是奖励性的、积极、肯定性的评价。在这种意义上，我们赞同三要素说的观点，刑法规范是基于符合法定的犯罪构成事实之描述性规定而普适于一切接收对象，并表达了社会对被适用者的一种价值评判的规范，即一个结构完整的刑法规范应由假定、处理、制裁三要素组成。

1. 假定

在罪刑法定主义时代，什么样的行为构成犯罪、如何认定其行为符合犯罪成立条件及其处罚，都应当事先由法律明确规定，刑法规范的假定即是这种对其适用前提条件的设定。只有具备了刑法所规定的前提条件，才能适用该刑法规范。而我国刑法规范适用的前提条件是某行为符合犯罪成立的犯罪客体、犯罪的客观方面、犯罪主体和犯罪的主观方面四个方面的全部构成要件。应当注意的是，刑法规范的假定条件既可能内生于一个刑法条文，也可能源自多个刑法条文的考察。前者如《刑法》第247条刑讯逼供罪、暴力取证罪中所规定的"司法工作人员对犯罪嫌疑人、被告人实行刑讯逼供或者使用暴力逼取证人证言的……"；后者如《刑法》第261条遗弃罪的假定除了内生于该条所规定的"对于年老、年幼、患病或者其他没有独立生活能力的人，负有扶养义务而拒绝扶养，情节恶劣的"这一条件外，还包括诸如《刑法》第17条第1款"年满16周岁的人犯罪，应当负刑事责任"等一般性条文所规定的适用条件。因此，在考察某个刑法规范的假定时，必须注意刑法各个条文之间的关联性，以及刑法条文及其所指引的其他委任性法律规范之间的关联性，特别是要

---

① 参见赵廷光：《中国刑法原理（总论卷）》，武汉大学出版社1992年版，第54页。
② 刘志远：《二重性视角下的刑法规范》，中国方正出版社2003年版，第150~151页。
③ 参见［德］魏德士：《法理学》，丁晓春、吴越译，法律出版社2005年版，第59页。
④ 刘志远：《二重性视角下的刑法规范》，中国方正出版社2003年版，第150~151页。

对刑法总则中的一般性条文所内含的刑法规范假定条件进行认真分析，否则可能错误理解某一刑法规范的假定条件，而导致该刑法规范的错误适用。

2. 处理

从逻辑上看，所谓处理，是指刑法规范所设定的行为规范内容本身的基本要求，即指示行为人在规范"假定"的前提下，应当如何通过自己的行为行使自己的权利、履行自己的义务。刑法规范的"处理"部分规定的是特定的行为模式，即行为人可以实施什么行为（授权性规范）、必须实施什么行为（命令性规范）、不得实施什么行为（禁止性规范）。这种行为模式通过刑法规范所设定的"假定"而发生效力，即刑法规范的处理必须在其所设定的某种情形发生或者某种条件成熟时才发生效力。为了保持刑法条文的简洁性，一般都是通过规范的"假定"内容从反面来表述违反规范"处理"部分的行为模式特征。如我国《刑法》第 222 条"广告主、广告经营者、广告发布者违反国家规定，利用广告对商品或者服务作虚假宣传，情节严重的，处……"的规定中，属于"处理"之行为模式的部分即是假定的反面"禁止利用广告对商品或者服务作虚假宣传"。尽管现行《刑法》将 1979 年《刑法》中从正面规定"处理"内容的立法例删除，诸如"严禁""禁止""不得"等词语基本不再在刑法条文中出现，但不能由此否定刑法规范"处理"要素的存在，刑法规范实际设置中是否把规范适用的对象"行为模式"单独规定为一个具体部分，只是刑法规范结构的实际表现形式，并不影响刑法规范的逻辑结构要素分析。刑法规范逻辑结构分析的目的在于其设置时所考虑到的因素以及设置后所反映的要素，只有这样，才能全面揭示刑法规范的内部构造，以正确理解刑法规范内容本身。

刑法规范的处理主要包括授权性规范与义务性规范两类。授权性规范是指允许刑法规范的接受对象实施一定行为的规范。这类规范通常采用"可以""可""有权"等词语来表达其授权的意义。根据规范对象的不同，刑法规范的对象可能是司法机关及司法工作人员，也可能是一般公民。若以司法机关及司法工作人员为规范对象，授权性规范主要是授权司法机关及司法工作人员在办理刑事案件中，根据不同的具体案情作出不同的决定。如《刑法》第 72 条"对于被判处拘役、三年以下有期徒刑的犯罪分子，根据犯罪分子的犯罪情节和悔罪表现，适用缓刑确实不致再危害社会的，可以宣告缓刑"之规定，即授权法院可以根据犯罪人的具体情况，决定是否实行实刑；若以一般公民为规范对象，则授权性规范主要是授权一般公民在遭受某种正在发生的危难时可以采取一定的私力救济措施，这一授权性规范，在刑法中主要表现为明确规定的正当防卫与紧急避险。需要注意的是，以裁判者为规范对象的授权性规范，由于带有一定的预示性，如果没有出现特别情况，仍应按刑法规范的一般要求办理；否则，就失去了这种规定的实际意义。

义务性规范是指规定规范之接受对象必须实施或者不得实施一定行为的规范。刑法中的禁止性规范与命令性规范，均表明规范之接受对象在法律上负有某种责任，因而都是义务性规范。所谓禁止性规范，是指规定规范之接受对象不能实施一定行为的规范。我国 1979 年《刑法》中存在一些明确表述禁止性规范的条文，如第 136 条的"严禁刑讯逼供"、第 137 条的"严禁聚众'打砸抢'"、第 138 条的"严禁用任何方法、手段诬告陷害干部、群众"以及第 143 条的"严禁非法拘禁他人，或者以其他方法非法剥夺他人人身自由"等条文内容所表述的规范即属于禁止性规范，但 1997 年刑法却不再存在直接的禁止性规范，而均是内生于刑法规范"假定"要素的蕴含意义。有学者由此认为刑法规范不存在禁止性规范[①]，但这种观点值得商榷。刑法作为其他一切法律的制裁措施，只有在其他社会规范是（包括法律规范）不能救济某种社会关系（或法益）时，刑法规范才具备予以适用的前提。另一方面，刑法规范没有自己独立的调整对象，刑法条文所涉及的禁止性规范一般都能在相应的社会规范中（包括其他法律规范）找到存在文本，刑法所处罚的只是违反这些禁止性规范程度比较严重已经不能用其他社会规范救济的行为，但不能由此认为刑法规范不包括禁止性规范。如果刑法规范中不能蕴含这种禁止性规范，动用刑法对其真实有效履行进行保护，则属于违背罪刑法定原则的确定性与明确性要求的情形，在现代法治社会绝不会被允许。正如前文所言，刑法规范的结构，主要是从逻辑意义上讨论的，而并非仅仅注重于其外在条文的表现形式。所谓命令性规范，是规定规范之接受对象必须实施一定行为的规范，这类规范通常采用"应当""必须""须""不得""不"等相应语词来表达。命令性规范一般具有两种不同的含义，一是针对司法机关而言，即如果司法机关在办理刑事案件的过程中，发现被告符合某刑法规范的适用条件，就必须依照刑法的规定对被告予以处理，否则就可能违法。如《刑法》第 86 条第 1 款规定："被假释的犯罪分子，在假释考验期限内犯新罪，应当撤销假释，依照本法第 71 条的规定实行数罪并罚。"又如《刑法》第 49 条之规定："犯罪的时候不满十八周岁的人和审判的时候怀孕的妇女，不适用死刑。"二是针对行为人而言，即如果行为人的行为符合某刑法规范的条件，就必须依照该刑法规范承担相应的刑事责任，接受该处罚。如《刑法》第 29 条第 2 款之规定："教唆他人犯罪的，应当按照他在共同犯罪中所起的作用处罚。教唆不满十八周岁的人

---

① 参见张小虎：《刑事法律关系的构造与价值》，中国方正出版社 1999 年版，第 24～25 页。

犯罪的，应当从重处罚。"当然也存在一个刑法规范中同时针对司法机关和行为人的命令性规范，如《刑法》第20条第2款之规定："正当防卫明显超过必要限度造成重大损害的，应当负刑事责任，但是应当减轻或者免除处罚。"命令性规范表明法律对此做出的规定属于绝对的硬性规定，在适用时无论是哪一种规范接受对象都没有任何自由选择的余地。

3. 制裁

所谓制裁，是指刑法规范的接受对象违反刑法规范而必须承担的法定强制不利后果，即刑法规范中规定对具体犯罪所处刑罚的种类和尺度的部分。刑法规范的"制裁"是对该规范所规定行为危害性的立法评价[①]，是刑法规范得以真正实现的保障，也是刑法规范之强制性特征的体现。如果发生了规范的假定部分规定的事实状态，在主体之间就会产生处理部分所规定的权利义务关系，违反者则应承担制裁部分所规定的刑事责任后果。如我国《刑法》第121条"以暴力、胁迫或者其他方法劫持航空器的，处十年以上有期徒刑或者无期徒刑；致人重伤、死亡或者使航空器遭受严重破坏的，处死刑"之规定中，"处十年以上有期徒刑或者无期徒刑"与"处死刑"就是刑法规范中的制裁部分。再如《刑法》第399条第2款"在民事、行政审判活动中故意违背事实和法律作枉法裁判，情节严重的，处五年以下有期徒刑或者拘役；情节特别严重的，处五年以上十年以下有期徒刑"之规定中，"处五年以下有期徒刑或者拘役"与"处五年以上十年以下有期徒刑"即为刑法规范的制裁内容。

刑法规范的上述三个要素尽管可以分别表现在不同的刑法条文或者刑事法律文件中，但在逻辑关系上却是密不可分的，其公式是"如果……那么……否则……"。整个逻辑性刑法规范是在一系列命令性规范中体现的，反映了一系列命令性规范的有机联系。其假定部分是指明规范生效条件的部分，处理则是指明行为规范的内容（主体权利和义务）部分，制裁是规定在不遵守规范时行为人所必须承担的法定强制之不利后果部分。

第三节　刑法修改的理性机制

作为刑法理性的修改，还需要有一套符合理性要求的修改运作程序来确保刑法修改的合法、合理、顺畅运行，这就涉及刑法修改的理性机制问题。如上

---

① 参见［俄］Н. Ф. 库兹涅佐娃、И. М. 佳日科娃：《俄罗斯刑法教程（总论）》（上卷），黄道秀译，中国法制出版社2001年版，第93页。

文所述，刑法的修改作为一项刑事立法活动，自然也应当首先遵循刑事立法活动本身所必须遵循的机制与过程。鉴于我国目前而且在将来相当长的一段时期内仍会以修正案作为刑法修改的主要方式，因而这里拟从规范刑法修正案的运行机制为切入点，讨论符合我国现实需要的刑法修改理性机制。

回顾《刑法修正案（九）》的产生历程，或许可以提供一些思路：2014年10月，第十二届全国人大常委会第十一次会议初次审议了《中华人民共和国刑法修正案（九）（草案）》。2014年11月4日至2014年12月3日，草案在中国人大网公布，向社会公开征求意见。之后，根据全国人大常委会组成人员和各方面的意见，对草案作了修改，形成了《中华人民共和国刑法修正案（九）（草案二次审议稿）》。2015年6月，第十二届全国人大常委会第十五次会议对草案二次审议稿进行了审议。2015年7月8日至2015年8月5日，《中华人民共和国刑法修正案（九）（草案二次审议稿）》在中国人大网公布，向社会公开征求意见。2015年8月29日第十二届全国人民代表大会常务委员会第十六次会议正式审议通过《刑法修正案（九）》，并于2015年11月1日正式实施。《刑法修正案（九）》正式发布后，为了适应刑法修改后的需要，最高人民法院审判委员会第1664次会议10月19日通过了关于《中华人民共和国刑法修正案（九）》时间效力问题的解释，2015年10月19日最高人民法院审判委员会第1664次会议、2015年10月21日最高人民检察院第十二届检察委员会第42次会议通过《关于执行〈中华人民共和国刑法〉确定罪名的补充规定（六）》，2016年3月28日最高人民法院审判委员会第1680次会议、2016年3月25日最高人民检察院第十二届检察委员会第50次会议通过《关于办理贪污贿赂刑事案件适用法律若干问题的解释》等司法解释，为《刑法修正案（九）》的平稳实施做好善后工作。

由此可知，《刑法修正案（九）》的最终产生经历了刑法修改准备、修正案草案提出、修正案正式提出、修正案正式形成以及法律修改的完善等过程，而这也正是刑法修改的理性机制。刑法修改的理性机制也至少应该包括以上过程，本书主要从这几个方面阐析刑法修改的理性机制。

一、刑法修改程序启动的理性原因

（一）刑事立法价值的转变

刑法的价值，包括自由、公平、正义，也可以认为这是刑法的三大价值追求。它们蕴含于立法者的主观世界，却表现在现行刑事法的制定过程以及刑法规则之中。刑法是一个连续不断的过程，它应运于社会至为迫切的要求，反映着社会不同的价值观念。回顾新中国的刑事立法历程，特别是 1979 年以来的刑事立法，就可以发现时代变迁过程中，刑法对自由、公平、正义所采取的不同态度。

新中国成立以来，一直到中共十一届三中全会召开，我国政治运动和政治斗争极为普遍，其间所制订的刑事法律规定，往往与一定阶段的运动相关。如 1951 年春，随着镇压反革命运动达到高潮，全国各地揭批了大量反革命分子，运动转入处理阶段。中央政务院政法委员会拟订了《惩治反革命条例（草案）》，于当年 2 月经中央人民政府委员会第 11 次会议批准，并公开施行。再如"三反""五反"运动中惩治贪污浪费和不法资本家的斗争，也有很强的现实针对性。这些刑事法规，着眼于整个社会秩序，即正义，因而较少关注个人自由。事实上，当时适用的刑事规范也不是太多，刑事规范对个人自由的干预倒不是很大。但是在"文革"中，法制遭到破坏，打砸抢普遍，使人们饱受了无法制的痛苦。因而"文革"结束之后，赶紧制订一系列法律成为人心思法、人心思治的选择。邓小平对此讲道："为了保障人民民主，必须加强法制。必须使民主制度化、法律化，使这种制度和法律不因领导人的改变而改变，不因领导人的看法和注意力的改变而改变……应该集中力量制定刑法、民法、诉讼法和其他各种必要的法律……现在立法的工作量很大，人力很不够……制定全国通行的法律。修改补充法律，成熟一条就修改补充一条，不要等待'成套设备'。总之，有比没有好，快搞比慢搞好。"[①] 在这种背景下，1979 年出台了新中国的第一部刑法典——《中华人民共和国刑法》。

1979 年《刑法》在价值取向上具有很大的不稳定性。它一方面表现刑罚轻、法条少，另一方面政治色彩浓、规定模糊。作为前者，说明刑法本身的调整范围不大，反映了立法者对个人自由的关注。因而，个人的自由空间相对来说仍然很大。对于后者，由于当时的情势，尽管认为阶级斗争不再是社会的主要矛盾，然而政治斗争的余波仍影响着立法者，因而刑法的政治色彩比较强烈，这在一定程度上又会牺牲公平，如杀人，除了一般故意杀人罪、还有反革命杀人罪。同时，刑法"宜粗不宜精"的立法指导思想也暴露出立法者对于公平、正义的担忧，所以刑法不仅规定了流氓罪、投机倒把罪这些口袋罪，还确立了类推制度。这些规定，与立法本意发生了冲突。在 1979 年《刑法》中，自由的偏好与正义的要求使法律的方向极不明了。任何一部刑法，只能流离于自由与公平、正义之间，而不可能永远达到自由与公平、正义的完美结合。所以，刑法的价值是有重心的，它不能含糊。1979 年《刑法》的暧昧态

---

① 邓小平：《邓小平文选》第二卷，人民出版社 1983 年版，第 136～137 页。

度不久就由于国家政治、经济体制改革的变化而变得不知其所，并最终屈就于所谓的正义，放弃了对自由、公平的依恋。其表现有：

1. 自 1981 年开始，立法机关加足马力进行犯罪化进程，采取单行刑法与附属刑法的两种方式，对 1979 年刑法进行修改和补充。据统计，自 1979 刑法颁布实施的第二年始至 1997 年刑法实施止，共计有 23 个单行刑法和 28 个附属刑法对 1979 年刑法典加以补充和完善。这种趋势迫使 1979 年刑法关注社会，重视正义，使本来就不受重视的个人自由再度退隐。

2. 重刑趋势明显。1979 年刑法中的刑罚本来是较为宽和的，但立法者面对突如其来的经济形势变化，似乎不知所终，以至于抄起了"治乱世用重典"的训条，对若干表现极为突出的犯罪规定了更重的刑罚。如 1979 年刑法中，包含 15 个死刑条文，28 个罪名涉及死刑，尚没有绝对死刑规定，但随着单行刑法的颁发，使涉及死刑的罪名猛增到 80 余种，而且也出现了绝对死刑。由于死刑大量增加，激发了刑罚攀比现象。刑罚攀比不仅违背了罪责刑一致原则，还违背了刑事法律面前人人平等的原则。因此，它不仅不利于保护个人自由，也损及维持社会公平与正义。

随着我国改革开放的普及和扩大，人们的价值观念发生了许多变化，已如前述。这些价值观念和 1979 年刑法以及若干单行刑法和附属刑法中的价值观产生了矛盾，使人们不得不对刑法进行重新全面"整理"。在这种背景下，1997 年《刑法》出台。从总的方面讲，1997 年《刑法》立足于保护正义，兼顾自由、公平。这大体可从以下方面得到体现：

1. 废止类推。在刑法修订以前，对类推的存在就形成过肯定和否定两种观点的争议。持肯定意见者认为，在我国这样一个国情复杂的国家，不可能将形形色色的犯罪一个不漏地纳入刑法典，如果取消类推制度，就可能放纵犯罪。[①] 诚然，保留类推对于有效维持社会正义、公平能起到一定作用，也符合国情，但是，保留类推无异于否定罪刑法定的基本原则。因为罪刑法定的精神实质在于保护公民的个人自由，保护与强大国家机关相对的弱小社会个体的自由，如果留存它，不仅违背罪刑法定原则，违背立法与司法分权原则，不符合历史潮流，同时也不利于公民权益——主要是自由的保障。因而许多学者基于社会观念中不断增强的民主自由意识，明确提出废止类推制度的观点。这次刑法典修订，审时度势，顺应社会观念的大趋势，废止类推，正说明自由价值取向的回归。但是，这是否会损及刑法的公正正义价值呢？答案应该是否定的。恰如有学者指出，废止刑法中的类推并不会放纵犯罪分子，而且类推形同虚

---

① 喻伟：《刑法学专题研究》，武汉大学出版社 1992 年版，第 409～411 页。

设，并无实践效果。①

2. 刑法调控范围的缩减，也有利于自由的极大发挥。1979 年《刑法》共192 条，1997 年《刑法》增至 452 条，罪名由 130 多个增加到 400 多个。刑法的调控范围形式上好像增大了，但从宏观上看，一则由于类推废除；二则由于刑事责任规定具体，三则废止了一些过去认为是犯罪的条文，1997 年《刑法》的调控范围减少了。

3. 刑法分则规定更为具体，减小了弹性规定，同时规定了较为具体的刑罚标准。1979 年《刑法》出台是为了填补法律空白，其后单行刑法为了加强保护功能，大多数条文表述抽象，弹性很大，采用了"数额较大""情节严重""情节较轻"等术语。这不利于保护被告人的自由，而且也没有合理的刑罚幅度和标准，这些均不符合公正价值的实现。1997 年刑法对大多数犯罪的构成要件予以明晰化、具体化。如过去的"口袋罪"——投机倒把罪，被分解为若干生产、销售伪劣产品方面的犯罪和破坏金融秩序方面的犯罪；另一个"口袋罪"流氓罪被分解为侮辱、猥亵妇女罪、聚众淫乱罪和聚众斗殴罪以及寻衅滋事罪四种。这种做法，无疑有助于让社会个体理解行为的限度和性质，做出自由选择，也有助于司法机关具体操作。修订刑法还将量刑幅度同样分解为若干具体类型，有利于司法机关正确掌握，避免侵犯犯罪人的合法权利。②

综上，1979 年《刑法》向 1997 年《刑法》的转变过程体现了刑事立法价值转变在刑法修改程序启动过程中的重要影响。

（二）社会普遍价值的转变

任何一部法律，都是它所处特定时代、特定社会观念的反映，刑法典也不例外，也是它所处的特定时代和特定社会现实的结晶。从第一部刑法制定以来，我国一直处在社会转型时期，这种转型是大规模多方位的，而且带有明显强化因素，它对我国的政治、经济、人文、社会以及其他生活领域形成了强大冲击。传统的观念方式受到挑战的同时，新的观念方式并不恒固。恰如美国学者 S. P. 亨廷顿所说，"现代化是一个多层面的进程，它涉及人类思想和行为所有领域里的变革""从心理的层面讲，现代化涉及价值观念、态度和期望方面的根本性转变。持传统观念的人期待自然和社会的连续性，他们不相信人有改变和控制两者的能力。相反，持现代观念的人则承认变化的可能性，并且相

---

① 参见喻伟：《刑法学专题研究》，武汉大学出版社 1992 年版，第 417～420 页。
② 参见林亚刚、傅学良：《刑法功能的价值评价》，载《中国刑事法杂志》1999 年第 3 期。

信变化的可取性"。① 总体说来，在这种时代背景下，人们的价值观念打上了时代的烙印，以"转型"为其动态特征。具体而言，我国当代转型着的社会价值观念主要表现为：

1. 价值主体的张扬从一元到多元。陈兴良教授指出，"价值作为客体与主体之间的一种特定关系，对价值的本体论考察不能离开主客体的关系"②。因此，对价值观念的考察不能仅仅停留在就价值论价值的层面上，首当其冲地应对价值主体加以必要的理解。价值主体是多元化或一元化张扬对价值观念的激荡是直接而明显的。在人类社会的不同阶段，总存在若干不同价值群体，但是，由于政治体制和结构的差异，其中一部分或某一类主体的价值观念不受约制、肆意横流，其余的主体价值观念要么受到约束、要么不被重视，甚至受到扼制。新中国成立后，社会主义的价值观念得到强化，集体主义意识备受青睐，20世纪五六十年代一句谚语"大河涨水小河满"是集体主义的形象表达。但是，如有学者指出的那样，"个人利益一定意义上也是我们活动的现实基础和需要实现的目标。集体与个人关系的性质表明，二者是不能截然分开的两个相互联系的实体，也是你中有我我中有你的关系。双方各自利益的实现不仅满足着自身利益，而且也有利于对方利益的实现，同时促进着二者的和谐关系"③。因此，过分强调集体主义，要么威胁个人自由权利，要么扼杀个人利益。从经济体制改革以后，社会主体多元化的趋向在经济领域表现突出。各种经济成分相互补充，互为并行，既为竞争创造了条件，也使经济出现繁荣景象。这种关系，使得个体权益得到凸显，个体价值观念受到重视。它又远远突破经济领域，渗透到社会文化生活和政治生活领域。这种多元化主体价值观念在修订刑法典中，对自由、平等、公平、正义、效益等价值原则发出了强烈的呼吁。

2. 价值焦点从政治领域转向经济领域。马克思主义在中国取得的胜利，意味着中国将用它作为一种指导性标准来衡量其他思想文化。但由于当时的客观环境，在我国形成了一种明显的政治价值取向。新中国成立初期，政治价值取向表现为"以阶级斗争为纲"。当时的国民被要求力图用政治方向来思考和解决一切，用政治标准来诠释一切，也就是所谓"政治挂帅"，其间政治运动花样百出。政治取向带来的后果是国人有将一切心理和行动在政治上上纲上线的思维定式，阶级斗争之弦被绷得紧紧的，国民经济也停滞难行。④ 党的十一

① ［美］塞缪尔·P. 亨廷顿：《变化社会中的政治秩序》，王冠华、刘为等译，上海人民出版社2015年版，第25页。

② 陈兴良：《刑法的价值构造》（第三版），中国人民大学出版社2017年版，第10页。

③ 马永庆：《对集体主义的再认识》，载《东南大学学报（哲学社会科学版）》2015年第5期。

④ 参见翟学伟：《中国人行动的逻辑》，生活·读书·新知三联书店2017年版，第112页。

届三中全会以后，国家的工作重心转向经济建设。从农村经济体制改革始，城市经济体制改革全面铺开，政府机关、事业单位的行政体制改革也都以经济建设为中心展开。经济的运作和发展，促使人们开始对经济利益觉醒和对经济现象以及经济行为关注与投入。政治价值取向明显弱化，经济价值取向迅速加强，与之相伴，人们对金钱越来越看重。马克思曾说"货币天然是金银"，金钱自90年代以来就成为社会成员行为的主导支配力量。[1] 正是基于这种价值倾向，在社会上发生了大量与经济利益有关的不正常现象，这使得修订刑法典的重头戏表现为对涉及经济利益的不正常现象进行犯罪规制。

3. 伦理观念价值取向由传统迈向现代。在价值观念中，伦理的观念是不能遗弃的。"伦理学是价值哲学的发源地。"[2] 尤其在中国，伦理观念曾一度左右着人们对事物的评判尺度，特别是传统的优秀道德内容，如"仁、义、礼、信、诚、忠、恭、宽、恕、和、俭等核心范畴"[3]，是中华民族优秀精神的体现，对于伸张人间正义、培育美好品行、陶冶高尚精神有莫大助益。但据大卫·格里芬的观点，现代性具有二分化、分离、机械化和实利主义的特点。这几个特征中的任何一个，包括它们的变种，都可以被上升为现代性的驱动力。并且，它们中的每一个特征都代表了现代性的一个中心方面。[4] 这些无疑会形成对传统伦理观念的抵制和改造。或许，伦理观念的价值取向不是很明显，但在现实社会中，传统价值观念正遭遇着巨大阻力。一方面，由于世界文化交流更为频繁、简易、直接，域外文化为国人提供了新的视野，人们的传统道德观念明显地面临着新的诱惑；另一方面，经济体制改革不仅使物质丰富，也使各种观念多彩多姿。此外，由于社会发展，对人们的道德提出了新的标准。如可持续发展的概念，使传统的公正观得到丰富和拓展，公平不再局限于一个社会中的人群，而出现了"代际公平"。极端环境保护者甚至认为，在人类和其他动物种群之间也存在公平问题。有学者预测，今日中国人得价值观不应是高调的，而是低调的。所谓低调就是我们需要踏踏实实、日积月累地建立起一种大多数人都可以接纳的、可以实现的，又符合现代社会正义原则的价值观。这样的价值观的内涵在于"真实"、"公平"和"信仰"。[5] 这一系列价值变化，尽

---

① 参见翟学伟：《中国人行动的逻辑》，生活·读书·新知三联书店2017年版，第114页。

② 陈兴良：《刑法的价值构造》（第三版），中国人民大学出版社2017年版，第2页。

③ 陈力祥：《中国优秀传统文化在社会主义核心价值体系建设中的角色扮演》，载《中共珠海市委党校珠海市行政学院学报》2013年第2期。

④ 参见［美］大卫·雷·格里芬：《后现代精神》，王成兵译，中央编译出版社2011年版，第23～24页。

⑤ 参见翟学伟：《中国人行动的逻辑》，生活·读书·新知三联书店2017年版，第126页。

管在我国现行刑法典中没有明显表现，但也有了微妙的迹象。

中国现代化的转型不会一蹴而就，它还有相当长的历程，不可能希冀社会价值观念在短时期定型，但目前必须在主流价值观念与非主流价值观念此消彼长的冲突中作出选择。鉴于我国目前所采用的大一统刑法典立法模式，本身就具有成文刑法典所天生具有的滞后于社会发展的弊端。在今后的刑法修改过程中应该更加关注社会普遍价值的转变，及时作出刑事立法的对应性修改。

（三）　社会发展的客观需要

从法与经济水平、科学技术的相互关系中可以看出，"新的社会关系，需要新的法律规范来确定人们之间的权利、义务关系"①。伴随着社会经济与科学技术的发展，新的犯罪类型或者新的犯罪方式也随之出现，刑法作为社会秩序与人权保障的最后屏障，需要及时对自身进行修改，以适应新的惩治犯罪、保护法益的现实需要。

以《刑法修正案（九）》为例，该修正案的出台全面体现了社会发展对刑法修改的引导作用。从宏观层面来讲：首先，针对转型中国的热点难题，有法治主义立场的基本回应。该修正案适度回应了人民群众的核心关注，比如嫖宿幼女罪的存废、公民网络信息的保障、"医闹"等社会难题的治理、"替考"等恶劣现象的处罚、司法权威的维护等，皆有明确之规制。其次，适度接近或实现了刑法的核心理念。刑法的核心理念是维护公共秩序、保障人格人权，其最直接的观测标准是各类非暴力犯罪中死刑减少的数量。本次修改取消了包括经济类犯罪在内长期"备而不用"的诸如走私武器、组织卖淫、集资诈骗等9类犯罪的死刑，使死刑总量降低至46个，实为中国刑法一大进步。最后，刑罚的轻重格局架构，践行了刑法的时代与政治立场。主要表现为：针对极其严重的贪腐犯罪新增"终身监禁"处罚之规定，直接回应了当前中国反腐大决战的高压政治态势；针对暴恐和极端主义犯罪的"重典"，也可视为针对我国面临总体安全威胁的风险社会困境开出的"良方"；出台更为严苛与细化的各种整治"医闹"和"死磕"等扰乱社会公共秩序类犯罪的规则，无疑对维护司法权威、确保公共机构或活动的法治秩序，有巨大的硬法作用。从微观层面来讲：该修正案共计增设新罪20个，并通过增设行为方式（如对《刑法》第133条之一的"危险驾驶罪"新增"从事校车业务或旅客运输，严重超过额定乘员载客，或者严重超过规定时速行驶和违法危险化学品安全管理规定运输危险化学品，危机公共安全"两种行为方式）、增加行为对象（如将《刑法》第

_____

① 舒国滢：《立法学导论》，北京大学出版社2012年版，第286页。

237 条 "强制猥亵罪" 的对象从妇女扩大到男子）、降低入罪门槛（如删去了《刑法》第 288 条 "扰乱无线电通讯管理秩序罪" 中的 "经责令停止使用过后拒不停止使用" 的条件，并将造成严重后果修改为情节严重）等方式对已有犯罪类型的行为方式作出了进一步的修改。

二、刑法修改前的准备工作

现代刑法修改过程中的修法准备，一般是指在提出刑法修改草案前所进行的有关修法准备工作，而这些准备工作可以分成三个层面：第一，宏观层面。具体包括进行修法预测、编制修法规划，形成修法创议，作出修法决策。第二，中观层面。具体包括确立修法目标、目的和指导思想，通过调查研究明确修法的客观依据和主观条件是否具备，收集和研究各种相关材料，落实修改草案起草的机关或者机构，组织修改草案起草组成人员，挑选修改草案起草者，协调有关方面的关系，为刑法修改的正式进行做好物质准备。第三，微观层面。具体包括明确刑法修改的修改意图，拟出修改草案提纲，起草修改草案草稿，征求社会各方面对修改草案的意见，就修改草案中的争议问题进行调查论证，反复完善修改草案，审查修改案初稿，尽早形成正式的刑法修改案。下文主要从刑法修改预测、刑法修改规划、刑法修改草案起草、刑事立法案的提出与修正案的正式形成等方面逐一阐述。

（一）刑法修改预测

刑法修改预测，就是运用专门的科学方法和手段，对将来的社会发展状况、刑法的发展趋势和未来的状况进行测算进而考察，旨在把握刑法修改的内容和发展规律，使刑法发挥最佳的社会效果的刑事法律活动。

法律修改的预测是一种新兴的学科即未来学应用于修法活动的产物，在 20 世纪 50 年代后期得以发展。目前，我国修法预测工作尚未全面展开，缺乏对修法预测理论的研究，缺乏专门从事此项工作的人员，立法、修法活动尚未完全摆脱盲目与被动的局面（从上述部分刑法条文反复修改的现实可以得到证明），这种修法预测落后的局面亟待改进。本书认为，从刑法修改的理性角度出发，刑法修改的预测工作至少可以从以下几个方面展开：

1. 考察现行刑法规定的社会效果，能否满足社会的需要及其可行性，测算现行刑法需要修改、补充的具体事项。例如，《刑法修正案（九）》对行贿罪作了较为全面的修改，不仅附加了罚金刑、提高行贿犯罪减轻或免除处罚的条件，而且还扩大了行贿犯罪的犯罪圈，将对有影响力的人行贿的行为纳入刑法的规制范围。但是这样修改的社会效果如何，贿赂犯罪、行贿犯罪高发的猖獗局面是否会有所改观，都是需要时间来检验的。在这一过程中出现的各种情况都值得立法者关注，需要刑法进行规制的，都应体现在未来的刑法修正案当中。

2. 测算社会关系的发展变化趋势及其对法学理论与制度变化动向的影响，从中考察刑事立法的真正需求，促使刑事立法与社会关系发展变化相适应。例如，对于社会中普遍存在的权色交易现象，刑法应该怎样完善以适应社会对打击贪腐犯罪的需要，性贿赂是否需要写入刑法典，都是值得充分讨论的问题。

3. 考察中外刑事立法史，研究中外现行刑法，进而揭示今后刑事立法的发展规律，使刑事立法尽可能符合客观规律的要求。例如，通过纵向与横向考察中外刑法中有关犯罪参与体系的规定，掌握不同国家、不同历史时期对刑法犯罪参与体系规定的发展规律，并预测犯罪参与体系刑法典认同的发展趋势，修改我国刑法中有关犯罪参与的规定，更加明确我国刑法的立场，从而使我国刑法对犯罪参与问题的规定更加科学。

（二）刑法修改规划

刑法修改规划，是指全国人民代表大会或者全国人民代表大会常务委员会对经过预测的刑法修改项目，根据一定的原则，按照一定的程序，运用一定的技术，作出的实现该项刑法修改案的设想和部署。

刑法修改规划具有“准法律”的性质，刑法修改规划是对一定时期内的刑法修改所作的总体设计，刑法修改工作要在刑法修改规划的指导下具体展开，不能脱离修法计划而盲目地、随意地进行。刑法修改计划为立法机关指明了刑法修改的方向与目标，并为刑法修改活动的内容、顺序等方面提供了较为详细的行为准则。《立法法》是包括刑事立法、刑法修改工作在内的所有立法活动必须遵循的基本规范性法律，可以把刑法修改规划看作是《立法法》的实施细则。正因为刑法修改规划具有上述特点，刑法修改规划工作只能由享有刑事立法权的主体——全国人大及其常委会根据其刑事立法权限进行相应的规划工作，其他机构和个人不能成为编制刑法修改规划的主体，但是，他们可以针对刑法修改工作提出自己的设想，作为刑法修改建议供全国人大及其常委会参考。

（三）刑法修改草案的起草

修改草案的起草是刑法修改过程中一个极为重要的阶段，是产生刑事法律文件的阶段，刑法修改预测、刑法修改规划等工作最终都是为刑法修改草案的起草工作服务的。刑法修改草案直接体现最高立法机关的刑事立法目的、基本思想与指导思想，草案起草工作的质量在一定程度上影响着立法机关修改刑法目的能否实现及实现的程度。刑法作为社会行为规范与裁判规范，是社会大众的行为准则，修法修改草案的过程就是为社会成员新设权利义务、调整社会关系的过程，刑法的修改与变化将对社会政治、经济生活包括公民个人生活产生重大的影响，刑法修改草案起草工作的质量好坏，将在一定程度上影响国家法治化建设的进程。

目前，刑法修改草案的起草工作方式主要有以下几种：自行起草，即提出刑法修改者自行将自己的修改动议以书面形式表述出来的方式；委托起草，即刑法修改动议者将刑法修改草案的起草工作委托他人完成的起草方式；合作起草，即由几个方面的组织或者个人共同起草刑法修改草案，刑法所调整的社会关系范围相当广泛，某些领域的技术性较强，如环境犯罪、知识产权犯罪等，对于这些领域的刑法修改，就需要吸收相关领域的专家或者部门共同合作完成。

（四）刑事立法案的提出与修正案的正式形成

1. 刑事立法案的提出

刑事立法案，是指依法享有刑事立法提案权的机构或者个人依照法定程序向全国人民代表大会及其常务委员会提出的有关制定、认可、修改、补充、废止、解释刑法的议案的活动。本书只涉及有关刑法修改的议案。需要简要说明的是，刑事立法案不同于刑法修改草案。刑事立法案是有提案权的机构或者个人依照一定程序和形式向全国人民代表大会及其常务委员会提出的有关制定、认可、修改、补充、废止、解释刑法的议案的动议。刑事立法案包括主案与附案，主案即提案者所提交的刑事立法动议，在动议中，提案者一般要就所提议的刑事立法项目的必要性、可行性、科学性等作简要的说明，附案即刑法修改草案，一般来说，可以认为刑法修改草案是刑事立法案的主体部分。有立法提案权的机构和人员中，有条件在刑事立法提案提出之前，就提议的刑法修改项目进行周密细致的调查研究，会同有关方面协商、论证，并草拟该刑法修改草案的，就可以在提出主案的同时提出该刑法修改草案。根据我国《宪法》及《立法法》的规定，"全国人民代表大会和全国人民代表大会常务委员会行使国家立法权""全国人民代表大会制定和修改刑事、民事、国家机构的和其他的基本法律""全国人民代表大会常务委员会制定和修改除应当由全国人民代表大会制定的法律以外的其他法律；在全国人民代表大会闭会期间，对全国人民代表大会制定的法律进行部分补充和修改，但是不得同该法律的基本原则相抵触"，因此，刑事立法提案权可以分为向全国人民代表大会的刑事立法提案权及向全国人民代表大会常务委员会提出的刑事立法提案权。

2. 刑事立法案的审议

刑事立法案审议是指全国人民代表大会及其常务委员会运用审议权，决定刑事立法案是否列入议事日程，并对列入议事日程的刑事立法案进行讨论，决定修改与否，以及对其进行修改的专门活动。刑事立法案的审议阶段是刑法修改过程中的关键阶段，修改草案最终能否成为法律还是要由审议来决定。立法案审议阶段的一系列制度规定都是以民主为终极价值目标，从法律的规定来看，立法案的审议权最终是由全国人大及其常委会的全体会议来掌握，立法案的审议阶段是立法过程民主化的集中体现。由于我国《立法法》对立法案的提出以及审议程序都有明确的规定，本书在此不赘。

3. 刑事立法草案的表决与刑法修正案的最终形成

刑事立法草案的表决是指全国人民代表大会代表或者全国人民代表大会常务委员会的组成人员运用表决权，对经过审议的刑事立法草案表示赞成、不赞成或者弃权态度的活动。表决直接决定了刑法立法草案能否成为正式的刑法，获得表决通过的刑事立法草案即可成为正式公布的刑法修正案。

三、刑法修改的理性权力——刑法修改权与刑法解释权的关系

在中国，司法机关是由立法机关产生的，它对权力机关负责，受权力机关监督。就地位而言，司法机关与行政机关一样从属于立法机关。尽管司法机关依据宪法独立行使审判权和法律监督权，但权力性质已经决定，立法权的宪法地位是至高无上的，司法权从属于立法权，两者形成监督与被监督关系，这与西方国家的相互制衡关系不完全相同。[①]

刑法修改与刑法解释作为刑事法律运行发展过程中相互配合、相互补充的两种刑法完善方式，是成文刑法典与日新月异的社会生活沟通的桥梁，是实现刑事法治的重要途径。然而，"近些年来，刑法修订与刑法解释的界限日趋模糊，解释性的立法和立法性的解释大量涌现。欲坚守罪刑法定原则之底线，必须厘定刑法修订、立法解释和司法解释之间的界限"[②]。从刑法修改的理性角度出发，倡导的是刑法修改与刑法解释之间限度关系的合理性，刑法修改应恪守慎重性原则，只有在穷尽所有的解释方法后仍然不能做到刑法规范与社会生活衔接的情况下，才能启动刑法的修改程序。刑法解释可以分为立法解释、司法解释和学理解释三种类型，但考虑到学理解释并不具有法律效力的事实，这里的立法权（刑法修改）与司法权（刑法解释）的关系也就从刑法修改与立法解释的限度关系、刑法修改与司法解释的限度关系两个方面展开。

---

① 参见周旺生：《立法学》，北京大学出版社 1988 年版，第 150 页。

② 李翔：《刑法修订、立法解释与司法解释界限之厘定》，载《上海大学学报》2014 年第 3 期。

（一）刑法理性修改与刑事立法解释

关于刑事立法解释的概念，目前在我国主要存在以下几种观点：第一种观点为通说，认为，"立法解释，就是由最高立法机关对刑法的含义所作的解释"①；第二种观点认为立法解释包括三种情形：一是在刑法或相关法律中所作的解释性规定；二是在"法律的起草说明"中所作的解释；三是在刑法施行过程中，立法机关对发生歧义的规定所作的解释②；第三种观点认为，"真正意义上的立法解释，是指在刑法施行过程中，立法机关对发生歧义的规定所作的解释"③。

刑事立法解释，顾名思义，就是立法机关对刑法作出的解释。对于此概念本不必要做过多的纠结，但是，"我国立法体系的特殊之处决定了对刑法立法解释不能作过于简单的直接理解。如何界定刑法立法解释的概念？刑法立法解释和其他效力的刑法解释都是刑法解释的分支，这就决定了，在对刑法的立法解释进行定义时必须首先考虑到它与其他刑法解释的共性与个性。共性方面，即前述刑法解释的概念中所突出的内容，在此无须赘述，只须利用其个性方面进行界定，否则不但有失繁杂、重复，也会抹杀其特点而违反概念本身的要求——事物最本质最抽象的特征。那么，哪些范畴才是刑法立法解释的个性而在其概念中应予以体现？按照前述刑法解释的概念的四个范畴即解释的主体、解释的对象、解释的目的、解释的态势来分析，显然刑法立法解释的主体才是其真正的个性，而解释的对象——刑法规范的含义，解释的目的——正确实施刑法，解释的态势——仅仅是一种实践活动而不应包括解释的结论，这三个范畴都是作为共性而不必在立法解释的概念中予以体现的"④。从这个意义上说，上述第一种观点界定了刑法立法解释的主体，这无疑是正确的，但是对解释主体范围的界定则不甚精确。我国《立法法》第45条规定："法律解释权属于全国人民代表大会常务委员会。法律有以下情况之一的，由全国人民代表大会常务委员会解释：（一）法律的规定需要进一步明确具体含义的；（二）法律制定后出现新的情况，需要明确适用法律依据的"。从这一法律解释的机制来看，刑法立法的解释只应由全国人大常委会而非全国人大来进行，主要原因在于作为基本法律，刑法的解释工作不宜再由其制定机关——全国人大来从事，且法律明确规定立法解释的主体是全国人大常委会而非全国人大。

① 高铭暄、马克昌：《刑法学》，北京大学出版社、高等教育出版社2016年版，第22页。
② 参见何秉松：《刑法教科书（上卷）》，中国法制出版社2000年版，第113～114页。
③ 张明楷：《立法解释的疑问——以刑事立法解释为中心》，载《清华法学》2007年第1期。
④ 刘艳红：《刑法立法解释若干问题新析》，载《法学论坛》2007年第1期。

第二种观点不仅没有明确指出刑法立法解释的主体，而且将"法律的起草说明"中所作的解释也纳入了刑事立法解释的范畴，显然扩大了刑事立法解释的概念射程；第三种观点认为刑事立法解释的主体是"立法机关"，但没有对"立法机关"作出准确界定，易产生混淆。

综上，本书认为，所谓刑事立法解释，是指全国人大常委会遵循一定的原则和程序，对刑事法律的规定进一步明确具体含义或刑事法律制定后出现的新的情况，明确其适用法律依据的活动。1997 年《刑法》颁布以来，全国人大常委会先后对《刑法》第 30 条、第 93 条、第 158 条、第 159 条、第 228 条、第 266 条、第 294 条、第 312 条、第 313 条、第 341 条、第 342 条、第 384 条第 1 款、第 410 条中的有关规定、渎职罪的主体以及信用卡、发票、文物等概念等作出过多次立法解释。

刑法修改与刑法立法解释在主体上具有同一性——均为全国人大常委会，但两者仍然存在较大的差异：首先，刑法修改在性质上属于刑事立法活动，而刑事立法解释仍属"解释"范畴；其次，二者发生的根据也不尽相同。进行刑事立法解释是刑事法律条文本身需要进一步明确具体含义或是刑事法律制定后出现新的情况，需要明确适用法律的依据。刑法之所以修改是由于原有刑事法律中某些规定不能适应社会现实发展变化的需要而进行的；再次，刑事立法解释是对刑事法律条文含义的阐释，它以刑事法律的存在为前提，并受其约束，解释不得超出刑事法律。而刑法修改属于一种法律的创制活动，可以突破现有刑法条文的规定，增加或者废除相关条文；最后，《立法法》对二者在程序方面的要求也不相同，刑事立法解释的程序较刑法修改程序要相对简单。

近年来，由于立法解释自身存在的一些问题，有关废除刑事立法解释的主张得到了越来越多的支持。如有学者认为过多的刑事立法解释有碍于法治原则的实现，"制定立法解释看似与制定法律不同，但由于立法解释与法律本身具有相同的效力，导致立法解释与法律本身没有实质区别。然而，另一方面，立法解释的程序比制定法律的程序简单得多。例如，《立法法》对法律草案发给全国人大常委会成员的日期以及随后审议的次数、审议的步骤、内容等都有严格规定，但对于立法解释草案则并无相关要求。事实上，立法解释的颁布程序比法律的颁布程序要简单得多、容易得多。显然，用一种比制定法律更为简便的程序制作与法律具有相同效力的立法解释，必然不利于实现良法之治"①。还有学者认为立法解释与立法并没有实质意义上的区别，"最高权力机关及其

---

① 张明楷：《立法解释的疑问——以刑事立法解释为中心》，载《清华法学》2007 年第 1 期。

常设机关无论以什么形式作出的规定，无论是以创立、决定、决议、法律、解释等形式通过文本，都是具有法律效力的，具有创立法律的意义。因而，在这里立法与立法解释并没有质的区别"①。

从理性的角度视之，按照现代国家权力制衡的组成机制，立法机关既制定法律又解释法律确实存在一定逻辑上的不完善之处。但鉴于我国短时间内还不能完全废除刑事立法解释的现实，从刑法修改理性的角度视之，对立法解释与刑法修改之间的关系有必要进行更深层次的明确。一方面，刑法作为社会行为规范与裁判规范，对民众的行为方式具有导向作用，且作为最严厉的惩罚措施，刑法具有生杀予夺的权力，故刑法应该保持稳定性，不能朝令夕改，使民众无所适从。在刑法修改与刑事立法解释的适用顺序上，还是要坚持解释优先，能解释的尽量不变动刑法条文的表述。但需要注意的是，刑事立法解释归根结底也是一种刑法解释方法，只是由于它和一般解释的主体不同而具有特殊性。既然是解释，"就意味着立法解释必须同所有刑法解释一样，只能在刑法规范内部对规范的含义予以明确"②，立法解释的解释结论不能超出刑法条文含义的射程而进行类推解释，罪刑法定原则是进行立法解释时必须遵守的底线。"不管制定法合理与否，解释都必须与之相合。实存的制定法是解释的基础，是我们'向后看'的目的物。这种刚性的要求与法治要求的法的确定性、稳定性、可预测性相合，体现了一种严格解释的刑法精神"③。另一方面，刑事法律作为一种"事后法"，可以说其从制定完成的那一刻起就是"旧法"，鉴于我国现行大一统刑法典的现实，刑事法律与日新月异社会现实的衔接就成为保证刑法常新性与适用性的首要课题。对于不能涵括在刑法条文含义射程范围之内的内容，就只能通过修改刑法的方式予以明确。

（二）刑法理性修改与刑事司法解释④

司法解释权是指根据全国人民代表大会常务委员会1981年6月10日通过的《关于加强法律解释工作的决议》和《人民法院组织法》、《立法法》等规定，最高人民法院根据宪法和法律对于在审判案件过程中如何具体运用法律、法令的问题，通过决定、批复、答复、复函等形式解释的权力。其中《决议》规定："凡属于法院审判工作中具体应用法律、法令的问题，由最高人民法院

---

① 陈金钊：《何谓法律解释》，载《法学论坛》2001年第1期。
② 李翔：《刑法修订、立法解释与司法解释界限之厘定》，载《上海大学学报》2014年第3期。
③ 齐文远、周详：《论刑法的基本原则》，载《中国法学》2004年第2期。
④ 下文部分内容源自黄明儒的《刑法规范的适用性解释论略》（载《法治研究》2015年第5期）这篇文章。

进行解释。凡属于检察院检察工作中具体应用法律、法令的问题，由最高人民检察院进行解释。最高人民法院和最高人民检察院的解释如果有原则性的分歧，报请全国人民代表大会常务委员会解释或决定。"从法律的规定来看，司法解释权是宪法和法律赋予人民法院、人民检察院实行的，具有很强的"授权性"。具体到刑事法律领域，所谓的刑事司法解释则是指最高人民法院、最高人民检察院针对审判、检察工作中具体应用刑事法律的问题，对刑事法律规定阐明的活动。

与立法解释相比，司法解释明显具有很多的不同之处：首先，二者的解释主体不同。立法解释的主体是全国人民代表大会常务委员会，司法解释的主体是最高人民法院与最高人民检察院。其次，二者解释的内容不尽相同。立法解释的目的在于阐明刑法条文的具体内涵，具有明确刑法条文内容的旨趣，司法解释则只能针对审判、检察实践中出现的具体应用法律、法令的问题进行解释，实践性较强。最后，二者的效力位阶也存在差异。当司法解释与立法解释相矛盾时，应该以立法解释为准。

虽然司法解释处于立法解释的下位阶，但从现实情况来看，司法解释无论是数量还是颁布的频率都在立法解释之上。作为一种刑事法律解释方法，刑事司法解释更应该在罪刑法定原则与宪法、法律的范围之内行使刑法的解释权。具体来说，司法解释的内容应该受到两个方面的限制：一方面，司法解释只能就审判、检察工作中出现的适用法律等问题进行解释而不能超出其范围，与立法解释产生矛盾与冲突；另一方面，司法解释的内容不能超出刑法条文具体表述含义的射程范围，不能"借解释之名行立法之实"。对于不能涵括在刑法条文含义射程范围之内的内容，就只能通过修改刑法的方式予以明确。如果司法解释规定的行为并不被刑法分则所有类型化的罪行所包括，那就只能通过立法将这样的行为增设进刑法条文中，否则就是创设性司法解释。

需要说明的是，法院在解释刑法时必须遵循罪刑法定原则、合理解释刑法，而合理解释刑法应该理解为法官解释刑法而非法院解释刑法。具体而言：无论是刑法立法解释还是刑法司法解释，都只能注重刑法规范适用解释的单一性和形式性，尽管能够统一司法，形式上公平适用了刑法，但问题是，具体案件事实即使相同，其社会危害性程度也不会完全一样，而会影响到其刑事可罚性及其程度。如同样是盗窃2000元，对穷人与富人、发达地区与贫困地区的影响就会完全不一样，是基于贫困、疾病或者其他急需用钱救命的动机与基于赌博、吸毒等动机也应当影响到其可罚性及其程度，如果统一了司法解释就无法考虑个案具体实际情况，而会使有些案件不能得到妥善处理。可以说，只有面对具体案件事实的法官，才能够比较准确地适用刑法规范，如果倡导刑法规范在具体适用中由法官进行个案解释，情形就可能大不一样。刑法规范只有在不同的案件中适用具体解释，才能使刑法规范与客观案件事实之间对应起来而有效适用刑法，真正实现公平正义。"法律是一种阐释性的概念"①，法律的生命通过司法者特别是法官在司法过程中对其进行阐释予以适用而彰显出丰富绚丽。

① 〔美〕德沃金：《法律帝国》，李常青、徐宗英译，中国大百科全书出版社1996年版，第364页。

第四章　刑法修改理性的具体展开

第一节　刑法修正案的理性分析

刑法修正案的理性是通过刑法修正案的规范修正和具体适用所表现出来的特性，既包括刑事立法者对理性的指引，又包括刑事司法者对理性的遵循。"法律可以被定义为不受主观愿望影响的理性"①，"法律即理性"②。作为刑法一部分的刑法修正案亦是一种理性选择的过程，对刑法修正案作理性分析尤显重要。正如"人类社会的任何精神现象和社会行为都不可能是单纯的理性在独立地发挥作用，而是理性与非理性相互契合、补充、合作的结果"③。刑法修正案的理性分析，既包括对刑法修正案理性因素的分析，也包括对其非理性因素的分析。

一、刑法修正案理性的彰显

刑法修正案的理性即刑法修正案的合理性，包括形式合理性和实质合理性。"在韦伯看来，形式合理性具有事实的性质，它是关于不同事实之间的因果关系判断，实质合理性具有价值的性质，它是关于不同价值之间的逻辑关系判断。形式合理性主要被归结为手段和程序的可计算性，是一种客观的合理性；实质合理性则基本属于目的和后果的价值，是一种主观的合理性。"④ 刑法修正案理性对制定和适用刑法修正案以及刑法的活动的指导作用集中体现在形式理性和实质理性这两个层面之中。

---

① ［古希腊］亚里士多德：《政治学》，吴寿彭译，商务印书馆 1995 年版，第 169 页。
② ［古罗马］西塞罗：《论共和国·论法律》，王焕生译，中国政法大学出版社 1997 年版，第 192 页。
③ 何颖：《非理性及其价值研究》，中国社会科学出版社 2003 年版，第 197 页。
④ 苏国勋：《理性化及其限制——韦伯思想引论》，上海人民出版社 1988 年版，第 227 页。

（一）刑法修正案形式理性的彰显

1. 刑法修正案之"修正"一词的用法

刑法修正案与其他刑法修改的形式不同，它重在对刑法规范内容的"修正"。从词语使用上来看，"修正"不同于"修订""修改"。修订，顾名思义，即修改、订正；修改的含义包括改动、删节、增添三个方面。[①] 言下之意，法律的修正不同于法律的修改、法律的修订。法律修改侧重强调修改法律的过程，法律修正则强调修改法律之后使之正确的结果，而法律修订即修改法律使之正确，既包括修改法律的过程也包括了修改法律的结果。同样地，刑法修正案不仅意在对刑法典的修改，而且强调正确地修改，追求对刑法典修正的结果。盲目地修改刑法是不可取的，应当使修改的刑法规范内容与社会发展以及犯罪变换的类型相适应，只有追求修改刑法的正确结果，才能保持刑法规范使用的长久性和稳定性。因此，刑法修正案之"修正"一词恰恰凸显了立法者追求修法正确性的结果，从字面用语上体现了其形式合理之处。

2. 刑法修正案并不改变刑法条文的总数

从修正的条文总数来看，无论是增设新的罪名还是补充修改犯罪构成要件或修改法定刑，刑法修正案都没有增加原刑法典的条文数。这种修改方式有利于维护刑法典的完整性和稳定性。[②] 在修改刑法的过程中，如果改变了刑法条文总数，不仅破坏了刑法条文的稳定性，也不便于查找。从修正技术规范角度来看，刑法修正案根据修正内容的不同而采用不同的方式。若需要增加新的罪名，则通过"在刑法第××条后增加一条，作为第××条之一或之二"的方式或者在条下增设款的方式；若不需要增加新的罪名，则直接修改原文即可。如《刑法修正案（十）》在《刑法》第 299 条中增加一款作为第 2 款，增加了侮辱国歌罪；《刑法修正案（九）》在第 260 条虐待罪后增加一条作为第 260 条之一，增设虐待被监管、被看护人罪；《刑法修正案（八）》在《刑法》第 133 条之后增加一条为第 133 条之一，增设危险驾驶罪；《刑法修正案（七）》直接在《刑法》第 180 条后增加一款作为第 4 款，增加了打击"老鼠仓"犯罪的刑法规定；《刑法修正案（六）》第 1 条直接对《刑法》第 134 条重大责任事故罪以直接修改原文的方式做了修正，不仅精确了重大责任事故罪成立的罪状，而且提高了法定刑。在现已通过的 10 个刑法修正案中，修正内容均采取以上方式，基本保持了原刑法条文的稳定。

---

① 参见方忠耀、刘丹红：《刑法修改的立法技术评析》，载《中国刑事法杂志》2011 年第 12 期。

② 参见黄太云：《中华人民共和国刑法修正案的理解与适用》，载《刑事审判参考》（第 1 辑），法律出版社 2000 年版，第 73 页。

3. 刑法修正案是刑法典内容的一部分，但却不是刑法文本本身

从刑法修正案与刑法典的关系角度分析，刑法修正案是刑法典内容的一部分，但却不是刑法文本本身。从我国刑法修正案的立法实践来看，对刑法典的修正包括增设、删减和修改这三种方式。① 其中任何一种方式都是对刑法典具体内容的修正，是对原刑法条文的替代，刑法修正案是刑法典内容的一部分。然而，刑法修正案却不是刑法文本本身，这最直接体现在法官所作的刑事判决书中对法条的援引上。我国的刑法修正案不同于美国的宪法修正案②，刑法典是我国刑法的渊源之一，而刑法修正案并不是我国刑法的渊源，即在我国的刑事判决书中，法官只援引刑法条文而不需援引刑法修正案作为判决的法律依据。刑法修正案这一修改形式不仅便于司法操作、方便学者查找，而且有利于刑法典的统一，彰显了其内在的形式理性特征。

4. 刑法修正案成为我国刑法修改的主要形式

"由于那种决定渴望去行动的原则，是基于人的内心，而不是那渴望的对象，根据喜爱，渴望能力的活动便构成行动或不行动的力量。"③ 任何行为都是基于一定的目的需要，刑法的修改也具有一定的目的性。再加上刑法典规范"在事实上不可能将所有应予刑罚制裁的犯罪行为，毫无遗漏地加以规范，因为犯罪的实质内涵并非一成不变，而是随着社会状况及价值观，相对地呈现浮动现象"④。因此，基于社会新形势的发展及犯罪类型的变化，为使刑法的内容与社会发展相适应，刑法做出适当的修改成为必然。

"所谓刑法的修改，即是指基于某种目的或者需要，由有权修改刑法的机构对现行刑法的内容作出相应调整，或者改正刑法条文中所存在错误的一种立法活动。"⑤ 从刑法修改的范围来看，包括针对刑法整体或大部分内容的全面修改，也包括针对一些或一部分内容予以修订的部分修改。从刑法修改的载体形式来看，具体包括刑法典修改、单行刑法修改与附属刑法修改以及刑法修正案修改。从 1979 年刑法典修改、单行刑法修改、附属刑法修改到刑法修正案修改这一修改模式的发展过程无不彰显了人们理性认识的过程，当下以刑法修正案为我国刑法修改的主要形式，这也正是人们基于刑法修改的理性认识而做

---

① 参见卢勤忠：《我国刑法修正案立法的问题及对策》，载《南京大学学报》2009 年第 3 期。

② 美国的宪法修正案与我国的刑法修正案并不相同，美国的宪法修正案可以在判决中直接援引，而我国的刑法修正案是不能直接援引的。

③ ［德］康德：《法的形而上学原理——权利的科学》，沈叔平译，商务印书馆 1991 年版，第 12 页。

④ 林山田：《刑法通论（上）》，北京大学出版社 2012 年版，第 23 页。

⑤ 黄明儒：《论刑法的修改形式》，载《法学论坛》2011 年第 3 期。

出的一种理性选择，从中也彰显了刑法修正案的形式理性。

在这几种刑法修改模式之中，较为常用的即是单行刑法修改与刑法修正案修改模式，而首次以刑法修正案的方式修改刑法是 1999 年 12 月 25 日通过的《刑法修正案》。在此之前，我国刑法修改的形式主要采用单行刑法的模式进行。

刑法典修改是刑法修改的方式之一，我国 1997 年刑法典就是采用的这种修改形式。这种直接修改刑法典的刑法修改方式不利于刑法本身的统一性和稳定性，基于这种弊端，其使用必须符合一定的条件，即只有当现行刑法规范修改得过于分散、庞杂，以致不便于学习和操作时，才需要重新编纂修订一部新的刑法典。从我国 1979 年第一部刑法典颁布以来，仅做了一次全面的修订，即 1997 年《刑法》。通常而言，各国对于刑法典的修改都不会过于频繁，而是通过特别刑法或者刑法修正案的方式予以修改，以实现刑法的统一性和稳定性。

单行刑法和附属刑法作为刑法修改的一种形式，它们的内容规定较为松散，不成系统，这是由于它们并不是刑法典规范内容的本身，而系"非常态法"①。就目前的现实而言，我国并不存在真正意义上的附属刑法，因而探讨附属刑法的修改形式没有实质意义。与之相比较，单行刑法这一修改形式在完善刑法方面曾经发挥了重要的作用，且常见于我国 1997 年《刑法》修订之前。1997 年《刑法》实施之后，我国仅颁布了一部单行刑法，即《关于惩治骗购外汇、逃汇和非法买卖外汇犯罪的决定》。之所以在刑法修改过程中单行刑法这一形式使用的越来越少，主要原因在于"单行刑法往往囿于一个时期的实际需要，而仅就某一类或几类相近的犯罪作出修改补充，彼此缺乏照应，在法定刑上罪刑结构失调，难免有头痛医头、脚痛医脚之嫌。刑法典原有的一些规定可能暂时得到完善，但单行刑法规定的不合理内容又随时产生"②。单行刑法这一形式并不有利于刑法的长久性和稳定性。

当前，我国刑法修改主要采用刑法修正案的形式。刑法修正案是刑事立法机关制定的对刑法典某一条文或某些条文进行修改的规范性文件，即在不改变刑法条文数目和形式的情况下，变更刑法典的内容。刑法修正案在修改、补充刑法典方面起到了非常重要的作用。自 1997 年我国刑法典修订至今已经颁布了十个刑法修正案。从规范与事实之间的关系来看，社会形势发展变化迅速，为了使刑法规范与事实状态相适应，刑法修正案这一修改形式是形式理性选择

---

① 王作富主编：《刑法完善专题研究》，中央广播电视大学出版社 1996 年版，第 130 页。

② 赵秉志主编：《新刑法教程》，中国人民大学出版社 1997 年版，第 33 页。

的结果。"所有的法律实践问题不外乎是'法律事实与法律规范'两大范畴，即围绕事实与规范展开，而事实与规范又不能截然分开，没有规范的法律实践与没有事实的法律实践同样是不可想象的。……从事实视角观察法律问题，会发现原本看似系统完美的法条与规范，往往难以完全有效调控多变的生活事实。"① 多变的生活事实铸就了刑事法律规范修改与续造的空间，但这种事实的变化是无常的，采用刑法典修改的方式无形当中会破坏刑法的稳定性，不利于维护法律本身的权威性，也不利于人们认真地去遵守法律；单行刑法尽管是针对具体特定问题作出的修正形式，但过于松散、凌乱，不便于大家掌握。于是，刑法修正案的形式应运而生，为当前所广泛采用的刑法修改形式，这一形式具有一定的优越性和合理性，彰显了刑法修改的形式理性。

5. 刑法修正案修正经历严格的程序限制

我国《立法法》第 53 条第 1 款规定，法律的修改和废止程序适用立法的程序。刑法修正案作为刑法修改的一种方式也应适用刑事立法的程序，而这一程序的适用是确保刑法修正案取得合法性和有效性的重要保障。刑法修正案修正的内容关系到公民的重大利益即犯罪和刑罚问题，应当由全国人大法工委负责组织会同其他适格主体参与一起起草或者直接起草刑法修正案草案。

以《刑法修正案（九）》为例。在《刑法修正案（九）》正式颁布之前，经过严格的审议过程。首先，由全国人大法制工作委员会在对新情况新问题调查研究的基础上，会同中央纪委、中央政法委、最高人民法院、最高人民检察院、公安部以及国务院有关部门和军队有关方面反复研究沟通，广泛听取各方面意见，草拟了《刑法修正案（九）（草案）》。紧接着，2014 年 10 月，全国人大常委会对《刑法修正案（九）草案》进行初次审议。会后，法制工作委员会将草案印发各省（区、市）和中央有关部门、部分高等院校、法学研究机构等单位征求意见。中国人大网站全文公布草案征求社会公众意见。法律委员会、法制工作委员会召开座谈会，听取全国人大代表、有关部门和专家学者的意见，同时，还到四川、新疆、山东、安徽等地进行调研。2015 年 6 月 2 日，法律委员会召开会议，根据常委会组成人员的审议意见和各方面意见，对草案进行了逐条审议。相隔半个月，法律委员会又一次召开会议，再次进行了审议。② 2015 年 6 月 24 日，全国人大常委会对《刑法修正案（九）草案》进

---

① 张心向：《在规范与事实之间——社会学视域下的刑法运作实践研究》，法律出版社 2008 年版，第 30 页。

② 全国人民代表大会法律委员会《关于〈中华人民共和国刑法修正案（九）（草案）〉修改情况的汇报》，载 http://www.npc.gov.cn/npc/lfzt/rlys/2015 - 07/07/content_ 1941155. htm，访问日期：2017 年 1 月 10 日。

行二次审议。2015 年 8 月 24 日进行三次审议，于 2015 年 8 月 29 日通过审议。《刑法修正案（九）》于 2015 年 11 月 1 日正式实行。从修正案草案的第一次审议到最后的正式实行，将近一年的时间，足见以刑法修正案的方式对刑法修改的严谨与理性，并不是草率感性的修正结果。

在我国，先后出台的 10 个刑法修正案，从草拟草案到审议通过草案，都经历了严格的审议程序，形成了一定的修改制度，彰显了我国修正案这一修改方式的理性趋势。

（二）刑法修正案实质理性的彰显

1. 修正目的明确、合理、科学

刑法修改是基于一定目的而进行的立法创制活动，"其目的旨在使刑法更加科学、能够更好地与社会发展的需要保持同一性"①。刑法修正案作为刑法修改的主要形式，亦是基于一定目的之上的立法活动。刑法修正案是否科学合理，在很大程度上影响着刑法规范的生命力与有效性。在这种意义上，刑法修正案的修正必须符合一定的目的性，且该修正目的必须明确、合理和科学。

从 1997 年《刑法》施行以来所通过的 10 个《刑法修正案》整体上来看，历次修正案都是立足于我国基本国情，为了惩治危害经济社会发展的犯罪行为的需要而修正。刑法的修正必然反应社会利益的需求，是"由一定的物质生产方式所产生的利益需要的表现，而不是单个人的恣意横行"②。这是刑法修正案修正的概括性目的。而这种概括性目的在刑法修正案（一）至（四）以及刑法修正案（十）中都有直接明确的规定。《刑法修正案（一）》中表述为："为了惩治破坏社会主义市场经济秩序的犯罪，保障社会主义现代化建设的顺利进行。"《刑法修正案（三）》中表述为："为了惩治恐怖活动犯罪，保障国家和人民生命、财产安全，维护社会秩序"；《刑法修正案（二）》表述为："为了惩治毁林开垦和乱占滥用林地的犯罪，切实保护森林资源"；《刑法修正案（四）》中有这样的表述："为了惩治破坏社会主义市场经济秩序，妨害社会管理秩序和国家机关工作人员的渎职犯罪行为，保障社会主义现代化建设的顺利进行，保障公民的人身安全"③；《刑法修正案（十）》表述为："为了惩治侮辱国歌的犯罪行为，切实维护国歌奏唱、使用的严肃性和国家尊严"，由于这两个修正案修正的内容只有一个法条，所以这一目的的表述仅仅

① 黄明儒：《论刑法的修改及其原则》，载《山东警察学院学报》2009 年第 5 期。
② 《马克思恩格斯全集》，第 6 卷，第 291～291 页。
③ 参见刘志伟、周国良编：《刑法规范总整理》（第四版），法律出版社 2011 年版，第 115～118 页。

针对该条文，既是概括性目的，又属于具体的目的。《刑法修正案（九）》修正条文中虽然没有明确规定修正目的，但是其目标和任务实际上更为明确。①这些概括性目的内容的表述都体现了对当时社会经济背景的呼应，具有一定的合理性和科学性。具体而言，每个具体的修正条或款又都有其自身的目的。如《刑法修正案（九）》第 32 条在《刑法》第 291 条之一中增加编造和传播虚假信息犯罪作为第 2 款，主要是针对在信息网络或者其他媒体上恶意编造、传播虚假信息，严重扰乱社会秩序这一现象的规定，目的是维护信息网络安全，进一步加强公民个人信息的保护。

总之，无论是概括性目的还是针对每个具体修正条或款的具体目的，都体现了我国刑法修正案修正目的的明确、合理、科学性。

2. 修正注重术语的规范化

任何一门学科都有自己专门的术语，可见术语的重要性。"如果没有术语，我们的思维将变得繁重而庞杂，有了术语，我们在将思维外化为讲话和著作的时候，就可以只用术语，而不必将术语所包含的内容都说出。"②从 1997年刑法到历次刑法修正案，凸显了术语的规范化。以我国《刑法》第 38 条为例。该条规定："管制的期限，为三个月以上二年以下。被判处管制的犯罪分子，由公安机关执行。"《刑法修正案（八）》第 2 条在《刑法》第 38 条中增加一款作为第 2 款："判处管制，可以根据犯罪情况，同时禁止犯罪分子在执行期间从事特定活动，进入特定区域、场所，接触特定的人。"同时将原第 2款作为第 3 款即："对判处管制的犯罪分子，依法实行社区矫正。"并增加一款作为第 4 款："违反第二款规定的禁止令的，由公安机关依照《中华人民共和国治安管理处罚法》的规定处罚。"不仅规定了禁止从业的具体内容，而且增设了社区矫正制度和禁止令制度；直至《刑法修正案（九）》第 1 条又增设了从业禁止措施。从 1997 年《刑法》到《刑法修正案（九）》关于该条的演变，足见我国刑法修正案越来越注重术语的规范化。

3. 修正内容更符合罪责刑相适应原则

罪责刑相适应原则是我国刑法中明文规定的一项基本原则，它贯穿于整个刑事立法活动和刑事司法活动，但在我国 1997 年《刑法》中不乏出现一些违背罪责刑相适应原则的条款。如，1997 年《刑法》第 239 条对绑架罪的法定

---

① 参见李适时：《关于〈中华人民共和国刑法修正案（九）（草案）〉的说明》[第十二届全国人大常委会第十一次会议文件（四），2014 年 10 月 26 日] 中提到，修正刑法的目标和任务为：贯彻总体国家安全观，统筹完善刑法的相关规定；加强反腐败刑事法治建设，完善反腐败的相关规定；落实党的十八届三中全会关于逐步减少适用死刑罪名的要求，做好劳动教养制度废除后的法律衔接。

② 曹文轩：《第二世界》，作家出版社 2003 年版，第 13 页。

刑规定了"十年以上有期徒刑或无期徒刑"与"死刑"两档。从这两档法定刑可以发现，无论是基本犯罪构成的十年以上还是加重构成的死刑，都体现了立法对绑架罪的重罪评价。不能否定这一立法在打击和预防犯罪、维护社会秩序方面所起到的积极作用，但是，不难发现这一刑罚梯度设置不够合理，司法实践中应在 10 年以下量刑的绑架犯罪案件是确实存在的，以及对于无选择判处死刑的规定，往往就导致了罚不当罪、罪责刑不适应的情况。《刑法修正案（七）》对此增加了一个刑罚梯度，对于"情节较轻的，处五年以上十年以下有期徒刑，并处罚金"。这一修正内容促进了罪责刑相适应原则的实现。

4. 修正内容从"分则个罪模式"到"总则 + 分则模式"①

纵观我国十个刑法修正案的内容，前七个及最后一个刑法修正案所针对的刑法条文全部都是刑法分则的罪刑规范，修正的是刑法分则的个罪，并未涉及刑法总则的内容，即属于"分则个罪模式"。从《刑法修正案（八）》开始，在对刑法分则修正的基础上，首次对刑法总则的内容进行修正，《刑法修正案（九）》沿用了这种做法。《刑法修正案（八）》共 50 个条文，其中涉及总则部分的有 19 条，分则部分 30 条，适用时效 1 条；《刑法修正案（九）》共有 52 个条文，其中涉及总则部分的有 4 条，分则部分有 47 条，适用时效有 1 条。这种模式即为"总则 + 分则模式"。刑法修正案修正的模式从"分则个罪模式"到"总则 + 分则模式"的过渡，正体现了刑法修正的实质理性。如果仅停留于个罪的修修补补，而不从总则刑法制度进行根本性的变革，刑法基调色彩就难以改变。这是一种更高的视角，站在整部刑法的高度，在统揽总则与分则之不足的情况下，对于《刑法》的基本制度与分则的犯罪圈及其刑罚，进行从宏观到微观，从总体到具体的修改，从而使我国的刑事立法真正做到了系统性、整体性与全局性。

二、刑法修正案的非理性显现

按照刑法修正理性对刑法修正案的要求，我国历次刑法修正案大部分的内容及修正思想都是较为合理的。然而，刑法修正的过程本身就是立法的过程，而立法充分体现了人的意志选择性，这种意志选择性"最容易使人类本性中

---

① 参见刘艳红：《〈刑法修正案（八）〉的三大特点——与前七部刑法修正案相比较》，载《法学论坛》2011 年第 3 期。该文中提到："对于这种只是针对刑法分则罪名进行修改和补充的刑法修正模式，姑且称之为'分则个罪模式'"；"《刑法修正案（八）》最为明显的特点是，它突破了以往 7 次刑法修改的'分则个罪模式'，首次采取了'总则 + 分则模式'"。

固有的非理性的和任性的冲动在立法活动中表现出来，甚至支配立法的过程"①。理性与非理性通常是并存的，同时研究刑法修改的非理性，能最大限度地促使刑法修正符合刑法目的，保障刑法修正案存在的合理性。刑法修正案中的非理性，主要表现在以下几个方面：

（一）理念：功利主义刑法观的非理性因素掺杂

功利主义是边沁法律思想的核心内容，功利主义刑法观是以功利主义哲学观为基本前提展开的。边沁功利主义的核心内容就是追求"最大多数人的最大幸福"，具体的功利原理是指"它按照看来势必增大或减小利益有关者之幸福的倾向，亦即促进或妨碍此种幸福的倾向，来赞成或非难任何一项行动"②。而"功利主义信奉者们在将精神愉悦置于肉体愉悦之上时，主要注重的是广义上的永恒、安全、节俭等精神因素，言下之意即更为追求符合环境的善而非依赖于自身的内在本性"③。这种功利主义其实就是个体或者共同体的自身需要的满足。人本主义心理学精神之父马斯洛对人的需要进行了不同层次的划分，从最低层次的需要到较高层次的需要，人会不断产生新的需要。生理需要是最基础的需要，获得满足后人才能够进一步追求安全需要、爱与归属的需要、被尊重的需要和自我实现的需要。"这些基本需要的满足是人类社会存在和发展的基础。而作为最后的法律手段，刑法保护的就是人的这些基本需要的合理满足。从现今世界各国刑法规定的内容来看，刑法的保护无外乎六个方面，即公共安全、社会制度安全、公共道德、社会资源保护、社会秩序和个体生活。保护这些基本需要的合理满足是刑法产生与存在的基础。"④ 因此认为，刑法是人类需要的产物，具有功利主义性质。

相应地，功利主义刑法观是刑法中重要的基础理念，贯穿了整个犯罪论体系和刑罚论体系，其中犯罪论体系主要包括违法性判断和有责性判断。⑤ 以违法性判断为例。刑法正当性的判断其实就是对违法行为评价标准的判断，刑法应当禁止什么样的行为？应当以功利主义为原则，而"伦理学讨论行为的善

---

① 张智辉：《刑法理性论》，北京大学出版社 2006 年版，第 206 页。

② ［英］边沁：《道德与立法原理导论》，时殷弘译，商务印书馆 2000 年版，第 58 页。

③ ［英］约翰·斯图亚特·穆勒：《功利主义》，叶建新译，中国社会科学出版社 2009 年版，第 13 页。

④ 袁彬：《刑法的心理学分析》，中国人民公安大学出版社 2009 年版，第 2～3 页。

⑤ "德国、日本等国采取的三阶层体系虽然区分了第一阶段的构成要件符合性的判断与第二阶段的违法性阻却事由存否的判断，但两个阶段都是违法性的判断。所以，可以从大的方面将实质的刑法评价区分为违法性判断与有责性判断。"参见 ［日］井田良：《刑法总论の理论构造》，成文堂 2005 年版，第 1 页。

恶标准以及行为正当与否的判断标准，其中具有影响力的学说是行为功利主义（行动功利主义、行为功用主义）与规则功利主义（准则功利主义）"①。行为功利主义与规则功利主义不同之处在于评判行为的正确与否的标准，"行动功利主义依据行动自身所产生的好或坏的效果来判断行动的正确或错误；准则功利主义则根据在相同的具体境遇里每个人的行动所应遵守准则的好或坏的效果来判定行动的正确或错误"②。但有一点可以肯定，无论是行为功利主义违法观还是规则功利主义违法观，功利主义刑法观已然成为违法性行为判断的基本理论。

我们必须承认刑法依赖于功利主义刑法观的指导，刑法修正案作为刑法的一部分，莫不如此。在历次刑法修正过程中，功利主义刑法观是一种能够迎合现存社会经济关系和现实社会客观需要的刑法观念，能够使刑法关于犯罪与刑罚的修正内容符合目的合理性和价值合理性的要求。

但同时也必须看到，功利主义刑法观是以扩大国家刑罚权、缩小公民自由权为内容的，这无疑就是一种国权刑法的观念。从而使刑法修正之后所产生的效果可能未必与刑法修正之时的主观意图相一致。

例如，我国《刑法》第241条第6款规定："收买被拐卖的妇女、儿童，按照被买妇女的意愿，不阻碍其返回原居住地的，对被买儿童没有虐待行为，不阻碍对其进行解救的，可以不追究刑事责任。"收买被拐卖的妇女、儿童罪与拐卖妇女、儿童罪是对合犯，立法的初衷是基于功利主义角度考虑，一方面，通过对收买者行为的打击，尽大可能地缩小收买者的数量，使拐卖者无处可卖，当拐卖人不能因贩卖行为获得经济利益时，其因犯罪而获得的经济快乐不复存在，那么拐卖行为也会相应减少，最终达到保护妇女、儿童人身权益的目的；另一方面，基于不同的收买行为追究不同的刑事责任，有利于对妇女、儿童的解救和保护。《刑法修正案（九）》第15条将"可以不追究刑事责任"改为"可以从轻或者减轻处罚"，且只适用于收买妇女；如果收买的是儿童，即使"对被买儿童没有虐待行为，不阻碍对其进行解救的"，也只能"可以从轻处罚"。首先值得思考的是，这一修正内容并不是针对收买行为本身，而是针对行为人收买之后的表现。刑事责任追究的是行为时的责任，事后行为人的表现作为量刑情节可以影响量刑，但是如果过多地考虑收买后的表现未必能达到惩治犯罪人的目的。其次，这一修正结果加大了对收买者的处罚力度，表面

---

① 张明楷：《行为功利主义违法观》，载《中国法学》2011年第5期。

② ［澳］斯马特·威廉斯：《功利主义：赞成与反对》，牟文武译，中国社会科学出版社1992年版，第9页。

上是为了更好地保护妇女、儿童的合法人身权益，但实践中很多被收买者基于功利主义选择可能并不愿意再返乡或被解救，而是与收买者和平相处并建立了一定感情，在这种情形下一般不会阻碍被买妇女返回原居住地，对被买儿童也难以有虐待行为，这一基于功利主义刑法观对这种人做出的加大惩罚力度的选择就值得商榷。

（二）政策：刑法修正时要考虑刑事政策的贯彻落实

刑事立法与刑事政策的变化息息相关，而刑法修正是刑事立法的一种模式，刑法修正与刑事政策的变迁有着较为密切的关系。刑事政策一词源于德文Kriminal politik，而现代意义上的"刑事政策"始自德国学者Feuerbach（1775—1833）1803年的刑法教科书。[①] 刑事政策概念提出之后，各国忙于刑法典的制定完备，沉寂了很长一段时间。后来由于犯罪现象的日趋严重，而传统的刑法制度无法发挥有效控制犯罪的作用，刑事政策在20世纪初由刑法学家冯·李斯特予以复兴。我国的刑事政策理论起步晚于西方，近年来有较大的发展。从过去的有政策无法律、政策取代法律，到政策与法律并存但政策高于法律，再到刑事法治日臻完备；从镇压与宽大相结合到惩办与宽大相结合，再到宽严相济，我国的刑事政策与刑事立法的关系变得愈加复杂。[②] 从此可以看出，刑事政策的发展史揭示了刑事政策对刑法的批判轨迹。换句话说，刑事政策与刑事立法的关系归咎于刑事政策的诞生及自身使命，没有刑事政策对刑法的批判，就没有刑法的发展。刑事政策在刑事立法的完善上起到了核心的作用，同时，刑事政策与刑事立法的历史亲缘关系决定了两者在互动促进的基础上，本质上相通、追求目的一致。

刑事政策贯穿我国刑法的历次修正，但在适用刑事政策的过程中，也出现了刑事政策未能有效指导刑法修正的现象。以《刑法修正案（八）》为例，该修正案第3条在刑法第49条中增加一款作为第2款："审判的时候已满七十五周岁的人，不适用死刑，但以特别残忍手段致人死亡的除外。"从人道主义角度出发，根据宽严相济的刑事政策，对老年人犯罪从宽处理且免于死刑，符合刑法适用人人平等原则，但如果在刑法分则中某个具体个罪规定的是绝对确定的死刑时，这一修正内容将如何适用？是适用这一修正条款免于死刑呢，还是依据刑法分则的具体条款确定刑罚呢？75周岁以上的老人究竟如何能免除死刑，就存在较大疑问。如果适用免除死刑，则与刑法分则的部分法定刑规定相冲突；如果不适用免除死刑，则没有彻底贯彻宽严相济的刑事政策。从刑法总

---

① 参见［日］大谷实：《刑事政策学》，黎宏译，法律出版社2000年版，第7页。

② 参见卢建平：《刑事政策与刑法完善》，北京师范大学出版社2014年版，第32页。

则与刑法分则的关系角度分析，刑法总则对刑法分则是指导作用，刑法分则如果没有特殊规定就应该以刑法总则为指导，只要不是以特别残忍手段致人死亡的，对老年人拐卖妇女、儿童的犯罪行为就应该免于死刑。某种意义上，就是刑事政策在指导刑法修改时，缺乏有效指导刑事立法的具体措施所致。为了使刑事政策更有效的指导刑法修改，建议在每次修改刑法时，检讨一下这些修改能否真正落实我国的宽严相济的刑事政策，而不是造成刑法在适用上新的困境。

（三）民意：民意的非理性吸纳

所谓民意，是指大多数社会成员对与其相关的公共事务或现象所持有的大体相近的意见、情感和行为倾向的总称。① 简单地说，民意就是民众的意愿②，是现代民主国家的基础。

从意识形态角度来看，民意属于一种观念，多源自公众内在的朴素道德情感，体现了公众最真实的对待事物的正义感。在现代民主国家，民意即群众性利益输入与表达，是政治系统正常运作和作出合理输出行为的基本前提条件，也是民主政府政策输出的基本"原料"来源。③ 因此，国家立法权的行使应该是建立在民意考量的基础之上，尤其刑法的修正中涉及公民基本权利的保障，更应该尊重民意、体现民意，否则，不考虑民意的刑法修正就不具有合理性。

然而，民意自身带有的特性决定了在刑法修正过程中，只能理性地对待。一般而言，民意具有以下几点特性：第一，表达民意的途径不拘一格，具有表达方式的多样性。随着网络、手机、数字电视等新媒体的发展，民意的表达更加方便、即时、灵活，且方式多样。公众更容易选择自己能够接受的方式将自己的想法或对待某个热点问题的态度公之于众，从而体现公众自己真实的意愿。第二，民意涵盖面广，更具广泛性。由于民意所体现的意愿不是某一个人的，而是公众这样一个广泛的群体，这也直接决定了他们所表达出的意愿内容也是具有广泛性的。第三，民意是属于主观的意识，具有可变性。既然是一种观念，那么必将会基于外在客观环境及条件的变化而发生转变，从某种程度上说，这种主观的意愿自身就带有非理性的因素，民意发生阶段性变更也是比较常见的事情。

---

① 参见张隆栋：《大众传媒学总论》，中国人民大学出版社 1997 年版，第 429 页。

② 此处所讨论的民意指的是大众的民意，而非法律的民意。法律的民意体现的是全社会公众的意愿，而大众的民意体现的只是社会公众中一部分的意愿。换句话说，法律的民意是通过法律规范表现出来的，而大众的民意并没有规范的表现形式，表达途径有多种多样。

③ 参见［美］戴维·伊斯顿：《政治生活的系统分析》，王浦劬等译，华夏出版社 1999 年版，第 429 页。

当前，我国的刑事立法过程应该考虑民意，这是毋庸置疑的。但在刑法修正过程中，非理性的重刑主义的刑罚观各种民意因素会大量存在，这就需要立法者予以严格甄别，从立法科学与符合刑事政策的角度综合考量，而不应当吸纳这种非理性的民意因素。如在历次的刑法修正中，经常有一些关于设立恶意传播虐待动物影像罪、虐待动物罪、浪费罪、见死不救罪等罪立法建议的提出，而仅仅是基于公众朴素直观的感受而提出的，无法体现刑法的最后补充性与最强制手段性。刑法关涉公民生活的方方面面，如果其他的法律可以调整，则无须动用刑法，刑法是最后保障。因而尽管到目前为止刑法有十次修正案，也没有采纳这些立法建议。有时合理的民意也会被吸收采纳，并通过专业上的论证与分析考察，最终形成相应的刑法修改条文。如伴随着醉酒驾车的高发态势，产生了严重的社会危害性，引起了公众的关注和媒体的热议，于是在《刑法修正案（八）》中增设了危险驾驶罪，对"在道路上驾驶机动车追逐竞驶""在道路上醉酒驾驶机动车"这一罪的增设就是积极回应民意的结果。又如，《刑法修正案（九）》增设了"拒不履行信息网络安全管理义务罪"，该罪的增设也主要是基于网络犯罪的屡禁不止，引发公众对网络中介服务商不作为的愤慨，而相应这种民意的呼声制定的罪名。

从民意自身的特性来看，民意的表达是一种自然情感的真实流露，而要将这种民意上升到法律层面，必须经过刑事立法者的理性筛选，辨别民意的可采纳性。如在《刑法修正案（九）》修正过程中，有人建议，应"在《刑法》中增设学术诈骗罪的罪名，从而得以运用刑法严厉打击和遏制学术诈骗行为，捍卫教育界和科技界的学术规范和基本秩序"①。基于刑法所具有的谦抑性，不是所有的民意都能纳入到刑法修正范畴之内，这一立法提议显然不可能被采纳。尤其是现在新媒体对某些事件或某些事实的过度夸大，甚至是煽动，刑事立法者如果不加权衡，盲目地将民意吸纳到刑法修正之中，就不利于刑法的理性修正，这就要求刑事立法者必须提高吸纳民意的能力。从民意自身的特性来看，民意的表达是一种自然情感的真实流露，而要将这种民意上升到法律层面，必须经过刑事立法者的理性筛选，辨别民意的可采纳性。如在《刑法修正案（九）》修正过程中，有人建议，应"在《刑法》中增设学术诈骗罪的罪名，从而得以运用刑法严厉打击和遏制学术诈骗行为，捍卫教育界和科技界的学术规范和基本秩序"②。基于刑法所具有的谦抑性，不是所有的民意都能

---

① ［加］杨诚：《关于增设学术诈骗罪的建言》，载赵秉志主编：《刑法评论》2010 年第 2 期。

② ［加］杨诚：《关于增设学术诈骗罪的建言》，载赵秉志主编：《刑法评论》2010 年第 2 期，法律出版社 2010 年版，第 234 页。

纳入到刑法修正范畴之内，这一立法提议显然不可能被采纳。尤其是现在新媒体对某些事件或某些事实的过度夸大，甚至是煽动，刑事立法者如果不加权衡，盲目地将民意吸纳到刑法修正之中，就不利于刑法的理性修正，这就要求刑事立法者必须提高吸纳民意的能力。

我们必须意识到，当前我国刑法修正中在吸纳民意的同时，已经掺杂了非理性因素，有过度吸纳民意的倾向。过度地把所有反映民意的内容都反映在刑法修正案中，这样最终只会导致刑法修正案的非理性。

（四）形式：修正时空维度的非理性

时空维度是刑法修正形态糅合的两个解释变量，具体而言，任何一种存在都是时间和空间条件下的产物。此处修正的时间维度是指刑法修正的频率，而修正的空间维度指刑法修正的条文形式以及修正的主体权限。

从时空维度上看，我国刑法修正一定程度上受到非理性因素的影响和制约，存在一些非理性的表现。具体体现在以下几个方面：

1. 时间维度：修正频率过高

自 1999 年 10 月 18 日的全国人大常委会委员长会议最终同意采取修正案的方式修改刑法，并于同年 12 月 25 日产生了我国第一个刑法修正案以来，到 2017 年 11 月 4 日通过的《刑法修正案（十）》，18 年间我国共颁布了十个刑法修正案，以 171 个修正案条文修正刑法条文 160 个，占到原刑法典条文数的 35%，内容涉及分则所有章的犯罪。从历次刑法修正案颁布的时间间隔来看，大部分是间隔两年的时间，甚至更短的时间，如《刑法修正案（二）》与《刑法修正案（三）》之间只间隔了四个月的时间。虽然这些修正内容适应了新社会形势下与犯罪作斗争的客观需要，但同时也反映了修正程序启动的频繁性。另外，刑法修正的启动应该具有严格的程序，从修正具体内容的启动来看也反映了一定的随意性。如嫖宿幼女罪在《刑法修正案（九）》中被废除，而在该修正案草案的一稿、二稿中均未提及该罪名将被废除的情况，却在三稿中突然提出直接废除该罪名的立法方式，其随意性和非理性是显而易见的。①

2. 空间维度：修正的条文形式及修正的主体权限不合理

（1）修正的条文形式不合理

刑法修正规范是通过刑法修正条文表现出来的，刑法修正案条文的合理与否，直接反映了刑法修正内容的严谨、科学与否。纵观历次刑法修正案，均存在诸多条文设计不合理之处。具体表现为：刑法修正案语言表述不规范、刑法

---

① 参见刘宪权：《刑事立法应力戒情绪——以〈刑法修正案（九）〉为视角》，载《法学评论》2016 年第 1 期。

修正条文之间存在冲突等。如刑法修正案中大都设置了诸如"情节犯""情节加重构成",而且还有不少不完全列举的"等""其他"这样一些兜底性款项,这些综合性、概括性、兜底性用语大多是有悖于立法明确性要求的。如《刑法修正案(九)》第 7 条在《刑法》第 120 条之一后增加 5 条,其中增加的 4 条都含有"情节严重的""情节特别严重的"类似模糊不清的用语;又如,《刑法修正案(八)》第 23 条修改了《刑法》第 141 条第 1 款的生产、销售假药罪,增加了"其他严重情节""其他特别严重情节"的表述。从《刑法修正案(一)》到《刑法修正案(七)》这 7 个刑法修正案,含有此类模糊表达的或兜底性条款的条文约占总修正条文的 80% 以上。具体言之,《刑法修正案(一)》和《刑法修正案(六)》只有 2 个条文不含有此类用语,其中有一条还是生效时间的条文;《刑法修正案(三)》和《刑法修正案(五)》除了生效时间的条文,其余全部都带有此类模糊用语;《刑法修正案(四)》除了最后一条生效时间的条文共 8 个条文中有 5 条都含有此类用语;而在《刑法修正案(七)》修正的 15 个条文中,除了最后一个是关于条文生效时间的规定之外,剩余的 14 个条文有 12 个条文都含有"等""其他""情节严重""情节较轻"等类似的用语。

(2)修正的主体权限不合理

从我国目前的十个刑法修正案的制定实践来看,均是由全国人大常委会制定的,且已经成为一种修正立法常态,而这种修正的立法权限是存在质疑的。

第一,这与我国的宪法规定相冲突。全国人大和全国人大常委会都是我国的最高的立法机关,全国人大常委会是全国人民代表大会的常设机关,两者的职权在我国宪法中都有明确的规定。依据《中华人民共和国宪法》第 62 条、第 67 条,制定和修改刑法的权力应属于全国人大,只有在全国人大闭会期间,全国人大常委会可以对全国人大制定的法律进行部分补充和修改,但是不得同该法律的基本原则相抵触。言下之意,只有在全国人大闭会期间,全国人大常委会才可以对刑法进行部分修改和补充。

第二,有损刑法的权威性。《中华人民共和国立法法》第 8 条中明确规定"犯罪和刑罚"事项只能制定法律,制定的刑事法律当然应该既包括刑法典本身,也包括刑法典的修正。尽管《立法法》第 7 条在规定全国人民代表大会具有制定和修改刑事基本法律之外,还规定了全国人民代表大会常务委员会在全国人民代表大会闭会期间,对全国人民代表大会制定的法律进行部分补充和修改,但是不得同该法律的基本原则相抵触。但增设犯罪与刑罚的权力,无论是采用刑法典的修正方式,还是通过其他修正方式,都应当由全国人大来行使,这样才有利于维护刑罚的权威性。因为全国人大常委会审议议案和全国人大审议议案的效力是不同的，修正刑法单由全国人大常委会来行使，无疑违反了立法法设定的立法程序，破坏了刑事法治的原则和精神。

在推行刑事法治的过程中，刑法典修正立法权限目前仅仅有人大常委会行使这一状况必须改变。只有这样，才能为我国刑法的理性修正开辟制度通道。

（五）实质：规范间系统与协调的非理性

刑法的修正是建立在刑法典基础之上的修正，刑法修正案作为修正的结果，不仅要与原刑法典系统、协调，而且其自身的修正规范内容也应该系统、协调。目前，刑法修正案中关于犯罪和刑罚的修正内容，绝大多数都体现了刑法规范之间的系统和协调性，具有合理性，但是也有一些条文规定得不尽合理，存在不系统和不协调之处。具体表现以下两个方面：

第一，修正条款与原刑法典条文规定缺乏相关性。修正条款必须与原刑法典条文规定具有相关性，尤其是采用"之一""之二"等表述方式穿插进某个条款时，更应保持条文之间的相关性，否则会扰乱刑法条文整体的系统性和协调性。如《刑法修正案（一）》以第162条之一的形式，增设了隐匿、故意销毁会计凭证、会计账簿、财务会计报告罪，而原《刑法》第162条规定的是妨害清算罪，显然修正的内容与原刑法条文在犯罪构成方面不存在任何的相关性。又如，《刑法》第224条规定了合同诈骗罪，《刑法修正案（七）》以第224条之一的形式规定了组织、领导传销活动罪这一罪名，也存在类似的不协调。

第二，忽视修正条文与刑法条文整体上的协调。例如，基于社会公众的呼声，《刑法修正案（九）》取消了嫖宿幼女罪。该罪名取消的主要目的有两个：一是为了降低幼女的污名化；二是为了达到罪刑均衡，因为嫖宿幼女罪的法定最高刑低于强奸罪，容易造成处罚的失当。这一内容修正之后，值得反思的是刑法的目的是否得以实现，这一修正内容与其他刑事规范是否相冲突？有学者就认为，如果说取消嫖宿幼女罪是为了降低对幼女的污名化，那么刑法中些许类似的罪名都应该取消。如拐卖妇女、儿童罪、强奸罪、强迫卖淫罪。从人权保护的角度看，任何人都不能被"买卖"，这种表述有将女性、儿童降低到"物"的程度进行评价的"违法"嫌疑与倾向；而强奸这一词语搭配的本身，以及强奸罪的规定本身就有污名化女性的嫌疑，起码有男性中心主义的取向。[①] 修正之后嫖宿幼女的行为适用刑法典关于强奸幼女的条款（即以强奸罪从重处罚）。问题在于，如果嫖宿幼女的行为是强奸，那么组织、强迫幼女卖

---

① 参见蔡道通：《嫖宿幼女罪"污名"化幼女论质疑》，载《国家检察官学院学报》2014年第6期。

淫的行为也必然构成强奸（主犯），而按《刑法》第 358 条的规定，组织、强迫幼女卖淫的仍然构成组织、强迫卖淫罪，这种罪的法定最高刑是无期徒刑，要低于强奸罪的法定最高刑（死刑），因而仍然存在嫖宿幼女行为以强奸罪处与刑法其他相关法条刑罚处罚不协调的问题。又如，《刑法修正案（三）》将《刑法》第 114、115 条第 1 款中的"投毒"内容修正为"投放毒害性、放射性、传染病病原体等物质"，相应的罪名也由投毒罪改为投放危险物质罪。然而，一直到现在《刑法》第 17 条第 2 款有关投毒罪的规定也没有任何修正，这两个法条就存在一定的不协调之处：如果严格按照法条词义进行解释，只能追究已满 14 周岁不满 16 周岁的人投放毒害性物质行为的刑事责任，而投放放射性、传染病病原体等物质危及公共安全的却不能追究刑事责任。显然，《刑法修正案（三）》在对刑法这一条款进行修正时，忽略了对《刑法》第 17 条第 2 款这一相应条款的修正。

三、刑法修正案理性化的道路

刑法的修改具有必然性，是随着社会发展的需要而进行的，正如林山田所言："为使刑法发挥其规范功能，以因应社会的需要，刑法的规定不能一成不变，而应与时增删修订，刑法立者必须审酌时空因素的变迁与各种社会现实状况，反映犯罪内涵的相对性，经常就实质的犯罪定义，检验实定法规的犯罪行为是否与实质的犯罪定义相当，检讨现行法的规定是否符合现实社会需要，并评估现行法的规范功能与成效，一旦发现存有问题，即应从事刑法修正，或将现行法规的犯罪行为除罪化，或将非实定法规定的不法行为犯罪化。"① 因此，刑法修正案作为我国目前修改刑法的主要形式，已经深深扎根于我国刑事立法改革之中；再加上修正内容涉及包括生命权在内的人的基本权利，这决定了我们必须理性对待刑法修正案，使刑法修正案在理性化道路上高效运作。

如前所述，我国刑法修正案中有很多合理之处，如，"修正案对新罪的规定，坚持叙明罪状为主，贯彻罪刑法定原则，刑罚配置坚持以罪责刑相适应原则为指导；对旧罪犯罪构成的修改，坚持在全面认识犯罪行为危害性的基础上，取消了一些不当的规定，使罪状的规定更加合理、科学，更适合司法认定，更具有可操作性，更加符合罪责刑相适应原则；修正案更加体现理论研究成果，更加注重术语的规范化"②。但也存在很多非理性因素，如刑法修正过

---

① 林山田：《刑法通论》（上册）（增订十版），北京大学出版社 2012 年版，第 77～78 页。

② 高铭暄、吕华红：《论刑法修正案对刑法典的修订》，载《河南省政法管理干部学院学报》2009 年第 1 期。

于频繁，没有注重规范之间的协调与系统化等。刑法修正案的适用应符合刑法目的的要求，在与现代法治的发展趋势相适应的刑法理念的支撑下，不断去除刑法修正案中的非理性因素，刑法修正案才能越来越具有理性因素。

（一）民权主义刑法观之提倡

民权主义刑法观是民权刑法的核心内容，"民权刑法是按照主权在民的宪法原则，要求国家刑事活动以保障人民权利为出发点和归宿的应然刑法"①。而"民权刑法"② 这一概念在我国最早是由李海东博士提出的。民权主义刑法观与国权主义刑法观相对，国权主义刑法观是以国家为出发点，等同于权力刑法；而民权主义刑法观的本质是法治国的刑法，是以保障人民权利为根本，等同于权利刑法。从国权主义刑法观向民权主义刑法观的变迁，体现了我国由计划经济到市场经济的转变过程，是现代刑法理念和原则的变迁过程，是人权保障观念深入人心、权利本位观念受到认可的历史发展必然。

刑法修正过程就是刑事立法的过程，这一过程并不是盲目的，应是在一定刑法观念指导下进行的，是有目的性的。只有事先形成观念性的立法目标，才能开始立法修正活动，没有目的的修正刑法是非理性的。刑法修正需要统一的刑法观念为指导，这种基本观念应在修正刑法的整个过程中起到指导的作用，如果没有特殊的理由，且没有必须在与之冲突的基本观念之间进行权衡而需要对其修正时，对其所作的任何修正和变通，都会给刑法观念造成不应有的破坏，并且会导致刑法修正规范丧失合理性。

无论是制定刑法，还是修正刑法，最终的目的都是保障人权，应该以公民权利为本位、为核心，这点和民权主义刑法观是完全吻合的。国家代替公民行使刑罚权，这种刑罚权的行使应该代表公民的意志，真正做到以公民的权利和自由为出发点，而不仅仅是单纯地惩罚犯罪。马克思指出："如果犯罪的概念要有惩罚，那么实际的罪行就要有一定的惩罚尺度。实际的罪行是有界限的。因此，就是为了使惩罚成为一种实际的，惩罚也应该有界限。"③ 这种惩罚的界限同时也是对国家刑罚权的限制。刑法的存在一方面限制了国家刑罚权的行使，另一方面保障了公民的权利和自由。刑法包括刑法修正案是由众多规范内容组成的，其中包含着许许多多的法律规则。这些规范所包含的法律规则或者说所体现的法律观念，应当是一以贯之和相互协调的，刑法修正案应该体现民权主义刑法观这一基本观念。

---

① 许道敏：《民权刑法论》，中国法制出版社 2003 年版，第 1 页。
② 李海东：《刑法原理入门（犯罪论的基础）》，法律出版社 1998 年版，第 4 页。
③ 《马克思恩格斯全集》，第 1 卷，第 139 页。

民权主义刑法观对刑法修正过程的指导，代表着一个国家法治的趋向成熟与进步，引领着我们立足于人权保障，用理性的态度对待刑法规范的修改。

（二）刑法修正与刑事政策关系之理性对待

"'刑法之刑事政策化'是现代刑事法主要特征之一，其要求刑法之制定与运用、罪刑之确定与执行，都应由刑事政策的观点出发，以刑事政策的精神为指导。"① 我国台湾学者林纪东先生指出："刑事政策，也就是为刑法定罪科刑基础的政策。所以，刑法之制定与运用，罪刑之确定与执行，都应从刑事政策的观点出发，以是否合于刑事政策的要求为旨归，不合于刑事政策的立法，是不良的立法，离开刑事政策的裁判和执行，也必定是不良的裁判和执行。"② 在我国，宽严相济的刑事政策已经成为当前刑事立法的指导思想，《刑法修正案（七）》和《刑法修正案（八）》都非常明显地体现了这一刑事政策对修正的指导作用。刑事政策之所以在刑事立法活动中能凸显其价值，主要原因还在于刑事立法自身的缺陷，如刑事立法的滞后性、模糊性、不灵活性等。刑事立法，作为一项立法活动，是反映国家意志，通过法定程序予以确立，并要求公众普遍遵守的规则。而这些通过刑事立法所代表的国家意志性反映的是社会公共的刑事利益，追求社会公共秩序的实现。它不同于民众的刑事意愿，社会公共的刑事利益主要倾向于对犯罪的抗制，对国家刑罚权的伸张，而对公民个人权利的维护却显得次之。换句话说，实现了社会公共刑事利益，未必满足民众的刑事意愿。刑事政策的协调是至关重要的，这样才能弥补刑事立法的不足而最终实现长期的和谐。

当然也不能过大地强调刑事政策在刑法修正过程中的作用，使刑事政策绝对化。正如前所述，绝对的刑事政策化会导致刑法修正案的非理性化，从而使刑法修正偏离了刑法的目的。正确处理刑法修正与刑事政策之间的关系非常重要。

刑事政策与刑事立法是不能相互替代的，二者是相互补充、相互依托的关系，具体可以从静态和动态两个角度去分析。从静态上看，刑事政策与刑事立法其实就是刑事政策与刑法之间的关系。在罪刑法定原则的前提下，刑事政策是刑法制定的依据或指导方针，刑法应受刑事政策的指导或制约。当刑事政策与刑法发生冲突时，依照刑事法律是唯一的选择。从动态上看，"刑事政策对刑事立法的动态影响体现在是否需要立法、如何立法、如何解释立法等方

①　卢建平：《刑事政策与刑法完善》，北京师范大学出版社 2014 年版，第 311 页。
②　林纪东：《刑事政策学》，台北中正书局 1969 年版，第 9 页。

面"①。"刑法的刑事政策化只能是刑事政策对刑法的制定与运行进行必要与适度的导向与调节，这种导向与调节只能在刑法许可的范围内进行。……因为刑法和刑事政策之间存在着重大的差别，这些差别决定刑罚的刑事政策化应有合理的限制，不能把刑法变为刑事政策。"② 刑事政策反映的刑事政治利益诉求，具有非规范性、不稳定性和单方特性，原则上不能直接取代刑事法律而直接作用于刑事社会关系。刑事政策的适用是有界限的，不能违背罪刑法定原则，不符合立法基本原则的刑事政策是不可能被适用的，这是实现法治社会的必然要求。

"对相互对立的利益进行调整以及对它们的先后顺序予以安排，往往是依靠立法手段来实现的。"③ 当代中国刑事制度的现代化，还是应当由刑事立法承担起最主要的任务，刑事立法能够很好并快速地给予社会制度供给。尤其是在刑法修正的过程中，要正确处理好刑事政策与刑法修正之间的关系，避免绝对的刑事政策化，"只有在刑法框架之内，刑事政策的目的性与功利性的价值追求才具有合理性。超出刑法范围对刑事政策的目的性与功利性的价值追求，都是破坏刑事法治，因而是不可取的"④。在刑法修正中，更不能由刑事政策越俎代庖，应当抵制不符合立法基本原则或与具体刑法规定相冲突的不适当的刑事政策，从而避免刑事政策在刑法修正中的非理性因素滋生。

（三）刑法修正中民意之适度考量

正因为刑法是一种具有强制执行力的公法内容，其涉及生活内容甚广，再加上民意"有助于国民将刑法由他律的外在的东西内化为自律的内在的东西，增加国民的法规范情感和刑法认同感"⑤，为了充分地尊重和重视民意，民意介入刑法修正成为必然。刑法修正中应考虑民意的因素，在充分考量民意的基础上，修正刑事法律，能够提升法律为民众的可接受度，也有利于促进修正法律自身的社会效果。立法的过程在很大程度上可以说是民意的参与过程。

纵观我国历次刑法修正，很多新罪的增设或者旧罪的修改都是在民众的呼声下做出的。如《刑法修正案（八）》新增的危险驾驶罪、拒不支付劳动报酬罪以及组织出卖人体器官罪等均为典型代表。《刑法修正案（九）》第37条关于扰乱法庭秩序罪行为的增设，最初设计为"有其他扰乱法庭秩序行为，情

---

① 黄伟明：《刑事政策与刑事立法关系的动态分析》，载《法学论坛》2003年第3期。
② 张永红：《刑法的刑事政策化论纲》，载《法律科学》2004年第6期。
③ ［美］E. 博登海默：《法理学——法律哲学与法律方法》，邓正来译，中国政法学出版社2004年版，第400页。
④ 陈兴良：《刑法的刑事政策化及其限度》，载《华东政法大学学报》2013年第4期。
⑤ 梁根林：《刑事政策：立场与规范》，法律出版社2005年版，第270页。

节严重的"，后改为"有毁坏法庭设施，抢夺、损毁诉讼文书、证据等扰乱法庭秩序行为，情节严重的"，最后才又删去了"其他"二字而成为现在的表述，其间一次次的明确、具体和限缩，① 体现了对民意的吸纳，同时也是罪刑法定原则的要求。

尽管在刑法修正案中越来越多地关注民意、吸纳民意，但民意积极的功能并没有得到充分发挥和利用。相反，民意可能产生的负作用致使其成为被反对的理由。因为，"民意往往是交织着理智与情感、意识与潜意识、理性与非理性、正义与非正义的矛盾统一体，具有相当的情绪性、不可捉摸性，甚至可能陷入歇斯底里和集体无意识的状态"②。民意具有一定的消极作用，在刑法修正的过程中，应当理性地吸纳民意，使其朝向理性的方向发展，妥善处理好民意与刑法修正之间的关系。刑法修正与民意之间不是对立的，而是紧密联系的，刑法修正过程中应该重视民意、尊重民意，甚至对某些民意反映强烈、各方面条件已经成熟的情况直接进行立法，毕竟，只有符合民意的法律才是公众信仰并自觉遵守的良法，现在的问题是，由于民意本身存在易变性、非理性等特性，在刑法修正中如何善待民意、吸收民意才是科学的，正确的。

现在的问题不是吸纳民意与否，而是在于刑法修正中吸纳民意的度的把握，以及如何避免吸纳民意过程中非理性因素的不利影响。具体应从以下几点着手：

第一，提高刑事立法者辨别民意的能力。刑法修正过程中，对于民意的吸纳起主要作用的应该是吸纳民意的主体，要想充分发挥民意在刑法修正中的作用，就必须首先提高刑事立法者这一主体辨别民意的能力。由于民意主体的广泛性、复杂性，决定了民意所反映的内容是纷繁复杂的，必须经过筛选、斟酌之后方能使用在法律之中。只有提高了刑事立法者的综合素质，包括辨别民意的能力，才能真正使民意发挥应有的作用。

第二，应适度理性吸纳民意。任何事情都应该有个度，刑法修正中对民意的吸纳一定要适度，否则过犹不及。民意具有双面性，一方面其本身具有一定的消极作用，而另一方面又在某种程度上决定刑法修正的合法性与有效性。因此，刑法修正过程中应当吸纳民意的因素，但是不能非理性的吸纳，应当加强对民意的引导。首先要相信民意是可以引导的，绝大多数的民众是较为理智的。在做好宣传解释和疏通引导工作，让公众了解真相之后，做好相关的解释

---

① 参见赵秉志、赵远：《修法特点与缺憾——〈刑法修正案（九）〉简评》，载《求索》2016年第1期。

② 梁根林：《公众认同、政治抉择与死刑控制》，载《法学研究》2004年第4期。

工作，这样的民意是可以朝着理性的方向发展的。早在 2006 年，我国有学者就死刑问题进行了一次较大规模的问卷调查，结果显示，在给出"死刑不会误判"与"死刑可能误判"的相应信息后，七类职业群体中对受贿罪适用死刑的支持人数从总体上讲均有一定甚至明显的下降。①

（四）刑法修正时空维度之构建

1. 从时间维度上看，刑法修正不能频繁、任意启动

法律必须具有稳定性，"一个完全不具稳定性的法律制度，只能是一系列仅为了对付一时性变故而制定的特定措施"②。法律一旦制定就不能朝令夕改，否则不利于维护法律本身的权威性。这在各国都是这样，有的国家甚至以立法的形式规定了修改法律的时限。如，1975 年 6 月 7 日《希腊共和国宪法》第110 条第 6 款规定："在上次修改完成后，未满 5 年，不得对宪法进行修改。"③1982 年《葡萄牙共和国宪法》第 286 条规定："自任一修宪法令公布之日起五年以后，共和国议会可修改宪法。"④

同样道理，刑法的修正也不应频繁启动。更重要的原因在于，刑法不同于其他部门法，"刑法在根本上与其说是一种特别的法律，还不如说是其他一切法律的制裁"⑤，再加上刑罚的制裁手段是非常严厉的，刑法必须具有谦抑性，刑法无论是在制定时还是在修改时都应该保持谨慎的态度。原本对刑法典进行修正是无可厚非的事情，刑法修正应该是刑法完善的必经之路。但若频繁地修正刑法，一方面让人不得不怀疑刑法本身的合理性，另一方面也说明刑事立法过程缺乏理性的思考和缜密地论证，进而由刑法修正的形式非理性凸显其实质的非理性层面。

2. 从空间维度上看，修正的条文形式及修正的主体权限有待完善

（1）刑法修正条文应当明确，不能模糊。我国刑法是成文法，立法者通过法律条文的形式表达立法思想，并为大家所遵守。这就要求所制定的法律包括修改的法律必须明确地体现其思想，司法审判人员能够正确地适用法律，公众能准确地理解法律并能很好地运用法律保障自己的权利。针对当前历次刑法修正中所存在的用语模糊不清的情况，必须力求刑法修正条文的明确性：

第一，犯罪构成要明确化。犯罪构成是通过罪状在条文中得到表述的，而

---

① 参见钊作俊：《受贿罪死刑适用社会效果调查研究》，载《政治与法律》2006 年第 4 期。

② ［美］E. 博登海默：《法理学——法律哲学与法律方法》，邓正来译，中国政法大学出版社2004 年版，第 325～326 页。

③ 姜士林、鲁仁等主编：《世界宪法全书》，青岛出版社 1997 年版，第 1232 页。

④ 姜士林、鲁仁等主编：《世界宪法全书》，青岛出版社 1997 年版，第 1099 页。

⑤ ［法］让·雅克·卢梭：《社会契约论》，徐强译，江西教育出版社 2014 年版，第 73 页。

罪状表现的形式是多样的。要使犯罪构成更加明确，符合罪刑法定原则的要求，应当更多地使用叙明罪状，减少对简单罪状的使用；同时要让犯罪构成的相关概念、术语更加明确化，尽量不要使用模糊不清的用语，类似于"情节严重""其他"等词语要谨慎使用。在表述犯罪构成要素时，尽量少地使用规范构成要件要素，应尽可能使用记述的构成要件要素，因为规范构成要件要素需要法官作出价值判断之后再作出判决，这样会导致判决结果的多样化。

第二，刑罚裁量情节应更为明确。刑法修正过程中，应当将一些一直作为酌定量刑情节在司法实践中适用并且已经定型化的情节纳入刑法作为法定情节，而减少酌定情节在司法实践中的适用。一是酌定量刑情节具有不明确性，容易导致裁量的不公正；二是这种酌定量刑情节自由裁量权范围过大，容易导致法官权力滥用。当然基于每个案件都具有特殊性，某些情节也无法定型化，因而无须将所有可能的酌定情节法定化，这样也不利于罪责刑相适应原则的实现。

（2）刑法修正案的修正权限应回归全国人大。刑法修正本身不仅仅是实体内容的修正问题，同时关涉到程序问题。"正义不仅应当得到实现，而且应当以看得见的方式实现"[1]，法律程序是否公正，在很大意义上决定了法治能否实现这一根本问题。隶属法律程序一部分的立法程序也具有其自身的价值，它"为立法活动提供了秩序的价值导向，为立法活动运作的有序化、定向化和规范化创造了有利条件"[2]。刑法修正程序是否正当，事关刑事立法活动的有序开展，事关修正内容适用的效果以及公民对立法内容的认同感，这是刑法典及其修正案的合法性和有效性的程序保障。刑法修正案的修正权限必须审慎对待，应回归全国人大。如果认可全国人大常委会可以制定刑法修正案，全国人大的制刑权就可能被架空。我国目前 10 个刑法修正案的出台就足以说明这一问题。[3]

（五）刑法修正的系统性和协调性之保持

刑法修正属于刑事立法的范畴，刑法的修正不能缺少科学性，而系统性和协调性是刑法修正科学性的具体体现。刑法修正必须保持刑法修正的系统性和协调性。

---

① 陈瑞华：《看得见的正义》，法律出版社 1999 年版，第 49 页。

② 刘武俊：《现代立法程序的价值体系》，载《东南学术》2001 年第 1 期。

③ 参见姜涛：《谁之修正——对我国刑法修正案制定权的反思与重构》，载《中国刑事法杂志》2011 年第 5 期。需要说明的是，该文中提到的是 8 个刑法修正案，引者根据刑法修正案现状修改为了10 个，希望并没误会作者本意。

刑事立法是一项复杂的社会系统工程，运用系统的方法有利于保障刑事修正内容的科学性和规范性。如果不引入系统的观念，很难使刑法的修正内容适应社会的需要。在刑法具体修正过程中，刑法修正案的系统性要着眼于刑事立法的整体工程，而不能仅仅局限于刑法修正案本身。一个具有良好结构的系统，其整体功能要远远大于系统各孤立部分的功能之和，因而必须在刑法修正中贯穿整体性的系统思想，建立良好的刑法修正机制与科学的刑法修正程序，制定出促进社会文明进步的良性的刑事法律规范。刑法修正案的系统性具体表现为：其一，刑法修正案内部的系统性。主要是指刑法修正案规范内部逻辑结构的系统性，即刑法修正案具体条文的假定、处理和制裁各组成部分搭配和排列合理有序以及刑法修正规范的各条款之间的结构形式合理性。其二，刑法修正案外部的系统性。主要是指刑法修正案与刑法典之间、刑法修正条文与刑法总则、分则、附则之间的结构形式合理性。

刑法的协调性是刑法系统性内涵的一次延伸，其基本含义就是要求刑事立法活动所创制的刑事法规体系上内在逻辑严密一致，内容上统一和谐，罪刑关系上协调一致，而不存在矛盾、冲突甚至相互否定的现象。[①] 此处的协调性主要是指刑法修正自身的协调性，包括刑法修正案与修正案的协调以及刑法修正案与刑法典之间的协调。

第一，刑法修正案与修正案的协调就是指历次刑法修正条文之间的协调性。法律的每个条款必须在准确而富有远见地洞察到它对所有其他条款的效果的情况下制定，凡制定的法律必须能和以前存在的法律构成首尾一贯的整体。[②] 在我国 10 次刑法修正案中，修正案之间的协调性问题主要是针对同一个条文的多次修正问题，有的修正条文还是对前一修正案的修正条文的修正。如我国刑法修正案对《刑法》第 164 条进行了几次修改，分别是《刑法修正案（六）》第 8 条将刑法原条文增加了"其他单位的工作人员"这一犯罪主体；《刑法修正案（八）》第 29 条增加了一款作为第 164 条第 2 款，规定了对外国公职人员、国际公共组织官员行贿罪。修正案条文之间的协调性不仅表现为内容上的不相冲突、形式上的语言表述不矛盾，同时还应该保持每一条文修正案的稳定性、预测性，而不能修正得过于密集。

第二，要保持刑法修正的协调性就应保持刑法修正案与刑法典之间的协调性。我国学者从刑法一般修正的协调性原则角度论述了刑法修正与刑法典总则的协调，与分则性条款中的相似、相近规定相协调，同一规范的不同内容之间

[①] 参见黄明儒：《论刑事立法的科学性》，载《中南大学学报（社会科学版）》2003 年第 1 期。

[②] 参见［美］汉密尔顿：《联邦党人文集》，程逢如等译，商务印书馆 1980 年版，第 437 页。

相协调等。① 这种协调主要取决于刑法修正案与刑法典关系的界定。刑法修正案不是对任何条款的盲目修正，而是对刑法典条款的修正。换言之，刑法修正案是刑事立法的结果，从内容上替代了被修正的刑法典内容。这也直接决定了法官在援引法条进行判决时，援引的是修正后的刑法文本，而不是刑法修正案。在这一意义上，协调两者就显得较为简单了。刑法修正案与刑法典之间的协调其实质就是刑法规范自身内容的协调，使刑法修正的内容与已有的刑法规范包括刑法总则、分则以及附则的内容相一致，避免与刑法的基本原则相冲突。而要做到刑法规范自身内容的协调，就必须保持整个刑法体系的罪刑之间、刑刑之间的协调一致。罪责刑相适应原则必然要求在刑法修正过程中要保持罪刑关系以及刑刑关系之间的协调一致，犹如贝卡利亚所设计的罪刑阶梯："有了这种精确的、普遍的犯罪与刑罚的阶梯，我们就有了一把衡量自由和保证程度的潜在的共同标尺，它显示着各个国家的人道程度和败坏程度。然而，对于明智的立法者来说，只要标出这一尺度的基本点，不打乱其次序，不使最高一级的犯罪受到最低一级的刑罚，就足够了。"② 基于此，要保持刑法修正案与刑法典之间的协调，就必须在刑法修正中根据犯罪行为的不同危害性而对其规定不同的法定刑，追究不同的刑事责任，避免作出重罪轻刑或轻罪重刑等不协调的修正内容。

第二节 刑法总则修改的理性分析

自 1997 年刑法以来，我国的单行刑法以及前七个与第十个刑法修正案都只限于补充、修改刑法分则规范，并没有涉及刑法总则规范的修改补充。刑法总则的修改开启于《刑法修正案（八）》的颁布，《刑法修正案（九）》也延续了"总则＋分则"这一修改方式。虽然我国刑法总则已经经过两次刑法修正案的修改，但并不意味着刑法总则的修改就此止步。对于刑法总则规范应否修改、如何修改以及已经修改的内容是否理性等，仍值得探讨。因此，刑法总则修改的理性化、系统化分析成为必要。前文已经探讨过关于刑法总则修改形式的刑法修正案之理性分析，这里仅对刑法总则修改进行实质层面的理性分析。

---

① 参见王政勋：《刑法修正论》，陕西人民出版社 2001 年版，第 80～83 页。
② ［意］贝卡利亚：《论犯罪与刑罚》，黄风译，中国法制出版社 2005 年版，第 66 页。

一、刑法总则修改的基本问题

(一) 刑法总则修改的必要性

《刑法修正案（八）》的出台，引起了法学理论界和实务界对刑法总则修改是否必要以及如何修改问题的探讨。刑法总则规范如何修改是建立在是否有必要修改问题探讨的基础上的，因而刑法总则修改必要性问题的研讨，对于今后我国进一步修改刑法总则具有明辨事理、匡正方向的指导性意义。具体而言，刑法总则修改的必要性具体包括以下几个方面：

1. 刑法全面修订立法储备的必需

刑法的修改包括全面修改和部分修改，为了保证法律的稳定性与权威性，一般采用部分修改的方式修改刑法。"一般而言，除非是一个国家公认的基本观念、基本制度与根本价值发生改变，而这些根本价值又不能通过旧有的刑法得到充分的保护，才必须动用全面修改的方式来修改刑法。"[1] 因而，刑法不能盲目全面修订。当然，并不是说刑法只能部分修订而不能进行全面修订，相反，当频繁不断地对旧刑法予以修订，导致刑法典的体系性、系统性遭到破坏时，全面修订刑法便成为必需。我国1979年刑法颁布之后，由于改革开放的影响，社会经济体制、价值观念等发生巨大变化，导致刑法规范与社会发展不相适应，刑法典的全面修改成为急需。1997年刑法典的修改便是对旧刑法的全面修改。而在1997年全面修订之前，做了一系列的立法修订的储备工作。一是采用单行刑法形式对刑法内容做了23次的部分修改；二是在非刑事法律中增加一些罪刑规范，从而达到刑法事实上的修改；三是从1979年到1997年历经18年准备时间，多次就全面修改刑法形成讨论、商议草案。因此，刑法的全面修改工作是较为慎重的，由于它是以新的刑法典取代旧的刑法典，且工程较为宏大，需要一定量的理论储备和立法准备。

目前，刑法修正案作为1999年之后我国刑法修改的唯一方式，在刑法修改道路上起到了积极的作用，也为刑法的全面修订奠定了基础。但是这样的一种修正存在很大的局限：一是伴随着10个刑法修正案的颁布，修正的条文也越来越多，而如此繁多的修正条文的出现，大大影响了刑法典自身的系统性；二是虽然开始涉及刑法总则内容的修改，但却对刑法总则部分难以突破，因为它无法涉及刑法基本原则和基本思想、犯罪构成体系以及刑罚总体结构等内容；三是毕竟是部分修改，只是"小修小补"，根本无法承担起大面积的刑法

---

[1] 黄明儒：《论刑法的修改形式》，载《法学论坛》2011年第3期。

修订任务。这样的修正并不能一直走下去，等待时机成熟时，刑法全面修订是必然的。

值得肯定的是，从刑法分则的修正延伸到刑法总则的修改，不仅仅是修法技术走向成熟的表现，而且是推动刑法全面修订的迫切需求。如前所述，多次的刑法修正为全面修改提供了前提和基础，最终可能导致刑法的全面修改。刑法全面修订是部分刑法修正的最终后果与经验总结。可以说，为了刑法全面修订的实现，刑法总则的修改成为必要。

2. 刑法修改体系性的需要

刑法修改的体系性，是指立法者在修订刑法过程中，不能仅仅从条文自身入手，而应当充分考虑条文与条文之间的关系，将单一条文放置在刑法典的整体中加以考量。[①] 某一个刑法条文的修订，并不仅是这单个条文的修改，任何一个被修订的条文都与刑法典中其他条文之间存在着必要联系，因而关涉到此条文与其他条文之间的协调关系。但《刑法修正案（一）》到《刑法修正案（七）》的修正只涉及刑法分则的内容，没有相应地修改刑法总则，似乎忘却了刑法分则的罪名规定应当与总则相呼应，不仅不能违背总则所确立的普适性规则，而且应该增加相应的总则规定做指导。梁启超先生曾说过："善立法者，与纲目之间，最所注意焉，先求得其共通之大原理，立以为总则。……故纲举而目自从。纲不举，则虽铲目如牛毛，犹之无益也。"[②] 刑法修改不仅要修改刑法分则，刑法总则也应适时修改，以体现刑法总则的纲领性作用，展现刑法典自有的逻辑体系性。应在刑法分则修改的基础上，"求得其大通之大原理"，"纲举"尤其重要，否则"无益"。因此，若只修正刑法分则，而不相应地修正刑法总则，则无法使人们对法条内容有一个概括性统一性的认识，刑法典的体系性也就会被淡化和削弱。

刑法总则这一概念是与刑法分则相对应的，从词意来看，"总则"概念本身就意味着其在价值上和逻辑上相对于"分则"的优位和超越。刑法总则，即刑法典中专门设定的对整部法典具有统领性和全局性意义的基本制度和基本原则的法典组成部分。基于刑法总则在刑法理论体系中的地位，决定了修改刑法总则规范，才能改变刑法的基调色彩。只有站在整部刑法的高度，在统揽总则与分则不足的情况下，对于《刑法》的基本制度与分则的犯罪圈及其刑罚，

---

① 参见李翔：《论刑法修订的体系化》，载《学术月刊》2016年第2期。
② 梁启超：《梁启超法学文集》，中国政法大学出版社2000年版，第180页。

进行从宏观到微观、从总体到具体的修改，才能使得刑法修改更具体系性。①

3. 刑法修改稳定性的需要

刑法的修改作为一项刑事立法活动，应该具有相对的稳定性，这是由刑法本身应具有的稳定性决定的，因为"一个完全不具稳定性的法律制度，只能是一系列仅为了对付一时性变故而制定的特定措施"②。"如果刑法总是处于不断变化的非稳定状态，则会使国民难以了解刑法的真正内涵，进而对刑法存在的必要产生怀疑，刑法的规制机能也很难实现。"③ 即刑法规范被制定出来之后，如果频繁变动，其内容就很难为人知晓，也很难为国民的生活提供有效的规范指引。当然，这里的稳定性只是一种相对的稳定，社会是不断发展变化的，不能借口刑法的稳定性而拒绝改变或者修正所有的既成刑法条文，刑法修改应保持稳定性与灵活性的统一，否则刑法条文就无法应对新形势新情况。当然修正后的刑法条文也必须具有相对的稳定性，否则就会出现修改的频繁性和随意性，违背了刑法修改必须遵循慎重性的原则。

刑法修改的稳定性是修改形式稳定和修改内容稳定的统一。从形式上看，主要是指刑法修改的次数不要过于频繁；从内容上看，是指刑法内容一旦修改，可以反复频繁使用，反映共性和类型化。刑法修改形式的稳定和内容的稳定是相互支撑的，形式的稳定是对内容稳定的反映，内容的稳定会促使形式的稳定。然而，要保持刑法修改的稳定性，仅仅修改刑法分则是不行的，刑法修改的相对稳定主要依赖于刑法总则的修改。刑法分则修改是对个罪的罪名、法定刑等内容的修改，这样的修改是具体的、个性的。只有把刑法分则中具体个性的内容抽象成刑法总则中的共性内容，才能保证该内容的普遍、稳定适用。刑法总则的修改是刑法修改稳定性的需要。

4. 刑法修改协调性的要求

刑法典修改理应包括刑法总则的修改和刑法分则的修改。在修订刑法时，应当考虑刑法总则条款与刑法分则条款之间的相互协调。如果仅仅修改刑法分则，而不修改刑法总则，难免会导致刑法修改过程中不协调性的表征。这种不协调性表现方式是多种多样的，具体包括：一是刑法条文之间的矛盾和冲突。这是刑法修改不协调性最直接的表现，比较常见，呈显性特征，也较好理解。二是刑法条文的重复。三是刑法修改条文归属界限的模糊。后面这两种表现方

① 参见刘艳红：《〈刑法修正案（八）〉的三大特点——与前七部刑法修正案相比较》，载《法学论坛》2011 年第 3 期。

② ［美］E. 博登海默：《法理学——法律哲学与法律方法》，邓正来译，中国政法大学出版社 2004 年版，第 325～326 页。

③ 黄明儒：《论刑法的修改及其原则》，载《山东警察学院学报》2009 年第 5 期。

式呈隐性特征，下面主要就这两种不协调性作阐释。

基于刑法总则在刑法体系中的地位，决定了刑法总则的修改是对基本原理、基本原则、基本制度的宏观内容的修改。在修改刑法分则的同时，如果刑法总则不修改，刑法修订者要想达到既全面又不重复的目的，只有两种途径：第一，在刑法分则中独立设置相关参引技术，对于同类问题可以参照某一条款同样适用。而这样一种参引技术带来的问题则是使刑法分则的篇幅过大，使刑法分则充斥着众多的参与技术条款规定。第二，根据罪刑法定原则，在刑法分则中将具体的细目详尽规定，这样也会导致刑法分则的篇幅烦琐而冗长。这样的后果是法条必将烦琐而有失简明扼要。可见，只修改刑法分则不修改刑法总则的弊端是显而易见的。为了避免刑法条文的重复这一不协调性产生，刑法总则的修改成为必要。

刑法修改内容究竟属于刑法总则的修改还是属于刑法分则的修改，有时候界限是模糊的，这也是刑法修改不协调性的表现之一。而这一不协调性产生的主要原因在于，虽然修正的内容处于刑法分则的位置，但却同时关涉刑法总则的修改，可却并未在刑法总则中予以修正。比如，《刑法修正案（九）》中有关"终身监禁"内容的增设，从修正刑法条文位置来看，它是对刑法第383条的修正，理应属于刑法分则修改的内容。但如果进一步做逻辑检讨，"终身监禁"也可能关涉刑法总则的修改。立法机关将"终身监禁"界定为针对重特大贪污、受贿犯罪被判死缓减无期之后适用的一种刑罚执行措施，其实质是对特定犯罪死缓法律后果的创设性修订。而有关死缓的四种法律后果在《刑法》总则第50条有明确规定，或减为无期徒刑，或减为25年有期徒刑，或执行死刑，或限制减刑，并不包括减为无期徒刑后终身监禁、不得减刑、不得假释这一法律后果。而刑法分则的内容应该是以刑法总则的内容为指导的，所以，与其说终身监禁是对刑法分则的修改，不如说终身监禁是对刑法总则有关刑罚执行措施的颠覆。当其在刑法总则中没有加以明确规定时，出现在刑法分则之中尤为突兀。① 为了保持刑法修改的协调性，刑法总则作出相应的修改就成为必要。

（二）刑法总则修改的微观质疑

需要说明的是，此处刑法总则修改中的非理性因素即存在问题的分析，是在前文对刑法总则修改现状问题分析基础上的微观延伸。

---

① 参见魏东：《刑法总则的修改与检讨——以〈刑法修正案（九）〉为重点》，载《华东政法大学学报》2016年第2期。

1. 全国人大常委会对刑法总则的修改权限存在质疑

目前，我国刑法修正权力主要由全国人大常委会行使。前七个刑法修正案仅仅修改刑法分则，主要集中在增加罪名、修改罪状或者扩大刑法的犯罪圈等方面，由全国人大常委会进行修正的权限并没有遭到质疑。而第八次刑法修正开始涉及刑法总则的修改，而刑法总则是关于犯罪与刑罚的一般性原理和原则的规定，那么就不得不进一步思考，全国人大常委会究竟有没有权限修改刑法总则？如果可以修改刑法总则，全国人大常委会的修改权限有哪些？

根据我国《宪法》第 67 条第二、三项与《立法法》有关条文的规定，全国人民代表大会常务委员会可以制定和修改除应当由全国人民代表大会制定的法律以外的其他法律；在全国人民代表大会闭会期间，对全国人民代表大会制定的法律进行部分补充和修改，但是不得同该法律的基本原则相抵触。就刑法而言，"该法律的基本原则"是指刑法中具有全局性、根本性、支柱性的规定。全国人大常委会拥有修改刑法的权限，但是在修改刑法时，不能与刑法的基本原则相抵触，而且只能修改刑法总则中那些非基本性、非原则性的规定，不能修改刑法总则中那些具有全局性、根本性、原则性的规定。① 因此，在刑法总则修改时，一定要正确限定全国人大常委会的立法权限，应充分体现刑法总则修改的慎重。

2. 刑法总则修改滞后，导致刑法分则与刑法总则协调不够

刑法总则与刑法分则统一于刑法典之中，刑法修改时必须保持刑法总则修改与刑法分则修改的关系协调以及总分则条文之间的协调，这是立法协调性的要求。从目前刑法修正案的修正内容来看，刑法分则的修改是刑法修改的主要表现形式和内容。刑法总则与分则指导与被指导的关系，决定了分则的任何规定不能与刑法总则的规定相违背。刑法分则的修改应严格遵循刑法总则的规定，这样不仅体现宪法所要求的民主精神，还体现刑法所要求的法治精神。如果刑法分则的修改不受刑法总则的约束，那么刑法分则修改的合法性是值得质疑的，对刑法分则修改的评价也就失去了标尺。然而，从 1999 年第一个刑法修正案只修改刑法分则，到 2011 年《刑法修正案（八）》开始涉及刑法总则领域的修改，时间间隔 12 年，刑法总则的修改严重滞后于刑法分则的修改，导致刑法分则修改没有严格遵循刑法总则的规定，出现不协调现象。② 这种不

---

① 参见吴情树：《刑法修正的权限之辨》，载《法制日报》2012 年 2 月 29 日第 10 版。

② 需要说明的是，提及刑法总则的修改滞后于刑法分则的修改，并不是说主张将刑法总则与刑法分则从始至终一并全面修改，因为"如果总则、分则一起进行全面修改，势必影响整个刑法的发展进程"（参见张旭：《社会演进与刑法修改——以德国为视角的研究》，载《法制与社会发展》2003 年第 2 期）。

协调不仅表现为刑法总分则条文的不协调，也表现为刑法总分则内容上的冲突和矛盾。

3. 刑法总则修改的涉及面还较窄，主要集中于刑罚制度方面

纵观《刑法修正案（八）》和《刑法修正案（九）》对刑法总则的修改，内容主要集中于刑罚制度的修改。《刑法修正案（八）》有史以来修正的内容最多，涉及了 50 个条款，包括 19 条刑法总则方面的条款和 43 种刑法分则的具体犯罪。19 个刑法总则条文的修改主要涉及刑罚结构的重大调整，包括对老年人犯罪、未成年人犯罪从宽处罚的规定，对死刑、死缓制度的规定，对管制刑的规定，对累犯的规定，对缓刑、减刑、假释的规定，对数罪并罚期限的规定，对社区矫正制度的规定等等，这些基本上都属于对刑罚制度的调整。当然，《刑法修正案（八）》中有个别条款也不是纯粹意义上的刑罚制度的修改，比如关于"犯罪的时候不满十八周岁被判处五年有期徒刑以下刑罚的人，免除前款规定的报告义务"。《刑法修正案（九）》主要增加了职业禁止的规定、完善死刑缓期执行制度、对罚金刑的执行予以完善以及修改了数罪并罚制度。这些修改均是对刑罚制度的修改，而未涉及犯罪构成体系、刑法基本原理等内容的修改，"这既反映了我国刑法立法在刑罚结构的立法上还存在很大的缺陷，同时也反映了刑罚在刑法立法中其相应的地位没有得到应有的贯彻和落实"[1]。尽管如此，是不是说犯罪构成问题在刑法立法中就不需要修改，就不存在任何问题呢？显然不是。如，犯罪构成标准是否要修正，刑事责任年龄阶段确立的是否妥当，单位犯罪如何处罚等都是亟须完善的。目前刑法修正案对刑法总则内容的修正涉及面是比较狭窄的。

（三）刑法总则修改的宏观走向

1. 沟通理性：当代刑法总则修改的思想进路

刑法总则修改理性的选择直接决定了刑法总则修改的价值和观念层面。在刑事立法的道路选择上，存在着经验理性主义与建构理性主义两种模式的对立。经验理性主义以遵循先例原则为特色，而建构理性主义则注重成文法的创制。[2] 经验理性主义注重归纳逻辑，尊重历史经验，强调社会发展的客观演进，突出协调社会之工具理性；而建构理性主义则注重演绎逻辑，轻视历史经验，强调对社会发展的观念建构，突出社会追求的价值理性。[3] 事实上，单纯

---

[1]　李永升：《〈刑法修正案（八）〉内容解析》，载《刑法论丛》2011 年第 2 卷，第 61 页。

[2]　参见赵秉志：《刑法总则问题专论》，法律出版社 2002 年版，第 131 页。

[3]　参见谢晖：《价值重建与规范选择——中国法制现代化沉思》，山东人民出版社 1998 年版，第 245 页。

以这两种理性为指导的立法，均存在弊端，经验主义理性一味地强调经验在立法中的作用，无视人在立法活动中的主观能动性；而建构理性主义强调法是人类理性的产物，却忽视经验对立法的指导。选择经验理性主义还是建构理性主义，在立法上的结构是完全不同的，而两者并不是水火不容、完全对立的。于是哈贝马斯提出的"沟通理性"，使这两种理性主义很好地融合在一起，因为"人类切不断历史，也离不开逻辑。对前者的尊重，构成给经验主义的历史态度，对后者的探索，构成先验主义的理想追求。前者是长度，累计人类历史之渊源，后者是宽幅，测量人类自由意志之极限，前者是纵向的积累，后者是横向的扩展。没有前者，即没有时间，没有后者，则失落空间"①。沟通理性，作为一种理论假设，蕴含着人类真诚沟通的本质，其实就是关于如何获得共识的规范性学说。

刑法总则的修改作为一项立法活动，它是对客观事物内在规律的表述和反映，沟通理性运用其中，有助于刑法修改正确理念的诞生，为实现刑法总则修改的理性化奠定思想基础。在刑法总则修改中所尊崇的民权刑法理念就是沟通理性的最直接的体现。同时，在严格建立沟通理性的基础上，确立普遍的刑法总则规范的修改，从而达到刑法总则与刑法分则的相互协调以及刑法总则与其他法律规范的和谐。意即刑法总则的修改一定要把握好刑法参与社会调整的广度、深度及方式方法，不能将所有的行为和社会关系都纳入刑法调整的范围，一味地犯罪化未必能带来预期的社会效果。非犯罪化已经成为世界各国刑法修改的趋势，而刑法总则的修改作为基本原则制度内容的修改，更应该鉴于沟通理性，缩减刑法干预范围，实现各部门法之间的理性和谐。

2. 刑法理念：刑法总则修改的指导方向

刑法分为三个层次的问题：第一个层次是刑法条文，即刑法法条；第二个层次是刑法的一般原理，或者叫刑法法理；第三个层次，也是最高层次，就是刑法理念。②"从逻辑层次上观之，刑法理念在整个刑法文化结构中居于深层的地位，它不一定与刑事立法和刑事司法保持一致，却控制和影响居于表层的刑法原则、规则和刑法操作系统的状态与功效。"③ 刑法理念作为一种观念和意识，是贯穿并统摄刑事立法、刑法解释和刑事司法等多个环节的指导性观念，是刑法内在的价值诉求。刑法总则修改属于刑事立法活动之一，"刑事立

---

① 朱学勤：《道德理想国的覆灭》，上海三联书店 1994 年版，第 273 页。

② 参见中国人民大学刑事法律科学研究中心编：《明德刑法学名家讲演录》，北京大学出版社 2009 年版，第 1～2 页。

③ 刘宪权、吴允锋：《改革开放的深入与刑法新理念的建立》，载《上海市社会科学界第六届学术年会文集（2008 年度）》（年度主题卷）。

法是将刑法理念与将来可能发生的事实相对应，形成刑法规范。所以，刑法理念构成成文刑法赖以创建的实质渊源之一"①。刑法总则的修改也必须以刑法理念为指导，修改结果应当符合刑法理念。刑法总则修改的理念是正确修改刑法总则的基础，没有修改刑法总则的理念，就不可能使修改刑法总则的活动成为完善刑法的途径。另外，频繁地修改刑法分则，而刑法总则的内容不作修正，结果就有可能导致刑法分则与刑法总则出现众多的不协调、矛盾或者非理性因素。刑法总则应该坚持一定的刑法理念，对刑法分则的修正做出相应的回应。质言之，修改刑法总则的理念，就是修改刑法时应具有的符合法治国家要求的基本价值观念。②

首先，刑法总则的修改应该坚持罪刑法定理念。罪刑法定理念是对罪刑法定这一刑法基本原则的进一步升华，是对法治原则最直接的体现，"能否真正超越技术层面和制度层面实现罪刑法定原则向罪刑法定理念的升华和转变仍需我们在刑事立法、刑法解释和刑事司法等多方面加以努力"③。刑法总则修改要遵循罪刑法定理念，意味着其修改的内容不能与刑法的基本原则相抵触，更不能使刑法分则的修改内容与刑法总则的内容相矛盾、相对抗。刑法总则是刑法典原则性规定的集成，奠定了刑法的基调，也直接作用于分则条文的适用。在修订的过程中，应当注意保证刑法总则条文与分则条文相互照应，一方面在修订总则的过程中应当考虑原有分则条文的规定，如确需对总则进行修改，则相应分则条文也应当做出调整。另一方面，在对分则内容进行修订时，亦应当尽量避免分则与总则规定相矛盾。

其次，刑法总则的修改要追求必要性、超前性理念。刑法总则修改的必要性、超前性是修改刑法总则的理念导向。刑法总则的修改既然属于一项立法活动，那就应当先期进行必要性论证，立法的必要性包括但不限于事物的稳定性、客观规律性及人为可规制性、理论研究上的可储备性、舆论导向上的一致性等。④ 从立法技术上来说，要求立法者应当在立法前对中国现阶段国情背景进行充分考量，对拟纳入刑法规制的行为进行多方面论证，全方位考虑修订是否具有必要性，避免头痛医头、脚痛医脚的现象式修法。刑法总则修改的必要性，就是要求立法要理性，避免冲动立法，避免法条虚置。立法者在修改刑法

---

① 张明楷：《刑法理念与刑法解释》，载《法学杂志》2004 年第 4 期。

② 参见冯军：《刑法再修改的理念与规则——以现今的议论为根据》，载《河北大学学报（哲学社会科学版）》2007 年第 6 期。

③ 闻志强：《中国刑法理念的前沿审视》，载《中国刑事法杂志》2015 年第 2 期。

④ 参见于兆波：《立法必要性可行性的理论基础与我国立法完善》，载《法学杂志》2014 年第 11 期。

总则时，既要顾及刑法分则中有关犯罪、刑罚的已有规定，又要充分考虑未来犯罪、刑罚变化发展的趋向，从而在把握一定规律的基础上合理修改刑法总则，使之在必要性基础上保持超前性。超前立法有利于维护刑法的稳定性，而法律的稳定性是法律的生命之源。①

最后，刑法总则的修改应以宽严相济刑事政策为主导发展民权刑法理念。刑事立法方面，无论是 1979 年刑法，还是 1997 年刑法，甚至到《刑法修正案（七）》，重刑主义一直贯穿其中；刑事司法方面，从惩办与宽大相结合的刑事政策到"严打"刑事政策，过分强调"从严从重从快"，侵犯人权的现象时有发生。《刑法修正案（八）》出台后，宽严相济的刑事政策下民权刑法理念得到充分体现，刑法机能也由社会保护转向了人权保障。未来刑法总则的修改应该继续贯彻宽严相济刑事政策下的民权刑法理念，由权力刑法思维彻底地转变为权利刑法思维。刑法是保护国民的基本权利和自由的法律，应在限制国家刑罚权的基础上最大限度地保障公民的自由。在刑法总则修改的过程中，大力倡导以宽严相济刑事政策为主导下的民权刑法理念，不仅仅是刑事政策问题，而且是刑法的基本立场问题。

3. 犯罪与刑罚并重：刑法总则修改的范围走向

刑法的结构，"形式上指刑法总则和分则的组合；实质上指罪与刑的组合，即犯罪圈与刑罚量的配置"，② 刑法总则也应是关于犯罪圈与刑罚量的配置的总的规定，其修改的基本内容应当包括刑法基本原则和制度、犯罪论与刑罚论部分。然而，《刑法修正案（八）》与《刑法修正案（九）》有关总则的修改，仅仅是对刑罚制度的基本修正，而未涉及刑法基本原则和制度以及犯罪论部分的内容。这一修正为刑罚的基本制度以及"轻刑化""重刑化"争论提供基本的走向。从着眼于刑法分则的刑事法网的扩张与构成要件的完善到关注刑罚结构的完善与刑罚效益的发挥，这一修正转向具有标志性意义。但问题是，在进一步修改刑法总则时，是否应该将刑法总则修改的内容扩展到犯罪论部分？刑法总则中的犯罪论部分有关犯罪构成要件的规定是将各个具体犯罪构成要件从具体样态中抽离出来，再将这些抽象出来的共同因素加以规范化，从而形成刑法总则的共同性规定。从这个角度看，刑法分则是在刑法总则犯罪构成要件规定基础上去规范化的过程。为了使刑法构成要件更加具有普适性，修改刑法总则中的犯罪论部分就成为必须。

未来刑法总则的修改不应仅仅停留在刑罚制度层面，而应适当扩展至犯罪

---

① 参见李希慧主编：《刑法修改研究》，武汉大学出版社 2011 年版，第 12 页。
② 储槐植、宗建文：《刑法机制》，法律出版社 2004 年版，第 4 页。

论部分。刑法总则对犯罪论部分的修改为犯罪化与非犯罪化提供理论上的标准和依据。

4. 规范技术：刑法总则修改的技术要求

规范技术在这里具体是指刑法总则规范修改的技术要求，其实就是一种立法技术。"立法技术是关于法律的内部结构和外部结构的形式、法律的文本、法律的系统化的方法等方面的规则"①。刑事立法技术是立法技术在刑事立法中的具体应用，是在立法研究中所产生的一种经验总结，它对刑事立法及其完善起着不可忽视的作用。刑法总则的修改必须依赖于立法技术，这直接决定了刑法总则规范在社会生活中的运用效果。刑事立法技术在我国古代就有具体的体现和发挥，如"唐律总则规范中所规定的五刑加减、身份等级、援引指示词的运用规则，都为唐律分则规范省略设定了结构上的大前提；分则规范中的详备规范又为省略刑罚提供了结构上的小前提。据此小前提，唐律分则规范的法定刑得以省略，同时又达到了律文简约、律意明确的效果"②。为使刑法总则修改内容科学、合理，保证修改质量，就不能只追求刑法修改的速度，更应该注重刑法修改规范技术的运用。

刑法总则修改的立法技术，首先应该解决的是刑法总则修改权限的问题，即全国人大常委会采用刑法修正案等形式修改刑法总则内容的合法权限问题。刑法总则与刑法分则不同，其规定的是刑法的基本原则和基本制度，"原则上应当反对由全国人民代表大会常务委员会来决定，而改由全国人民代表大会依照更加严格的修法程序予以修订颁行"③。因此，在未来的刑法总则修改上应该将涉及刑法基本原则、制度的重大事项归为全国人大修改，而不能一味地将权力下放给全国人大常委会。进一步来说，刑法总则修改的立法技术具体应该包括刑法总则的体例结构、格式结构以及条文结构。④

第一，刑法总则的体例。我国现行刑法总则总体上沿用了1979年刑法的模式，基本上是可行的。刑法总则共有五章，分别规定了刑法的任务、基本原则和适用范围，犯罪，刑罚，刑罚的具体运用以及其他规定。在未来修改刑法总则时，个别章节层次体例还有进一步完善的空间。其中，第二章"犯罪"之下内容体例设计，应厘清其中的逻辑关系，理顺犯罪、刑事责任之间的关系，将"刑事责任""正当防卫""紧急避险"放置在合适的位置，使刑法总

---

① 李希慧主编：《中国刑事立法研究》，人民日报出版社2005年版，第200页。
② 张生：《"唐律五百条"：规范技术、法律体系与治平理念的融贯统一》，载《中国社会科学院研究生院学报》2016年第2期。
③ 魏东：《刑法修正案观察与检讨》，载《法治研究》2013年第2期。
④ 参见李希慧主编：《中国刑事立法研究》，人民日报出版社2005年版，第205页。

则的体例更加科学合理。

第二，刑法总则的格式结构。法律格式主要是指法律的布局，它表明法律的结构和框架。①关于刑法总则的格式结构技术主要关涉两个方面的问题：一是在具体的章之前应否设置详细的标题；二是刑法总则规范的层次问题。对于第一个问题，我们认为，在各章正文之前可以设置相应的标题，以便人们在宏观上对刑法总则内容具体各章的把握。对于第二个问题，刑法条文依次分为款、项、目，然而我国刑法总则条文中却尚无目的划分。每个刑法条文都应当有相对独立的内容，一个条文只能规定一项内容，同一项内容只能规定在同一个条文中，这是现代立法技术的一个基本要求。正如有学者指出："在一个条文中规定几个具有不同内容的规范性内容，或把同一个内容分散到几个条文加以规定，是立法者的大忌。"②刑法总则修改，必须保持刑法总则条文应有的逻辑关系。

第三，刑法总则的条文结构。刑法总则条文由于其表述的内容具有共同性、抽象性、类型性，在遵照刑法分则处理具体案件时，必须同时结合刑法总则条文的规定。但是刑法总则条文涉及的内容是多方面的，表述方式也多种多样，在具体每个刑法总则条文之前也应该设立相应的标题，这样方便于查阅相关内容。《日本刑法典》就是这样的条文结构，即在每个条文前一行括号内的文字，都是对其下面条文内容的概括。如第9条规定："（刑罚的种类）死刑、惩役、监禁、罚金、拘留和科料为主刑；没收为附加刑。"在以后我国刑法修改中，可仿照类似条文结构，以达到清晰、明了的效果。

二、犯罪构成修改的理性反思

犯罪构成是犯罪论的基石，是"刑事立法设立犯罪的一种规格模型和认定犯罪的一种操作手段"③。最早在1982年，高铭暄主编的《刑法学》教材中就指出："犯罪构成就是我国刑法所规定的、决定某一具体行为的社会危害性及其程度而为该行为构成犯罪所必需的一切客观和主观要件的总和。"④具体来说，包括犯罪客体（或称法益）、犯罪客观、犯罪主体和犯罪主观这四个要件。鉴于我国刑法总则第二章"犯罪"中并没有涉及"犯罪客体（或法益）""犯罪客观"的立法，因而在有关犯罪构成修改的理性反思内容里，也仅就

---

① 参见吴大英、任允正、李林：《比较立法制度》，群众出版社1992年版，第655页。
② 周旺生：《立法论》，北京大学出版社1994年版，第642页。
③ 杨兴培：《犯罪构成原论》，北京大学出版社2014年版，第33页。
④ 高铭暄主编：《刑法学》，法律出版社1982年版，第97页。

"犯罪主体"与"犯罪主观"作阐述。

（一）犯罪主体修改的理性与非理性

犯罪主体是与犯罪行为对应的概念，它是犯罪构成的必要要件之一。按照传统刑法学理论的通说，犯罪主体是指实施危害社会的行为，依法应当负刑事责任的人（自然人和单位）。[①] 相当长的一段时间里，我国的犯罪主体仅仅是指自然人，至 1997 年现行刑法增加了单位犯罪的规定，体现在刑法典第 30 条和第 31 条，有关自然人这一犯罪主体的规定体现在刑法典第 17 条、18 条和 19 条之中。在刑法理论界和司法实务界关于犯罪主体的立法内容仍然存在大量争议问题，需要我们进一步理性反思，寻求合理的修正路径。

1. 关于未成年人刑事责任年龄的反思

我国《刑法》第 17 条将刑事责任年龄分为三个阶段：完全负刑事责任年龄阶段（已满 16 周岁）、相对负刑事责任年龄阶段（已满 14 周岁不满 16 周岁）、完全不负刑事责任年龄阶段（不满 14 周岁）。刑事责任年龄作为刑法总则性的规定，不仅关乎出罪、入罪、法定情节的适用，而且对刑罚轻重以及刑法分则罪名的适用影响重大。随着未成年人犯罪的日益增多，且呈现出低龄化趋势，对《刑法》第 17 条进行反思是必要的。近些年，刑法理论界也对此做了有益探讨，主要集中在以下几个方面：

其一，我国刑法关于未成年人最低刑事责任年龄的规定，即为 14 周岁，是否合理。根据这一立法规定，不满 14 周岁的未成年人即使实施了客观上危害社会的行为，也不需要承担任何刑事责任。但近年来，随着我国未成年人犯罪的低龄化趋势，是否有必要降低这一年龄标准呢？对此，有不同的观点。

主张应当降低未成年人刑事责任年龄的学者，认为我国现在规定的未成年人刑事责任年龄偏高，应该降低这一年龄。关于降低最低刑事责任年龄，对该年龄降低到多少周岁存在不同的看法。有学者认为，应该规定刑事责任年龄的起点为 12 周岁；[②] 有学者建议为 13 周岁。[③] 但对将刑事责任年龄的起点确定在 12 周岁或 13 周岁的原因并没有充分论证。

持相反观点的学者认为，"对于青少年犯罪低龄化的现象，也不能通过修改刑法，降低刑事责任年龄起点来实现对青少年的管理"[④]。那样会扩大对未成年人的刑事处罚范围，不利于预防犯罪。

---

① 参见张明楷：《刑法学（上）》，法律出版社 2016 年版，第 131 页。

② 参见孔徙：《降低未成年人刑事责任年龄的必要性》，载《学习月刊》2003 年第 10 期。

③ 参见张建军：《我国刑事责任年龄之检视》，载《政法学刊》2007 年第 4 期。

④ 林清红：《未成年人刑事责任年龄起点不宜降低》，载《青少年犯罪问题》2016 年第 1 期。

本书认为，刑事责任年龄的规定标准应该根据行为人对自己行为的辨认能力和控制能力进行判断，是对未成年人心理成熟度的判断，而并非身体的成熟度的判断。如果行为人的心理并不成熟，对自己的行为缺乏刑法意义上的辨认和控制能力，则不应当承担刑事责任。事实上，未成年人犯罪的低龄化是从另一个侧面印证了当前青少年心理并不够成熟，刑事责任最低年龄并不完全意味着未成年人的智力发展成熟于此，它仅仅是立法上的推定。"刑法中的人更多地是以具有平均能力的标准人的面貌出现。做出这一推定的用意也仅在于划定合理的刑事责任的范围，这往往同各国的经济发展、历史传统、生活习惯等相联系。同时必须要考虑到责任惩治范围和防卫社会之间的平衡，过低的年龄界限会导致责任概念的丧失，进而使责任刑法的约束机能完全失去意义。"① 降低刑事责任年龄容易导致刑事责任的泛化，进而淡化刑法的作用。而且降低刑事责任年龄，意味着扩大刑罚处罚范围，这是与刑法的谦抑性、最后保障性相违背的。对于当前未成年人犯罪现象，刑罚并不是唯一且有效的手段，降低刑事责任年龄并不能从根本上解决未成年人犯罪问题，也不利于对这类特殊人群的犯罪预防。因此，当前并没有降低最低刑事责任年龄的必要。

其二，关于刑事责任年龄范围之规定是否合理，是否应规定渐进式的未成年人刑事责任范围？我国刑法规定"已满十六周岁的人犯罪，应当负刑事责任""已满十四周岁不满十六周岁的人"只对八种犯罪行为负刑事责任，对于不满十四周岁的绝对不负刑事责任并没有明确的法律规定，只是根据刑事责任年龄的下限推导出来的。有学者建议采取直接规定的模式规定"行为时不满14 周岁的人，无刑事责任能力"，但将刑事责任年龄与刑事责任能力交叉规定，容易让公众混淆刑事责任年龄与刑事责任能力之间的关系，还不如直接规定为"行为时不满 14 周岁的人，不负任何刑事责任"。另外，对于已满 16 周岁不满 18 周岁的人从年龄上来看，与已满 14 周岁不满 16 周岁人的辨认能力和控制能力是不同的，是否应该规定渐进式的未成年人责任范围，也值得质疑。《刑法》规定满 16 周岁的人对所有犯罪承担刑事责任，言下之意，无论是故意犯罪还是过失犯罪都要承担刑事责任。对此，有学者认为，应当渐进式地规定未成年人刑事责任范围，建议刑法规定已满 16 周岁不满 18 周岁的人对过失犯罪负刑事责任是不当的，应仅对故意犯罪负刑事责任，满 18 周岁的人

---

① 林维：《未成年人刑事责任年龄及其制裁的新理念——〈国内法和国际法下的未成年人刑事责任决议〉解读》，载《中国青年政治学院学报》2005 年第 2 期。

对所有犯罪承担刑事责任。① 这样的修改建议有一定的道理，因为一个人的辨认能力和控制能力是一个发展过程，相应地，也应该合理地对刑事责任年龄作出渐进式地弹性规定，在未来修改刑法总则内容时有待进一步完善。

其三，《刑法》第 17 条第 2 款将"贩卖毒品"纳入相对负刑事责任年龄人的犯罪范围，是否合理有待商榷。从逻辑序列角度而言，贩卖毒品罪与"故意杀人罪""故意伤害罪""强奸罪""抢劫罪""爆炸罪""投毒罪"并不应该是并列的关系。因为贩卖毒品罪虽然也是一种严重的犯罪行为，但是与其他 7 种犯罪相比较，危害程度并不相同。另外，本条规定是针对已满 14 周岁不满 16 周岁这一特殊群体，他们对贩卖毒品这一法定犯的社会危害性质尚缺乏足够准确的判断能力。当然，关于未成年人相对负刑事责任的犯罪范围还可以考虑是否要扩大。如有学者认为，应该将一些危害性质极其明显能够为未成年人所认识且实践中也常见多发的犯罪，以及一些危害性明显且危害极其严重的犯罪纳入该条之中。② 这一点在刑法总则修改中可予以考虑。

2. 关于老年人刑事责任能力的反思

在《刑法修正案（八）》以前，我国刑法对未成年人、怀孕的妇女等都设置了具体轻缓化的条款，而老年人一直被忽略。《刑法修正案（八）》在第 1 条、3 条、11 条，从从宽处罚、有条件不适用死刑、放宽缓刑等三个方面对老年人犯罪作出了特殊规定。虽然这些条款比较之前无规定有很大的进步，但仍然有许多方面值得我们进一步理性思考。

一是老年人从宽处罚的年龄起点为"75 周岁"是否合理。"75 周岁"这一规定从何而来？当今世界各国对于老年人从宽处罚的年龄标准的设定均是以本国的人均寿命为重要的参考标准。如《意大利刑法典》规定已满 70 周岁的人犯罪从宽适用缓刑，根据联合国的报告，意大利的人均寿命是 81.9 岁，从宽处罚的设定要远远低于人均寿命。与此相比，我国的人均寿命是 73.5 岁，而从宽处罚的设定却高于人均寿命。降低老年人从宽处罚的年龄标准已成为学界的普遍呼声。仿照巴西刑法典的规定，对年满 70 周岁的犯罪分子从轻处罚，而他们的人均寿命是 73.5 岁，是不是对于我国来说，也降低为 70 周岁才是合理的呢？当然，每个国家的犯罪状况是有差异的，并不能仅仅依据其他国家的立法规定就相应地修改我国的立法。从我国人口学的研究成果来看，"75 岁是老年人身体健康状况的分界线，在此之后自评身体功能缺损和生活不能自理的

---

① 参见冯卫国、王振海：《我国未成年人刑事责任范围的立法完善：以渐进性为视角》，载《青少年犯罪问题》2005 年第 6 期。

② 参见高铭暄主编：《刑法专论（上）》，高等教育出版社 2002 年版，第 212 页。

比例迅速增加，因此高龄老人是健康风险最高的群体"[①]。立法者选择已经处于最高健康风险的群体作为法律宽宥对象，显得过于保守。据统计，"2012 年2 月，浙江省某大型监狱中的老年服刑人员共 111 人，其中已满 60 周岁不满65 周岁的 74 人，占老年服刑人员总数的 66.7%；已满 65 周岁不满 70 周岁的20 人，占老年服刑人员总数的 18%；已满 70 周岁不满 75 周岁的 12 人，占老年服刑人员总数的 10.8%；75 周岁以上的仅有 5 人，占老年服刑人员总数的4.5%"[②]。可见，以 75 周岁作为老年人犯罪从宽处罚年龄界限，仅有 4.5% 的人在这个范围内。因此，修改这一年龄标准还是非常有必要的，只有降低这一年龄界限，才能彻底地贯彻对老年人犯罪从宽处罚的精神。

二是是否必须设置刑事责任的最高年龄。我们认为，在刑事立法中增设有关老年人犯罪的刑事责任特别规定有必要，但没有必要专门设置刑事责任最高年龄。刑法规定刑事责任年龄的目的是给司法人员提供定罪的标准，依据刑事责任年龄判断行为人是否具有刑事责任能力，从而决定是否要追究行为人的刑事责任。最低刑事责任年龄的规定是妥当的，它是确定行为人"具有刑事责任能力"与"不具有刑事责任能力"的年龄界限。与此不同，最高刑事责任年龄的设置目的是基于犯罪人自身的角度致使刑事责任的终结，是确立"不具有刑事责任能力"与"具有刑事责任能力"的年龄界限，这种规定容易导致放纵犯罪，确有不妥。况且，每个人的刑事责任能力不同，具体确定刑事责任最高年龄很困难，而最低刑事责任年龄的确立也是司法的无奈之举。在未来刑法总则修改中，不必要专门设置刑事责任的最高年龄。

三是对于已满 75 周岁的人犯罪从宽处罚有无区分故意与过失的必要。根据《刑法》第 17 条之一的规定，已满 75 周岁的人故意犯罪的，可从轻或者减轻处罚；过失犯罪的，应当从轻或者减轻处罚。即对于 75 周岁的老年人是否适用从宽处罚并不是必然的，要根据罪过形式，是故意还是过失区别对待。但这种规定存在一定的不合理之处。如，对于一个已满 75 周岁的老年人故意犯罪，同时符合修正案中免死条款的适用情形，则当然地"不适用死刑"，这与"故意犯罪，不是必然地从宽处罚"，两者之间自相矛盾。另外，老年人随着身体、心理状况越来越差，其刑事责任能力也相应地降低，这也是老年人从宽处罚的法理基础，类似于未成年人犯罪"应当"从宽处罚一样，既然选定了 75 周岁从宽处罚的年龄标准，就不应该再对其主观罪过进行区分"应当"

---

① 周国伟：《中国老年人自评自理能力——差异与发展》，载《南方人口》2008 年第 1 期。

② 王震、沙云飞、顾静薇：《老年人犯罪的概念与刑事责任年龄上限关联性研究》，载《政治与法律》2012 年第 7 期。

"可以"，应统一设定为："对于已满 75 周岁的人犯罪，从宽处罚。"这样不但能解决条款中的矛盾，也能实现法律实质上的公平正义。

3. 关于单位犯罪的反思

1987 年我国《海关法》首次将单位犯罪规定为走私罪的主体，开启了我国刑事立法规定单位犯罪之先河。1997 年刑法典既在刑法总则中笼统地规定了单位犯罪刑事责任的范围及处罚，又在刑法分则中规定了 130 多个可以由单位构成的犯罪，这对刑事犯罪主体而言是历史性的突破。但单位犯罪不同于传统的自然人犯罪，由于其本身的特殊性和复杂性，在立法上仍然存在一些不完备之处，需要进一步探究。

首先，刑法总则对单位犯罪规定的不周延，缺乏体系性。我国《刑法》第 30 条规定："公司、企业、事业单位、机关、团体实施的危害社会的行为，法律规定为单位犯罪的，应当负刑事责任。"这一立法规定并没有明确何为单位犯罪，而仅仅是对单位犯罪的一般性规定。从法律逻辑角度来看，这条规定没有定义项与被定义项，缺乏周延性。另外，单位犯罪在刑法总则中的规定缺乏体系性，不仅放置位置缺乏体系性，而且自身缺乏评价体系。"对于单位犯罪在刑法总则中如何规定，存在着应将单位犯罪规定在犯罪主体部分、共同犯罪部分或作单独规定等几种主张。"① 当前，单位犯罪作为独立的一节，与犯罪主体、共同犯罪等并列规定。从犯罪主体的外延来看，单位犯罪理应与自然人犯罪主体规定在一起，但是我国《刑法》中并没有将犯罪主体作为独立一节予以规定，将单位犯罪与自然人犯罪主体放在一起规定似乎有一定的困难。单位犯罪也不同于共同犯罪，无论是从犯罪成立条件上还是从刑罚处罚上，都不能将单位犯罪放入共同犯罪一节。在现有刑事立法框架之内，合理地确定单位犯罪的位置至关重要。"尽管我国《刑法》将单位确立为一种独立的犯罪主体，但由于受立法体系的统一性和传统刑法理论观念的影响，而没有给单位犯罪一套犯罪评价体系，只是依赖于自然人犯罪的犯罪构成体系，某种程度上导致了单位犯罪与自然人犯罪界限不清，难以科学地认定单位犯罪。"② 因而，在刑法修订过程中，将单位犯罪规定得逻辑化、体系化、合理化是立法者必须进一步思考的。

其次，刑法总则中对单位犯罪主体类型规定存在问题，也没有明确单位犯罪的罪过形式。我国《刑法》以列举的方式规定了单位犯罪的主体类型，即只有刑法规定的公司、企业、事业单位、机关、团体这几种类型才能成为单位

---

① 王鹏祥：《单位犯罪的立法缺陷及其完善》，载《法学杂志》2009 年第 5 期。
② 曾友祥、王聿连：《单位犯罪存在范围的批判性反思》，载《法学杂志》2012 年第 2 期。

犯罪的主体。问题是这些主体的规定范围是否适合？如"公司、企业"这一单位犯罪主体类型，根据相关司法解释，既包括一人公司，也包括非法人单位。考虑到这样处理容易导致自然人以一人公司或者非法人单位为名实施犯罪而逃脱自然人犯罪的处理（一般而言，自然人犯罪比单位犯罪中对个人的处罚要稍微重些），因而一人公司或者非法人单位实施犯罪行为，以自然人犯罪论处应该更为合理。可以在刑法总则中对单位犯罪主体范围予以限缩，将"单位"限定于多人公司，不包括一人公司、企业和非法人单位。再如，立法规定"国家机关"作为单位犯罪主体，是否合理？国家机关不同于其他的单位主体，并不具有产生犯罪意思的可能性，它所追求的是国家和社会公共利益，具体犯罪意思应该是个人的行为，不能主体错位地认为是国家机关的行为。将国家机关工作人员利用国家机关实施犯罪而产生的刑事责任归咎于国家机关承担，显然是不合理的。从罪过形式来看，我国的单位犯罪既包括故意犯罪，也包括过失犯罪，如《刑法》第137条规定的工程重大安全事故罪即是很好的例证。但是从单位犯罪的特征来看，单位犯罪应当是为了本单位谋取利益而实施的犯罪行为，这种具有明确谋利目的的犯罪行为，其主观罪过只能是故意。"过失犯罪不可能是为单位谋利而实施的，新刑法中没有规定单位过失犯罪，在未来的刑法修正案中也不应该规定单位过失犯罪。"[1] 单位成员的过失行为都是个人行为，不可能体现单位利益，如果此时让单位作为犯罪主体予以惩罚，不符合情理。应该在刑法总则中明确单位犯罪的罪过形式为故意，而不能是过失。

最后，我国有关单位犯罪的处罚原则的合理性也存在一定的质疑。根据《刑法》第31条的规定，我国采取的是以双罚制为主，以单罚制为辅的处罚原则。而此处的单罚制其实就是一种代罚制，是以对单位中实施单位犯罪的自然人科处刑罚，来代替对犯罪单位本身的处罚。这种"单罚制单位犯罪是一种从绝对否认单位犯罪，到有限制地承认单位犯罪的过渡性立法形态"[2]。而"单罚制单位犯罪"并不是真正意义上的单位犯罪，应当以自然人犯罪看待。[3]进言之，对单位犯罪以单罚制论处，会导致观念上最终认为这一本应作为犯罪主体的单位不构成犯罪的情形。对单位不处以刑罚，只是处罚单位的直接责任人员，即难以称之为单位犯罪。如果是在刑法没有明确规定单位可以构成某种

---

① 冯军：《新刑法中的单位犯罪》，载高铭暄、赵秉志主编：《中日经济犯罪比较研究》，法律出版社2005年版，第108~109页。

② 赵秉志主编：《单位犯罪比较研究》，法律出版社2004年版，第164页。

③ 参见杨国章：《关于我国刑法中的"单罚制单位犯罪"的疑问与立法建议》，载《法律适用》2011年第4期。

犯罪的情况下，武断地将某种情况视为"单位犯罪"，势必与"以处罚自然人犯罪为原则，处罚单位犯罪为例外"之审慎处罚单位犯罪的立法精神相悖。

（二）犯罪主观要件修改的理性与非理性

犯罪主观要件是指行为人对危害社会结果的主观心理状态，具体包括犯罪故意、犯罪过失、犯罪目的和犯罪动机。鉴于现行刑法典总则中仅仅涉及犯罪故意和犯罪过失的规定，这里有关犯罪主观要件的理性反思亦不涉及犯罪动机和犯罪目的。

《刑法》总则第 14 条、15 条对故意犯罪和过失犯罪作了详细规定，最有争议的是第 14 条第 2 款"故意犯罪，应当负刑事责任"和第 15 条第 2 款"过失犯罪，法律有规定的才负刑事责任"的存改废问题。学理上主要存在以下三种观点：

1. 存留论。该种观点认为，《刑法》第 14 条第 2 款和第 15 条第 2 款的规定不是多余的，有其独立的存在价值，其立法精神是：刑法以处罚故意犯罪为原则，处罚过失犯罪为例外。基于此，而得出合理的推论"过失犯罪，法律没有规定的不负刑事责任"；其立法技术是：刑法分则以故意行为为基点来规定犯罪行为类型，其主观要件默认为故意，而不逐一标明本条之罪"故意才可罚"或者"过失才可罚"。这样才能既保持立法简洁又能明确界定过失犯的处罚范围。[①]

2. 废除论。该种观点认为，刑法总则中已经明确规定了罪刑法定原则，不论是故意犯罪还是过失犯罪，都只能在法律有明文规定的情况下才能定罪量刑。《刑法》第 14 条第 2 款和第 15 条第 2 款的规定是多余的，不仅会产生"故意犯罪，法律没有规定的也要负刑事责任"的误解，而且不符合行文简洁的要求，应该在修改刑法总则时予以删除。[②]

3. 修正论。该种观点，以责任原则为出发点来分析我国刑法这两款规定，建立在大陆法系国家的犯罪构成要件符合性（该当性）、违法性、有责性的递进式三阶层理论基础之上，认为《刑法》第 14 条第 2 款和第 15 条第 2 款不应该废除，但应该予以修正，将其移至《刑法》第 16 条，并修正为两款：（1）行为虽然在客观上造成了损害结果，但不是出于故意或者过失，而是由于不能预见的原因所引起的，不是犯罪。（需要说明的是，此观点删除了《刑法》第 16 条中的"不能抗拒"这一要素，理由是其并非缺乏罪过而是没有刑

---

① 参见阮齐林：《这两款大有来头，删不得！》，载《检察日报》2008 年 2 月 25 日第 5 版。

② 参见程胜清：《这两款，应从刑法总则中删除》，载《检察日报》2008 年 1 月 7 日第 6 版。

法意义上的行为。）（2）对过失行为的处罚，以刑法有特别规定的为限。①

首先，存留论肯定了这两款规定存在的必要性，但却将必要性和合理性相等同，这点不妥。一方面，这种必要性的肯定不能必然地推导出其合理性的存在。另一方面，完全地肯定这两款规定，容易忽视刑法条文本身逻辑上的瑕疵。具体来说，"处罚过失犯罪为例外"中的"犯罪"究竟作何理解，是犯罪学中的犯罪还是刑法意义上的犯罪？通常情况下②，刑法典中的"犯罪"应该在刑法意义上理解，既然刑法中明确规定了罪刑法定原则，犯罪的认定就只能以刑法条文的明确规定为依据，而只要刑法规定某种行为构成犯罪，则该犯罪不论是故意犯罪还是过失犯罪都必定受到处罚。很显然，既然肯定"过失犯罪"作为刑法意义上的犯罪的存在，其推论"过失犯罪，法律没有规定的不负刑事责任"与罪刑法定原则是相悖的。因而，纯粹地主张这两款完全的保留是不妥的，而修改这两款规定的必要性却是不言而喻的。

其次，废除论完全否认这两款规定存在的独立价值这点也不妥当，因为《刑法》第3条罪刑法定原则的精神内涵并不能完全包容这两款规定的诉求，不能因罪刑法定原则的既存性而否定该两款规定存在的必要性。对这两款的理解，废除论欠缺体系性的思维方法，却基于孤立和机械的思维方法，产生了"故意犯罪，法律没有规定的也要负刑事责任"的误解。相应地，如果与罪刑法定原则这一条文相对照予以理解，就会避免这种误解的产生。因而，主张完全地废除这两款规定也是不可取的。

最后，修正论在肯定这两款存在必要性的这一点上，是值得肯定的，但是其以责任原则为基点来分析我国刑法总则中的这两款规定，却颇有不妥。我国刑法的犯罪构成四要件论，不同于大陆法系国家的构成要件符合性（该当性）、违法性、有责性的三阶层理论。一味地以大陆法系国家规定的范本对我国刑法这两款予以修正，有脱离本土特色刑法理论之嫌。既然这一观点的修正根基与我国本土化不相符合，那么自然也没有"移位"的必要。

综上分析，本书认为，这两款规定不仅有其存在的必要性，而且有其存在的合理性。即这两款规定不仅体现了我国刑法"以处罚故意行为为原则，处罚过失行为为例外"的立法精神，而且体现了犯罪与刑事责任同在的理念

---

① 参见邓定永：《责任原则在我国刑法典中的体现——兼论刑法第14条第二款和第15第二款的删除与修改》，载《黑龙江省政法管理干部学院学报》2010年第3期。

② 言下之意，如果是特殊情况或者特别注明的情况下，对"犯罪"可以不作刑法意义上理解。这种特殊情况主要是根据体系性解释，确不能解释为刑法意义上的犯罪。如我国《刑法》第20条第3款："对正在进行行凶、杀人、抢劫、强奸、绑架以及其他严重危及人身安全的暴力犯罪……"中的"犯罪"，就不是刑法意义上的犯罪。参见张明楷：《刑法学（上）》，法律出版社2016年版，第88页。

（这一点是罪刑法定原则所没有蕴含的）。具体而言，"法无明文规定不为罪，法无明文规定不处罚"这一关于罪刑法定原则的高度概括，充分说明了罪刑法定原则的根本精神在于限制国家权力的基础上以保障人权，如果法律只明文规定了某种行为构成犯罪，却没有规定相应的法定刑，则仍然不能对其处刑。言下之意，《刑法》第 3 条根本无法体现犯罪与刑罚或者说犯罪与刑事责任同在这一理念。因此，这两款规定与《刑法》第 3 条规定的罪刑法定原则并不重复，有自身独立的立法品格。另外，由于犯罪故意的主观恶性要远远大于犯罪过失，这两款规定体现出对犯罪故意和犯罪过失不同的立法态度。因此，这两款规定有其合理之处。但在肯定其合理性的同时，不能忽略其不合理的一面。

1. 该两款条文本身的表述存在瑕疵，容易造成误解

将《刑法》第 14 条第 2 款与第 15 条第 2 款这两款条文表述联系在一起，会让普通民众认为"故意犯罪，法律没有规定的也要负刑事责任"。之所以会这样，是因为立法时只是孤立地、机械地分解了故意与过失的相关条款，而没有进行体系性思考。但是，刑法作为我国的基本法律，适用对象是普通公民，而并不都是高素质专业法律人才，要求普通大众也具有如此高素养的法律修养几乎是不可能的。因此，"法律作为一种行为指南，如果不为人所知而且无法为人所知，则会变成空话"①。言下之意，法律应该是简单易懂、容易为社会大众所能理解的，否则这样的法律也没有遵守的必要性和可能性。况且，法律不强求不可能的事项或法律不强求任何人履行不可能履行的事项，要求普通公民运用所谓体系性的思维方法，未免过于苛求。从这个角度而言，这两款的规定有条文本身逻辑表述上的瑕疵，且容易导致普通大众产生误解，是不合理的。

2. 这两款规定中的"犯罪"一词存在逻辑上的矛盾

这两款规定中都有"犯罪"一词，究竟如何理解？如前文所述，此处的"犯罪"应该归属于刑法学意义上的犯罪，那么具体内容何指？有学者指出，刑法中的"犯罪"并不一定是指完全具备某个犯罪构成全部要件的概念，而可能仅指行为人的行为在客观上对刑法所保护的法益造成了实际损害或者现实的危险。一切严重危害刑法所保护的社会秩序或者合法利益的行为，不管行为人是不是达到刑事责任年龄、是否具有刑事责任能力，都应当说是一种实质意

---

① ［美］班杰明·N. 卡佐：《法律的发展》（The Growth of the Law），New Haven，1924 年版，第 3 页。转引自［美］Edgar Bodenheimer：《法理学——法哲学与法学方法》，范建得、吴博文译，台湾汉兴书局有限公司 1997 年版，第 378 页。

义上的犯罪，只是由于作为主体不具备承担刑事责任的能力而不受刑罚处罚而已。① 还有学者也指出："'犯罪'（'罪'）一词具有不同的含义。一般来说，犯罪是指具备了成立犯罪的全部条件的行为，即犯罪是具备违法性和有责性的行为。但是，犯罪本质是法益侵害，在此意义上说，只要是侵犯法益的行为，就具备犯罪的本质。故可以说，犯罪的本质是侵犯法益。而行为是否侵犯法益，只需要进行客观的判断。"② 这种理解应该说符合法条规定的本意，毕竟成立犯罪后，肯定应当承担刑事责任，在罪刑法定原则的背景下，很难说存在没有法律明文规定的犯罪。但这种理解却在立法上存在一定的问题，既然"故意犯罪""过失犯罪"已经构成了犯罪，怎么会还存在不构成犯罪或者不需要追究刑事责任的情形。因而，无论怎么理解，这两款规定的"犯罪"都存在一定的逻辑问题。

基于以上讨论，《刑法》第 14 条第 2 款和第 15 条第 2 款的规定既有存在的必要，又有不合理之处。本书认为，应在保留合理条款的基础上，对不合理之处予以修正。具体而言，应保留《刑法》第 14 条第 2 款的规定，而应将《刑法》第 15 条第 2 款修正为"过失实施的危害社会的行为，法律规定为犯罪的，应当负刑事责任"。只有这样，不仅能体现"以处罚故意行为为原则，处罚过失行为为例外"的立法精神，还能体现犯罪与刑事责任同在的理念，这未尝不是刑法修改时可以考虑的合理选择。

三、排除犯罪性行为修改的理性反思

在我国刑法理论中，排除犯罪性行为又称为"排除犯罪性事由""正当化事由""违法阻却事由"，是指"虽然在客观上造成了一定损害结果，表面上符合某些犯罪的客观要件，但实际上没有犯罪的社会危害性，并不符合犯罪构成，依法不成立犯罪的事由"③。

（一）排除犯罪性行为体系性归属问题

我国刑法总则将"排除犯罪性行为"规定在犯罪和刑事责任一节中，主要有《刑法》总则第 20 条、21 条有关正当防卫和紧急避险的规定。它独立于犯罪构成之外的领域，由此引发了诸多理论上和实践上的问题，其体系归属问题值得进一步反思。排除犯罪性行为体系归属问题，也是一个解决排除犯罪性行为与我国犯罪构成体系关系的问题。

---

① 参见黎宏：《刑法总论问题思考》，中国人民大学出版社 2007 年版，第 92 页。
② 张明楷：《刑法学（上）》，法律出版社 2016 年版，第 103 页。
③ 张明楷：《刑法学（上）》，法律出版社 2016 年版，第 193 页。

从现有刑法总则的规定来看，排除犯罪性行为是放在犯罪概念和犯罪构成之后，即被排除于犯罪构成之外的。主张四要件犯罪构成体系的高铭暄教授认为，"想将正当行为纳入犯罪构成理论体系，将正当行为放在犯罪客体中讲（它不危害任何法益），或放在犯罪主观方面讲（它不具有犯罪的故意和过失）的做法会使该要件的内容过于膨胀；并认为有人主张的在四要件之外加一个消极的阻却违法性要件成为五要件是画蛇添足：这个所谓的消极要件并不具有普遍性，并不是对所有犯罪都是需要的。如果硬要把正当行为的内容塞到犯罪概念或是犯罪构成的某一要件中论述，既妨害该章本身内容，又不能充分展开论述正当行为既非犯罪，又缺乏犯罪构成的独立品格。因此现行体系安排是最佳选择，并无不妥。"① 随着犯罪构成理论的发展，这样一种体系性的安排是否合理是值得深思的。首先，这种安排不利于人权保障。我国犯罪构成是平面式的四要件理论，出入罪是同时进行判断的。而排除犯罪性行为与犯罪构成的判断不同，是出罪判断，将行为排除在犯罪行为之外，没有将其纳入犯罪构成理论，无形中会凸显犯罪构成的入罪机制，忽视了对人权的保障。其次，排除犯罪性行为，通常是在对全部犯罪构成要件作出判断之后再讨论的，并不符合犯罪认定的逻辑顺序，且排除犯罪性行为是不可能构成犯罪的，将其作为犯罪的特殊形态专门论述也是不可取的。

当前，关于排除犯罪性行为体系归属问题的解决主要有两种代表性的观点。一种观点认为，"如同将意外事件、不可抗力放在犯罪主观要件中研究一样，将正当防卫等表面上符合客观要件的行为放在犯罪客观要件中进行研究，将经被害人的承诺或推定的承诺所实施的表面上侵犯了他人合法权益的行为放在犯罪客体要件中进行研究"②。另一种观点认为，排除犯罪性行为符合了犯罪构成的客观方面要件，但符合刑法的授权性规范，是行使法律授予人们的某些权利的行为，因此，行为没有社会危害性而不具备犯罪客体构成，应将排除犯罪性行为纳入犯罪客体中研究。③ 应该说排除犯罪性行为在形式上符合犯罪客观要件，正因为在这一点上与犯罪行为具有相似性，很显然无法做到与犯罪行为完全区分开来，所以有些学者才将其置于客观要件中论述。不过，排除犯罪性行为只是属于形式上符合犯罪客观要件，因为主观上不具备犯罪目的，才最终被认定为没有侵犯刑法法益的，将排除犯罪性行为作为消极的构成要件可

---

① 高铭暄：《对主张以三阶层犯罪论体系取代我国通行犯罪构成理论者的回应》，载赵秉志：《刑法论丛第 19 卷》，法律出版社 2009 年版，第 8~9 页。

② 张明楷：《刑法学（上）》，法律出版社 2016 年版，第 221 页。

③ 参见童伟华：《犯罪客体研究违法性的中国语境分析》，武汉大学出版社 2005 年版，第 164 页。

能更有道理。

（二）总则性排除犯罪事由的反思

排除犯罪性事由包括法律规定的排除犯罪事由和超法规的排除犯罪事由。各国刑法规定排除犯罪事由的种类各不相同，主要是源于各国不同的生活理念、不同的文化以及不同的公众法律情感。在大陆法系中，依法令之行为、正当业务行为、社会相当行为、被害人的承诺、自救行为、超法规的紧急正当化事由、超法规紧急避险、安乐死、自损行为等，都属于超法规的排除犯罪性事由。而在我国，刑法总则中明确规定的排除犯罪性行为只有正当防卫和紧急避险，而实践中，还有其他一些法律没有规定的阻却违法的行为也被纳入讨论作为无罪或者减轻罪责判断的依据，即超法规的排除犯罪性事由，如自救行为、正当业务行为、依照法令的行为、执行上级命令的行为、经权利人承诺的行为等。

但这些超法规的排除犯罪性行为，由于并不是根据刑法条文的明确规定作出判断的，只是根据行为本身是否符合犯罪的基本特征判断。这样就会使对犯罪成立的判断缺乏严密的法律依据，使之抽象化、空洞化。各国也存在将超法规排除犯罪性事由立法化的立法例。如《日本刑法典》第35条规定："（正当行为）依照法令或者基于正当业务而实施的行为，不处罚。"[①]《法国刑法典》第122-4条规定："完成立法或条例规定或允许之行为的人，不负刑事责任。""完成合法当局指挥之行为的人，不负刑事责任，但此种行为明显非法者，不在此限。"[②] 我国也可以适当考虑将一些常发的排除犯罪性事由纳入刑法总则中，将其明确化，从而充分保障犯罪的出罪化，维护公民的合法权益。

（三）正当防卫修改的反思

我国现行《刑法》第20条通过三款分别规定了正当防卫的定义、防卫过当以及特殊防卫权等内容。与1979年刑法相比，现行刑法典有关正当防卫的规定，在立法技术上有很大的进步，加大了正当防卫行为的保护力度。但是，仍有些内容值得商榷。

1. 对第1款规定的反思

现行《刑法》第20条第1款明确规定了正当防卫制度。这一规定表明，正当防卫的成立是有条件的，但这一规定仍存在一定的不合理之处。

其一，依据第1款规定，正当防卫的成立必须满足时间条件，即对"正

---

① 《日本刑法典》，张明楷译，法律出版社2006年版，第20页。

② 《法国新刑法典》，罗结珍译，中国法制出版社2003年版，第10页。

在进行的不法侵害"实施防卫行为，而对其中"正在进行"以及"不法侵害"的理解存在一定的难度。其一，针对"正在进行"这个时间的把握较难，因为防卫者实施防卫行为一般是在紧急且无法获得国家权力保护的情况下实施的，这个时候要求防卫者作出精确的判断未免显得过于苛刻。其二，关于"不法侵害"中"不法"的理解存在分歧。如果是一个无刑事责任能力的未成年人或者精神病人的侵害，是否属于此处的"不法"？对此，我国学界主要存在客观说和主观说两种观点。客观说是指行为客观上危害社会并且违法的行为，不要求侵害人具备刑事责任能力和主观罪过。主观说是指不法侵害不但要求侵害行为客观上危害社会，还要求侵害人主观上有罪过且具有刑事责任能力。[①] 根据前者，对无刑事责任能力的人不能实施正当防卫，只能进行紧急避险；而根据后者，对无刑事责任能力的人是可以实施正当防卫的。解决这种分歧最好的方式，即是在刑法总则修改中，明确此处"不法"的具体内容，以避免不必要的争议。

其二，按照法条规定，"采取的制止不法侵害的行为，对不法侵害人造成损害的，属于正当防卫"。即要成立正当防卫，必须满足"对不法侵害人造成损害"这一条件。言下之意，如果没有给不法侵害人造成损害，就不是正当防卫。这样就会让人感到困惑：没有给不法侵害人造成损害的，就不是正当防卫，那是什么行为呢？其实正当防卫的本质不在于有没有给不法侵害人造成损害，而在于是不是为了制止不法侵害。再者，为了不鼓励行为人给别人造成不必要的损害，这一条件的规定也是不妥当的，将会给公民进行错误的引导。有必要将第 1 款中"对不法侵害人造成损害"这一条件删去，即制止不法侵害的行为，无论是否给不法侵害人造成损害，都是正当防卫。

2. 对第 2 款规定的反思

《刑法》第 20 条第 2 款规定了"防卫过当"的定义和处罚原则。对于防卫过当的处罚并没有争议，但是，关于其定义却存在一定的问题。有学者认为，"该款只规定了定义概念——'正当防卫明显超过必要限度造成重大损害的'，却没有规定被定义概念和联结词。这一方面，只能让人知道'正当防卫明显超过必要限度造成重大损害的'应当负刑事责任，但不能让人明白'正当防卫明显超过必要限度造成重大损害的'究竟是什么。另一方面显得与第 1 款规定的结构不相一致。第 1 款的结构是'什么什么属于正当防卫，不负刑事责任'，第 2 款的结构是'什么什么应当负刑事责任'"[②]。的确，从法律逻

---

① 参见李希慧主编：《刑法修改研究》，武汉大学出版社 2011 年版，第 66～67 页。

② 侯国云、幺慧君：《论"正当防卫"立法的再完善与再修改》，载《法学评论》2005 年第 2 期。

辑角度来看，存在一定逻辑性错误，不符合定义概念界定的逻辑方法。而且防卫过当与正当防卫属于防卫行为的两面，属于正当防卫的行为不可能还存在成立防卫过当的情形。在修改该款时，为了保障逻辑严密，建议增加被定义概念和联结词，改为："防卫行为明显超过必要限度造成重大损害的，是防卫过当。防卫过当的，应当负刑事责任，但是应当减轻或者免除处罚。"

3. 对第 3 款规定的反思

第 3 款是有关特殊防卫的规定，无论是立法技术上，还是立法内容上，都存在一定的不科学之处。

其一，该款的语言表述缺乏法律术语化，含糊不清，且难以界定。如，特殊防卫对象之"行凶"一词，并不是法律术语。该词本身是"杀人或者伤人"的意思，那么在这款中应作何理解？此处与"杀人"并列使用，可以排除它作为"杀人"之意，则必然作"伤人"理解。"伤人"具体包括重伤和轻伤，因为此款对象均为"其他严重危及人身安全的暴力犯罪"，必然不会是"轻伤"之含义，由此推导出该款的"行凶"应为"重伤"。那么，既然是"重伤"，为什么立法者却没有与故意伤害罪同意使用"重伤"一词？很显然，在"重伤"之意义外，立法者必定赋予了"行凶"其他的含义，至于是什么含义，却不清晰。类似这种立法上含混不清的词语，显然会给司法实践带来很大的困惑，是极为不科学的。

其二，《刑法》第 20 条第 1、2、3 款在规范技术设置上存在欠缺。这 3 款之间究竟是怎样的逻辑关系？第 1 款规定正当防卫行为的成立，第 2 款规定不构成正当防卫的防卫过当行为，第 3 款规定排除防卫过当仍属于正当防卫范畴的特殊防卫行为。依此逻辑，防卫行为在何种情况下成立正当防卫，根据第 1 款、第 2 款的规定就完全可以作出判断，因为对"正在进行的行凶、杀人、抢劫、强奸、绑架以及其他严重危及人身安全的暴力犯罪"采取防卫行为符合正当防卫成立的时间、起因、对象、主观条件，当然也不会明显超过必要的限度，所以第 3 款的规定明显是多余的。何况，第 3 款的表述是特殊防卫"不属于防卫过当"，在第 1、2 款中根本没有出现"防卫过当"一词，又何来"不属于防卫过当"一说。从语言逻辑衔接上来看，第 3 款和第 2 款的衔接是非常突兀的。

四、刑罚结构和刑罚种类修改的理性反思

（一）刑罚结构修改的理性反思

关于刑罚结构，存在两种颇具代表性的观点：一种认为，"刑罚结构，是

指各种刑罚种类的搭配与架构，是刑罚实际运作中历史形成并且由法律明文规定的刑罚的规模与强度"①。另一种认为，刑罚结构是指"刑罚方法的组合形式，即刑罚方法的排列顺序和比例份额，这种组合形式反映刑罚结构内部各要素相互联系的稳定状态和相互作用的基本方式"②。据此，刑罚结构不外乎两个方面的内容，即刑罚种类的搭配与架构、刑罚的规模与强度。而刑罚的结构是嬗变的，"从过去到未来，刑罚结构可能有五种类型：死刑在诸刑罚方法中占主导地位；死刑和监禁共同在诸刑罚方法中为主导；监禁在诸刑罚方法占主导地位；监禁和罚金共同在诸刑罚方法中为主导；监禁替代措施占主导地位。第一种已成历史的过去，第五种尚未到来，中间三种在当今世界中存在。死刑和监禁占主导的可称重刑刑罚结构，监禁和罚金占主导的可称轻刑刑罚结构"③。而刑罚结构的轻刑化已经成为当今世界刑罚发展的主要趋势。

我国现行《刑法》规定的刑罚由主刑和附加刑组成，在第 32 条、33 条、34 条、35 条规定了五种主刑四种附加刑。从 1979 年刑法到 1997 刑法的修订，再到前 7 个刑法修正案，我国的刑罚结构一直处于某种程度的僵化状态，没有根本性的改变。2011 年颁行的《刑法修正案（八）》在一定程度上改变了我国刑罚的结构。尽管没有从根本上改变我国以监禁刑为主干的刑罚体系结构，但废除部分犯罪的死刑、使剥夺自由刑种的刑种关联度相对紧密化等规定，遵循了"宽严相济"的刑事政策，较好地发挥了刑罚制度的功能，刑罚处罚力度较之过去更加轻重适宜。但不可否认，其中有关刑罚体系结构的部分修正，又导致新的不协调之处的产生。

其一，刑罚体系仍呈现封闭型，开放型刑种和行刑方式的适用率偏低。开放型刑种和行刑方式是与封闭型刑种和行刑方式相对应的，我国的刑种以封闭型为主，开放型的主刑只有管制一种，附加刑还包括剥夺政治权利。至于开放型行刑方式有缓刑、假释和监外执行。较之封闭型刑种和行刑方式，开放型刑种和行刑方式更有利于刑罚的个别化，针对犯罪分子不同的情况在具体执行过程中区别对待，从而实现良好的刑罚效果，充分发挥刑罚的功能。《刑法修正案（八）》增加规定了年满 75 周岁和不满 18 周岁的人犯罪符合缓刑实质条件的应当缓刑，同时降低了缓刑的适用条件，修正了"确实不致再危害社会"这一模糊且有争议性的概念。缓刑作为开放型行刑方式的扩大适用，是我国贯彻"宽严相济"刑事政策的最好体现。可是，再好的行刑方式都应该有个度，

---

① 陈兴良：《本体刑法学》，商务印书馆 2001 年版，第 654 页。
② 梁根林、黄伯胜：《论刑罚结构改革》，载《中外法学》1996 年第 6 期。
③ 储槐植：《论刑法学若干重大问题》，载《北京大学学报（哲学社会科学版）》1993 年第 3 期。

否则适得其反。过度适用缓刑容易动摇刑法责任主义的根基。当前，管制和假释的适用率都非常低，主要应归咎于刑种本身设计的缺陷以及缺乏系统的制度支持等。在未来刑法修正过程中，应扩大管制和假释的适用。

其二，刑罚结构内部单一，不同刑罚之间衔接不甚紧密。这里的刑罚结构内部单一，主要是指刑罚种类的单一性。我国的刑种不外乎生命刑、自由刑、财产刑和资格刑，相比较纷繁复杂的社会现象，显然是不够的。要丰富刑罚的内部结构，当前最重要的应该是更新对刑罚观念的认识。"刑罚不一定就是最严厉的制裁，而只是犯罪行为的法律效果，刑法规定的所有以对犯罪的谴责为根据而对行为人所科处的痛苦和损害，都可以说成是刑罚。"① 根据上述对"刑罚"概念的新诠释，可知，类似于我国《刑法》第 37 条及 37 条之一规定的训诫、责令具结悔过、赔礼道歉、赔偿损失以及从业禁止等，都应该属于刑罚种类。在更新传统意义刑罚观念之基础上，设置一些类似非刑罚处罚措施成为必要。"由此认识处罚，既拓展了刑罚种类研究的范围和边界，也打破了刑罚个别化发展的现实瓶颈，实现了刑罚个别化的理论上的突破。"② 另外，不同刑罚之间衔接不够紧密。如，管制的刑期是 3 个月以上 2 年以下，拘役的刑期是 1 个月以上 6 个月以下，两者之间的刑期跨度是比较大的；再如，有期徒刑最高 15 年，一般数罪并罚 20 年，数罪并罚总和刑期超过 35 年的，最高执行期为 25 年，由于存在减刑与假释制度，实践中罪犯往往服完一半刑期就可能释放，最长为 12 年半；而无期徒刑由于存在减刑，罪犯服刑满 13 年就有可能假释；死刑若不是死刑立即执行，则一般都会减为无期徒刑，甚至减为有期徒刑。从中可以发现，不仅管制与拘役之间缺少衔接，有期徒刑、无期徒刑和死刑之间也缺乏层次性、衔接性。

其三，刑法总则某些条文的修改，导致死刑未予废除，生刑却延长，仍存在重刑化倾向。《刑法修正案（八）》废除了走私文物罪，走私贵重金属罪，走私珍贵动物、珍贵动物制品罪，走私普通货物、物品罪，票据诈骗罪，金融凭证诈骗罪，信用证诈骗罪，虚开增值税专用发票、用于骗取出口退税、抵扣税款发票罪，伪造、出售伪造的增值税专用发票罪，盗窃罪，传授犯罪方法罪，盗掘古文化遗址、古墓葬罪，盗掘古人类化石、古脊椎动物化石罪等 13 个经济性非暴力犯罪的死刑，《刑法修正案（九）》又继续废除了走私武器、弹药罪、走私核材料罪、走私假币罪、伪造货币罪、集资诈骗罪、组织卖淫罪、强迫卖淫罪、阻碍执行军事职务罪、战时造谣惑众罪等 9 个罪名的死刑，

① 黎宏：《刑法学总论》，法律出版社 2016 年版，第 337 页。
② 于阳：《我国刑罚体系之适应性调整研究》，载《东方法学》2016 年第 1 期。

体现了宽严相济的刑事政策，这是值得肯定的。但是，废除部分犯罪的死刑、延长部分犯罪的生刑的修正内容，又导致我国刑罚体系结构出现了新的不平衡。主要原因在于修正中废除的 22 个罪名的死刑并没有同时延长剥夺自由刑的期限，而是通过修改《刑法》第 50 条，限制其他罪名适用死缓时的减刑来延长生刑，规定："……如果确有重大立功表现，2 年期满以后，减为 25 年有期徒刑；……累犯以及因故意杀人、强奸、抢劫、绑架、放火、爆炸、投放危险物质或者有组织的暴力性犯罪被判处死刑缓期执行的犯罪分子，人民法院根据犯罪情节等情况可以同时决定对其限制减刑。"这就意味着，对于某些罪名而言，死刑并未废除，但是死缓减刑的生刑却延长了，导致我国刑罚重刑结构仍没有改变。有学者提出，有必要采取以下措施来改变这种状况："（1）扩大死缓的适用范围，降低死刑立即执行的判决率；（2）加快监禁刑执行的改革，扩大假释的适用范围，将剥夺自由刑的整体力度降至一个合理的值域。"[①] 这样更加有利于我国刑罚结构的轻缓化。

其四，过于倚重自由刑和生命刑，对人权保障重视不够。中国重刑传统观念根深蒂固，致使刑事立法中重视对犯罪的惩罚力度，发挥刑法维护社会的机能，而对人权的保障不够充分。然而，在建设法治社会进程中，保障人权已经成为我国社会主义法治的重要内容之一。我国现行刑罚体系片面强调自由刑和生命刑，即是源于对刑法社会秩序维护机能的重视。要体现人权保障力度，完善刑罚结构体系，"必须改变以自由刑为中心的刑罚体系之现状，逐步建立起以自由刑和资格刑、矫正刑为中心的刑罚体系"[②]。到目前为止，矫治刑并没有得到应有的重视。虽然《刑法修正案（八）》增设了社区矫正，但也只是作为一种执行方式而非刑罚措施出现的。至于资格刑和财产刑在整个刑罚结构中，仍属于附属地位，没有发挥其应有的效能。在现代法治国家中，人权保障是刑法最基本的价值之一，惩罚犯罪与保障人权应该并重。而人权保障的充分重视，关键在于调整刑罚结构，调适生命刑、自由刑、资格刑以及矫正刑的比例，不能仅仅倚重于自由刑和生命刑。

未来修改刑法过程中，应理性地调整刑罚结构。有学者主张，应当进一步严格限制死刑，调整完善自由刑，扩大适用罚金刑，充分重视非监禁刑，从而使刑罚整体结构进一步趋于宽和。"极为严厉的死刑将紧紧只是三角形顶点处

---

① 王利荣：《我国刑罚体系结构再协调问题之思考——以〈中华人民共和国刑法修正案（八）〉为分析样本》，载《法商研究》2011 年第 3 期。

② 彭文华：《我国刑罚体系的改革与完善》，载《苏州大学学报（哲学社会科学版）》2015 年第 1 期。

极小的一部分；长期自由刑作为相当部分死刑的替代措施或者严重犯罪的惩罚措施，占据三角形上部较小的部分；而中期自由刑和上升为主刑的罚金刑，将作为最主要的刑罚形式，处于三角形的底部，为最主要的刑罚种类；资格刑仍应作为特定犯罪中附加适用的附加刑而出现。在此整体思路下，可进一步考虑死刑、无期徒刑、有期徒刑、罚金刑、资格刑在分则具体罪名中的搭配、衔接和协调的问题。"[①] 这一刑罚结构的调整思路为今后刑法总则修改提供了大的方向，有其科学合理之处，值得借鉴。

（二）刑罚种类修改的理性反思

"刑罚体系的概念主要蕴含了刑罚种类和刑罚结构两个基本要素。"[②] 刑罚结构是从整体、宏观上把握刑罚体系，刑罚种类则是从具体、微观上把握刑罚体系。各国刑法根据各国的需要设置不同类型的刑罚种类，而随着社会环境以及犯罪方式的变化，刑罚种类也应随之不断调整。刑罚种类不断调整的过程，就是刑罚种类不断理性选择的过程。纵观目前我国的刑罚种类，仍然存在一定的问题，这里我们仅就其中存在问题较多的死刑为例予以反思及适应性调整。

我国刑法总则和刑法分则中都有关于死刑的规定，总则明确死刑的适用条件、不能适用死刑的对象、死刑的执行方式等，规定死缓和死刑复核程序，而分则则明确规定具体适用死刑的罪名。《刑法修正案（八）》遵循宽严相济的刑事政策，开启了刑法总则修改死刑之路：扩大了不适用死刑的对象，除了以特别残忍手段致人死亡外，审判时已满 75 周岁的老人不适用死刑；提高了死缓重大立功后减为有期徒刑的期限，即死缓期间有重大立功表现的，2 年期满以后，由原来减为 15 年以上 20 年以下有期徒刑改为 25 年有期徒刑。《刑法修正案（九）》延续了《刑法修正案（八）》"总则 + 分则"这一修改死刑的模式，刑法总则对死刑的修改主要体现在对死缓制度的修改上，即把死缓执行死刑的条件由"故意犯罪"改为"故意犯罪，情节恶劣的"，增加了"情节恶劣"的限定，提高了死缓执行死刑的条件，缩小了死缓执行死刑的范围，从而能起到减少死刑实际执行数量的作用。

可以说，随着刑法修正案的不断出台，我国死刑制度改革已经取得了重要的阶段性成果。从总体上来看，当前我国死刑改革的总趋势是以现有的死刑制度为基础，逐步限制和减少死刑。对此进行客观评价的同时，也需要对死刑问题予以反思，刑法总则修改死刑规定依然存在诸多问题。

---

① 周国良、彭新林、钱小平：《探索刑法的足迹——赵秉志刑法学术思想述评》，中国法制出版社 2011 年版，第 223 页。

② 于阳：《我国刑罚体系之适应性调整研究》，载《东方法学》2016 年第 1 期。

其一，死刑政策是否需要立法化问题。我国当前关于死刑政策的基本表述为"保留死刑，严格控制和慎重适用死刑"①。然而，死刑政策并不仅仅是一个单纯的口号，而是应该以更强大的制度力量去推动刑事立法废除死刑的走向。这就涉及死刑政策是否需要立法化问题，即以死刑政策为指导，合理修正现行法律规范，引导死刑改革大方向。将死刑政策立法化符合死刑发展的最终趋势，尤其在全面推进依法治国、党带领人民建设法治国家的新时代，党经过深思熟虑所确立的死刑政策应该也有必要及时通过法治的方式加以贯彻实施。在当前《刑法修正案（八）》和《刑法修正案（九）》陆续取消死刑罪名的背景下，如果不明确将死刑政策立法化，则有可能会大大削弱死刑改革的动力，不利于我国死刑改革之路的深化。另外，无论是从稳定性上，还是从效力强度上，死刑政策与死刑政策的立法是大相径庭的。死刑政策的立法化是死刑政策有效贯彻实施的重要保证，且赋予了死刑政策以生命力和强制力。问题是死刑政策如何立法化，是宪法化还是刑法化，则是一个问题。有学者提出："最理想的目标当然是将其体现在宪法之中，从而实现死刑政策的宪法化。次优的选择是将其规定在刑法之中，当然死刑政策的刑法化还必须考虑刑法自身的立法技术和特点。"② 我们认为，在死刑政策宪法化较为困难的情况下，只能退而求其次，将其刑法化。

其二，死刑的适用条件需要完善。我国《刑法》第48条明确规定死刑的适用条件为"罪行极其严重的犯罪分子"，而对于这一条件的判断主要是根据行为的社会危害性、行为人的主观恶性及人身危险性进行综合评价，但即使是这样，这一标准也仍然是较为抽象的。有学者提出，"关于死刑的适用标准，应将《公约》（即《公民权利和政治权利国际公约》，引者注）的规定和我国现行《刑法》的规定结合起来，从源头上将死刑的适用范围控制在最小范围内"③。《公民权利和政治权利国际公约》第6条第2款规定："在未废除死刑的国家，判处死刑只能是作为对最严重的罪行的惩罚。"其将"最严重的罪行"作为死刑的适用条件，是从立法层面上对犯罪的性质、犯罪的种类予以限制。而我国刑法中"罪行极其严重"是从司法层面上限制，意味着任何一种涉及死刑罪名的犯罪都有可能达到罪行极其严重的程度，这样就有扩大死刑

①　这一基本表述的概括主要源自 2010 年 2 月 8 日最高人民法院发布的《关于贯彻宽严相济刑事政策的若干意见》第 29 条的规定，即："要准确理解和严格执行'保留死刑，严格控制和慎重适用死刑'的政策。对于罪行极其严重的犯罪分子，论罪应当判处死刑的，要坚决依法判处死刑。"

②　卢建平：《死刑政策的科学表达》，载《中外法学》2015 年第 3 期。

③　王志祥、贾佳：《死刑改革问题新思考——以〈刑法修正案（九）〉为视角》，载《法学论坛》2015 年第 5 期。

适用的风险。有学者认为，"'最严重的罪行'标准与'罪行极其严重'标准各有侧重，前者是立法筛选，后者是司法限制，二者可以相互结合，即用'最严重的罪行'标准将死刑限制于危害性质极其严重的罪种，在此基础上再用'罪行极其严重'标准限制犯罪的情节"①。即主张应对我国死刑的适用条件进行修改，先在刑事立法中明确规定符合"最严重的罪行"这一标准的犯罪种类，然后在司法适用中，根据"罪行极其严重"这一标准，在已有立法规定死刑的罪种中判断是否适用死刑。在立法和司法双重环节，对死刑适用进行双重判断，死刑的适用才能更加慎重、更加严格。在死刑不能被完全废除的情况下，应该尽可能地保证死刑不被过度适用，从而与国际接轨。

其三，我国刑法总则中有关死缓制度本身还亟须完善。死刑包括死刑立即执行和死刑缓期执行即死缓，死缓并不是一个独立的刑种，它和死刑立即执行都适用于死刑的适用条件，即"罪行极其严重的犯罪分子"。《刑法》第48条规定："对于应当判处死刑的犯罪分子，如果不是必须立即执行的，可以判处死刑同时宣告缓期二年执行。"从中可知，"不是必须立即执行"是区分死刑立即执行和死缓的唯一标准。如何判定"不是必须立即执行"，刑法总则条文中并没有给予明确的答案，容易导致司法实践中适用较为混乱。事实上，死刑立即执行与死缓之间存在天壤之别，前者是被剥夺了生命权，而后者经过2年考验期后可能会减为无期徒刑、有期徒刑等。既然有着这么大的差别，就应该明确两者之间的界限，否则如何实现刑法中的实质公平和正义。因而在刑法总则中应明确死缓适用的条件，划清死缓与死刑立即执行的界限，使死缓的适用具有可操作性，而不是模糊不清的规定。申言之，刑法总则条文中规定死缓是在"不是必须立即执行"的情况下，才"可以判处"。仅从刑法规范表述逻辑上来看，用"可以判处"一词，意味着不是必须立即执行的，还"可以不判处"死缓。如果是这样的话，不禁会让人产生疑问，究竟在什么情况下属于不是立即执行又不能判处死刑？很明显，这一刑法规范表述是不周延的。再者，结合《刑法修正案（九）》中作出的修改，死缓后又核准死刑的由"故意犯罪"改为"故意犯罪，情节恶劣的"，其中"情节恶劣"如何把握，这个词语过于模糊，不利于司法实践的操作。因此，死缓制度需要在修改刑法总则时进一步完善，以充分发挥其限制死刑实际执行的作用，从而进一步推动我国死刑改革的进程。

---

① 赵秉志：《中国死刑立法改革新思考——以〈刑法修正案（九）（草案）〉为主要视角》，载《吉林大学社会科学学报》2015年第1期。

第三节　刑法分则修改的理性分析

刑法分则与刑法总则共同构成刑法规范体系，总则虽然指导分则，但两者在体系上又不完全是上下位的关系，分则可以在总则的基础上作出例外的规定。因此，在刑法修改时，不仅要考虑到刑法总则的修改，也要注重刑法分则的修改，更要注意，分则在不存在特别或例外规定时，应使其内容与刑法总则保持协调。由于"刑法分则的基本内容是通过分则规范来确定具体犯罪行为类型，这就决定了刑法分则的完善与否直接关系到刑法双重功能的实现，并成为判断一个国家的刑法是否成熟的重要标尺。所以说，任何一个国家的刑事立法者对刑法分则的废、改、立无不高度重视"①。这也正是我国刑事立法者一直将刑法分则的修改作为刑法修改的重中之重的重要原因之一。

1997年刑法典实施以来，只有现行刑法中规定了犯罪与刑罚的内容，除《关于惩治骗购外汇、逃汇和非法买卖外汇犯罪的决定》之外，再没有任何单行刑法或者附属刑法中规定有关犯罪与刑罚的具体内容。② 目前我国刑法分则的修改也就仅限于刑法典中分则的修改。历经20余年，刑法分则的修改取得了一定成绩，但这些成绩的取得并不是一蹴而就的，主要是源于1997年以后我国刑法立法在修法形式、技术和内容等多方面的显著进步。③ 然而，有关刑法分则的修改，却一直停留在对刑法分则松散条文、单个犯罪构成的修改，缺乏对某一类罪修改或者刑法分则体系性修改的理性讨论。尤其是伴随着刑法立法"活性化"现象④的出现，对刑法分则修改也提出了新的要求。我们无意对我国刑法分则中所有个罪全面具体分析，这里仅仅阐析分则所涉主要类罪与主

---

① 陆诗忠：《论我国刑法分则规范的完善——以总分则之关系的合理定位为切入点》，载《河北法学》2006年第5期。

② 当然，1997年刑法典实施以前，我国是存在个别规定犯罪和刑罚内容的单行刑法和附属刑法的。如1987年《海关法》第47条规定了逃避海关监管，构成走私罪的情形，同时规定："企业事业单位、国家机关、社会团体犯走私罪的，由司法机关对其主管人员和直接责任人员依法追究刑事责任；对该单位判处罚金，判处没收走私货物、物品、走私运输工具和违法所得。"该条不仅明确了走私罪的犯罪情形，还规定了走私罪单位犯罪的处罚。

③ 参见赵秉志：《中国刑法的百年变革——纪念辛亥革命一百周年》，载《政法论坛》2012年第1期。

④ "活性化"是日本刑法学者使用的概念。参见 ［日］井田良：《刑事立法活性化のとそのゅくえ》，载《法律时报》2003年第75卷第2号，第4页以下。转引自张明楷：《日本刑法的发展及其启示》，载《当代法学》2006年第1期。

要个罪修改的理性与非理性。

一、经济犯罪修改的理性分析

伴随着我国社会主义市场经济的蓬勃发展，经济领域的犯罪活动也甚为猖獗，并成为我国犯罪类型中一种涉及面较为广泛的犯罪形式，整个刑法修改的过程尤其突显了这一点。但这种修改是否合理、有序，则需要理性思考。

（一）对经济犯罪修改的总体反思

从整体上来考察，经济犯罪的修改取得了长足的进步。无论是经济犯罪修改观念，还是犯罪构成要件以及刑罚的设置，较之 1979 年刑法要完备得多，但在修改过程中体现理性一面的同时，也显现了非理性的一面。

1. 理性彰显

（1）修改频次：与经济犯罪的常变性相统一

经济犯罪总是随着市场经济的活动而不断变化，因而最具有常变性。这种常变性与刑法应保持相应的稳定性之间就一定存在冲突。如何协调二者，达到既保持了刑法的稳定性又符合了经济犯罪的常变性的最佳状态？刑法修正案这一修改模式为此做了最大的努力，尽管频繁修改，却仍然保持了刑法典的统一和相对稳定。从 1979 年《刑法》到 1997 年《刑法》，从多层次、多体系的法典型、单行型、附属型立法模式统一为刑法修正案的立法模式，在应对经济犯罪常变性上突显了刑法修改的理性；而主要采用刑法修正案的形式修改此类犯罪且修改频次频繁，也正为了适应经济犯罪的常变性。

1997 年现行《刑法》对 1979 年《刑法》作了大规模的修改，最引人瞩目的便是破坏社会主义市场经济秩序罪这一章的修改，不仅将类罪名改为"破坏社会主义市场经济秩序罪"，而且对其体系、内容、罪名以及犯罪构成等都作了较大的调整和补充。最直接地体现为条文数的扩大，由原先的 15 条扩大到 92 条。刑法分则共 350 个条文，仅破坏社会主义市场经济秩序罪就占刑法分则条文的 1/4 强，居于刑法分则十大类罪条文数之首位。之后的 10 个刑法修正案，只有《刑法修正案（二）》和《刑法修正案（十）》没有涉及本章的修改，其余各修正案均对该章进行了修改。其中《刑法修正案（一）》共 8 个条文，全部是有关经济犯罪的修改，《刑法修正案（三）》只修改了第 191 条的洗钱罪，《刑法修正案（四）》修改了该章的 3 个条文，《刑法修正案（五）》修改了 2 个条文，《刑法修正案（六）》修改了 10 个条文，《刑法修正案（七）》和《刑法修正案（九）》均修改了 4 个条文，《刑法修正案（八）》修改了 14 个条文。对经济犯罪的修改一直没有停止过，一方面反应了我国刑事立法者对破坏社会主义市场经济秩序罪一章的高度重视，另一方面也反应了经济犯罪的相关完善对维护经济秩序至关重要，正迎合了经济犯罪自身常变性的特点。

（2）空白犯罪构成模式：经济犯罪领域法定犯的理性选择

经济犯罪与传统的自然犯罪如杀人、放火、抢劫、强奸等不同，具有双重违法性，它首先是从经济法规中衍生出来的，是与自然犯相对的法定犯。[①] 经济犯罪是法律创设之犯罪，不仅其萌发、演变及消亡均有着与众不同的特点和规律，而且有关刑法条文结构也存在自身的特点，即"经济犯罪具有普遍采用空白罪状形式表达犯罪构成要件的特点，经济犯罪的构成要件的解释往往以非刑事法律法规的规范之解释为前提，或以非刑事法律法规的规范为值得特别考虑的因素"[②]。简言之，从立法技术角度而言，经济犯罪采用空白的犯罪构成要件，这与经济犯罪的易变性、复杂性及违反经济法律法规相适应。

所谓空白的犯罪构成要件，是指刑法条文没有将犯罪构成要件予以明白揭示，而需要援引其他法律规范来说明的犯罪构成。这种犯罪构成要件所表现出来的特点是，"在法律中大致规定作为处罚对象的行为的范围，而构成要件上的具体内容则交由政令以下的命令规定的刑罚法规。补充刑罚法规的空白部分的其他命令、行政处分就是补充规范"[③]。当前，这种空白犯罪构成要件立法技术被大量地运用于经济犯罪的立法之中，作为经济犯罪构成的客观要件，需要以其他非刑事法律规范来补充，而其他非刑事法律规范主要指的是经济、行政等方面的法律、法规，如森林法、海关法等。这种需要其他法律规范补充的构成要件模式，说明它自身的不完整性，那是否与我国刑法的明确性要求相违背呢？尽管如英国学者哈耶克所言，明确性是真正的法律所必须具有的一个属性，"对于一自由社会得以有效且顺利的运行来讲，具有不可估量的重要意义"[④]。但经济犯罪所使用的空白犯罪构成这一立法模式，是刑法修改过程中

---

① 需要说明的是，"经济犯罪存在着典型、次典型和不典型的层次差异，其中法定犯属性典型的经济犯罪，与经济、行政法律的关系最为密切，其专业性最强，犯罪所涉及的范围一般也最小，犯罪主体通常仅限于相关专业人员，其反社会伦理的属性最低，与一般自然犯的距离最远；而法定犯属性不典型的经济犯罪，则恰恰相反；而法定犯属性次典型的经济犯罪，则介乎于两者之间。"（游伟、肖晚祥：《我国经济犯罪立法模式的回顾与重构》，载 http：//www. sfyj. org/search. asp，转引自游伟、赵云锋：《我国经济犯罪变化与立法改革研究》，载《东方法学》2010 年第 2 期。）

② 肖中华：《经济犯罪的规范解释》，载《法学研究》2006 年第 5 期。

③ ［日］大谷实：《刑法讲义总论（新版第 2 版）》，黎宏译，中国人民大学出版社 2008 年版，第 49 页。

④ ［英］弗里德里希·冯·哈耶克：《自由秩序原理》，邓正来译，生活·读书·新知三联书店 1997 年版，第 183 页。

的理性选择，并没有违背刑法明确性的要求，不能将其与开放的构成要件相混淆。空白的构成要件与开放的构成要件虽然在构成要件的规定上都具有不完整性，但是两者存在本质区别。前者的不完整性是因为刑事法律规范本身没有明确规定，需要其他法律法规的参照才能使之明确；而后者的不完整性是指构成要件要素本身的缺乏，导致无法判断犯罪的有无，需要法官进行补充判断。换句话说，"开放的构成要件是针对行为刑事违法性而言，空白的构成要件只是针对行为客观要件而言"[①]。空白的犯罪构成要件经过刑法之外其他的法律、法规的补充，其内容是确定的，在这点上完全不同于开放的构成要件。空白犯罪构成要件是完全符合罪刑法定原则的，达到了刑法的明确性要求。而开放的构成要件之所以"开放"，主要原因在于其属于规范性构成要件要素，这一要素需要法官作出判断，这一判断标准是不确定的。

经济犯罪领域的法定犯，首先表现为对经济法律规范的违反，而"这些法律规范会随着市场经济的变化及国家经济政策的变化而发生改变，违反市场规则的具体行为的客观方式也随之会发生改变，经济犯罪具体构成要件的客观内容也就必然进行相应的修改"[②]。空白犯罪构成的要件模式可以防止刑法规范本身的频繁变动，而保持刑法的稳定性。从立法技术角度而言，空白犯罪构成是刑法修改中应对经济犯罪多变性和复杂性的理性选择。

（3）死刑消减：宽严相济刑事政策的贯彻和落实

伴随着我国刑法死刑改革的趋势，经济犯罪死刑的数量也在逐步消减。较之 1997 年《刑法》规定的经济犯罪死刑适用量，其适用比例呈大幅度递减趋势。1997 年《刑法》第三章破坏社会主义市场经济秩序罪规定的 94 个罪名中，可适用死刑的罪名数有 16 个，而整个刑法分则适用死刑的罪名共 68 种，因此，经济犯罪适用死刑数约占第三章总罪名数的 1/6，而占适用死刑罪名总数的 1/4。《刑法修正案（九）》颁行以来，经济犯罪适用死刑数大大减少。第三章包含了 108 个罪名，其中可适用死刑罪名数为 2 个，而刑法分则适用死刑总数为 46 个，占适用死刑总数的 1/23。

通观历次刑法修正，经济犯罪的死刑罪名锐减，这不仅仅是立法者对死刑适用的理性选择，也是我国宽严相济刑事政策的指导产物。死刑是我国刑罚种类中最为严厉的一种，应当只适用于罪行极其严重的犯罪行为。经济犯罪的严重程度远不及侵犯人身权利的暴力犯罪，刑法修正中消减死刑的立法行为是理

[①] 刘艳红：《开放的构成要件范畴三论》，载《江海学刊》2005 年第 2 期。

[②] 唐稷尧：《论我国经济犯罪的立法模式选择——兼谈空白罪状内涵的解释与补充》，载《四川师范大学学报（社科科学版）》2006 年第 6 期。

性对待经济犯罪的结果，符合经济犯罪自身性质的要求。

2. 非理性显现

（1）立法途径：经验立法与经济犯罪特征不相匹配

经验立法在我国一直存在，但由于受"法律只能是土生土长和几乎是盲目地发展，不能通过正式理性的立法手段来创建"① 这一观念的影响，将法律视为对实践经验的表述，只有在实践经验产生后，才上升到法律中来，其结局是法律的滞后性。法律滞后直接导致法律一直处于被动的状态，只能在一定的客观现象产生之后对其作出法律上的反应，规制实施违法犯罪行为的人。然而，经济社会是不断变化的，新型犯罪现象也会不断地涌现，随之而来的是现有法律不能完全惩治社会违法现象，于是修改刑法成为必然。从这个角度而言，经验立法与经济犯罪自有的特征是不相匹配的，这种不相匹配性导致了法律的频繁修改。具体来说，从 1979 年《刑法》到 1997 年《刑法》的修改，再到 10 个刑法修正案的出台，从另一个侧面显现出我国刑法对经济犯罪反应的滞后性。当下经济犯罪刑事法律修改中尚且存在大量经验立法的思想痕迹。如 2001 年《刑法修正案（三）》对《刑法》第 191 条洗钱罪进行修正，增加了洗钱的对象"恐怖活动犯罪所得及其产生的收益"，并对单位犯罪部分增加了"情节严重的，处五年以上十年以下有期徒刑"的规定；而 2006 年《刑法修正案（六）》进一步将洗钱的对象扩大到"贪污贿赂犯罪、破坏金融管理秩序犯罪、金融诈骗犯罪的所得及其产生的收益"。这一修正过程，至少反映了立法者经验立法的思想路径。

当然，任何事物都具有两面性，虽然频繁地修改刑法迎合了经济犯罪的常变性，但过度频繁修改也不利于刑法的统一和稳定。经济犯罪的刑法修改，经验立法并不是理想的选择，应更新立法途径，去除刑法修改中非理性的观念因素。特别是经验立法往往落后于社会现象，"一旦时过境迁，据以经验立法的法律之公正合理性的基础便不复存在，对于某些社会关系应调整而缺乏调整、不应介入却不当介入、应这样调整却那样作了调整等立法与社会发展相左的现象也随之发生，法律的稳定性与严肃性必然遭到破坏"②。

（2）刑罚配置：不符合经济犯罪的罪质要求，不够轻刑化、精细化

经济犯罪属于贪利性犯罪，是法律规定的犯罪，与暴力犯罪不同，决定了它的刑罚配置应该轻刑化；与其他非经济领域犯罪不同，决定了它的刑罚配置必须精细化。只有符合轻刑化和精细化的刑罚配置才符合经济犯罪的罪质要

---

① 何勤华：《西方法学史》，中国政法大学出版社 2000 年版，第 203～204 页。

② 赵秉志：《刑法修改中的宏观问题研讨》，载《法学研究》1996 年第 3 期。

求。而此处的刑罚配置不仅包括刑罚种类的设置，而且包括法定刑的设定。然而，目前刑法的修正仍然有不符合轻刑化思想。轻刑化是与重刑化相对的一种刑罚思想，究竟是重刑化还是要求的刑罚配置的非理性因素存在。

其一，经济犯罪的刑罚种类设置是轻刑化，在刑法修订阶段，对该问题进行了热烈地讨论。当前，轻刑化已经成为刑罚发展的主流思想，这是人类理性的觉醒和人道主义弘扬的结果，也是刑法理论发展的理性表征。轻刑化思想反应了刑罚结构的配置不是越残酷越好，因为，"人的心灵就像液体一样，总是顺应它周围的事物，随着刑场变得日益残酷，这些心灵变得麻木不仁了。生机勃勃的欲望力量使得轻刑经历了百年残酷之后，其威慑力量只相当于从前的监禁"①。刑罚控制必将随着社会的文明和进步而向轻刑化发展。

对于经济犯罪而言，轻刑化强调的是刑罚结构配置的轻缓，在刑种的选择上，应当限制重刑罚。然而，虽然在历次刑法修正过程中，取消了部分经济犯罪的死刑适用，但并没有废除所有经济犯罪的死刑。经济犯罪与其他的人身暴力犯罪不同，对其保留死刑的适用不符合经济犯罪罪质，有违我国宽严相济的刑事政策。罚金刑作为普遍适用于经济犯罪的刑种，在具体适用过程中也存在很多问题，如罚金刑与自由刑并科时，两者是否可以任意调剂；如果要调剂，将如何调剂，调剂幅度越大，越是说明了刑罚轻缓化的趋势。这是司法实践中刑罚配置轻缓化过程所显现的非理性因素，值得认真考虑。另外，没收财产刑在经济犯罪中的规定如何与罚金刑并用以及资格刑在经济犯罪中的规定较为单一等，诸如此类的问题都是值得在刑法修改中予以考虑的。可以说，目前我国经济犯罪的刑罚种类的配置仍然是不合理的。

其二，个别经济犯罪的法定刑幅度不够精细化。我国的法定刑采取的是相对确定的法定刑，大多数罪都是根据犯罪的性质、情节以及危害社会的程度，规定了相应合理的法定刑幅度。通常情况下，轻罪合理的法定刑幅度一般为3年以下有期徒刑、拘役或者管制，重罪合理的法定刑幅度为3年至7年有期徒刑、7年至15年有期徒刑、无期徒刑或者死刑。②而我国经济犯罪的法定刑规定多数较为具体，但个别犯罪的法定刑幅度仍然较大。如，《刑法》第163条规定的非国家工作人员受贿罪，规定了两个法定刑档次："五年以下有期徒刑或者拘役"和"五年以上有期徒刑，可以并处没收财产"。这一法定刑幅度跨度是比较大的，需要进一步细化。经济犯罪中类似的法定刑幅度还是存在的，因此，在进一步修改刑法时，应理性地对待，缩小法定刑的档次，使之符合经

---

① ［意］贝卡利亚：《论犯罪与刑罚》，黄风译，中国法制出版社2005年版，第43页。
② 参见赵长青：《略论刑法分则条文的立法改革》，载《中外法学》1997年第1期。

济犯罪的罪质要求。

3. 经济犯罪修改的进路

（1）立法途径：超前立法的迫切需要

从立法途径上来看，存在超前立法和经验立法之分。过去，我国一直追寻着经验立法，正是这种立法途径，使法律难以具有预见性，如要适应社会整个系统，就必须频繁修改相关法律。1997 年刑法典的颁行以及随后的 10 个刑法修正案的出台，经济犯罪的修改数目位居前列，甚至在刑法典中修改的犯罪，紧接着在刑法修正案中又予以修正，这就是经验立法所带来的困惑。如 1997年刑法修订时根据以往立法经验，规定了证券犯罪，而没有规定期货交易犯罪，于 1999 年《刑法修正案（一）》增加了期货交易犯罪的规定。这一规定的增加是对市场经济秩序的反映，是在原有立法已经不适应变动的社会关系时作出的修正。

在我国刑法修订过程中，应适当选择超前立法。作为法定犯的经济犯罪，与自然犯相比，它具有双重违法性，在违反相关经济、行政法律、法规的前提下，才能定性为刑事犯罪行为。"刑法修订时，在有关法定犯的规定方面可以适当借鉴国外已有的立法经验，结合对相关部门法已设违法行为危害性的评价，对刑法作出适当的超前性规定是完全可能的，也是维护刑法稳定性的需要。"[1] 当然，这种超前立法并不是盲目地超前立法，而应该是建立在与现实相结合基础上的。经济犯罪修改时所要采用的超前立法途径，是在把握经济犯罪规律的基础上，对未来犯罪形势的预测，符合经济犯罪发展的动态性，使制定和修改的刑法内容不会与社会现实相脱节。

（2）刑法的谦抑性：经济犯罪修改必须遵循的原则

谦抑性是现代刑法重要的特征之一，经济犯罪的修改亦是要坚持刑法谦抑性原则。因为"刑法在根本上与其说是一种特别法，还不如说是其他一切法律的制裁"[2]。刑法是其他法律实施的最后保障，在法律体系中它处于保障法的地位，只有当其他法律不足以抑制违法行为时，才能考虑适用刑法。对于经济领域的一般违法行为，应当充分运用民事、行政等手段，通过这些手段进行有效的管理和制裁。只有当经济违法行为发展到一定的规模，达到了严重危害社会的程度，而且在其他的法律已经不足以对其抑制时，方可考虑动用刑法手段。

经济犯罪所要遵循的谦抑性原则要求在对破坏市场经济行为作入罪处理时，必须综合评价其入罪的必要性，即"首先考察此类行为是否已经过其他

---

[1] 李希慧主编：《刑法修改研究》，武汉大学出版社 2011 年版，第 11 页。

[2] ［法］让·雅克·卢梭：《社会契约论》，徐强译，江西教育出版社 2014 年版，第 73 页。

法律的判断且其他法律确已无法胜任，然后再结合其他情况决定取舍，决不应舍弃其他规制手段而直接动用刑罚"①。

经济犯罪适用刑法谦抑性的原则，不仅决定于刑法本身最后保障性和严厉性，还取决于市场经济的自由性与法律修改的干预性之间的矛盾和冲突。市场经济是平等、自由的经济，市场主体具有较大的自主性，资源的配置依靠的不是国家或政府对资源的任意调控，而是市场自身。但如果一些市场主体为了追求利益的最大化，实施违法行为时，国家的干预、法律的调控就必不可少。正如洛克在《政府论》中所言："法律的目的不是废除或限制自由，而是维护和扩大自由。这是因为在所有能够接受法律支配的人类的状态中，哪里没有法律，哪里就没有自由。这是因为自由意味着不受他人的束缚和强暴，而哪里没有法律，哪里就不能有这种自由。"② 只是国家的介入带有的干预性和市场经济本身的自由性是相矛盾和冲突的，在经济领域，自由和法律之间的辩证关系就昭示了刑法谦抑性必须遵循。唯有这样，才能保障法律尤其是刑法在干预市场经济过程中的度。另外，经济犯罪是法定犯，不同于自然犯，"对于自然犯的惩罚，其根据在于他们严重违背了社会道德。而法定犯，并未违背社会道德，即便违背道德，道德罪过的程度也相当轻。刑罚之于它们，纯系出于社会功利观念的要求，即仅仅是因为社会试图阻止其发生，才动用刑罚予以处罚"③。

（3）刑罚结构设置：应遵循刑罚的轻缓化和科学化

我国刑法中有关经济犯罪的刑罚，过去采用的是以死刑和自由刑为中心的重型刑罚结构，随着刑法修正案的修改，渐变为以自由刑和财产刑为中心的刑罚结构。这种刑罚配置仍然没有摆脱重刑主义思想的影响。而且我国的刑罚设置没有充分体现经济犯罪不同于其他犯罪的特点，不利于预防犯罪这一刑罚目的的实现。正如孟德斯鸠所言，在一个正直宽和的国家，一个良好的立法者所关心的预防犯罪多于惩罚犯罪。④ 根据宽严相济刑事政策的要求，经济犯罪的刑罚配置也应该相应的轻缓化和科学化，在丰富经济犯罪刑罚设置种类的同时，应一改过去的重型刑罚结构。

经济犯罪刑罚配置的轻缓化，首要的是树立轻缓化的思想观念。当然，无论是重刑化还是轻缓化，都不能从单纯意义上去讨论，更不能一味地认为，重

---

① 汪雷：《证券期货刑事立法的反思与重建》，载张智辉、刘远主编：《金融犯罪与金融刑法新论》，山东大学出版社 2006 年版，第 145 页。

② ［英］约翰·洛克：《政府论（下）》，叶启芳、瞿菊农译，商务印书馆 1964 年版，第 36 页。

③ 陈兴良：《本体刑法学》，商务印书馆 2001 年版，第 647 页。

④ 参见［法］孟德斯鸠：《论法的精神》（上册），张雁深译，商务印书馆 1961 年版，第 42 页。

刑化有致命的缺陷，就必然走向轻缓化道路。因为无论是走向何种刑罚发展趋势，都应该围绕着罪责刑相适应原则进行。换句话说，经济犯罪的刑罚轻缓化是罪责刑相适应原则下的轻缓化。刑罚轻缓化表现形式也是多方面的，最直接的表现是在经济犯罪刑罚结构的设计以及法定刑的配置中。经济犯罪不同于侵犯人身犯罪，其社会危害性有别于其他暴力型犯罪，不能将其视为罪行极其严重的犯罪行为，对其适用死刑显然有悖于罪责刑相适应原则。尽管罚金刑在惩治经济犯罪中起到至关重要的作用，但对经济犯罪应当根据其犯罪受益配以适当数额的罚金刑，才应该是较为合理的处罚。当然，也需要考虑到保证罚金的执行，这样才会达到应有的罚金刑刑效果。另外，"经济犯罪中的大多数犯罪需要特殊的条件，比如金融诈骗罪需要特殊的工具，走私犯罪、生产伪劣商品犯罪需要庞大的经济实力，贪污罪、受贿罪需要特殊的身份等。如果针对性地剥夺犯罪人相应的资格或能力，完全可以完成对类似犯罪行为的预防"①。因此，必然要求改变过去的刑罚结构，变革刑罚体系和刑种配置，在采用以自由刑和罚金刑为中心的轻型刑罚结构的基础上，适当创设和增加资格刑在经济犯罪中的适用，这样才更有利于刑罚效果的实现。

（二）对经济犯罪中具体个罪的反思

由于《刑法》第三章规定的破坏社会主义市场经济秩序罪包含 108 个罪名，内容繁多，本文仅就刑法修改中多次修改的以及存在问题较多的个罪、次类罪进行探讨。

1. 关于洗钱罪

1997 年《刑法》第 191 条，首次以法条的形式，将毒品犯罪、黑社会性质的组织犯罪、走私犯罪的违法所得及其产生的收益规定为洗钱罪的犯罪对象。为了进一步打击和遏制恐怖主义犯罪，2001 年《刑法修正案（三）》对洗钱罪进行了一次修订，将恐怖活动犯罪增加为洗钱罪的上游犯罪。2006 年《刑法修正案（六）》在此基础上，将洗钱的对象扩大到"贪污贿赂犯罪、破坏金融管理秩序犯罪、金融诈骗犯罪的所得及其产生的收益"。通过两次修正案，洗钱罪上游犯罪的范围进一步扩大至 7 种。这一修正内容，不仅是新形势下打击洗钱犯罪的产物，而且也是我国金融秩序管理和经济安全维护的需要。尽管如此，将刑法这一修正与我国先后加入的《联合国禁毒公约》、《联合国打击跨国有组织犯罪公约》和《联合国反腐败公约》相比较，洗钱罪的刑事立法尚存在一些不足之处。借鉴国际公约以及其他国家先进的立法经验，根据

① 唐福齐：《论经济犯罪刑罚的立法完善——兼论经济犯罪的死刑废止》，载《政治与法律》2008 年第 3 期。

新的犯罪形势，我们就洗钱罪上游犯罪的范围、犯罪主体及法定刑等相关立法问题作探讨，以求进一步完善。

（1）洗钱罪上游犯罪的范围如何扩大

刑法修正案对洗钱罪的两次修正，都是为了扩大洗钱罪的上游犯罪范围，目前洗钱罪上游犯罪，由先前的毒品犯罪、黑社会性质的组织犯罪，扩大至恐怖活动犯罪、走私犯罪、贪污贿赂犯罪、破坏金融管理秩序犯罪、金融诈骗犯罪等七种。这两次修改尽管囊括了现实生活中大部分常发、易发、可发的洗钱行为，但随着赌博罪、证券、期货内幕交易犯罪、组织卖淫犯罪中洗钱行为的日益猖獗，洗钱罪上游犯罪的范围仍然略显狭窄。如果需要对这些犯罪的洗钱行为定罪处刑，仍然有必要进一步扩大洗钱罪的上游犯罪的范围。

基于此，如何扩大洗钱罪上游犯罪的范围成为问题解决的关键。对此，主要存在两种不同的观点。一种观点认为，应将洗钱罪的上游犯罪范围扩大到所有可能产生犯罪所得及非法收益的罪名；[1]另一种观点认为，应将洗钱罪的上游犯罪范围限定在一些社会危害性严重的犯罪，并根据我国经济的发展以及打击洗钱罪的司法实践来对上游犯罪的范围进行逐步扩充。[2]《联合国反腐败公约》第23条"对犯罪所得的洗钱行为"作出了明确规定："各缔约国均应当根据本国法律的基本原则采取必要的立法和其他措施，将下列故意实施的行为规定为犯罪：明知财产为犯罪所得……"，言下之意，只要国内法规定的能够产生犯罪收益的犯罪都应当列为洗钱罪的上游犯罪，即包括了"所有可能的犯罪"；该公约第15—22条、24—25条进一步明确列出具体的洗钱罪的上游犯罪范围，即贿赂本国公职人员罪、贿赂外国公职人员或者国际公共组织官员罪、公职人员贪污、挪用或者以其他类似方式侵犯财产罪、影响力交易罪、滥用职权罪、资产非法增加罪、私营部门内的贿赂罪、私营部门内的侵吞财产罪、窝赃罪以及妨害司法罪。[3]相比较而言，经过修正后的我国刑法中有关洗钱罪上游犯罪的范围仍然较为狭窄。如果直接将洗钱罪的上游犯罪规定为"所有可能的犯罪"，不符合国内刑事立法的实际情况，也有违刑事立法审慎的态度。如有学者主张，"结合我国现有国情，应当将洗钱罪的上游犯罪扩大为危害严重、法定最低刑在3年以上的犯罪"[4]。我们认为，对于洗钱罪上游

---

[1] 参见莫洪宪：《加入〈联合国打击跨国有组织犯罪公约〉对我国的影响》，中国人民大学出版社2005年版，第113页。

[2] 参见刘宪权：《金融刑法学专论》，北京大学出版社2010年版，第458页。

[3]《联合国反腐败公约》，载 http://www.360doc.com/content/15/0704/22/9851038_482656480.shtml，访问日期：2017年1月10日。

[4] 李希慧主编：《刑法修改研究》，武汉大学出版社2011年版，第134页。

犯罪的范围应当在结合当前实际国情的基础上，逐步将上游犯罪的范围扩大至合理的区间，尽可能地将那些会产生犯罪收益的犯罪纳入规制范围。

（2）洗钱罪的犯罪主体应否包括上游犯罪行为人

我国现行刑法并没有将上游犯罪行为人纳入洗钱罪主体之中。那么，在未来的刑法修改中，应否将上游犯罪行为人纳入洗钱罪的犯罪主体呢？

当前洗钱罪的犯罪主体与上游犯罪的主体可谓泾渭分明。上游犯罪主体是实施原生犯罪行为的本犯，而洗钱罪的主体是在原生犯罪之后处置赃物的行为。这里包括两种情况：其一，实施洗钱行为的人与上游犯罪的行为人是同一的；其二，实施洗钱行为的人与上游犯罪的行为人并非同一。后一种情况较为简单，直接将实施洗钱行为的人作为洗钱罪的主体处置即可。对于前一种情况，关键问题在于，实施原生犯罪的本犯可否继续实施处置赃物的行为，他们实施处置赃物的行为可否纳入刑法的视野，如果要纳入刑法的范畴将如何定性？

第一层次：上游犯罪主体处置赃物的行为能否独立成罪？这也是许多学者争论的问题。争论的焦点在于上游犯罪主体实施原生犯罪之后，又实施处置赃物的行为，究竟是否具有可罚性？有学者认为，对原生罪的本犯所实施的窝藏处置赃物的行为，应当属于不可罚的事后行为，因为上游犯罪的犯罪分子为了保有其既得利益，必然通过一定的方法掩饰、隐瞒自己的犯罪所得及其产生的收益的性质和来源，这种行为具有实施上游犯罪后果的逻辑的必然延伸。[①] 该种观点认为上游犯罪之后的处置赃物行为属于事后不可罚的行为，不具有独立评价的意义，不单独成立犯罪。"之所以并不另成立其他犯罪，主要是因为事后行为没有侵犯新的法益，即缺乏违法性，也可能是因为事后行为缺乏期待可能性，即缺乏有责性。"[②] 要判断上游犯罪行为人实施的处置赃物的行为是否属于"事后不可罚的行为"，首先要判断其处置赃物的行为有没有侵犯新的法益？如果没有侵犯新的法益，还是和原生犯罪的法益一致，那么就不能独立成罪；如果侵犯了与原生犯罪不同的新的法益，则就只能构成原生罪之外的洗钱罪。如，上游犯罪主体实施了走私犯罪，之后又实施了处置赃物的行为。走私犯罪行为侵犯的法益是国家的外贸管理制度，而处置赃物的洗钱行为侵犯的法益是司法机关的正常活动和金融管理秩序。显然，两者是不同的法益，将上游犯罪主体的处置赃物行为归为"事后不可罚的行为"是不合理的，而应独立成罪。

① 参见张军主编：《破坏金融管理秩序罪》，中国人民公安大学出版社 2003 年版，第 481 页。

② 张明楷：《刑法学（上）》，法律出版社 2016 年版，第 327 页。

第二层次：当上游犯罪主体处置赃物的行为可以独立成罪时，构成何罪？洗钱罪抑或他罪？洗钱罪的行为对象是赃物，而这里的赃物与普通赃物犯罪的赃物不可同日而语。关于赃物犯罪的定性，我国《刑法》第 312 条掩饰、隐瞒犯罪所得、犯罪所得收益罪和第 349 条窝藏、转移、隐瞒毒品、毒赃罪均有所体现。基于《刑法》第 191 条和第 312、349 条间特别法与一般法的关系，对《刑法》第 191 条 7 种犯罪的所得及其产生的收益原则上应以洗钱罪这一特殊法条论处，而该条之外的所得及其产生的收益以窝藏、转移、收购、代为销售或者以其他方法掩饰、隐瞒的，则应以掩饰、隐瞒犯罪所得、犯罪所得收益罪以及窝藏、转移、隐瞒毒品、毒赃罪论处。不过 2009 年最高人民法院《关于审理洗钱等刑事案件具体应用法律若干问题的解释》第 3 条明确规定："明知是犯罪所得及其产生的收益而予以掩饰、隐瞒，构成刑法第三百一十二条规定的犯罪，同时又构成刑法第一百九十一条或者第三百四十九条规定的犯罪的，依照处罚较重的规定定罪处罚。"也即是说，此种情况下的特别法与一般法不采用特别法优于一般法的原则，而是重法优于轻法的例外。进言之，通常情况下洗钱罪的处罚较重，则仍以洗钱罪论处。另外，刑法既然将洗钱罪从《刑法》第 312 条和第 349 条独立出来，作为单独的犯罪予以规定，说明它们之间无论是客观的行为还是侵犯的法益均是不同的，有独立立法的必要性。这也同时说明了，对于毒品犯罪等 7 种犯罪的洗钱行为只能构成洗钱罪，而不能构成其他犯罪。因而，从刑事立法的必要性角度来看，如果上游犯罪主体处置赃物构成犯罪，则应纳入洗钱罪的犯罪主体，以洗钱罪处理。

（3）洗钱罪的法定刑设置是否合理

关于洗钱罪的法定刑，我国《刑法》条文中设置了两个档次，即"一般情节"和"情节严重"①，即以"五年以下有期徒刑"和"五年以上十年以下有期徒刑"相区分。相对于洗钱行为所带来的严重的社会危害性和巨大的收益，洗钱罪的法定刑设置是否显得过于轻微呢？这是值得深思的。

洗钱罪不同于刑法分则规定的众多其他一般类型的犯罪，它的存在以经济的发展和全球经济一体化的出现为基底。这一犯罪行为的规制，不仅是严厉打击经济犯罪的利器，而且也是促进经济发展的工具。只有合理设置该罪的法定刑，才能让该刑法规范所承载的犯罪规制内容发挥很好的效用。然而，当前所设置的洗钱罪的法定刑，却存在一定的非合理性因素。具体表现在：

---

① 我国《刑法》中规定："一般情节"，处五年以下有期徒刑或者拘役，并处或者单处洗钱数额百分之五以上百分之二十以下罚金；"情节严重"，处五年以上十年以下有期徒刑，并处洗钱数额百分之五以上百分之二十以下罚金。

其一，忽略了上游犯罪法定刑的考量。由于洗钱罪不同于其他一般类型的犯罪，它是基于上游犯罪的存在而存在的，是对上游犯罪所得收益的处置。洗钱罪法定刑设置时对上游犯罪刑罚的考量，不仅成为必要和必需，而且是合乎刑法法理的。这种考量，在域外刑法的相关立法规定中都有所体现，如《法国刑法典》第 324 - 4 条明确规定："在洗钱活动涉及的财产或资金来源之重罪或轻罪当处高于第 324 - 1 条与第 324 - 2 条所规定的监禁刑时，洗钱罪处以与此种重罪或轻罪行为人所实行的犯罪相关的刑罚；如此种犯罪有加重情节，洗钱罪仅处以犯罪行为人所实施的情节相关的刑罚。"[①] 第 324 - 1 条规定的刑罚为 "5 年监禁并处 375000 欧元罚金"，第 324 - 2 条规定的刑罚为 "10 年监禁并处 750000 欧元罚金"。又如，我国澳门特区刑法规定：洗钱罚则不得超过产生该不法所得的前犯罪活动。对于金融机构工作人员违背特定的职业义务，知法犯法，从事洗钱犯罪活动的，应当适用高一档的法定刑或者作为加重处罚的身份情节。而我国刑法却是空白状态，在我国刑法修改时，应将洗钱罪的法定刑较之上游犯罪的处罚明确规定在刑法条文中，这样才更加有利于罪责刑相适应原则的实现。

其二，违背了罪责刑相适应原则。洗钱罪的法定刑最高档次为五年以上十年以下有期徒刑，这一法定刑并不符合洗钱罪本身的社会危害性，有悖于罪责刑相适应原则。当前，洗钱犯罪手段日益复杂化，对国家正常的金融管理秩序的破坏也日益增大，且洗钱犯罪所得收益的数额也是非常巨大，这一刑法设置的法定刑档次已经无法与洗钱罪行为本身的危害性相匹配。建议提升洗钱罪的法定刑档次，增加 "情节特别严重或者数额特别巨大的，处十年以上有期徒刑或无期徒刑" 的量刑规定。即使洗钱罪的处罚要低于上游犯罪的处罚，作出这样的增加也是合理的。通观洗钱罪的 7 种上游犯罪，最高量刑档次为无期徒刑或者死刑，将洗钱罪的最高法定刑增加一档为 "十年以上有期徒刑或无期徒刑" 并不会高于其上游犯罪的法定刑。

其三，罚金刑数额的规定不合理。经济犯罪之所以发生，源自于行为人对经济利益的追逐。罚金刑的适用，可以直接剥夺其经济命脉，对其内心起到最直接的威慑作用。罚金数额的规定也应轻重适宜，否则不仅起不到良好的打击犯罪、预防犯罪的作用，反而会使法律徒有虚表，毫无价值。我国刑法关于洗钱罪的罚金数额采用的是倍比罚金制[②]，即洗钱数额 5% 以上 20% 以下的罚金

---

① 《法国刑法典》，罗结珍译，中国法制出版社 2003 年版，第 128 页。
② 关于罚金数额的确定，主要包括无限额罚金制、限额罚金制和倍比罚金制三种基本立法模式。从我国现行刑法规定来看，这三种模式均有采用。

刑数额，由于这一倍比罚金制的基准和比例并不统一，导致洗钱罪罚金刑数额的规定尚值得商榷。如，《刑法》第 158 条规定的虚报注册资本罪采用的是非法经营额标准；《刑法》第 175 条规定的高利转贷罪采用的是违法所得额标准；刑法分则第三章第一节规定的生产、销售伪劣产品罪采用的是销售金额的标准等。而洗钱罪的罚金数额采用的是非法经营额标准。这种多元的基准设计，本身是缺乏科学的支撑的，也会给执法带来一定的混乱。另外，相对洗钱数额巨大的犯罪分子以及资产规模巨大的金融机构，5% 至 20% 这一倍比罚金数额标准相对较低，无法对其产生足够的威慑力，也不符合打击洗钱犯罪的目的。打击洗钱犯罪的目的一方面是为了惩罚犯罪分子，另一方面是为了控制违法犯罪所得收益，阻止违法分子将违法所得变为"合法财产"。因此，为了实现洗钱罪刑事立法目的，严厉打击洗钱犯罪行为，增强刑罚的威慑力，应该大幅提升罚金数额。

2. 关于金融诈骗罪

金融诈骗罪作为次类罪，规定在刑法分则第三章第五节。这一类型犯罪是 1997 年《刑法》根据 1995 年全国人大常委会《关于惩治破坏金融秩序的决定》的内容而作的修订。这一次类罪名下共设置了 8 个罪名，体现在《刑法》第 192 条至第 200 条之中，分别是：集资诈骗罪、贷款诈骗罪、票据诈骗罪、金融凭证诈骗罪、信用证诈骗罪、信用卡诈骗罪、有价证券诈骗罪和保险诈骗罪。与 1995 年《关于惩治破坏金融秩序的决定》相比，现行刑法对金融诈骗犯罪进行了较为全面、系统的规定，如增加有价证券诈骗罪，将集资诈骗罪修改为数额犯等，在维护金融秩序、惩治破坏金融秩序犯罪方面，起到了重要作用。但是概览该节罪名，还存在诸多值得质疑之处。

（1）金融诈骗罪的刑法立法体例设置存在不合理之处

金融诈骗罪的立法体例设置应当与诈骗罪、破坏金融管理秩序罪的关系问题结合起来探讨。可以说，金融诈骗罪与它们之间的关系直接影响了其在刑法立法体例中设置的位置。

关于金融诈骗罪与诈骗罪。《刑法》第五章侵犯财产罪中第 266 条规定了普通诈骗罪，与金融诈骗罪在刑法理论上属于普通法条和特别法条之间的关系。从犯罪构成要件角度来看，金融诈骗罪首先应当符合普通诈骗罪的构成要件行为，即行为人主观上以非法占有为目的，客观上实施了诈骗罪的基本构造行为：行为人实施欺骗行为——受骗者陷入或者强化认识错误——受骗者基于认识处分（交付）财产——行为人或第三者取得财产——被害人遭受财产损失。[①] 如

---

① 参见张明楷：《论诈骗罪中的财产损失》，载《中国法学》2005 年第 5 期。

果没有规定金融诈骗罪，则都要以诈骗罪定罪处罚。"刑法之所以将这几种诈骗行为从诈骗罪中独立出来，主要考虑到这几种诈骗都发生在金融领域，犯罪分子都利用了金融业务中的一些手段和方法，犯罪的社会危害性远比普通诈骗严重。同时，由于普通诈骗罪规定死刑的立法动议多次受阻，故单独规定比较容易对金融诈骗罪增设死刑。"① 金融诈骗罪既然要单独规定，究竟放置于哪一章节是立法者紧接着要解决的问题。由于我国刑法分则各个类罪是按照侵犯法益的不同进行的划分。当有些犯罪侵犯的是复合法益时，主要法益"决定该具体犯罪的性质，从而也决定该犯罪在刑法分则中的归属"②。诈骗罪侵犯的法益是财产权，归属于侵犯财产罪一章，而金融诈骗罪既然是普通诈骗罪的特殊法条，必然侵犯了财产权这一法益，但又不同于普通诈骗罪，其诈骗手段、诈骗对象都具有特殊性，是利用金融工具骗取金融机构或社会公众的财产的行为。因此，金融诈骗罪在侵犯财产所有权的基础上，又侵犯了金融管理秩序。通说观点认为，对金融秩序的破坏远远严重于对公私财产所有权的侵害。正如林山田所言："从整个经济生活的安定秩序与经济结构的安全来看，经济犯罪所造成的非物质的损害性与危险性，似乎是高于物质方面的损害性与危害性，因为经济犯罪对于整个经济制度与经济秩序产生极为恶劣的不良后果，诸如经济道德的堕落、破坏经济社会赖以生存的诚实信用原则及彼此相互的信任，而造成经济活动中相互的不信任等，终至干扰经济生活的安宁秩序，进而危及整个经济结构的安全……这些在经济活动中强烈的不信任，将会干扰经济秩序，阻碍经济的发展。"③ 所以，金融诈骗罪主要保护的法益是金融秩序，次要的保护法益是财产权。基于此，立法者将金融诈骗罪放置于我国刑法分则第三章破坏社会主义市场经济秩序罪之中。

　　关于金融诈骗罪与破坏金融管理秩序罪。金融诈骗罪和破坏金融管理秩序罪都属于金融犯罪的范畴，我国刑法将它们按照行为方式的不同予以分类，前者是以诈骗方法实施的金融犯罪，规定在刑法分则第三章第五节，后者是以其他方式实施的金融犯罪，规定在刑法分则第三章第四节。言下之意，金融诈骗罪与破坏金融管理秩序罪作为"次层次"的同类法益均是金融管理秩序。既然是侵犯相同的法益，为何却没有将其规定为一节？原因在于，"刑法典规定的破坏金融管理秩序罪虽然侵犯了管理秩序，但不一定侵犯金融交易秩序。因

---

① 胡云腾：《论金融犯罪》，载《法学前沿（一）》，法律出版社1997年版，第88页。

② 高铭暄、马克昌主编：《刑法学》（第七版），北京大学出版社、高等教育出版社2016年版，第57～58页。

③ 林山田：《经济犯罪与经济刑法》，三民书局1981年版，第46～47页。

为其中的有些犯罪并不以进入金融市场为条件。可见，金融诈骗罪与破坏金融管理秩序罪虽然都是侵犯金融管理秩序的犯罪，但在具体内容上还是有所不同的"①。但值得注意的是，我国刑法分则各类罪是以侵犯同类法益的不同为标准进行划分，各次类罪名也同样是以侵犯法益的不同予以归类。立法者将金融诈骗罪作为与破坏金融管理秩序罪并列的节规定在刑法分则第三章之中，并不是遵循侵犯相同法益的划分标准，而是依据犯罪手段不同作出的归类。这样一来，不仅突破了刑法传统理论，违背了侵犯相同法益这一划分标准，而且容易造成刑法立法体例上的混乱和不协调。金融诈骗罪一节的设置在刑法理论与刑事司法实践的适应性方面、在刑事立法价值取向与刑法历史发展趋势的趋同性方面、在刑事立法形式与刑法基本原则的一致性方面都存在商榷的余地。② 将金融诈骗罪归入破坏金融管理秩序罪似乎更加合理。

（2）金融诈骗罪仅以结果犯的构成模式立法不够妥当

金融诈骗罪下设置的 8 个罪名，只有第 195 条信用证诈骗罪未规定"数额较大"，其余 7 个罪名基本采用传统诈骗罪的构成模式，要求达到"数额较大"这样的结果才构成犯罪，即以结果犯的构成模式立法。这一模式套用传统诈骗罪的立法模式，存在一定的弊端。我国刑法分则将金融诈骗罪从普通诈骗罪中脱离出来，那么无论是犯罪构成还是法定刑的设置，都不应该在传统诈骗罪的阴影下存在。否则，它不仅违背了立法者的立法初衷，而且无法发挥保护金融秩序这一功能。

金融诈骗罪不同于一般的诈骗罪。诈骗罪保护的是一种静态的财产权法益，要求造成实际侵害的结果才构成犯罪，采用结果犯的模式。与此相反，金融诈骗罪所保护的不仅仅是财产权，更重要的是金融管理秩序，而这种法益呈动态特征，且社会危害性较大，以结果犯模式立法已不能满足其对金融管理秩序的保护。问题在于，不采用结果犯立法模式，是否必然地要采用行为犯立法模式呢？其实，行为犯立法模式对金融犯罪而言也是存在一定缺陷的。正如有学者所言，即使把侵害发生以前的阶段视为有罪，制定提前处罚时期的犯罪类型，但在实务中，在起诉裁量主义下，多数情况下也是在被害发生后才运用刑事规制。③ 在当前情形下，首先要承认我国金融诈骗罪所采用的结果犯立法模式是存在一定弊端的，但却不能奢望通过刑法修改的方式使之完全采用行为犯

① 赵秉志：《论金融诈骗罪的概念和构成特征》，载《国家检察官学院学报》2001 年第 1 期。
② 参见冯殿美、郭毅：《金融诈骗罪研究》，载赵秉志主编：《新千年刑法热点问题研究与适用》，中国检察出版社 2001 年版，第 1026 页。
③ 参见［日］京藤哲久：《欺瞒交易与刑事责任》，载《日本刑事法的重要问题（二）》，法律出版社、成文堂 2000 年版，第 45 页。

立法模式来解决结果犯这一模式弊端。当然，在刑法修订时，可以考虑将部分金融诈骗罪规定为行为犯模式，具体做法如，将"每种类型的金融欺诈行为都设置两个条款，一个基本条款，只要行为人有单纯的欺诈行为即可成立犯罪的既遂，配置较轻的法定刑；另一个为修正条款，将具有非法占有目的的作为加重处罚的依据，配置较重的法定刑"①。但同时，也应该"充分利用我国刑法典的特色规定：在总则中规定对犯罪预备的原则性处罚"。②

（3）金融诈骗罪存在"以非法占有为目的"的差异性规定并不合理

金融诈骗罪是从诈骗罪脱离出来的，而传统的诈骗罪均以"非法占有目的"为主观构成要件。那么，金融诈骗罪作为新型经济犯罪，是否同样要求行为人具有"非法占有的目的"呢？这个问题在刑法理论界一直存在争论。存在争论的原因主要在于，金融诈骗罪共包括 8 个具体罪名，只有第 192 条集资诈骗罪和第 193 条贷款诈骗罪明确规定"以非法占有为目的"为其构成要件，其余 6 个罪名并没有这一目的要件的规定。正因为立法规定的差异性，导致了司法实践中，大家对这 6 个罪名是否也同样要具备"非法占有为目的"这一要件产生了理解上的纷争。

从形式理性角度分析，刑法条文的表述应当是明确的，这样才能凸显刑事立法者的立法意图，这也是罪刑法定原则的形式理性要求。如果法律条文虽然没有明确规定，却能够通过刑法解释推导出，那同样是没有任何问题的。相反，如果法律条文中没有明确规定，刑法解释又无法推导出这一内容，那就无法认为这一要件存在是合理的。既然第 192 条和第 193 条明确规定了"非法占有为目的"而第 194-198 条没有明确规定"非法占有为目的"，简单地根据罪刑法定原则的要求，就必须承认这其中的差异性。即从纯形式理性的角度来看，"以非法占有为目的"并非第 194-198 条各罪的主观要件。

从刑法解释学角度看，一般而言，应该采取对法条的字面意义即文义解释的方法。如果文义解释得不出正确的结论，可以采取其他的解释方法，比如当然解释、体系解释、历史解释等方法。有学者认为，对于《刑法》第 194 条至第 198 条规定的金融诈骗罪，之所以对"以非法占有为目的"不作规定，是"不言自明"的，对这些犯罪，条文都使用了"诈骗活动"一词，表明了要求有非法占有的目的。③ 显然，这是对该条文做的文义解释，这种解释的结

① 许其勇：《金融诈骗罪的立法重构——从非法占有目的的谈起》，载《中国刑事法杂志》2004 年第 3 期。
② 高艳东：《金融诈骗罪立法定位与价值取向探析》，载《现代法学》2003 年第 3 期。
③ 参见孙军工主编：《金融诈骗罪》，中国人民公安大学出版社 1999 年版，第 10 页。

果是将金融诈骗罪中的"诈骗"完全等同于侵犯财产罪中的"诈骗"。由此带来的问题是,既然将金融诈骗罪中的"诈骗"理解为包含"以非法占有为目的",那么为何第 192 条和第 193 条又额外明确规定"以非法占有为目的"呢?这样推理,这两个条文的表述明确是累赘且没有任何意义的。为了解决这个问题,又有学者提出,这样的区别规定"是立法为了进一步指示司法而作出的一种技术性处理"[①]。但是,我们不能忽略,从立法技术角度,刑法条文的设计应当合理,且容易为大众了解。因为,如果"法律是用一种人民所不了解的语言写成的,这就使人民处于对少数法律解释者的依赖地位,而无从掌握自己的自由,或处置自己的命运。这种语言把一部庄重的公共典籍简直变成了一本家用私书"[②]。正因为此,如果金融诈骗罪中的 8 个罪名都需要"以非法占有为目的"作为主观构成要件,那么应该以"全有或全无"的方式表述条文;相反,如果按照当前的选择罪名的规定方式立法,就只能理解为只有第 192 条和第 193 条犯罪是以"非法占有为目的"为主观要件的,除此之外的剩余 6 个罪名都不需要以"非法占有为目的"。然而,这样的理解又不符合各罪具体的构成要件要求。

总之,金融诈骗罪之下 8 个罪名将"以非法占有为目的"作差异性规定,是不合理的。

二、侵犯公民人身权利罪修改的理性分析

刑法分则第四章规定了"侵犯公民人身权利、民主权利罪",共 31 个条文,43 个罪名。这一类罪主要包含了两种不同的保护法益,即公民人身权利和公民的民主权利。从条文设置来看,第 249 条至第 256 条共 8 个条文、10 个罪名是有关侵犯公民民主权利的犯罪的规定,其余 23 个条文、33 个罪名都属于侵犯公民人身权利的犯罪。从刑法修改的进程来看,1997 年《刑法》实施以后,侵犯公民民主权利罪中仅对第 253 条作了两次修改,[③] 其余均为变动。与此不同,经过 10 个刑法修正案的修正,侵犯公民人身权利犯罪共有 8 个条文发生了变动,约占该类犯罪总条文数的 34.9%,修改比例比较大;修改内容主要集中体现在《刑法修正案(七)》至《刑法修正案(九)》之中。本文

---

① 郭泽强:《金融诈骗罪疑难问题新探索》,载张智辉、刘远主编:《金融犯罪与金融刑法新论》,山东大学出版社 2006 年版,第 202 页。

② [意]贝卡利亚:《论犯罪与刑罚》,黄风译,中国法制出版社 2005 年版,第 15 页。

③ 2009 年《刑法修正案(七)》第 7 条增设了侵犯公民个人信息罪作为第 253 条之一;2015 年《刑法修正案(九)》第 17 条,将本罪主体由特殊主体修改为一般主体,并规定对特殊主体要从重处罚。

仅就侵犯公民人身权利罪的修改作理性分析，以便进一步完善我国相关刑事立法，加强对侵犯公民人身权利犯罪的惩治和防范。

（一）对侵犯公民人身权利罪修改的总体反思

1. 条文用语不够规范

从刑法立法技术及规范用语角度来看，1997 年刑法修订之后，较之过去有大幅度进步，但是仍然存在很多问题，需要斟酌。

（1）概括性规定过多，导致刑法用语不够明确

我国刑法分则规定的侵犯公民人身权利罪一章，有关犯罪构成的描述，过多地使用了概括性的规定，导致刑法条文用语不够明确。关于侵犯公民人身权利罪的条文共 23 条，其中包含概括性的条文共计 15 条，只有 8 个条文的表述较为明晰。可见，65% 以上的条文都是概括性的，在该类罪占的比例相当大。这 15 个概括性的条文具体是指：《刑法》第 232 条、第 233 条、第 234 条及第 234 条之一、第 236 条至第 240 条、第 243 条、第 244 条及第 244 条之一、第 246 条、第 248 条、第 260 条、第 261 条、第 262 条之一、之二。概括起来，这些条文具体分为两种情形：一种是情节犯的场合，即规定"情节较重""情节较轻"或者"情节特别严重"等概括性入罪条件。另一种是在一些犯罪手段或后果的规定上，采用列举"其他手段""其他方法""特别残忍手段""造成其他严重后果的"等方式。其中，《刑法》第 237 条和第 238 条属于后一种情形，除此之外的 13 个条文均属于第一种情形。而《刑法》第 236 条强奸罪中的"其他手段强奸妇女的""强奸妇女奸淫幼女情节恶劣的""造成其他严重后果的"，这一条规定包含了上述两种情形。

综上分析，侵犯公民人身权利罪中存在大量的概括性规定，这种规定的条文用语不够明确，与罪刑法定原则所要求的明确性显然是冲突的。那么，是不是在未来修改刑法时，全部都要将其予以修改呢？显然这是不现实的，也是不明智的。因为，"在犯罪手段、方法上的概括性规定，是旨在通过严密法网来实现对被害人的权利保护，而这也同时孕育着侵犯被告人人权的危险"[①]。这时，如何取舍和平衡被告人的人权保障和被害人的权利保护成为问题的关键。由于罪刑法定原则中的明确性要求是相对的，刑法条文不可能完全巨细，面面俱到，如何为罪刑法定明确性要求寻找到一个平衡点是亟须解决的问题。有学者认为，相对而言，在轻罪的场合，对于罪刑法定的明确性上要求可以略低，而且由于法定刑较低，即便是不恰当地入罪对于被告人的侵害也相对有限，所

---

① 付立庆：《论刑法用语的明确性与概括性——从刑事立法技术的角度切入》，载《法律科学（西北政法大学学报）》2013 年第 2 期。

以就应该更侧重于对被害人的权利保护；而在重罪的场合，由于法定刑较高，从罪刑均衡的角度讲，也应该在罪刑法定的明确性上有更高的要求。①

正如"情节严重"与"情节特别严重"，作为法定刑升格的条件，虽然具有合理性，但增加了法官的判断难度。② 所以，刑法条文中存在一些概括性规定是必要的，但是必须谨慎使用，而不能泛用。相比其他类罪，侵犯公民人身权利罪的概括性规定过多，导致刑法条文用语不够明确。在未来刑法修正过程中，应降低概括性规定的使用率，从而使刑法条文更加符合明确性要求。

（2）条文表述不够简洁、严谨，存在重复性规定及法律漏洞

法律条文的语言简洁非常重要。德国法学家拉德布鲁赫曾提出，法律简洁文体是"一种表达方式的严肃禁欲，一种斯多葛派式的咬文嚼字，它不是以言语来表露其情感、爱憎，而是以行为来体现情感、爱憎，一种清醒的贫困"③。侵犯公民人身权利罪这一章，条文出现多处用词烦琐或者重复性表达，造成条文冗长，不符合立法语言特点。如，《刑法》第243条第3款："不是有意诬陷，而是错告，或者检举失实的，不适用前两款的规定。"而第1款规定的"捏造事实诬告陷害他人，意图使他人受刑事追究"表明诬告陷害罪主观要件必须是出于故意，第3款属于重复性规定，毫无意义。又如，《刑法》第244条强迫劳动罪第1款规定："以暴力、威胁或者限制人身自由的方法强迫他人劳动的"行为；第2款规定："明知他人实施前款行为，为其招募、运送人员或者有其他协助强迫他人劳动行为的，依照前款的规定处罚。"显然，第2款其实是对强迫劳动罪帮助行为的处罚规定，而这点根据共同犯罪的理论即可解决，不需单列一款。再如《刑法》第240条第2款规定的也不是拐卖妇女、儿童罪的实行行为，也属于共犯行为的注意规定。④ 这样的规定与前面的情形相同，会增加法条的繁冗程度，不够简洁。

另外，本章类罪的部分条文表述部分不够严谨，易造成法律漏洞。如《刑法》第236条第3款，前两项规定了"强奸妇女、奸淫幼女情节恶劣的""强奸妇女、奸淫幼女多人的"，第3项规定"在公共场所当众强奸妇女的"，这一项是否包含在公共场所当众奸淫幼女的情形就不无疑问。从形式理性的角度分析，可能会得出在公共场所当众奸淫幼女的不属于强奸罪情节加重处罚情

---

① 参见付立庆：《论刑法用语的明确性与概括性——从刑事立法技术的角度切入》，载《法律科学（西北政法大学学报）》2013年第2期。

② 参见张明楷：《刑法分则的解释原理》，中国人民大学出版社2004年版，第243页。

③ ［德］拉德布鲁赫：《法学导论》，米健、朱林译，中国大百科全书出版社1997年版，第23～24页。

④ 参见陈洪兵：《人身犯罪解释论与判例研究》，中国政法大学出版社2012年版，第4页。

形这样的结论。而从实质理性着手分析，在公共场所当众强奸任何女性的情形都包括在强奸罪的情节加重之列，在公共场所当众奸淫幼女的自然也应该属于情节加重的情形。疑问在于为什么立法者在立法时，没有把这一内容添加进去？为什么第三项的规定区别于前两项？这一条文的疏漏，不仅会给公众带来误解，而且也会引起条款之间的相互矛盾，不利于法律的运行。这类用语应尽可能严谨，避免不必要的误解，使条款之间更加协调。

2. 该类罪在刑法分则中的排列位置值得反思

我国刑法分则十大类罪的排列，以犯罪侵犯的法益为标准，按照侵犯法益的危害性质及程度由重到轻，反映了立法者一定的价值诉求，即对国家法益、社会法益以及个人法益依次的保护顺位。

1997 年《刑法》对 1979 年《刑法》进行修订时，将侵犯公民人身权利罪置于危害国家安全罪、危害公共安全罪、破坏社会主义市场经济秩序罪之后，排列于第四章。危害国家安全罪侵犯的法益是国家安全，社会危害性最为严重；危害公共安全罪侵犯的是社会的公共安全，社会危害性仅次于危害国家安全罪。这两种类罪侵犯的是国家法益、社会法益，放在最前面的位置反映了当时立法者价值取向的考量，且与当时我国具体的国情相符合。立法虽然应该保持一定的稳定性，但同时也应根据社会需求进行适当的修改，而不能静止不变。"对法律条文的修改，必须注重体现该法律所调整事项的客观规律。任何一件成文法都有其特定的法律目的及内在价值。"[①] 因此，刑法分则仍然将侵犯公民人身权利的犯罪排列在第四章，与国际国内形势以及社会客观发展规律就不相吻合了。随着公民人权保障意识的提高，公民个人法益越来越受到重视，应将"国权刑法观"转向"民权刑法观"，这种观念的转变应最直接地体现在刑事法律修改中，在未来修改刑法时，应将侵犯公民人身权利罪置于刑法分则的首要位置。正如日本刑法学者西原春夫所言，"就公共的法益而言，只要认为刑法是为了保护国民的利益而存在的，就应当考虑把它尽量还原为个人的法益"[②]。

将侵犯公民人身权利罪调整到刑法分则第一章，也是有宪法依据的。我国现行宪法第二章明确规定了"公民的基本权利和义务"，列于总纲下首章，表明了我国宪法对公民权利的重视，这一精神理应在刑法中得以体现和贯彻。现代世界各国刑法都普遍开始重视保障人权，提高侵犯公民人身权利罪在刑法分

---

① 付子堂、胡夏枫：《立法与改革：以法律修改为重心的考察》，载《法学研究》2014 年第 6 期。
② ［日］西原春夫：《刑法的根基与哲学》，顾肖荣译，中国法制出版社 2017 年版，第 136 页。

则各类犯罪排列顺序中的地位，也是正确体现立法的时代特色和价值取向之需要。① 侵犯公民人身权利罪在刑法分则中排列顺序的调整也是必然趋势。纵观世界各国（或地区）现行刑法典，经历过法律的不断修改，绝大部分都将侵害个人法益的犯罪置于刑法分则个罪首要位置。如《法国刑法典》在第一卷"总则"之后，规定了"侵犯人身之重罪与轻罪"作为第二卷。采用类似排列顺序的还有俄罗斯刑法典、我国澳门特区刑法典等。

3. 某些具体犯罪的归类值得商榷

侵犯公民人身权利罪共包括 42 个罪名，经过历次刑法修正，该类罪下包括的具体个罪大部分编排是比较妥当的，但是也有个别犯罪的归类，值得商榷。

如诬告陷害罪，是指"捏造他人犯罪事实诬陷他人，意图使他人受刑事追究，情节严重的行为"②。我国《刑法》既然把该罪放入侵犯公民人身权利罪之中，说明认为该罪侵犯的法益包括公民人身权利，因为保护法益直接决定了某罪在刑法分则中的归类。犯罪客观要件是法益最直观的反映，弄清楚诬告陷害罪的客观方面是甄别其保护法益的前提。诬告陷害罪在客观要件上表现为捏造他人犯罪事实与告发两个行为，捏造 + 告发 + 情节严重或造成严重后果 = 诬告陷害罪。如果只捏造犯罪事实而不告发，不构成诬告陷害罪。捏造犯罪事实和告发的最终目的是为了足以引起司法机关对被诬陷对象追究刑事责任。言下之意，只要足以引起司法机关对被诬告人刑事责任的追究即可，并不需要实际的追究。在诬告陷害行为实施过程中，司法机关的正常活动必然会受到妨害，而公民的人身权利并不必然最终受侵害。原因在于，实施诬告陷害的行为人从实施捏造事实行为时会给被诬告陷害人的人身权利造成一定的侵害，经过告发行为，直到足以引起司法机关追究刑事责任行为的发动，只要司法机关认真履行自己的职责，最终会还被诬告陷害人清白，而其被侵害的人身权利自然会慢慢恢复，但司法机关的正常活动却从始至终必然会受到损害，且是无法恢复的。从诬告陷害的整个客观行为过程来看，司法机关的正常活动是必然受到侵害的，公民的人身权利是间接地甚至有可能没有受到侵害。由此，即使认为诬告陷害罪的法益是复合法益，其主要法益也应该是司法机关的正常活动，而

---

① 参见赵秉志、肖中华：《关于侵犯公民人身权利犯罪立法完善之探讨》，载《检察理论研究》1996 年第 4 期。

② 黎宏：《刑法学各论》，法律出版社 2016 年版，第 255 页；高铭暄、马克昌主编：《刑法学》，北京大学出版社、高等教育出版社 2016 年版，第 474 页。

非公民的人身权利。① 既然是这样，诬告陷害罪就不应该放在侵害公民人身权利罪之中，而应该归入第六章妨害社会管理秩序罪的第二节妨害司法罪里。

该类罪之中还有诸如第 247 条刑讯逼供罪、暴力取证罪以及第 248 条虐待被监管人员罪等其他罪名，所侵犯的主要法益并不在于公民人身权利，而是更严重地妨害了司法机关的正常活动，应该将其从侵害公民人身权利一章移出，放入妨害司法罪相应的位置中。

（二）对侵犯公民人身权利罪具体个罪修改的反思

1. 关于绑架罪的反思

1997 年《刑法》首次将绑架罪作为新罪规定在刑法分则之中，就以一种处罚极其严厉的暴力犯罪呈现。随后，《刑法修正案（七）》和《刑法修正案（九）》两次对该法条进行相应的修改。《刑法修正案（七）》在原刑法条文的基础上，增加了"情节较轻的，处五年以上十年以下有期徒刑，并处罚金"的规定，增设了低一档次的法定刑；同时将原条文中"致使被绑架人死亡或者杀害被绑架人"的规定单独作为第 2 款。《刑法修正案（九）》又将该款"犯前款罪，致使被绑架人死亡或者杀害被绑架人的，处死刑，并处没收财产"修改为"犯前款罪，杀害被绑架人的，或者故意伤害被绑架人，致人重伤、死亡的，处无期徒刑或者死刑，并处没收财产"，将"致使被绑架人死亡"明确限定在故意伤害这种行为，并且增加了故意伤害致人重伤这种情形，同时也将这一加重犯的法定刑由原来绝对确定的死刑改变为无期徒刑或者死刑这种可选择的量刑幅度。总体上看，该条文变动是比较大的，不仅犯罪构成条件与法定刑发生了变化，而且法定刑的变化并不仅仅是纯粹地影响法定刑自身，也必然影响人们对构成要件的解释。② 目前，有关绑架罪的探讨主要集中在绑架罪的保护法益、构成要件行为的判断以及法定刑的设置。任何理论的探讨都不能离开刑法条文本身的规定，本文从《刑法》第 239 条 3 款条文规定着手分析，力求为未来刑法修改提供一些完善建议。

---

① 对于诬告陷害罪侵犯的法益，理论上存在单一法益和复合法益的争议，而关于复合法益也分解出很多观点。但通说认为，诬告陷害罪既侵犯了公民的人身权利，也侵犯了司法机关的正常活动，其中公民的人身权利是主要客体。（参见高铭暄、马克昌主编：《刑法学》，北京大学出版社、高等教育出版社 2016 年版，第 474 页。）

② 参见张明楷：《绑架罪的基本问题》，载《法学》2016 年第 4 期。在论证这一观点时，张明楷教授提到："在绑架罪的最低刑为 10 年有期徒刑时，解释者会想方设法（如通过限制解释、增添相关要素等）将不值得科处 10 年以上有期徒刑的行为解释为不符合绑架罪构成要件的行为；而当绑架罪的最低刑降低到 5 年有期徒刑时，解释者就有可能将原来不符合绑架罪构成要件的部分行为重新解释为符合绑架罪构成要件的行为。"

（1）关于第 239 条第 1 款

第 239 条第 1 款，即"以勒索财物为目的绑架他人的，或者绑架他人作为人质的"，是关于绑架罪基本罪状的规定。这一规定经过了发展演变，在 1997年《刑法》之前，全国人大常委会曾在 1991 年 9 月 4 日通过的《关于严惩拐卖、绑架妇女、儿童罪的犯罪分子的决定》（以下简称《决定》）中有关于绑架罪罪状的规定，具体只限于"以勒索财物为目的绑架他人"的行为，增设了绑架妇女、儿童罪和绑架勒索罪两个新罪。1997 年《刑法》修订增加了"绑架他人作为人质"的行为，即将《决定》中的绑架勒索罪修正为绑架罪，其外延包括以勒索财物为目的绑架他人和绑架他人作为人质的行为。[①] 绑架罪在理论与实务上存在比较大的争论，众说纷纭，主要问题集中在绑架罪的侵害法益、绑架罪的实行行为上。问题解决的关键点在于厘清第 1 款这一表述即"以勒索财物为目的绑架他人"与"绑架他人作为人质"之间的关系及其性质所属。

从刑法条文字面意思来看，"以勒索财物为目的绑架他人"可以展开为：绑架他人作为人质 + 以勒索财物为目的，"绑架他人作为人质"涵盖了"以勒索财物为目的绑架他人"这一情形。"绑架他人作为人质"包括了勒索财物的目的，即使第 1 款中没有明确规定"以勒索财物为目的绑架他人"这一情形，仍然可以依照"绑架他人作为人质"认定。但根据第 1 款条文的表述，会让人误以为"以勒索财物为目的绑架他人"和"绑架他人作为人质"是两种并列的绑架类型，其实不然。可以说，这一条文表述并未能准确表达立法目的，偏离了条文本身的基本要求。

较为困难的是，如何判断绑架罪的实行行为。"以勒索财物为目的绑架他人"和"绑架他人作为人质"这两种情形既然规定在同一条文之中，其实行行为应该是一致的，否则无法统一定为一罪。[②] 要确定"以勒索财物为目的绑架他人"和"绑架他人作为人质"的实行行为，实质即要厘清绑架罪的实行行为是单一行为还是复合行为，前提则必须具体分析这两者的行为构成。"以勒索财物为目的绑架他人"的行为结构为"绑架他人" + "勒索财物"。"绑架他人"是手段行为，"勒索财物"是目的行为。从目的与行为的关系考察，

---

①　参见肖中华：《侵犯公民人身权利罪》，中国人民公安大学出版社 1998 年版，第 7 页。

②　就第 1 款涉及的罪名设置，理论界存在争论。有学者认为，这款只规定了绑架罪（参见张明楷：《刑法学（下）》，法律出版社 2016 年版，第 1128 页）；还有学者认为，这款规定了绑架勒索罪和绑架人质罪（或绑架罪）两个罪名（参见赵秉志主编：《新刑法教程》，中国人民大学出版社 1997 年版，第 589、607 页）。因为司法解释明确只规定了一个罪名即绑架罪，所以这仅仅是脱离立法规定的纯理论纷争。

目的犯的目的表现为两种情形：一种是行为人实施符合构成要件的行为就可以（但并非必然）实现的目的。另一种是实施符合构成要件的行为后，还需要行为人或第三者实施其他行为才能实现的目的。前者称为断绝的结果犯，后者称为短缩的二行为犯。① "以勒索财物为目的绑架他人"属于短缩的二行为犯。行为人实施绑架他人的行为后，还需要通过勒索财物才能实现绑架的目的，否则难以构成绑架罪。至于"绑架他人作为人质"，其行为结构为"绑架他人"＋"作为人质"，其中"绑架他人"是手段行为，"作为人质"是目的行为。问题就在于"以勒索财物为目的绑架他人"其实可以分解为"绑架他人"＋"作为人质"＋"勒索财物"，其中"作为人质"究竟是行为还是目的？此处的"作为人质"只能看作"绑架他人"的直接目的即手段行为，而"勒索财物"是最终目的。如果将两种情形的绑架罪的实行行为作一致性理解，就只能将绑架罪的实行性行为理解为单一行为，即绑架行为。这一理解也与绑架罪的保护法益相吻合。正因为是单一绑架行为，侵犯了公民的人身权利，绑架罪才放置在侵犯公民人身权利罪一章之中。

绑架罪出现这种争论问题，原因在于该款条文规定的较为粗疏，如果像其他国家或地区详细规定该罪罪状，则可规避这一问题的出现。如我国台湾地区现行"刑法"分则第33章之中即规定有普通掳人勒赎罪（第347条）和掳人勒赎结合罪（第348条）两个罪名。

（2）关于第239条第2款

在《刑法修正案（九）》之前，《刑法》第239条第2款规定为："犯前款罪，致使被绑架人死亡或者杀害被绑架人的，处死刑，并处没收财产。"《刑法修正案（九）》将其修改为："犯前款罪，杀害被绑架人的，或者故意伤害被绑架人，致人重伤、死亡的，处无期徒刑或者死刑，并处没收财产。"根据修改的内容，绑架过程中过失致人死亡的，不再属于绑架罪的结果加重犯，而是绑架罪与过失致人死亡罪的想象竞合犯。这一调整使该罪的法定刑与其他罪的法定刑更加协调，但仍然存在一定的问题。

其一，"犯前款罪"中的"罪"该如何理解？具体是指"罪的既遂"还是"罪的未遂"？根据体系性解释，"前款罪"是指第1款所指的绑架罪，而"刑法分则规定的各种犯罪构成及其刑事责任，都是以犯罪既遂为标准的"，②犯罪既遂是犯罪的完成形态，犯罪预备、未遂、中止是犯罪的特殊形态、未完成形态。据此，第1款规定的绑架罪也应是犯罪既遂的模式。既然是既遂的模

① 转引自张明楷：《论短缩的二行为犯》，载《中国法学》2004年第3期。
② 高铭暄主编：《刑法学》，法律出版社1984年版，第172页。

式，那么，第 2 款中"犯前款罪"中的"罪"理应是指绑架罪的既遂，即绑架罪既遂后"杀害被绑架人的，或者故意伤害被绑架人，致人重伤、死亡的"，才符合该款规定的法定刑升格条件。但是，刑事立法的规定是为了解决具体的实际问题，实践中，绑架通常伴随着"杀害被绑架人"一起出现。这种"绑架撕票"行为，不仅仅常发在绑架既遂之后，也同样常发在着手绑架之时即绑架未遂的情况。因而"杀害被绑架人的"应该包括两种情形，即"绑架既遂＋杀害"和"绑架未遂＋杀害"。显然，将"绑架未遂＋杀害"这种情形排除在第 2 款之外论处是不合理的。但这一结论和根据刑法分则理论对"犯前款罪"所作出的体系性理解之间，存在矛盾。究竟第 2 款中"杀害被绑架人"应否以绑架罪既遂为前提就成为一个问题：如果以绑架罪既遂为前提，绑架罪未遂后杀害被绑架人的，就不能按照第 2 款规定论处，只能定绑架罪未遂和故意杀人罪既遂，应当数罪并罚。而对照绑架罪和故意杀人罪的最高法定刑和最低法定刑，可以发现，两者基本法定刑的最低刑都是 10 年有期徒刑，绑架罪基本法定刑的最高刑是无期徒刑，故意杀人罪基本法定刑的最高刑是死刑。由于绑架罪未遂不可能判处无期徒刑，故意杀人罪既遂可能判处死刑，数罪并罚后有可能被判处死刑。如果"绑架既遂＋杀害"适用第 2 款的规定，也可能被判无期徒刑或者死刑。最终可能会导致"绑架既遂＋杀害"和"绑架未遂＋杀害"量刑上相当的情形，这明显不符合罪责刑相适应原则的要求。如果不以绑架罪既遂为前提，则"犯前款罪"这一条文表述却与刑法分则理论相悖，仍然难以自圆其说。为了避免这一争论，有必要在刑法修改时，将其明确化。

其二，"杀害被绑架人的"是否包括杀害被绑架人未遂的情形？对此，主要存在两种不同的观点：一是认为"杀害被绑架人"应包括杀害被绑架人未遂的情形，此处的"杀害"应不仅仅限于故意杀人之人死亡的结果，同时也包括故意杀人之杀人行为的本身。[①] 二是认为"杀害被绑架人"不应包括杀害被绑架人未遂的情形，"杀害"一词本身既包括杀人的行为，也包括了死亡的结果，应将其限制解释为故意杀死被绑架人。[②] "绑架杀人未遂的，认定为普

[①] 参见曾亚杰：《如何理解"杀害被绑架人"》，载《人民法院报》2004 年 9 月 20 日第 3 版。

[②] 参见付立庆：《论绑架罪的修正构成的解释与适用——兼评修正案对绑架罪的修改》，载《法学家》2009 年第 3 期。

通绑架罪与故意杀人罪（未遂），实行数罪并罚。"①

　　对第一种观点而言，如果"杀害被绑架人的"包括了故意杀人却没有杀死的情况，应当属于绑架杀人未遂，在"杀害被绑架人"的法定刑基础上，适用未遂犯的规定。"杀害被绑架人却没有杀死的"即是行为人以杀人的故意，实施故意杀害绑架人的行为，但却没有导致被绑架人死亡的结果发生。既然被绑架人没有死亡，可能重伤，或者轻伤，"杀害被绑架人却没有杀死的"从字面来看，包括杀害被绑架人造成重伤和杀害被绑架人造成轻伤两种情形。既然要适用第 2 款的规定，即必须将这两种情形放入第 2 款来解释。第 2 款同时规定"故意伤害被绑架人，致人重伤、死亡"的加重结果。也就是说，故意伤害被绑架人，只有在重伤、死亡结果发生的时候，才适用该款"处无期徒刑或者死刑，并处没收财产"，而杀害被绑架人造成轻伤的情形肯定不能适用第 2 款的处罚。另外，将"杀害被绑架人造成重伤"的情形适用于第 2 款，与"故意伤害被绑架人，致人重伤"并列，同样适用"处无期徒刑或者死刑，并处没收财产"这一法定刑，明显不合理。前者行为人是杀人的故意，后者是伤害的故意，主观恶性不同，人身危险性不同，适用相同的法定刑，不符合罪责刑相适应原则。因此，这一观点很难说通。

　　对第二种观点来说，如果"杀害被绑架人"不应包括杀害被绑架人未遂，即仅有杀害被绑架人且被绑架人死亡的结果发生时，才适用第 2 款的规定。主张这一观点的结果是：绑架 + 故意杀人既遂 = 绑架罪，而绑架 + 故意杀人未遂 = 绑架罪 + 故意杀人罪（未遂）的数罪并罚。但这有可能导致"绑架 + 故意杀人未遂（重伤）"按照数罪并罚后比"绑架 + 故意杀人既遂"按照绑架罪处罚的要重或者相当，这都是不合理的。

　　上述两种观点都陷入了一定的困境。第 2 款作为法律自身的存在，自然应该适当地履行并完成它的职能，而"一个法律制度若要恰当地完成其职能，就不仅要力求实现正义，而且还须致力于创造秩序"②。据此，不得不进一步反思该款的规定，力求于刑法修正过程中予以完善。

---

　　①　对于这个问题，随着刑法修正案对绑架罪内容的修正，张明楷教授的观点也随之变化。最早主张"'杀害'应限于故意杀人既遂"。（张明楷：《刑法学》（第二版），法律出版社 2003 年版，第705 页。）随之他修正了自己的观点，主张绑架杀人未遂的，依然适用刑法第 239 条"杀害被绑架人，处死刑"的规定，同时适用刑法关于未遂犯从轻、减轻处罚的规定。（张明楷：《刑法学》（第三版），法律出版社 2007 年版，第 668 页）。《刑法修正案（九）》修改了绑架罪的升格条件与法定刑之后，又一次将这一问题的观点修正为：绑架杀人未遂的，认定为普通绑架罪与故意杀人罪（未遂），实行数罪并罚。（参见张明楷：《绑架罪的基本问题》，载《法学》2016 年第 4 期）。

　　②　［美］E. 博登海默：《法理学——法律哲学与法律方法》，邓正来译，中国政法大学出版社2004 年版，第 318 页。

(3) 关于第 239 条第 3 款

《刑法》第 239 条第 3 款规定："以勒索财物为目的偷盗婴幼儿的，依照前两款的规定处罚"，即以绑架罪论处。

这一款的行为方法列举的较为明确，即"以勒索财物为目的偷盗婴幼儿"，要求偷盗婴幼儿是"以勒索财物为目的"。实践中存在的不"以勒索财物为目的"仅仅作为人质的偷盗婴幼儿的情形，很显然这种情形并不属于第 3 款规定的内容，不能按照该款规定论处。然而，偷盗婴幼儿无论是以勒索财物为目的，还是以作为人质为目的，其社会危害性都是相当的，显然第 3 款这种排除"不以勒索财物为目的偷盗婴幼儿"的情形，是一种明显的立法漏洞。

另外，本款规定以勒索财物为目的偷盗婴幼儿的，"依照前两款的规定处罚"。关于这一表述，有人提出质疑，认为依照刑法理论，"依照……处罚"应是指按照某罪量刑，但不依照该罪定罪。[①] 从字面意思看，这一表述的确只规定了实施这一行为如何处罚的问题，而没有明确如何定罪。我国刑法分则中类似的表述方式非常常见，既存在"依照……处罚"，也存在"依照……定罪处罚"。"依照……定罪处罚"这一表述的指向比较明确，定罪处罚依照何罪刑法分则中明确规定了具体条文。即一个条文中有一款或数款，其中一款并不是按照本条定罪处罚，而是依据该条之外的其他罪名定罪处罚。如《刑法》第 269 条规定："犯盗窃、诈骗、抢夺罪，为窝藏赃物、抗拒抓捕或者毁灭罪证而当场使用暴力或者以暴力相威胁的，依照本法第二百六十三条的规定定罪处罚。"该条文明确规定依据第 269 条之外的第 263 条定抢劫罪"定罪处罚"。又如《刑法》第 259 条共 2 款，第 1 款规定了破坏军婚罪，第 2 款规定"利用职权、从属关系，以胁迫手段奸淫现役军人的妻子的，依照本法第二百三十六条的规定定罪处罚。"该款行为并不定破坏军婚罪，而是按强奸罪"定罪处罚"。"依照……处罚"这一表述，在刑法分则中的内容所指主要包括两种情形：第一种情形，"依照……处罚"等同于"依照……定罪处罚"。一个条文中有数款，而其中一款依照该条中的前款处罚，言下之意也依照前款定罪，即以"依照……处罚"的方式规定。这种规定一般是从条文表述中直接推导出属于该条规定罪名之范畴，即使不能直接进行推导，但也没有超出一般公众的预测可能性。如《刑法》第 284 条之一第 1 款规定了组织考试作弊罪，第 2 款规定："为他人实施前款犯罪提供作弊器材或者其他帮助的，依照前款的规定处罚。"该款规定的行为属于第 1 款的帮助行为，根据共同犯罪理论可以直接得出应以组织考试作弊罪论处的结论。又如《刑法》第 277 条第 1 款规定了

① 参见李希慧主编：《中国刑事立法研究》，人民日报出版社 2005 年版，第 474 页。

妨害公务罪，第 2 款规定："以暴力、威胁方法阻碍全国人民代表大会和地方各级人民代表大会代表依法执行代表职务的，依照前款的规定处罚。"很显然，该款的行为方式及其侵犯的法益和第 1 款完全相同，只是对象不同，以妨害公务罪定性没有任何疑问。针对这种情形，既然"依照……处罚"等同于"依照……定罪处罚"，不如在条文中直接加上"定罪"二字，以避免不必要的理解上的混乱。第二种情形，"依照……处罚"不同于"依照……定罪处罚"，仅是纯粹意义上的"依照……处罚"，不包括"依照……定罪"，而规定"依照……处罚"的这款应另定他罪。如《刑法》第 396 条第 2 款规定："司法机关、行政机关违反国家规定，将应当上缴国家的罚没财物，以单位名义集体私分给个人的，依照前款的规定处罚。"这款是有关私分罚没财物行为的规定，依照第 1 款私分国有资产罪处罚，这两款因侵犯对象财产的性质不同而分别指向不同的罪名。无论按哪种意思来理解，《刑法》第 239 条第 3 款"依照前两款的规定处罚"这一用语表述都尚欠准确性，有待进一步完善。

2. 关于《刑法》第 241 条收买被拐卖的妇女、儿童罪的反思

收买被拐卖的妇女、儿童罪最初在 1979 年《刑法》第 241 条中就有规定，1997 年《刑法》第 241 条完全继承了这一条款，并没有任何变动，保持了相对的稳定性。2015 年《刑法修正案（九）》第 15 条才对该条第 6 款作了修订。收买被拐卖的妇女、儿童罪不同于一般的犯罪，它与拐卖妇女、儿童罪构成对合犯。对合犯又称为对向犯、对行犯，是指在构成要件上，以两个以上的人的相互对向的行为为必要的犯罪。[①] 关于对合犯，就其刑事责任规定的不同，分为异罪异罚、异罪同罚、同罪同罚和单向构罪四种具体的类型。[②] 收买被拐卖的妇女、儿童罪与拐卖妇女、儿童罪属于异罪异罚的对合犯。无论它们属于何种类型的对合犯，都不会影响两者共生互动的关系，亦不能抹杀两者之间互相依存、互为作用的本质特征。基于对合犯的性质考虑，在对收买被拐卖的妇女、儿童罪予以修订时，不能仅单独考虑《刑法》第 241 条的规定，还应该结合《刑法》第 240 条拐卖妇女、儿童罪的内容进行修改。

从该条修改状态来看，虽然自 1997 年《刑法》修订之后，该条并未频繁地修改且相对保持稳定的状态，但并不是说该条内容不存在需要修改之处。为了进一步推进该法条立法状态的进步，对其理性分析非常必要。

---

① 参见［日］大谷实：《刑法讲义总论（新版第 2 版）》，黎宏译，中国人民大学出版社 2008 年版，第 359 页。

② 参见孙国祥：《对合犯与共同犯罪的关系》，载《人民检察》2012 年第 15 期。

（1）对《刑法修正案（九）》修改第6款的评析

《刑法修正案（九）》将第6款修改为："收买被拐卖的妇女、儿童，对被买儿童没有虐待行为，不阻碍对其进行解救的，可以从轻处罚；按照被买妇女的意愿，不阻碍其返回原居住地的，可以从轻或者减轻处罚。"较之原条文，这一款有两处发生了变动：其一，区分收买妇女和收买儿童的处罚原则，即收买儿童"可以从轻处罚"，收买妇女"可以从轻或者减轻处罚"。其二，删除了原条文中"可以不追究刑事责任"的规定，即对收买被拐卖的妇女、儿童一律追责，相应地提高了收买行为的刑事责任。

关于区分收买妇女和收买儿童的处罚原则这一做法，也有值得商榷之处。从惩治犯罪行为而言，收买妇女和收买儿童同样是收买行为，这一行为所带来的结果基本相同，即给家庭带来一定的伤害，给父母、配偶等造成了一定的痛苦，这一点上没有太大的差别。从预防犯罪的角度分析，这一区分容易让人误以为收买儿童行为的教育改造的必要性要高于收买妇女的行为，但这一结论却无任何根据可寻。无论基于惩治犯罪还是预防犯罪，都无法推出收买妇女和收买儿童区分处罚的合理性。

关于删除"可以不追究刑事责任"的做法有其合理的一面。当初设立"可以不追究刑事责任"这一规定主要是基于收买被拐卖的妇女儿童的行为"有各种不同的情况，这样有利于减少阻力，有利于解救和保护被拐卖的妇女、儿童"①。随着近年来拐卖妇女、儿童数量的剧增，刑事法律的修改是对这一社会现象最直接的反应。但修改的结果是，收买人收买过程中悔罪改过的路径变窄了。因为这一修改，处罚情节的量定不是根据行为本身的性质，而是根据收买行为实施后的表现，如有没有"虐待行为""阻碍解救""阻碍返回原居住地"等行为。当然，这一修正的动机是为了惩治拐卖妇女、儿童的犯罪，保护妇女、儿童的合法权益，仍值得肯定。但最终的结果能否更好地实现立法目的，这却是存在疑问的。

从"可以不追究刑事责任"到"可以从轻处罚"这一变化，体现了立法者对犯罪行为人的昭示，以提高刑事责任的处罚力度来警示、制约拐卖儿童的行为人不要实施该犯罪行为，或者实施这一犯罪行为后应善待儿童，以期发挥刑罚一般预防的目的。然而，"发挥刑罚的一般预防目的，是以行为人属于对

---

① 高铭暄、赵秉志主编：《新中国刑法立法文献资料总览》（上），中国人民公安大学出版社1998年版，第642页。

刑罚轻重敏感的、可威慑可沟通的理性人为前提的"①。通常情况下，收买人对自己收买的行为认识程度并不够，或者收买人一旦决定收买儿童，就决定了他对该行为的坚定度。再者，有无虐待行为、有无阻碍解救，行为结果的前后差异并不是很大。因为法条中"可以从轻处罚"中的"可以"用语，决定了即使收买人"没有虐待行为""不阻碍解救"，最后的结果仍然可能是不从轻处罚。这一修改内容不仅无法激励收买人放弃自己现有的收买行为，而且无法达到一般刑罚预防的目的，很难实现遏制买方市场的最终立法目的。

（2）关于第 2、3、4 款规定的科学性分析

第 241 条第 2 款规定："收买被拐卖的妇女，强行与其发生性关系的，依照本法第二百三十六条的规定定罪处罚"，即定强奸罪；第 3 款规定："收买被拐卖的妇女、儿童，非法剥夺、限制其人身自由或者有伤害、侮辱等犯罪行为的，依照本法的有关规定定罪处罚"，即分别定非法拘禁罪、故意伤害罪、侮辱罪；第 4 款规定："收买被拐卖的妇女、儿童，并有第二款、第三款规定的犯罪行为的，依照数罪并罚的规定处罚"。前两款的规定都容易理解，而第 4 款规定的出现，会让人产生困惑。"该条第 2、3、4 款前后矛盾，在司法实践中将会使人无所适从。因此应删除第 2、3 款，将其具体行为表现纳入第 4 款中"②。暂且不管这三款之间是否存在矛盾，就第 4 款规定的内容导致公众存在理解上的困惑这一点而言，第 4 款的规定也是欠妥的。边沁曾经指出："法律的风格应该和它们的条例一样简单；它应该使用普通语言，它的形式应该没有人为的复杂性。如果说法典的风格与其他著作的风格有什么不同的话，那就是它应该具有更大清晰性、更大的精确性、更大的常见性；因为它写出来就是让所有人都理解，尤其是让最低文化水平阶层的人理解。"③

3.《刑法》第 242 条不合理之处

《刑法》第 242 条包括 2 款，第 1 款规定："以暴力、威胁方法阻碍国家机关工作人员解救被收买的妇女、儿童的，依照本法第二百七十七条的规定定罪处罚"；第 2 款规定："聚众阻碍国家机关工作人员解救被收买的妇女、儿童的首要分子，处五年以下有期徒刑或者拘役；其他参与者使用暴力、威胁方法的，依照前款的规定处罚。"这两款虽然属于同一条文之下，都是阻碍国家机关工作人员解救被收买的妇女、儿童，却分别归属不同的罪名：一是以暴

---

① 车浩：《刑事立法的法教义学反思——基于〈刑法修正案（九）〉的分析》，载《法学》2015 年第 10 期。

② 莫洪宪、王明星：《侵犯公民人身权利、民主权利罪之立法反思》，载《铁道警官高等专科学校学报》2003 年第 2 期。

③ ［英］边沁：《立法理论》，李桂芳等译，中国人民公安大学出版社 2004 年版，第 191 页。

力、威胁方法阻碍国家机关工作人员解救被收买的妇女、儿童的情形，以妨害公务罪论处（第 242 条第 1 款）；二是聚众阻碍国家机关工作人员解救被收买的妇女、儿童的情形，对首要分子以聚众阻碍解救被收买的妇女、儿童罪论处（第 242 条第 2 款前段）；三是其他参与者使用暴力、威胁方法，阻碍国家机关工作人员解救被收买的妇女、儿童的情形，对参与者以妨害公务罪论处（第 242 条第 2 款后段）。从条文的设置及定性层面来看，这两款都存在一定的不协调之处。

（1）对第 1 款的分析

首先，该款的定罪问题。"以暴力、威胁方法阻碍国家机关工作人员解救被收买的妇女、儿童的"定妨害公务罪，从立法技术规范角度来看，该款若按照《刑法》第 277 条规定以妨害公务罪论处，只有两种可能存在。第一种可能，属于法律拟制，即将原本不符合刑法某种规定的行为按照该规定处理。第二种可能，属于注意规定，即刑法已经作了基本的规定，在这个前提下，提示司法工作人员注意、以免司法工作人员忽略这一规定。这两种可能分析的前提，是要弄清这款规定与妨害公务罪的构成要件是否完全一致。如果完全一致，则存在注意规定的可能性；如果不完全一致，则不排除存在法律拟制的可能性（当然并非完全就是法律拟制）。

《刑法》第 277 条规定的妨害公务罪是指"以暴力、威胁方法阻碍国家机关工作人员依法执行职务的"行为。形式上看，第 1 款的规定符合妨害公务罪的犯罪构成，但仔细推敲，以暴力、威胁方法阻碍国家机关工作人员解救被收买的妇女、儿童的行为未必都是妨害公务的行为。妨害公务罪中的犯罪行为人阻碍的是国家机关工作人员"依法执行职务的行为"，而第 1 款中具有国家工作人员身份的人解救被拐卖的妇女、儿童的行为未必都是"依法执行职务的行为"。只有该国家机关工作人员在依法执行职务时，行为人以暴力、威胁方法阻碍其解救被收买的妇女、儿童的，才能构成妨害公务罪，否则不符合妨害公务罪所保护的法益即国家机关的正常公务活动。因此，第 1 款所涉犯罪的外延要大于第 277 条规定的妨害公务罪，不能笼统论之，而应区分两种情形看待：

第一种情形：以暴力、威胁方法阻碍国家机关工作人员解救被收买的妇女、儿童，且该国家机关工作人员是在依法执行职务。这种情形很明显符合妨害公务罪的构成特征，属于注意规定，直接以第 277 条的规定定罪即可。在司法实践中不会产生任何分歧，没有单独立法的必要。若以注意规定的条文形式出现，反倒会增加法条的负担，使法条过于繁冗、不简洁。

第二种情形：以暴力、威胁方法阻碍国家机关工作人员解救被收买的妇女、儿童，而该国家机关工作人员不是在依法执行职务。如果行为人不是在国家机关工作人员依法执行职务的情形下阻碍解救的，与妨害公务罪所侵犯的法益完全不同，不符合法律拟制的实质理由，则不可能构成法律拟制。"刑法之所以设置法律拟制，主要是基于两个方面的理由：形式上的理由是基于法律经济性的考虑，避免重复；实质上的理由是基于两种行为对法益侵害的相同性或相似性。"①

对此，有人认为，第 1 款的规定与第 277 条之间是法条竞合的关系，第 242 条为特别条款，第 277 条为普通条款。② 这种理解并不妥当。法条竞合是指一个行为同时符合数个法条规定的犯罪构成，数个法条之间存在一定的逻辑关系，只能适用其中一个法条而排除其他法条适用的情况。很显然，如果是法条竞合的关系，应该是符合数个法条，法律规定了数个不同的罪名，然而，第 1 款的规定是依照第 277 条定罪，两个法条定同一罪，又何来法条竞合？无论第 1 款是否为注意规定，它与第 277 条之间都不可能是特殊条款与普通条款的关系，即排除了法条竞合的关系。

无论对第 1 款作何种分析，它的用语都是不严谨的，定罪都是不周全的，在未来刑法修改时，应该将其加以完善，避免司法与执法上的混乱。

（2）对第 2 款的分析

依据第 2 款规定，对首要分子和其他参与者分别定聚众阻碍解救被收买的妇女、儿童罪和妨害公务罪。同样是实施阻碍国家机关工作人员解救的行为，性质相同，定罪却不同，这显然不合理。聚众犯罪在刑法分则中主要有十余种，从参与主体承担刑事责任的角度可以分为以下几种类型：首要分子和参加者构成同一罪、首要分子和积极参加者构成同一罪、聚众首要分子才构成犯罪、聚众者与参与者构成不同罪名等。③ 第 2 款规定显然属于既处罚首要分子又处罚其他参与者，且聚众者与参与者构成不同罪名的情形。第 2 款中规定的首要分子和其他参与者如何定罪处罚、以不同的罪名定罪是否合理，这值得进一步探讨。

当前对该问题的探讨，主要建立在聚众犯罪为共同犯罪这一理论基础之上对第 242 条第 2 款的批判。有学者认为，"如参与人超出共同犯罪故意使用暴力、威胁方法阻碍国家机关工作人员解救被收买的妇女、儿童的公务活动的，

---

① 陈洪兵：《刑法分则中注意规定与法律拟制的区分》，载《南京农业大学学报（社会科学版）》2010 年第 3 期。

② 参见陈旭玲、彭凤莲：《刑法第 277 条探疑——兼论刑法第 242 条》，载《法学杂志》2003 年第 2 期。

③ 参见吴仁碧：《论我国刑法中的聚众犯罪》，载《西南政法大学学报》2009 年第 6 期。

符合妨害公务罪的构成要件，以妨害公务罪论处。如果首要分子指挥其他参与人员以暴力、威胁方法聚众阻碍国家机关工作人员解救被收买的妇女、儿童的，首要分子与参与人员的行为形成共同犯罪，他们的罪名应是一致的，即以聚众阻碍解救被收买的妇女、儿童罪处罚"①。对共同犯罪中行为人的罪名如何确定，刑法没有明确规定，通常是以犯罪构成为基础，结合主犯或实行犯的行为性质予以确定，如果两人构成共同犯罪，每个共同犯罪人则以相同罪名来定罪；若共同犯罪人超出了共同犯罪的故意，则就超出故意部分单独定罪。由此可见，第 2 款将其他参与者统一按照妨害公务罪定罪处罚，违背了共同犯罪的基本理论，是不合理的。

当然，这一推论是建立在承认聚众犯罪是共同犯罪的前提上的。我国刑法中不仅没有明确规定聚众犯罪的概念，更没有明确将聚众犯罪归属为共同犯罪。聚众犯罪是否属于共同犯罪，刑法学界存在争论。如有学者认为，"如果把聚众犯罪作为共同犯罪的一种特殊形式，就无法理解为什么刑法总则在'其他规定'而不是在'共同犯罪'中规定'聚众犯罪'，研究聚众犯罪也就没有实际意义了"②。但即使聚众犯罪不能视为共同犯罪，基于前面对第 1 款的分析，仍然可以得出第 2 款的规定是不合理的。由于第 1 款规定本身用语就不够严谨，定罪不够周全，而第 2 款中规定其他参与者要依照第 1 款定罪处罚，结论自然也不会合理。

三、贪污贿赂犯罪修改的理性分析

当今，贪污贿赂犯罪是我国立法最为关注的重大问题之一。我国关于惩治贪污贿赂犯罪的法律规定，和世界上其他国家一样，在不断地严密刑事法网，有效地打击贪污贿赂犯罪行为。1997 年《刑法》在 1979 年《刑法》基础上加以修订，将贪污罪和贿赂罪合并为贪污贿赂罪规定在刑法分则第八章，在刑法分则第三章中也规定了特别的贿赂罪③，这一规定健全了贪污贿赂犯罪的罪名体系，完善了贪污贿赂犯罪的刑罚体系。之后，以刑法修正案的形式不断地对贪污贿赂犯罪进行完善。具体体现在：《刑法修正案（一）》共有 9 个条文，其中第 7 条对《刑法》第 185 条作了修正，其中涉及依照《刑法》第 384 条

---

① 潘伟：《刑法第 242 条瑕疵析解与修正》，载《广西大学学报（哲学社会科学版）》2004 年第 2 期。

② 刘德法、孔德琴：《论聚众犯罪的概念和法律特征》，载《河南省政法管理干部学院学报》2009 年第 3 期。

③ 这里的特别的贿赂罪，是指《刑法》第 163 条非国家工作人员受贿罪、第 164 条第 1 款对非国家工作人员行贿罪、第 164 条第 2 款对外国公职人员、国际公共组织官员行贿罪。

挪用公款罪定罪处罚的问题；《刑法修正案（二）》至《刑法修正案（五）》及《刑法修正案（十）》没有对贪污贿赂犯罪予以修正；《刑法修正案（六）》共21个条文，涉及贪污贿赂犯罪修正的条文共3个；《刑法修正案（七）》共14个条文，涉及贪污贿赂犯罪修正的条文共2个；《刑法修正案（八）》共50个条文，其中，第29条在《刑法》第164条之下增设对外国公职人员、国际公共组织官员行贿罪作为第2款，这一款修正主要是根据我国加入的2005年12月14日起生效施行的《联合国反腐败公约》的要求；《刑法修正案（九）》共52个条文，涉及贪污贿赂犯罪的从第44条至49条，共计6条。这些修正"尽管在总体上实现了贪污贿赂犯罪罪名序列体系化、刑罚配置科学化的目标，但是，由于这些修正以对此前立法成果的确认为主，从而原有贪污贿赂犯罪具体犯罪构成要件中的固有缺陷并未能通过立法完善加以修复"[①]。我国关于贪污贿赂犯罪的刑事立法取得了长足的进步，也还存在不少问题，尤其是我国加入《联合国反腐败公约》之后，有义务根据该公约的要求完善我国相关刑事立法；再加上随着社会市场经济的不断发展，我国贪污贿赂犯罪立法也处于"活性化立法"时期，对贪污贿赂犯罪刑法修正问题，更应该进行广泛而深入的思考。

（一）对贪污贿赂犯罪修改的总体反思

当前，贪污贿赂犯罪的大幅度修正主要集中体现在我国《刑法修正案（九）》之中。《刑法修正案（九）》迎合了我国贪污贿赂犯罪发案率居高不下的严峻形势，为遏制腐败犯罪提供了更为严密的法律依据，在彰显理性的同时，也有非理性一面的显现。

1. 理性彰显

（1）宽严相济刑事政策得到彰显："可以免除处罚""终身监禁"的增设

宽严相济是我国当前基本的刑事政策，其"最终完成向立法政策的转变是在《刑法修正案（八）》的制定过程中"[②]，《刑法修正案（九）》有关"可以免除处罚"与"终身监禁"的增设，是宽严相济刑事立法政策的进一步贯彻，体现了"当宽则宽""当严则严"的思想。

《刑法修正案（九）》第44条对《刑法》第383条作了修订，将原刑法条文"个人贪污数额在五千元以上不满一万元，犯罪后有悔改表现、积极退赃的，可以减轻处罚或者免予刑事处罚，由其所在单位或者上级主管机关给予行政处分"，改为"在提起公诉前如实供述自己罪行、真诚悔罪、积极退赃，避

---

①　刘仁文主编：《贪污贿赂犯罪的刑法规制》，社会科学文献出版社2015年版，第31页。

②　孙万怀：《宽严相济刑事政策应回归为司法政策》，载《法学研究》2014年第4期。

免、减少损害结果的发生。有第一项规定情形的，可以从轻、减轻或者免除处罚；有第二项、第三项规定情形的，可以从轻处罚”，并将其独立出来作为第 3 款，其中，"第一项规定情形"是指数额较大或者情节较重的情形；"第二项、第三项规定情形"分别为数额巨大或者情节严重的、数额特别巨大或情节特别严重的情形。根据这一修正，对于贪污犯罪分子"坦白"① 的，"可以免除处罚"。而《刑法》总则第 67 条第 3 款关于坦白的规定只能从轻或者减轻处罚："犯罪嫌疑人虽不具有前两款规定的自首情节，但是如实供述自己罪行的，可以从轻处罚；因其如实供述自己罪行，避免特别严重后果发生的，可以减轻处罚。"显然，贪污犯罪分子"坦白"修正的这一量刑情节，实际上已经突破了刑法总则中关于坦白的规定，足见其"宽"。

《刑法修正案（九）》第 44 条第 4 款首次以立法形式增设"终身监禁"，针对贪污、受贿罪"被判处死刑缓期执行的，人民法院根据犯罪情节等情况可以同时决定在其死刑缓期执行二年期满依法减为无期徒刑后，终身监禁，不得减刑、假释"。从性质上来说，"终身监禁"既不是一种新的刑种，也不是一种刑罚执行制度，而是在执行"无期徒刑"这一刑罚种类过程中仅针对重特大贪污贿赂犯罪适用的一种特殊的刑罚执行方法。这一内容是在宽严相济刑事政策下，针对实践中出现的重特大贪污受贿犯罪通过减刑服刑过短等问题，做出的对贪污贿赂犯罪的修正。从当前贪污贿赂犯罪治理的角度来看，这种规定应当说是一种相对合理的立法形式，不仅进一步严密了腐败犯罪的法网、强化了打击贿赂犯罪的力度，而且也体现了我国刑法对腐败行为最严厉的否定评价，足见其"严"的一面。

（2）罪名体系更加科学化：利用影响力受贿罪与对有影响力的人行贿罪的增设

"一个完整统一的罪名体系，是刑事法制高度完善的一个重要内容。"② 具体体现在各类罪之中，每一个类罪都应该形成完整统一的罪名体系，这样才能体现该类罪有效的预防犯罪的规范体系。贪污贿赂犯罪的罪名从少到多、从杂乱无体系到归为一章成体系，经历了一个自我不断更新与完善的历程。基于制定出的一系列罪名规范，回应了我国当前对贪污贿赂犯罪的刑法打击力度。

---

① 《刑法》第 383 条第 3 款修正规定的贪污犯罪分子"坦白"，并不完全等同于《刑法》总则第 67 条第三款的坦白。前者是在"避免、减少损害结果的发生"时适用，而后者的构成条件是"避免特别严重后果发生"，两者要求避免发生的结果程度不同，因而处罚自然不同。所以，对贪污贿赂犯罪的这一修正并不是严格意义的"坦白"，突破刑法总则关于坦白的规定，修正为"可以免除处罚"，并无不当。

② 张文、刘艳红：《罪名立法模式论要》，载《中国法学》1999 年第 4 期。

1979 年《刑法》中只在《刑法》第 155 条、185 条规定了贪污罪和贿赂罪两个罪名，且分别放置在第五章侵犯财产罪和第八章渎职罪中。基于贪污贿赂犯罪在司法实践的不断猖獗，1997 年《刑法》修订时，将贪污罪与贿赂罪统一纳入第八章并命名为贪污贿赂罪，一共规定了 12 个罪名：贪污罪、挪用公款罪、受贿罪、单位受贿罪、行贿罪、对单位行贿罪、介绍贿赂罪、单位行贿罪、巨额财产来源不明罪、隐瞒境外存款罪、私分国有资产罪和私分罚没财物罪。在经过几次刑法修正之后，增加了利用影响力受贿罪与对有影响力的人行贿罪两个罪名，共计 14 个罪名，使贪污贿赂犯罪的罪名体系更加完整、科学。应当说，当前我国贪污贿赂罪的罪名体系，沿袭了 1979 年《刑法》规定的罪名，贪污罪和受贿罪依然占据主导地位。所增设的新罪名，作为由不同贪污贿赂犯罪罪名组成的有机整体，具有合理性。这种合理性，具体表现为不仅符合犯罪主体的要求性，而且符合对合犯的对应性，更加有利于贪污贿赂犯罪的惩治工作。

所谓犯罪主体的要求性，是指罪名的设置符合刑法总则涵盖的自然人主体和单位犯罪主体相区分的犯罪主体要求。根据犯罪主体是自然人还是单位，可以把现有刑法分则中的贿赂犯罪分为受贿罪、利用影响力受贿罪、行贿罪、介绍贿赂罪、非国家工作人员受贿罪（第三章第三节中第 163 条），与单位受贿罪、单位行贿罪，以及可以同时由自然人和单位构成的对单位行贿罪、对有影响力的人行贿罪、对非国家工作人员行贿罪、对外国公职人员、国际公共组织官员行贿罪（后两者罪名分别规定在刑法分则第三章第三节第 164 条第 1 款、第 2 款中）三类。从犯罪主体角度来看该章罪名，初步确立了贪污贿赂犯罪的罪名体系，是较为合理的。

目前的罪名体系也较为符合对合犯的对应性。贪污贿赂犯罪这一章中的罪名多数都是对合犯。"对合犯的对合行为必须是互为条件，互相作用，互相依存，互相促进的。一方行为的实施是以另一方的行为为基础，同样另一方的行为又是以这一方的行为为前提。这是对合犯最显著的特点。"[1] 如果在刑法分则中仅仅将对合犯中的一种行为规定为犯罪，而不将其对合行为入罪，就不符合对行犯的基本特征。在《刑法修正案（九）》增设"对有影响力的人行贿罪"之前，学界普遍认为，《刑法修正案（七）》仅规定了利用影响力受贿罪，未规定相应的行贿罪，有违对合犯原理，造成了立法设置的不平衡。[2] 而经过刑法修正之后的贪污贿赂犯罪罪名是较为科学、合理的。

---

① 杨新培：《试论对合犯》，载《法律科学》1992 年第 1 期。
② 孙国祥：《利用影响力受贿罪比较研究》，载《政治与法律》2010 年第 12 期。

（3）定罪量刑标准合理化：概括数额或情节择一并重

贪污贿赂犯罪的定罪量刑标准，不仅影响到腐败犯罪的惩治效果，而且影响司法对立法的实现度。因此，贪污贿赂犯罪定罪量刑标准的确定以及合理化是反腐败过程中至关重要的问题。我国贪污贿赂犯罪的定罪量刑，经历数次立法变迁，越来越趋于合理化，具体表现在：法定刑设置的档次，刑罚种类的具体设置以及从重、从轻等量刑情节的合理化。析言之，贪污贿赂犯罪定罪量刑合理化的过程，其实就是对贪污罪、受贿罪法益同质性准确认定的过程。从1952年《中华人民共和国惩治贪污条例》将贪污贿赂犯罪统一定罪量刑，并设置了4个档次的法定刑、6种刑罚种类以及数种从重、从轻或减轻的量刑情节；到1979年《刑法》将贪污、受贿犯罪分条规定，贪污罪设置了3个档次的法定刑，受贿罪设置了2个档次，但刑罚明显低于贪污罪。直到1988年全国人大常委会制定的《关于惩治贪污罪贿赂罪的补充规定》（以下简称《规定》），才对贪污受贿罪的定罪量刑予以完善，明确为"数额、情节"标准，分别设置了4个、2个档次的法定刑。1997年《刑法》在《规定》的基础上，发展和细化了贪污受贿罪的定罪量刑标准，仍然采用"数额＋情节"的双重标准。前8次刑法修正，均未对贪污受贿罪的定罪量刑标准作调整，直到《刑法修正案（九）》第44条才作出了相应修订，一改过去"数额＋情节"标准为"数额或情节"标准，按贪污数额或者贪污情节重新设置了贪污罪的法定刑。

第一，从刑罚效用角度来说，这一刑法修订使贪污受贿罪的定罪量刑标准更加合理化。由"唯数额论"变成"概括数额或情节择一并重"，加大了对贪污受贿罪的打击力度，告诫国家工作人员并不是只有达到了一定的数额才能定罪量刑，即使数额达不到，符合一定的情节标准同样可以定罪。从法定刑的设置上认定了贪污受贿罪的惩罚不可避免性，正如贝卡利亚所言："对于犯罪最强有力的约束力量不是刑罚的严酷性，而是刑罚的必定性。"① 第二，从此罪与彼罪定罪标准的均衡化角度来说，贪污贿赂犯罪过去"唯数额论"的定罪量刑标准，也不利于此罪与彼罪定罪标准的均衡化，现在的量刑标准变化具有一定的合理。贪污受贿罪的定罪起始数额是5000元，而与之相比较，盗窃罪的数额犯②要求起始数额是1000元。然而，盗窃罪的社会危害性未必比贪污受贿罪的社会危害性大，前者侵犯的是公民的财产权，而后者侵犯的是国家职

---

① ［意］贝卡利亚：《论犯罪与刑罚》，黄风译，中国法制出版社2005年版，第72页。

② 《刑法修正案（八）》第39条对《刑法》第264条盗窃罪进行了修正，增加了"入户盗窃、携带凶器盗窃、扒窃"等成立盗窃罪的情形。所以，盗窃罪的成立有两种情况：即数额犯和情节犯。

务的廉洁性与公共财产权。社会危害性大的定罪却起始数额大，社会危害性小的定罪起始数额却小，于情于理是说不通的。

2. 非理性显现

（1）贪污贿赂犯罪凸显犯罪化走向，缺失堵截体系的建构

1997年现行刑法颁行以来，我国的刑事立法一直处于活跃期，在刑法分则各类罪修改中均有所体现。贪污贿赂罪作为刑事立法中较为重要的犯罪类型，无论法条修改的数量，还是修正案对其修正的次数，都是超乎寻常的。贪污贿赂罪这一章共15个条文，14个罪名，1997年《刑法》之后，共涉及8个条文的修改，其中新增2个罪名，即第388条之一利用影响力受贿罪和第390条之一对有影响力的人行贿罪。罪名的增设，是我国刑事立法犯罪化走向的重要体现。可以说，"刑事立法已成为我国立法活动中最积极、最活跃的一个方面。这种积极的立法不仅表现为立法活动的频繁，还表现在立法内容的取向，在历次对刑法的修改中，基本上是增加罪名或加重对某些犯罪的刑罚"[①]。

然而，这种犯罪化步伐的加快不得不引起深思。未来的刑事立法究竟是应该犯罪化还是应该非犯罪化？这一问题，直接影响到未来我国刑法修正的立法政策。有学者认为，"我国当前的主要任务不是实行非犯罪化，而是应当推进犯罪化"，[②] "以前的立法由于其滞后性特点已经不能适应新的发展，许多危害社会的行为处罚无法可依。因此在注重人权保障、确立轻刑化思想的前提下，我国现阶段应当实行刑事立法犯罪化"[③]。然而，随着目前贪污贿赂犯罪化步伐的加快，在坚持犯罪化的同时，也必须对非犯罪化给予重视，从而保持适度的犯罪化，防止刑法立法的过度扩张。

既然要坚持适度的犯罪化，那么在刑事立法的过程中，就应该充分利用刑法修正的机会和资源。随着贪污贿赂犯罪刑事立法的完善，相应的刑法规制体系已经建构，以增设最少的罪名，达到最大化堵截犯罪的目的是当前最好的立法路径。刑事法律规范的制定是为了更好地治理贪污贿赂犯罪的需要，仅仅从正面即以立法设定明确的贪污贿赂犯罪罪名的方式规制犯罪，效果并不是特别好。相反，应该构建贪污贿赂犯罪的堵截体系，其目的是为了堵截司法实践中无法追究贪污贿赂犯罪的情形，而无法追究的原因主要是由于侦查能力的局限性。可以在刑法条文中明确设置有关刑罚程序上的堵截条款，如在没收财产的

---

① 朗胜：《在构建和谐社会的语境下谈我国刑法立法的积极与谨慎》，载《法学家》2007年第5期。

② 张明楷：《日本刑法的发展及启示》，载《当代法学》2006年第1期。

③ 胡伟峰：《刑事立法犯罪化的提倡》，载《前沿》2008年第4期。

程序上倡导举证责任倒置。① 《刑法》第 395 条第 1 款巨额财产来源不明罪的设立，虽然在司法实践适用中也存在一定的问题，但该罪却起到了有效堵截犯罪的目的。从刑法教义学立场分析，刑法修正不能仅仅局限于刑事立法本身，应酌情考虑刑事司法问题，达到立法与司法的一致性。

总的来说，刑事立法并不是为了刑事立法本身，其最终是为了通过法律规范的形式，惩治犯罪、预防犯罪，即归根结底就是为了治理犯罪。随着刑事一体化，治理犯罪不再仅仅是犯罪学要解决的问题，更是刑法学要解决的。如果能在刑事立法过程中就体现对犯罪的治理，建构对贪污贿赂犯罪的堵截体系，社会现实中的贪污贿赂犯罪将必定会随之减少。

（2）贪污贿赂犯罪的死刑没有废止

伴随着死刑废止步伐的加快，《刑法修正案（九）》的修正并没有废除贪污贿赂犯罪的死刑规定，可以说这是此次刑法修正过程中最大的遗憾。2011年《刑法修正案（八）》一次性取消了 13 个经济性非暴力犯罪的死刑，这一举措不仅符合国际人权运动及死刑废除运动呼声，而且实现了我国死刑罪名不断减少的愿望。《刑法修正案（九）》进一步取消了 9 种犯罪的死刑，但这 9 种罪名并不包括贪污受贿罪，而只是将贪污受贿罪绝对死刑法定刑模式修改为相对死刑法定刑模式。就贪污贿赂犯罪应不应废止死刑的问题，首先必须对死刑有正确的认识。就死刑本身而言，作为维护社会秩序的一种重要的刑罚种类，它的存在并非理性的存在，因为它并不能促使社会和个人平和地存在。正如德国布鲁诺所言："死刑并不是标志人类进化的饰物，倒不如说，它是横行于某一社会内部的不自由的指标，它也是恫吓个人迫使其趋于大势和忍气吞声的社会压力的指标，它最终标志着充满于个人和社会的抑郁的攻击性、仇恨、罪恶感与焦虑的程度。"② 拉德布鲁赫认为，"只要死刑还存在着，那么整个刑法就都散发着血腥的气味，整个刑法都带有阴森恐怖的印记，整个刑法都充满着报仇雪恨的污点"③。既然死刑带有如此特点，甚至会阻碍法治建设，自然就应严格限制甚至是废除死刑。

当前，作为非暴力性经济犯罪的贪污受贿罪，不同于暴力性犯罪，它侵犯的是财产权法益而非人身权，对贪污受贿罪适用生命刑，超出了刑罚报应的界

---

① 参见卢建平、张旭辉：《国际公约框架下我国贿赂犯罪的立法回应与完善》，载赵秉志主编：《刑事法治发展研究报告》（2004 年卷），中国人民公安大学出版社 2005 年版，第 721 页。

② ［德］布鲁诺·赖德尔：《死刑的文化史》，郭二民编译，生活·读书·新知三联书店 1992 年版，第 184 页。

③ ［德］古斯塔夫·拉德布鲁赫：《法律智慧警句集》，舒国滢译，中国法制出版社 2001 年版，第 46 页。

限，也不符合"罪行极其严重"这一死刑适用条件。只有暴力性犯罪的社会危害性才与死刑的价值相匹配，才更符合"罪行极其严重"这一死刑适用条件，对没有侵害生命权的生命予以剥夺，是令人费解的。

从死刑的威慑效果来看，很多国家都没有对贪污贿赂罪规定死刑，但腐败犯罪发案率却并不高。贪污贿赂罪死刑的有无与腐败犯罪的发案率并不是密切相关的。

从司法实践来看，近几年贪污贿赂罪被判死刑且最终被执行死刑的并不多，但仅仅靠这种司法控制死刑的方法，只治标不治本。一般而言，"限制死刑适用有两条路径：一是通过修改立法缩小死刑适用的范围；二是通过严格死刑适用标准规范死刑的适用，减少死刑适用数量"[①]。意即死刑控制包括立法控制和司法控制，要真正解决贪污贿赂罪死刑适用问题，立法控制是最直接也是最治本的方式。如果仅仅依赖于司法限制死刑适用，由于具有任意性，会导致司法的不公平现象发生。

（3）贿赂犯罪在量刑设置上，对贪污犯罪过度依赖

我国现行《刑法》第386条规定了对受贿罪的处罚："对犯受贿罪的，根据受贿所得数额及情节，依照本法第三百八十三条的规定处罚。索贿的从重处罚。"亦即，我国刑法中受贿罪的量刑是依附于贪污罪的，并没有独立的量刑标准。"这种两罪共用同一罚则之立法有欠科学性和合理性。一方面，纵观整个刑法分则，这种一罪罚则依附于另一罪罚则的规定可以说在刑法中是'独一无二'，因而同其他刑法规范之间不具有协调性；另一方面，同属腐败犯罪范畴的受贿罪和贪污罪，其不法内涵虽有共性之处，但也亦有其差异。"[②] 问题在于贪污罪与受贿罪之间的差异性更为明显。从历史渊源来考察，1979年《刑法》贪污罪属于侵犯财产罪范畴，而受贿罪属于渎职罪范畴。这种分类的差别也表明了两罪侵犯法益的不同，"虽然1997年刑法典将此二罪分别从侵犯财产罪和渎职罪中分离出来，共同归入到贪污贿赂罪这一章中，但二者的犯罪属性并没有改变，仍然有着重大的差别"[③]。即，贪污罪不仅侵犯了国家工作人员的职务廉洁性，也侵犯了公共财产的所有权；而受贿罪所侵犯的法益更多的表现为国家工作人员公务行为的不可收买性。"贪污罪因为兼具有财产犯罪性质，在判断其社会危害性时应当主要考虑其所贪污财产数额的大小，其他情

---

① 任志忠：《死刑适用问题研究》，知识产权出版社2012年版，第1页。
② 钱叶六：《贪污犯罪立法修正释评及展望——以〈刑法修正案（九）〉为视角》，载《苏州大学学报（哲学社会科学版）》2015年第6期。
③ 赵秉志：《贪污受贿犯罪定罪量刑标准问题研究》，载《中国法学》2015年第1期。

节则仅仅是次要因素；而受贿罪因为不具有财产犯罪的特性，在判断其社会危害性时应更多地考虑受贿行为是否对其客体即职务廉洁性造成损害。"① 而贿赂犯罪这种对职务廉洁性造成损害的判断，并不是依据财产数额的多少进行判断，而是应该着重考虑权钱交易行为的本身、违背职权的程度以及犯罪手段等因素。侵犯法益的不同，反应了犯罪社会危害性的差异，而社会危害性的差异性不仅影响司法定罪，也为刑事立法设刑起到一定的导向作用。将贿赂犯罪不加区分地统一于贪污犯罪的量刑标准之中，暂不考虑罪责刑相适应原则的违反与否，最起码忽视了贪污犯罪和贿赂犯罪之间的本质区别。显然，极为不合理。

刑事立法中贿赂犯罪对贪污犯罪过度地依赖，并不利于贿赂犯罪自身立法的完善。故应当在区分贪污犯罪和贿赂犯罪本质差异的基础上，为贿赂犯罪规定独立的法定刑条款，体现其独立的量刑标准。

（二）对贪污贿赂犯罪具体个罪修改的反思

1. 关于《刑法》第 385 条第 1 款、第 2 款的规定

（1）《刑法》第 385 条第 1 款："为他人谋取利益"这一要件是否应当取消

现行《刑法》第 385 条第 1 款规定："国家工作人员利用职务上的便利，索取他人财物的，或者非法收受他人财物，为他人谋取利益的，是受贿罪。"这款规定明确了受贿罪的两种情形，即索取贿赂和收受贿赂。从语法结构对称角度来看，"索取他人财物的"和"非法收受他人财物，为他人谋取利益的"对称，因此，可以得出这样的结论：索取贿赂不需要为他人谋取利益就可以构成受贿罪；而收受贿赂，要求为他人谋取利益时，方可构成受贿罪。但有学者认为，索取他人财物，不以为他人谋取利益为条件，违背了受贿罪的权钱交易的本质特征，超出了受贿罪的罪质范围。② 那么，"为他人谋取利益"这一要件对于索取贿赂和收受贿赂是否都是必须的要件？换言之，同样都是受贿罪，都是利用职务便利实施的行为，在是否要求必须具备"为他人谋取利益"这一构成要件上存在很大差异，这种差异的存在是否合理呢？仅从受贿罪并列的两种情形来看，也应该以"全有或者全无"的方式，将"为他人谋取利益"这一要件分别体现在这两种情形之中。

另外，从受贿罪权钱交易本质特征来看，"为他人谋取利益"也没有存在的必要。有学者认为，"索取"和"非法收受"都是受贿，都是权钱交易，其

---

① 王志祥、黄云波：《基本刑事政策视域下贿赂犯罪立法的应然走向》，载赵秉志主编：《腐败犯罪的惩治与预防》，北京师范大学出版社 2014 年版，第 33 页。

② 参见陈兴良：《刑法疏议》，中国人民公安大学出版社 1997 年版，第 631～632 页。

构成犯罪的条件不应有区别，即均应以"为他人谋取利益"为要件。① 言下之意，无论是索取贿赂还是收受贿赂都应该满足"为他人谋取利益"这一要件，这样才能体现受贿罪权钱交易的特征。然而，即使法条中没有规定"为他人谋取利益"这一要件，也不等于否定受贿罪的权钱交易性质，因为收受财物的行为都具有权钱交易的性质。②

再者，当前受贿罪类型中，较为常见多发的是感情投资型受贿罪。所谓感情投资型受贿犯罪，即"行贿人不再针对具体请托事项向国家工作人员赠送或许以财物，而是以人情往来为名长期向国家工作人员赠送'礼金'"③ 的行为。这一类型的受贿罪在司法实践中非常难认定为受贿罪，原因主要在于法条中"为他人谋取利益"这一要件为定罪设置了瓶颈。当初立法中收受贿赂罪以"为他人谋取利益"为要件，本意在于将"感情投资"和亲友之间馈赠的现象排除于受贿罪之外④，目的是防止犯罪的扩大化，保持刑法谦抑的本性。然而，社会现实发生了巨大的变化，感情投资型受贿犯罪日益增加，立法也应该随着变动，不能让这类人钻了法律的空子，放纵了对该类犯罪的惩罚。出于反腐败的需要以及对罪刑法定原则的遵循，解决感情投资型受贿犯罪最合理的做法即是删除"为他人谋取利益"这一规定内容。

综上，基于受贿罪两种类型的并列对称、受贿罪本身的权钱交易性质以及感情投资型受贿罪的规制这三个方面考虑，"为他人谋取利益"这一要件应该在未来修改刑法时予以删除，这样做才具有合理性。

（2）第2款存在是否具有必要性

第2款规定："国家工作人员在经济往来中，违反国家规定，收受各种名义的回扣、手续费，归个人所有的，以受贿论处。"有学者将这款称为经济受贿。⑤ 那么，这款和第1款之间究竟是怎样的关系？第1款是否包含了这款规定的情形？如果第1款包含了第2款的情形，那么这款的规定完全是多余的，可以予以删除；如果没有包含，探讨两款之间的关系，则对司法实践中的有效适用至关重要。两款之间是否具有包含关系，关键在于对"财物"一词的理

① 参见高铭暄：《中华人民共和国刑法的孕育诞生和发展完善》，北京大学出版社2012年版，第608页。
② 参见陈兴良：《为他人谋取利益的性质与认定——以两高贪污贿赂司法解释为中心》，载《法学评论》2016年第4期。
③ 李琳：《论"感情投资"型受贿犯罪的司法认定——兼论受贿罪"为他人谋取利益"要件之取消》，载《法学论坛》2015年第5期。
④ 参见熊选国、苗有水：《如何把握受贿罪构成要件之"为他人谋取利益"》，载《人民法院报》2005年7月6日第8版。
⑤ 参见王俊平、李山河：《受贿罪研究》，人民法院出版社2003年版，第30页。

解。析言之，第 1 款的"财物"是否包括第 2 款中的"回扣、手续费"？2008年 11 月 20 日两高《关于办理商业贿赂刑事案件适用法律若干问题的意见》第 7 条明确规定，财物"既包括金钱和实物，也包括可以用金钱计算数额的财产性利益，如提供房屋装修、含有金额的会员卡、代币卡（券）、旅游费用等"，显然，将财物扩大解释为财产性利益。虽有个别学者反对将贿赂犯罪的对象修改或扩大解释为包括财产性利益，[①] 但大多数学者还是赞成将"财物"扩大解释为包括财产性利益的。[②] 随着社会的不断发展变化，不能拘泥于传统观点对"财物"的理解，那样不利于对受贿罪的打击。应当说，司法解释中将"财物"扩大解释为财产性利益合乎当今时代发展，较为合理。既然第 1款中的"财物"包括财产性利益，而第 2 款中的"回扣、手续费"属于财产性利益之一种，由此我们可以推导出，第 1 款规定的内容应当将第 2 款包含其中。从立法技术角度考虑，第 2 款属于注意规定，只是一种强调的作用，根据第 1 款规定，符合了受贿罪的一般要件即构成了经济受贿。因而，即使没有第 2 款的存在，根据第 1 款同样可以对经济受贿行为定罪，为了避免条文的冗长，没有必要将第 2 款独立成款。由于"法律是欲以极少数的条文，网罗极复杂的社会事实，为便于适用和遵守起见，条文故应力求其少，文字尤应力求其短，以免卷帙浩繁，人民有无所适从之叹"[③]。所以，建议将第 2 款删除。

2. 关于《刑法》第 387 条、第 391 条、第 393 条的规定

我国现行刑法不仅处罚自然人犯罪主体，同时亦处罚单位犯罪主体。但从刑法立法角度来看，单位犯罪的规定均是建立在自然犯罪的基础之上，最后定的罪名和自然犯罪的罪名是统一的。而像贿赂犯罪这样，对于单位实施的以及以单位对象实施的犯罪行为，单独设置新的罪名和法定刑的情形，非常罕见，主要体现在《刑法》第 387 条单位受贿罪、第 391 条对单位行贿罪、第 393 条单位行贿罪的规定。但无论是罪名的设置，还是犯罪主体、犯罪对象以及法定刑的规定，都存在不足之处。

首先，从罪名设置来看，之所以为贿赂犯罪的单位犯罪设置独立的罪名，主要是出于加大对腐败犯罪惩治力度的考虑，然而，这样无形之中就会加大条文设置的复杂性。有学者因此认为，"设置繁多的单位贿赂犯罪罪名，完全是

---

① 如有学者认为："按照罪刑法定的原则，我们只能把贿赂局限在财物上，就是说上述第一种意见（即贿赂只应限定为财物——作者注）是符合修订刑法的原意的，司法实践中要严格遵照执行，不能任意扩大贿赂的范围。"（见王作富：《刑法分则实务研究（下）》，中国方正出版社 2003 年版，第1971 页。）

② 参见张明楷：《刑法学（下）》，法律出版社 2016 年版，第 1066 页。

③ 林纪东：《法学通论》，台湾远东图书公司 1953 年版，第 89 页。

条文和司法资源的浪费，应按照前后两款分别规定自然人犯罪和单位犯罪的立法惯例，对相应条文进行改造"①。的确，罪名应该和罪状对应起来，罪名的设置"必须严格根据刑法分则条文中对罪状的描述来确定"②，当某一种犯罪既可以由自然人主体构成，又可以由单位犯罪主体构成时，其罪状就应该是相同的。既然是相同的罪状，就没有必要将单位犯罪单独独立出来，设置新的罪名。如果从立法本意考虑，仅仅为了加强对贿赂犯罪的打击力度，将单位犯罪主体的犯罪行为独立设置罪名，并不能因此起到惩治贿赂犯罪的良好效果。总体上来说，单位贿赂犯罪罪名的独立设置是没有必要的。

其次，从犯罪主体、犯罪对象的设置来看，我国现行刑法中不仅规定了国家工作人员的受贿罪和行贿罪，《刑法》第 163 条和第 164 条分别规定了非国家工作人员受贿罪和对非国家工作人员行贿罪，《刑法修正案（九）》还增设了对有影响力的人行贿罪等。而作为对合犯的只有第 391 条规定的对单位行贿罪，其犯罪对象也仅包括了国有性质的单位，对非国有性质单位行贿的行为没有任何罪名可以适用。这就容易形成对国有性质单位与非国有性质单位的保护不平等现象。为了规避这种不平等的现象，有两条可以改进的路径：路径一，即在刑法修改时，增设有关非国有性质单位的受贿罪和对非国有性质单位的行贿罪；路径二，即删除国有性质单位的受贿罪以及对国有性质单位的行贿罪罪名，而将其放入相应的自然人犯罪主体之后予以相应地惩罚。一般而言，对一个犯罪主体定罪并予以惩罚，最终均以保护法益为目的。国有公司、企业、事业单位、人民团体实施的受贿行为，通过单位犯罪的处罚原则，对其直接负责的主管人员和其他直接责任人员，就可以达到保护法益的目的，并不需要通过设置独立罪名、惩罚单位本身来实现。基于此，第二条路径更可取，可以将单位受贿罪以及对单位行贿罪直接规定在受贿罪以及行贿罪条文之后，根据单位犯罪的处罚原则作出相应的刑罚处罚即可。

最后，从法定刑的设置来看，单位受贿罪、对单位行贿罪、单位行贿罪的法定刑，不仅明显与自然人犯罪的法定刑不协调，而且与单位对非国家工作人员实施的行贿罪的法定刑明显失衡，司法实践亦印证了这一点。③ 单位受贿罪和单位行贿罪最高法定刑的设置均为 5 年有期徒刑，而对单位行贿罪的最高法定刑设置只有 3 年有期徒刑。相比较自然人受贿罪和行贿罪，法定刑都偏低。

① 陈红兵：《贪污贿赂渎职罪解释论与判例研究》，中国政法大学出版社 2015 年版，第 109 页。
② 周道鸾：《论罪名的规范化、统一化及其认定》，载高铭暄、赵秉志主编：《新中国刑法学五十年》，中国方正出版社 2000 年版，第 1662 页。
③ 参见尹明灿：《单位受贿罪的司法实践考察》，载《中国刑事法杂志》2012 年第 5 期。

自然人受贿罪处罚依照贪污罪的处罚，即最高法定刑可以为死刑。单位受贿罪和单位行贿罪最终直接表现为自然人犯罪，且通常情况下，单位受贿罪和单位行贿罪比自然人受贿罪和行贿罪的社会危害性有过之而无不及，而法定刑却相差如此之大，有悖于罪责刑相适应原则，无法达到罪刑均衡。另外，单位对非国家工作人员实施的行贿罪规定在《刑法》第164条，最高法定刑为10年有期徒刑，与单位对国有单位的行贿罪最高法定刑为3年有期徒刑相比，明显要重很多。因此，单位受贿罪、对单位行贿罪、单位行贿罪的法定刑设置与自然人犯罪相比，法定刑明显较轻，是不合理的。

四、渎职罪修改的理性分析

渎职罪是当今世界各国惩治的严重犯罪现象之一，它既侵害了国家机关的正常活动，又侵犯了公共财产安全以及公民的人身权利。我国1979年《刑法》从第185条至第192条对渎职罪仅规定了8个条文9个罪名。1997年修订《刑法》（包括刑法修正案作的修正）从397条至419条共23个条文37个罪名。现行刑法经过历次修正，渎职罪的规定在一定程度上也从原来过于笼统、只处罚故意犯罪，并且处刑也偏轻的粗线条立法，演绎为既处罚故意犯罪，也处罚过失犯罪。渎职犯罪类型化更加完整的精细化立法，使渎职罪在立法上完善起来。当然，渎职罪的立法仍然存在一些非理性因素，亟待进一步反思。

（一）对渎职罪修改的总体反思

1. 条文用语模糊、不统一：关于"徇私舞弊"

我国刑法分则第九章规定的渎职罪，23个条文中有18个条文都属于徇私舞弊型渎职罪，占该章总条文数的78.3%。可见，刑法分则渎职罪主要表现为徇私舞弊型渎职罪。关于这种类型的渎职罪，刑法分则条文规定的方式并未统一，较为混乱。目前大致包括三种情形。第一种情形，刑法条文中明确使用"徇私舞弊"一词。如，第397条第2款的罪状表述："国家机关工作人员徇私舞弊，犯前款罪的"。类似的条文还有第401条、第402条、第403条、第404条、第405条第1款和第2款、第410条、第411条、第412条第1款、第413条第1款、第414条、第418条等。第二种情形，刑法条文中虽然没有明确使用"徇私舞弊"一词而是使用了其他词语代替，但仍然属于徇私舞弊型渎职罪。如，第399条第1款规定了徇私枉法罪，规定了"徇私枉法、徇情枉法"，却没有使用"徇私舞弊"。此外，第399条第2款、第399条之一、第400条第1款、第416条第2款、第417条等都属于此种情形。第三种情形，刑法条文包含了徇私舞弊型渎职情形，但却没有明文独立规定。如，第

398 条故意泄露国家秘密罪、第 415 条办理偷越国（边）境人员出入境证件罪、放行偷越国（边）境人员罪，均包含了徇私舞弊渎职的情形，但是在刑法分则条文中均没有明确予以独立规定。针对这三种情形，虽然都属于徇私舞弊型渎职罪的范畴，但是在刑法分则条文中的规定方式却不统一，致使刑法条文用语表现出较为混乱的局面。

刑法条文对徇私舞弊型渎职罪规定得如此不统一，究竟是应当将其他未明确规定"徇私舞弊"的条文修改增加规定，还是删除已经规定"徇私舞弊"的条文中的该词？这是值得反思的。徇私舞弊这个词语本身就不明确，渎职罪中"徇私舞弊"的理解无论在理论层面还是在司法实践层面都存在一定的问题。在理论层面，就"徇私舞弊"这一词字面意义来看，包括"徇私"＋"舞弊"。"徇私"应该属于犯罪主观方面的动机，而"舞弊"应当属于犯罪客观方面的行为。徇私舞弊作为渎职行为的一种，应当是主客观相统一的。在司法实践层面，行为人是否"徇私"通常难以查证，且"舞弊"有时与徇私舞弊后具体的渎职行为没有必然的关系。以徇私舞弊不征、少征税款罪为例，行为人是否"舞弊"，与不征、少征税款的行为没有必然的关系，因为不征、少征税款本来是一种纯粹的不作为犯罪行为（对于少征税款中没有征的那部分同样是一种不作为），规定了"舞弊"后，司法实践中还要进一步查明行为人是否具有伪造材料、隐瞒情况、弄虚作假等作为方式否则就不构成犯罪。事实上，对于不征、少征税款的行为而言，即使行为人没有"舞弊"行为，其社会危害性也往往很大。徇私舞弊型渎职罪不同于滥用职权罪，是在滥用职权行为的基础上，且比滥用职权罪主观更为恶劣的行为。建议在修改刑法时，删去"徇私舞弊"一词，这样既可以达到该类渎职罪的协调统一，又可以减少司法实践中该类罪判断的难度，从而有效地惩治渎职犯罪。

2. 条文表述重复、逻辑不严谨：关于"情节严重"与危害结果的表述

渎职罪这一章共 23 个条文，包含了"情节严重""情节较轻"等表述的条文有 15 条，包含危害结果表述的条文有 14 条，其中有 6 个条文兼含这两者的表述。其中关于"情节严重"的规定，一部分影响定罪，属于情节犯；一部分影响量刑，是基本犯罪构成之外的加重情节，属于情节加重犯。① 如，

① 需要说明的是，情节犯不同于情节加重犯、情节减轻犯。"'情节'犯中的'情节'的意义是解决罪与非罪问题，从犯罪构成的角度而言，这里的'情节严重'或者'情节恶劣'是基本犯罪构成的必备要件，它决定了该种情节的基本性质。与此相关的两个概念是'情节加重犯'或'情节减轻犯'，它们是在基本犯的基础上，根据是否具备某种'严重'或'减轻'情节，从而使罪责加重或减轻的情形，它所解决的是罪责的层次问题，从而影响到法定刑轻重的适用。因此，不应该将它们与情节犯相互混淆一起。"（叶高峰、史卫忠：《情节犯的反思及其立法完善》，载《法学评论》1997 年第 2 期。）

《刑法》第 409 条规定："从事传染病防治的政府卫生行政部门的工作人员严重不负责任，导致传染病传播或者流行，情节严重的，处三年以下有期徒刑或者拘役"。其中"情节严重"这一规定属于传染病防治失职罪的基本犯罪构成内容，该罪属于情节犯。又如，《刑法》第 400 条规定："司法工作人员私放在押的犯罪嫌疑人、被告人或者罪犯的，处五年以下有期徒刑或者拘役；情节严重的，处五年以上十年以下有期徒刑；情节特别严重的，处十年以上有期徒刑。"该条中，"情节严重"和"情节特别严重"则是私放在押人员罪的加重情节。同样，关于危害结果的规定，一部分属于结果犯的规定，将该危害结果作为犯罪的构成要件；另一部分属于结果加重犯，是在基本犯罪构成的条件下，该危害结果作为加重的结果存在。如，《刑法修正案（八）》第 49 条增设了第 408 条之一，"负有食品安全监督管理职责的国家机关工作人员，滥用职权或者玩忽职守，导致发生重大食品安全事故或者造成其他严重后果的，处五年以下有期徒刑或者拘役；造成特别严重后果的，处五年以上十年以下有期徒刑"。其中，"导致发生重大食品安全事故或者造成其他严重后果的"这一表述，属于食品监管渎职罪的基本犯罪构成，即表明该罪为结果犯；而"造成特别严重后果"的属于该罪的结果加重犯。

从立法技术角度来看，渎职罪这一章中"情节严重"及危害结果的表述，存在着一定的缺陷，集中体现在：

其一，危害结果自身表述的重复。如，《刑法》第 419 条失职造成珍贵文物损毁、流失罪，其中规定的"造成珍贵文物毁损或者流失"本身就属于严重后果，立法者却在其后又规定"后果严重的"。很显然，这是一种语义重复，不仅不利于刑法条文的明确性，而且容易导致司法者以及公众理解上的混乱，误认为"造成珍贵文物毁损或者流失"与"后果严重"是递进的关系或者是"且"同时满足的关系。然而，两者既不是递进关系，也不是"且"的关系，而是同义反复，纯属多余。类似的规定还有第 400 条第 2 款失职致使在押人员脱逃罪中"致使在押的犯罪嫌疑人、被告人或者罪犯脱逃"与"造成严重后果"的重复以及第 408 条环境监管失职罪中的"导致发生重大环境污染事故"与"致使公司财产遭受重大损失或者造成人身伤亡的严重后果"之间的重复。对于这一立法技术上的缺陷，根据具体个罪条文需要，有两种解决途径：一是，建议删除"后果严重的"，以简化条文用语，使立法更趋科学，使公众理解上更加容易；二是，建议这些条文可以仿照《刑法》第 408 条之一的条文表述进行修改。《刑法》第 408 条之一中"导致发生重大食品安全事故"与"造成其他严重后果的"使用"或者"一词连接，将"导致发生重大食品安全事故"作为"造成其他严重后果"之外的严重后果单独列出，较为妥当。

其二，"情节严重"与危害结果之间的逻辑关系混乱。最典型的如，《刑法》第407条违法发放林木采伐许可证罪中规定了作为犯罪构成要件的"情节严重"，其后又规定"致使森林遭受严重破坏"，析言之，这两者之间的关系并不是并列的关系，而是包含的关系。然而将这两者并列表述实为不妥，不符合正常的逻辑关系。类似的条文还有第409条传染病防治失职罪中"导致传染病传播或者流行"和"情节严重"的并行规定，也同样不符合正常逻辑关系。相比较"情节严重""致使森林遭受严重破坏"和"导致传染病传播或者流行"这些内容更加明确具体，建议删除"情节严重"这一表述，更加符合罪刑法定原则中所要求的明确性要求。

由于"情节严重"以及相关危害结果尤其是"造成严重后果"的类似表述存在很大的弹性，司法机关为了司法的准确适用，往往会出台相关的司法解释或者解释性文件。问题就在于，既然司法解释可以予以明确，说明"情节严重"以及相关危害结果一定程度上是可以说明具体内容所指的，那么就应该在渎职罪条文中尽量减少有关"情节严重"以及"造成严重后果"的表述，将相关内容直接规定在刑法条文之中，以避免大量司法解释的出现。司法解释容易导致司法权本身的泛滥，以及法官对司法解释的依赖，从而影响法官司法能力的提高，损害司法的公信力。因此，"在立法未完成规范化、科学化、体系化的革命前，司法解释无疑有存在的必要。但是我们需要限缩司法解释的使用，明确司法解释的功能，就是'明晰法律'，不能超越现行的法律体系和规范"①。但立法若能予以规范化、科学化、体系化，应该选择完善立法，而不是过度地使用司法解释。

3. 罪名设置烦琐、刑罚配置欠科学

首先，渎职罪这一章罪名设置较为烦琐。与其他类罪相比较，这一章立法模式的设置较为独特，采用的是一般条款和特别条款的模式，"既对特殊主体实施的渎职单独规定罪状和法定刑，又以玩忽职守罪、滥用职权罪的'小口袋罪'形式囊括一般意义上的渎职罪"②，"形成了以第397条所规定的玩忽职守罪、滥用职权罪、徇私舞弊罪（我国《刑法》中并没有规定徇私舞弊罪——引者注）为渎职罪的一般性规定，以第398条至第419条所规定的具体渎职犯

---

① 胡岩：《司法解释的前生后世》，载《政法论坛》2015年第3期。
② 蒋熙辉：《滥用职权罪相关问题之思考》，载《中国刑事法杂志》2000年第5期。

罪为渎职罪的特殊性规定的渎职罪法律规范体系"①。即《刑法》第 397 条规定了渎职罪的一般性条款，即滥用职权罪和玩忽职守罪。而第 399 条第 3 款执行判决、裁定滥用职权罪（《刑法修正案（四）》新增），第 402 条徇私舞弊不移交刑事案件罪，第 403 条滥用管理公司、证券职权罪，第 408 条之一食品监管渎职罪（《刑法修正案（八）》新增），第 410 条非法批准征收、征用、占用土地罪或非法低价出让国有土地使用权罪，第 412 条第 1 款商检徇私舞弊罪，第 413 条第 1 款动植物检疫徇私舞弊罪，第 414 条放纵制售伪劣商品犯罪行为罪，第 415 条办理偷越国（边）境人员出入境证件罪、放行偷越国（边）境人员罪，第 416 条不解救被拐卖、绑架妇女、儿童罪及阻碍解救被拐卖、绑架妇女、儿童罪，第 418 条招收公务员、学生徇私舞弊罪等 13 个罪名即属于滥用职权罪的特殊条款；第 399 条第 3 款执行判决、裁定失职罪（《刑法修正案（四）》新增），第 406 条国家机关工作人员签订、履行合同失职被骗罪，第 408 条环境监管失职罪，第 408 条之一食品监管渎职罪（《刑法修正案（八）》新增），第 409 条传染病防治失职罪，第 412 条第 2 款商检失职罪，第 413 条第 2 款动植物检疫失职罪，第 419 条失职造成珍贵文物损毁、流失罪等 8 个罪名则属于玩忽职守罪的特殊条款。

对于《刑法》第 397 条规定的一般条款与其他特殊条款这种包容的法条竞合关系，应当遵从"特别法优于一般法"的规则适用相应的法条处罚。而之所以规定特别条款，"一般是法律已经对某一类社会关系作出了保护，而由于本类社会关系中的某一种社会关系与其他社会关系相比，有着特殊的重要意义，从而需要法律对此作出特别的保护"②。特别条款所规定内容的特别之处主要在于保护社会关系之特殊性，正是由于这一特殊性，仅仅根据一般条款的规定处刑，无法保证罪责刑相适应，有必要在相关位置专门设定特殊罪名及其相对应的法定刑。然而，渎职罪一章中所规定的众多特别条款，部分条文没有存在的必要性。如，《刑法》第 406 条规定的国家机关工作人员签订、履行合同失职被骗罪，法定刑有两个档次，即"三年以下有期徒刑或者拘役"和"三年以上七年以下有期徒刑"。而这一法定刑档次的规定与作为一般性条款的第 397 条规定的玩忽职守罪的法定刑档次完全一致。类似的条文还有《刑法》第 402 条、第 410 条、第 415 条等。既然一般性条款的刑罚完全在一般条款的量刑幅度内，刑罚上体现不出任何特殊性，完全可以在一般条款的幅度内

---

① 敬大力、王洪祥、韩耀元：《对渎职罪立法、司法中存在问题的调整与思考》，载《中国刑事法杂志》1998 年第 5 期。

② 隋庆军：《论犯罪竞合关系中的特别法与普通法》，载《江西社会科学》2006 年第 6 期。

通过司法裁量来区别这一保护的特殊社会关系，而没有必要将其以特殊条款的方式规定。这样只能徒增渎职罪罪名的繁琐，而不利于刑法条文的精简。

其次，从刑罚配置角度来看，不仅刑罚种类的配置不科学，而且具体法定刑设置不合理。原因在于，一是忽视了资格刑和财产刑的设置。渎职罪的刑罚只配置了自由刑，而没有配置相应的资格刑与财产刑。国（境）外关于渎职罪的刑罚种类通常包括资格刑和财产刑（主要是罚金刑）。如，《俄罗斯联邦刑法典》第201条规定的滥用职权罪法定刑为："判处数额为最低劳动报酬的200倍至500倍的或者被判刑人2个月至5个月的工资或其他收入的罚金，或者180小时至240小时强制性工作，或者1年以上2年以下劳动改造，或者3个月以上6个月以下监禁，或者3年以下剥夺自由。"① 《意大利刑法典》第314条规定："公务员或从事公务的人员不法侵占因职务或公务所持有的公款或其他动产物品的，或为自己或第三人之利益而窃取者，处3年以上10年以下徒刑，并科4万里拉罚金，宣告有期褫夺公权。"我国香港、澳门特别行政区有关渎职罪的刑罚也都相应地设置了罚金刑。应该说，必须针对具体个罪配置不同的刑罚种类，应当"使每个人受到与自己的行为相应的惩罚——施暴处以死刑或剥夺公民权，贪婪处以罚金，贪图功名处以辱没名誉"②，这样才能有效地预防犯罪。渎职罪不同于其他的类罪，它是以行使公权力为基础的犯罪，具有职权性，即犯罪人通常是利用职务上的便利或者利用职权实施犯罪行为。也就是说，没有相应的职务资格，犯罪行为人就没有犯罪的可能性。而资格刑恰恰是一种通过永久或一定期限内剥夺犯罪分子担任公职资格的刑罚方法，希望从机会和条件上使其丧失再犯可能性，这对渎职罪而言非常有效和必要。另外，渎职罪号称"不入腰包的腐败"，但无法否认其经常与经济犯罪纠结在一起，带有经济利益性。而作为财产刑之一的罚金刑，是一种轻刑，应主要适用于贪利犯罪、过失犯罪和某些性质较轻的犯罪。③ 罚金刑成为渎职罪较为适宜的选择，况且，"罚金特别是较重的罚金，几乎对各种类型的刑事犯罪分子都是最成功的刑罚之一"④。因此，渎职罪的特性决定了资格刑和罚金刑设置的必要性。二是忽视了滥用职权罪与玩忽职守罪的差异性，而配置了相同的法定刑。作为一般性条款的第397条将滥用职权罪和玩忽职守罪合并设立，规定了相同的法定刑。但滥用职权罪与玩忽职守罪的主观恶性并不相同，主观

---

① 赵薇：《俄罗斯联邦刑法》，法律出版社2003年版，第363～364页。

② ［古罗马］西塞罗：《论共和国论法律》，王焕生译，中国政法大学出版社1997年版，第279页。

③ 参见陈兴良：《刑法适用总论》（下册），法律出版社1999年版，第219页。

④ 公培华：《中外罚金刑比较研究》，载《东岳论丛》1996年第5期。

罪过也不相同，对其处刑也理应不同，这种不同应该在刑事立法上有所体现。但刑法分则并没有将这两者分条设立，也未规定不同的法定刑，有违罪责刑相适应原则。同样地，作为特别条款的刑法条文也存在与第 397 条同样的问题。如《刑法》第 408 条之一规定的食品监管渎职罪，将滥用职权型食品监管渎职罪与玩忽职守型食品监管渎职罪不加区分地规定在同一条款中，并配置相同的法定刑。这种立法模式在"为了避免司法机关之间在类似案件的罪名认定上产生认识分歧，以至于影响更为有效、及时地查办食品安全监管领域的渎职犯罪"这一意义上，具有一定的合理性。[①] 但难以区分滥用职权型食品监管行为与玩忽职守型食品监管行为，不应当作为合并罪名的理由。在未来刑法修改中，应完善渎职罪的刑罚配置，使其更加趋于科学和合理。

（二）对渎职罪具体个罪修改的反思

1. 关于《刑法》第 398 条第 2 款

我国现行《刑法》第 398 条第 2 款规定："非国家机关工作人员犯前款罪的，依照前款的规定酌情处罚。"从条文字面上来看，该款规定存在一定的不明确性。

首先，第 2 款中使用"酌情处罚"一词导致理解上存在争论。有学者认为，此处"酌情处罚"，是指在第 398 条第 1 款规定的量刑幅度内，根据具体情节予以适当从轻处罚。[②] 也有学者认为，这款中的"酌情处罚"不能等同于从轻处罚，而是指根据犯罪情节和危害后果的情况进行处罚。[③] 正是由于此处的"酌情处罚"没有明确是酌情从轻还是酌情减轻，或者酌情从重处罚，导致了理解上的分歧。这种较为模糊的立法规定，也有违罪刑法定原则的明确性要求，给司法实践带来很大的困惑。另外，既然第 398 条第 1 款和第 2 款的犯罪主体之间存在差异，那么，法定刑的设置上也应该有差异。国家机关工作人员和非国家机关工作人员实施泄露国家秘密的行为，最终侵害法益的内容是不同的，前者侵犯的是国家机关的正常管理活动与职务的不可背信性，而后者侵犯的是国家某种信息的安全以及国家保密管理秩序。第 2 款中使用"酌情处罚"一词，甚至抹杀了刑罚的个别化，不利于罪责刑相适应原则的体现，显然是不科学的。

其次，"依照前款的规定酌情处罚"这一规定仅仅明确了如何处罚，却未

---

① 参见储槐植、李莎莎：《食品监管渎职罪探析》，载《法学杂志》2012 年第 1 期。
② 参见高铭暄、马克昌主编：《中国刑法解释》（下卷），中国社会科学出版社 2006 年版，第 2795 页。
③ 参见赵秉志主编：《当代刑法学》，中国政法大学出版社 2009 年版，第 762 页。

提及如何定罪。如果该款不单独定罪，建议条文应增加"定罪"二字。但从刑法条文文义角度分析，其中"前款罪"，指的是第 1 款规定的故意泄露国家秘密罪、过失泄露国家秘密罪。在罪名设置上，第 398 条只规定了两个罪名，即故意泄露国家秘密罪和过失泄露国家秘密罪，第 2 款没有单独规定其他罪名，非国家机关工作人员实施了第 1 款的行为，也就只能构成这两个罪。也就是说，故意泄露国家秘密罪、过失泄露国家秘密罪的犯罪主体既可以是国家机关工作人员，也可以是非国家机关工作人员。从实然规范角度看，已经默示认可了渎职罪的犯罪主体肯定是包括非国家机关工作人员的；从应然角度分析，"渎职罪的犯罪主体应为特殊主体，即国家机关工作人员，因为只有具备国家机关工作人员的特殊身份，才可以在履行职责或者行使职权过程中'渎职'"[①]。这样，这一法条的规定，就容易引起刑法学界对渎职罪这一类犯罪的主体究竟是国家机关工作人员抑或也包含非国家机关工作人员这种不必要的纷争。可以肯定的是，非国家机关工作人员存在泄露国家秘密的行为，只是这一行为的性质并不能等同于国家机关工作人员泄露国家秘密的行为。因而，将第 2 款中的非国家机关工作人员泄露国家秘密的行为规定在渎职罪一章之中并不妥当，建议可以增设新罪名为"非国家机关工作人员故意泄露国家秘密罪""非国家机关工作人员过失泄露国家秘密罪"，且放在第六章妨害社会管理秩序罪下第一节扰乱公共秩序罪中较为妥当。

2. 关于《刑法》第 408 条之一

由于食品安全事故频频发生，食品安全问题引起了国民的高度重视。2011 年《刑法修正案（八）》第 49 条增设了食品监管渎职罪作为第 408 条之一，该罪的增设引起了理论界较大的质疑。下面仅就食品监管渎职罪的犯罪主体以及入罪标准存在的问题作一探讨。

其一，食品监管渎职罪的犯罪主体规定较为模糊。作为渎职罪的特殊条款，食品监管渎职罪的主体首先应该是国家机关工作人员，由于刑事立法将其单独规定出来，表明其又不同于一般的渎职罪，具有自身的特殊性。因此，第 408 条之一中明确规定食品监管渎职罪的主体为"负有食品安全监督管理职责的国家机关工作人员"。而具体何为"负有食品安全监督管理职责的国家机关工作人员"，并没有相应的司法解释予以明确规定，司法机关在具体进行界定时存在一定的困难，只能参照我国《食品安全法》的规定。该法第 6 条规定，"县级以上地方人民政府对本行政区域的食品安全监督管理工作负责，统一领导、组织、协调本行政区域的食品安全监督管理工作以及食品安全突发事件应

---

① 李希慧、董文辉：《论泄露国家秘密犯罪的立法完善》，载《中国刑事法杂志》2011 年第 6 期。

对工作，建立健全食品安全全程监督管理工作机制和信息共享机制"，"县级以上地方人民政府依照本法和国务院的规定，确定本级食品药品监督管理、卫生行政部门和其他有关部门的职责。有关部门在各自职责范围内负责本行政区域的食品安全监督管理工作"。具体而言，"负有食品安全监督管理职责的国家机关工作人员"包括县级以上食品药品监督管理、质量监督、卫生行政部门、农业行政和其他有关部门依照有关法律规定对食品安全实施监督管理的工作人员。然而，参照《食品安全法》来确定食品监管渎职罪的犯罪主体，也存在一定的局限性。一方面，这一主体范围并未包括受委托、受委派及聘任制从事食品监管的公务人员以及食品监管部门的实习人员；另一方面，这一主体仅仅是自然人犯罪主体，并没有将单位犯罪主体包括在内。在司法实践中，这两种主体实施食品监管渎职行为的情形还是大量存在的，如果没有明文规定为该罪主体，显然不利于对该类犯罪的规制。而且在实践中，当发生重大食品安全事故后，通常是各级卫生行政、农业行政、质量监督、工商行政管理、食品药品监督管理部门中直接负责的主管人员及其他直接责任人员引咎辞职或承担刑事责任，而县级以上地方人民政府直接负责的主管人员和其他直接责任人员，鲜有被追究刑事责任。① 在未来修改刑法时，应逐步完善食品监管渎职罪的主体规定，以确保司法部门能准确界定犯罪主体，从而更有力地打击犯罪。

其二，食品监管渎职罪的入罪标准值得深思。《刑法》第408条之一规定的食品监管渎职罪是结果犯，只有"导致发生重大食品安全事故或者造成其他严重后果的"，方可构成该罪。然而如何理解这一危害结果成为该罪入罪的最大障碍。我国《食品安全法》对食品安全事故的含义进行了界定，《国家食品安全事故应急预案》将食品安全事故分为四个等级，即特别重大食品安全事故、重大食品安全事故、较大食品安全事故和一般食品安全事故，而各级政府制定的相关应急预案内容是有差异的。第408条之一中的"重大食品安全事故"是否能依据这一应急预案来把握，则需要仔细考量。因为，根据政府有关部门制定的预案判定是否构成食品安全事故，相当于确定罪与非罪的标准掌握在行政部门手里，于法于理均不合，② 既不符合刑事立法主体的要求，也违背了定罪标准的统一性。另外，对于"其他严重后果"的理解，究竟是指排除"重大食品安全事故"以外的并与其并列的其他严重后果，还是指包括"重大食品安全事故"在内的作为兜底性规定的其他严重后果，也没有达成共

---

① 参见谢望原、何龙：《食品监管渎职罪疑难问题解析》，载《政治与法律》2012年第10期。

② 参见周斌：《入罪门槛高影响食品监管渎职罪适用》，载《法制日报》2011年10月10日第5版。

识。把握食品监管渎职罪的成立标准，即"在确定食品监管渎职罪的损害后果时，必须要把'重大食品安全事故和其他严重后果'量化，否则难以执行"①。《刑法修正案（八）》将食品监管渎职罪增设在第 408 条环境监管失职罪之后，是否表明可以参照环境监管失职罪的立案标准呢？但环境监管失职和食品监管渎职分属于不同的领域，完全适用相同的入罪标准显然是不合理的。有必要进一步明确食品监管渎职罪的入罪标准，促使刑事立法更加精细化。

---

① 李忠诚：《论食品监管渎职罪》，载《人民检察》2011 年第 15 期。

第五章　刑法修改理性与刑法解释的关系

　　随着科技时代、网络时代日新月异的发展以及社会与经济全球化的进程加快，自改革开放以来，我国一直处于社会转型过程中。这种状况导致我国刑法远未达到完善而完全适应社会要求的地步，使得我国刑法进行不断修改的状态一直在持续。然而，是否所有的刑法修改都是合适的？修法是否应该遵循一些基本原则与方式方法？有些修法所涉及的内容是否可以通过解释的功能予以解决？应该说，立法并不能包办所有的司法活动，而刑法修改也并非是我国刑法适用的唯一出路。那么，在何种情形下，不需要通过刑法修改而是通过刑法解释就能达到有效适用刑法的目的；在何种情形下，才是必须修改刑法才能使刑法与社会需要保持统一性，就成为问题的关键。本章立足于刑法修改理性与刑法解释的关系，分别从刑法修改的理性反思刑法解释、刑法解释与刑法修改理性的冲突与消解等方面着重探讨，试图寻求正确处理刑法修改理性与刑法解释的限度之间冲突与协调的有益路径，妥善处理好立法权与司法权的关系，为司法适用提供一个科学合理的衡平原则，尽可能在罪刑法定原则的框架下寻求一个统一的司法规范，以保证司法的公平合理，从而维护刑法的权威性。

第一节　从刑法修改的理性反思刑法解释

　　"在法律体系中，存在的不是连续的统一体，而是由此点至彼点的种种跳跃，我们必须通过司法过程寻觅认知法律、理解法律的落脚点。"[①] 刑法修改与刑法解释的相互贯通即是这种有助于更好地认知和理解法律的有效路径。有

---

　　① ［美］本杰明·N. 卡多佐：《法律科学的悖论》，董炯等译，中国法制出版社 2002 年版，第86 页。

关刑法解释的研究一直处于逐步发展阶段,[①] 对于刑法解释的对象、主体、立场等还没有形成明确统一的定论, 有些刑法解释是否合理还需要深刻反思, 完全有必要从刑法修改的理性反思刑法解释的原则、态度以及方法。从解释主体来看, 刑法解释有立法解释、司法解释、适用解释、学理解释等, 前面三种均属有权解释, 学理解释在司法实践中并没有直接的效力作用, 考虑到在当下的中国, 刑法司法解释这一类有权解释形式最发达, 最具代表性, 也最具指导性意义, 因而下面讨论的也主要是以刑法司法解释为蓝本展开。

一、刑法修改与刑法解释的关系

(一) 刑法修改与刑法解释的对立关系

第一, 从刑事活动的实质区别上来看, 刑法修改属于刑事立法活动, 刑法解释属于刑事司法活动。虽然都是基于刑事活动, 但刑事立法与刑事司法在具体价值取向上仍然存在差异, 例如, 稳定性是刑事立法的基本价值追求, 因而刑事立法所产生的刑事法典一般都具有较强的稳定性, 刑事立法活动也通常不是经常性的, 如日本于 1908 年施行刑法典后, 除了根据时代需要增删一些条文外, 并没作出整体修改。刑法解释主要是针对现实生活中所发生的具体案件, 而随着社会的发展, 现实生活中所发生的具体案件在行为方式与给社会造成的法益侵害程度上也会随之变化, 为了解决社会系统的这种适时性需要, 刑法解释这项刑事活动往往也会因此发生变动。

第二, 从刑事活动的主体上来看, 有权修改刑法的机构只能是全国人民代表大会及其常委会,[②] 立法层面上能够有权作出刑法解释的主要机构是最高人

---

① 刑法解释问题在我国 1979 年刑法典通过后的一段时间里一直是一个冷门的话题。但到了 20 世纪 80 年代中期以后, 这种状况发生了较大的变化。随着一些论文和有关著作的发表和出版, 逐渐引起了学界对这一问题的思考和关注。尤其是近几年, 刑法学界对刑法解释问题的研究取得了丰硕的成果, 并出现了百家争鸣的学术观点。(参见高铭暄、赵秉志:《改革开放三十年的刑法学研究》, 载《中国刑事法杂志》2009 年第 3 期。参见王政勋:《刑法解释问题研究现状述评》, 载《法商研究》2008 年第 4 期; 曲新久:《刑法解释的若干问题》, 载《国家检察官学院学报》2014 年第 1 期等)

② 不过全国人大常委会对刑法的修改权只限定于全国人民代表大会闭会期间, 并且其对刑法的修改不得同刑法典所确立的基本原则相抵触, 而全国人民代表大会则可以对任何刑法规范进行各种修订, 即使是对刑法典所确立的基本原则, 同样可以做出相应的修改。

民法院与最高人民检察院。① 对于反映民意的全国人民代表大会及其常委会与在司法实践前线的最高司法机关，在对待相同的问题上可能因为各自的出发点以及作出相应活动时点的不同，导致对问题的看法存在分歧。

第三，从刑事活动的具体内容上来看，刑法修改是由有权修改刑法的机构对现行刑法的内容作出相应调整，或者改正刑法条文中所存在错误的一种立法活动，其具体内容主要是创设刑法条文本身。而刑法解释是对现实生活中发生的具体案件是否应当以及如何适用刑法进行具体的规定，其主要是对刑法条文本身的内涵与外延进行解释，而不能超出刑法条文本身的含义。

（二）刑法修改与刑法解释的统一关系

第一，刑法修改与刑法解释虽然属于不同的刑事活动，但其所追求的刑法目的，保护法益、打击犯罪的根本目的是相同的。即使为了满足不断变动的社会需要，不能、也不允许频繁地修改、增设刑法条文以使得刑事法网更加严密，这就为刑法解释提供了存在的理由和生存的空间。② 从本质上来看，刑法修改与刑法解释的目的是统一的，二者都是为了更好地适用刑法，从而达到保护法益、维护人权、打击犯罪等服务社会系统这一目的。

第二，刑法修改与刑法解释都需要遵循罪刑法定原则。刑法修改与刑法解释必须以现行刑法典所确立的罪刑法定基本原则为基础。罪刑法定原则既是一项刑事立法原则，也是一项重要的刑事司法原则，对刑事司法活动起着指导作用，因而也必然与刑法解释活动发生联系，对司法解释的功能、主体、内容、方法等方面起着规范、指导和制约作用。③

第三，刑法修改与刑法解释是我国刑法适用的不同选择。刑法规范的正确适用，既是人们解释刑法的目的，也是指导人们进行刑法解释，选择刑法解释

---

① 全国人民代表大会常务委员会《关于加强法律解释工作的决议》第 2 条规定："凡属于法院审判工作中具体应用法律、法令的问题，由最高人民法院进行解释。凡属于检察院检察工作中具体应用法律、法令的问题，由最高人民检察院进行解释。最高人民法院和最高人民检察院的解释如果有原则性的分歧，报请全国人民代表大会常务委员会解释或决定。"2015 年 3 月 15 日修订的《立法法》在第 104 条明确增设了最高人民法院、最高人民检察院的司法解释权，该条第 1 款规定："最高人民法院、最高人民检察院作出的属于审判、检察工作中具体应用法律的解释，应当主要针对具体的法律条文，并符合立法的目的、原则和原意。"这一规定在某种意义上为在我国刑法适用中起到举足轻重作用的刑法解释提供了宪法性依据。

② 参见杨柳：《释法抑或造法：由刑法历次修正引发的思考》，载《中国法学》2015 年第 5 期。

③ 参见陈正云、曾毅、邓宇琼：《论罪刑法定原则对刑法解释的制约》，载《政法论坛》2001 年第 4 期。

的结果，决定刑法规范应有含义的根本标准。[①] 立法不能包办所有的司法活动，刑法修改并非是我国刑法适用的唯一出路。在某些情形下，不需要通过刑法修改而是通过刑法解释也能够达到有效适用刑法的目的。只有在司法适用过程中无法通过刑法解释达到刑法目的时，才可能考虑刑法修改程序的启动，只有在整个刑事活动中刑法解释与刑法修改的关系达到一种衡平时，才能更好地保证刑事司法的公平合理，从而维护刑法的权威性。在这一意义上，刑法修改与刑法解释在刑法的适用过程中应当是统一的。

二、从刑法修改的理性反思刑法解释的原则

刑法解释一定要着眼于整个法律体系全局进行体系性思考，这是十分重要的，当然也是十分复杂的刑法解释问题。[②] 作为刑法解释的基本准则即刑法解释的原则也应该进行体系性的思考来确立。同样，如果过于沉浸在刑法解释的技艺性层次却缺乏传统法解释学意义上的刑法解释原则，刑法解释的理论体系必将丧失其对刑法规范的渗透性和贯穿力。只有刑法解释原则才是具有全局意义、统领刑法解释其他方面的终极问题。[③] 刑法修改的理性原则对刑法解释原则的确立所起到的积极作用，可以从刑法修改的理性原则探讨出与刑法解释原则的异同，通过对比刑法修改的理性原则来进一步反思与明确刑法解释的原则。

我国学界对刑法解释的有关研究相比其他国家起步较晚，近年来有关刑法解释相关问题的研究也日益成为热点问题，不过对于刑法解释的原则这一基础理论的研究还有待加强，观点也是见仁见智。我国最早开始研究刑法解释原则的学者是李希慧教授，他认为，刑法解释原则是指解释者在解释刑法时所必须遵循的基本原则。[④] 也有学者将其理解为是指主体在解释刑法时所必须遵循的基本准则。[⑤] 还有学者将其理解为贯穿于各种刑法解释过程之中，指导和制约全部刑法解释活动，并体现着刑法基本精神的准则。[⑥] 我们认为，第三种观点

---

① 参见陈忠林：《刑法的解释及其界限》，载赵秉志主编：《中国刑法学年会论文集（2003 年度）第一卷》，中国人民公安大学出版社 2003 年版，第 42 页。

② 参见曲新久：《刑法解释的若干问题》，载《国家检察官学院学报》2014 年第 1 期。

③ 参见刘艳红：《刑法解释原则的确立、展开与适用》，载《国家检察官学院学报》2015 年第 3 期。

④ 参见李希慧：《论刑法解释的原则》，载《法律科学》1994 年第 6 期。

⑤ 参见蔡军：《论我国刑法解释的目标和原则》，载《河南大学学报（社会科学版）》2004 年第 1 期。

⑥ 参见刘艳红：《刑法解释原则的确立、展开与适用》，载《国家检察官学院学报》2015 年第 3 期。

不仅涵盖了第一种、第二种观点的内容，还提及了刑法解释需要遵循的基本精神，比较全面完整，有利于对刑法解释原则的完整理解，在这一意义上，第三种观点更可取。

至于刑法解释的原则到底涵盖哪些具体原则，在理论界也存在争议。有学者从我国社会主义法制原则的基本要求为出发点，以符合我国刑法立法的基本特点，以及刑法解释自身的功能等因素为标准，认为我国刑法解释原则有合法性原则，以政策为指导原则，合理性原则，整体性原则，明确、具体原则等原则。[1] 有学者认为针对刑法解释的主体不同所导致的刑法解释的效力不同来说明刑法解释原则的确立也不能一概而论，应包含两个层次即刑法解释的普遍性原则，包括合法性、准确性、合理性原则；刑法解释的特殊性原则，也就是有权解释的原则，具体包括正当性原则、及时性原则。[2] 有学者根据罪刑法定原则的要求，认为合法性、明确性和可预测性才是刑法解释的基本原则。[3] 有学者认为刑法解释的基本原则具体包括相对客观性原则、合法性原则（主体合法、内容合法和程序合法）、合理性原则（解释的合逻辑性、解释的可预测性、解释结果的可操作性和有效性）。[4] 有学者认为我国刑法解释的基本原则有三个：合法性原则，它是刑法解释的形式规制；合理性原则，它是刑法解释的实质规则；合目的性原则，它是刑法解释原则冲突之整合规则，以政策为指导原则，整体性原则，明确、具体原则。[5] 还有学者认为刑法解释的原则应当为合法性、合理性与技术导向性三个原则。[6]

可以说有关刑法解释原则的探讨有其相应的时代背景和自身特色，从不同的判断标准出发，并没有孰是孰非之分。这几种观点都强调了刑法解释在主体、内容和程序上都必须符合宪法和法律的要求，合法性是刑法解释的最基本原则，可以说是大家的共识。而且，刑法修改的理性也强调合法性，只有在合法的前提下才能最大程度地实现刑法的目的。因而，合法性应当成为刑法解释

① 参见李希慧：《论邢法解释的原则》，载《法律科学》1994 年第 6 期。
② 参见贾凌：《刑法解释的原则》，载赵秉志、张军主编：《中国刑法学年会文集（2003 年度）》（第一卷），中国人民公安大学出版社 2003 年版，第 312 页。
③ 参见姜伟卢、宇蓉，《论刑法解释的若干问题》，载《中国刑事法杂志》2003 年第 6 期。
④ 参见蔡军：《论我国刑法解释的目标和原则》，载《河南大学学报（社会科学版）》2004 年第 1 期。
⑤ 齐文远、周详：《论刑法解释的基本原则》，载《中国法学》2004 年第 2 期。
⑥ 合法性原则是指刑法的解释必须符合宪法和法律的要求，合理性原则是指刑法的解释必须符合罪刑法定实质正当性的要求，技术导向性原则是指甄别比较根据不同解释方法得出的结论，以何种解释结论为妥当，它是为了满足为达到合法性、合理性原则的中立的桥梁和媒介而被提出的。（参见刘艳红：《刑法解释原则的确立、展开与适用》，载《国家检察官学院学报》2015 年第 3 期）

的常设性考察内容。至于刑法解释的合理性，其作为刑法解释的原则则是毋庸置疑的，刑法解释的合理性是刑法解释的实质要求，如果没有合理的解释，有再多解释也是枉然，不仅不利于我国法治的进步，而且会有损司法公正，破坏刑法的权威，同时正当性原则应该被合理性原则所包容。刑法规范作为公民行为指南的可预测性，也需要刑法解释具有合理性，任意而不具有合理性的刑法解释无法使公民将刑法作为自己的行动指南。刑法解释坚持协调性的旨意在于协调不同刑法解释之间、刑法规范与其他法规之间规范含义的同质性，如果刑法解释针对每个具体事实中所涉及的情形做出与刑法规范不一样的解释，这样不仅难以树立法律的权威，而且不利于法官在自由裁量过程中的选择，易导致司法适用的混乱。按理，刑法解释还必须遵循准确性和明确性原则，基于明确性已经作为罪刑法定的衍生原则成为刑事立法活动的基本原则，就没有必要将其再专门视为刑法解释的一般原则。不同于刑法修改理性的慎重性，刑法解释面对刑事司法适用需要及时回应社会现时需要，因而应当把适时性作为刑法解释的一项基本原则。至于刑法解释的技术导向性原则，由于其是用来甄别比较不同解释方法得出的结论，我国学界对于刑法解释的方法还存在较大争议，这一原则对于目前的刑法解释还不具有可操作性，不符合基本原则的要求，可以将其放在刑法解释合理性原则中进行判断，同样没有必要作为一项基本原则单列出来。而至于以政策为指导原则，在当今法治社会，政策在刑法解释中不应当占据主导地位，因而不适宜作为刑法解释的基本原则，当然并不是说以政策为指导的刑法解释就不是恰当的刑法解释，有时刑法解释适当地以政策为指导并不违背刑法的目的。

综上所述，通过结合刑法修改的理性原则以及刑法解释自身的特点，应当把合法性、合理性、协调性和适时性等四项内容作为刑法解释的原则。

（一）合法性原则

刑法解释的合法性原则，是指刑法的解释必须合宪、合法，以及遵守法律有关解释权限划分的规则，与刑法修改侧重程序的合法存在差异。首先，刑法解释必须符合宪法的精神与内容，同时，不能违背高位阶的法律。宪法作为我国根本大法对刑法的指导关系决定了宪法在刑法裁判规范建构过程中不可或缺的地位，"有位"但不能"出位"，所以，其被刑事"司法化"的过程，绝不会是被"适用"的过程，而是被"遵从"或"遵守"的过程。① 在制定刑法解释时，如果出现与宪法或其他高位阶的法律规定及其精神不相符合的形式或

---

① 参见张心向：《我国"宪法司法化"路径问题之思考——基于刑法裁判规范建构之法源视域》，载《政治与法律》2011 年第 2 期。

内容，都不应该予以通过，之后若发现所作解释的内容与其相违背，也应当予以修改、废除。① 其次，刑法解释必须符合刑法典所确定的基本原则。刑法的解释必须以现行刑法典所确立的罪刑法定、罪责刑相适应与适用刑法平等三大基本原则为基础，具体而言，在刑法解释方法上，要根据罪刑法定原则与构成要件明确性之要求有所限制，在解释思维的适用上，"以刑制罪"要以罪责刑相适用原则为基准，刑法适用平等原则则通过警惕"重强、轻弱"这种刑法解释现象而成为基础性指导方向。② 再次，刑法解释必须在解释主体、解释权限与解释程序上符合法律的相关规定。目前有权进行统一刑法司法解释的机构主要是最高人民法院与最高人民检察院，对于这种统一司法解释权必须与刑法修改权、刑法立法解释权相统一协调，而不能随意僭越，尽管刑法解释不同于刑事立法，但从解释案的提出、审议与通过也应当严格遵循一定的程序。最后，刑法解释还必须符合法治的基本精神与原则。在法治社会，"通过法律促进自由、平等和安全，乃是由人性中根深蒂固的意向所驱使的"③。在刑法解释时应当追求法治基本精神的契合与实现。

（二）合理性原则

刑法解释的合理性是刑法解释的实质要求，因此，刑法解释都应当围绕合理性进行。刑法解释的合理性体现在以下几个方面：第一，刑法解释的方法应当合理。在我国目前的理论界，对于刑法解释的方式还存在争议，按我国刑法理论的通说，一般将刑法解释方法分为文理解释与论理解释，论理解释主要包括扩大解释、缩小解释、当然解释、体系解释等解释方法，在进行刑法解释时没有固定的解释方法，而应当根据具体事实选择合理、恰当的解释方法才能得出合适的解释。刑法解释本质上是一种规范选择，也就是解释者面对多种可能的意义，将其中某一种意义赋予一定规范的过程，④ 因此需要用合理的解释方法赋予规范最佳的含义。第二，合理的刑法解释需要具有可预测性。刑法解释

---

① 《监督法》第 33 条明确规定："全国人民代表大会法律委员会和有关专门委员会经审查认为最高人民法院或者最高人民检察院作出的具体应用法律的解释同法律规定相抵触，而最高人民法院或者最高人民检察院不予修改或者废止的，可以提出要求最高人民法院或者最高人民检察院予以修改、废止的议案，或者提出由全国人民代表大会常务委员会作出法律解释的议案，由委员长会议决定提请常务委员会审议。"根据这一规定，如果刑法司法解释同宪法或者法律规定相抵触，就有可能通过司法解释备案审查机制被修改、废止或者替代。（参见利子平：《刑法司法解释瑕疵研究》，法律出版社 2014 年版）

② 参见姜涛：《基本原则与刑法解释的关系研究》，载《刑法论丛》2015 年第 2 卷，第 145 页。

③ ［美］E. 博登海默：《法理学——法律哲学与法律方法》，邓正来译，中国政法大学出版社 2004 年版，第 374 页。

④ 参见白建军：《刑法分则与刑法解释的基本理论》，载《中国法学》2005 年第 4 期。

与刑法修改都需要具有可预测性。随着科技时代、网络时代日新月异的发展以及社会与经济全球化进程的加快，并且自改革开放以来我国一直处于社会转型过程中。为了适应社会的发展、顺应时代潮流、打击新型犯罪、维护更广大人民群众的利益，我国刑法典也经历了 10 次修正，历次修正的背景也不完全相同，但并没有超过人们的预测可能性范围。而刑法的解释是为了更好的适用刑法，因此也应当在人们可以预测的范围内进行解释，这样的解释才是合理解释。第三，合理的刑法解释需要秉承平等、公正，注重其谦抑性。平等、公正是法治社会的要求，同样也是刑法解释的要求。平等、公正体现在当对某个案件需要作出具体的解释时，针对该刑法规范所确立的解释就不能再作出与之不同的解释，不然会导致适用的不公，尽可能做到同案同判，不偏不倚。刑法修改的谦抑性旨意在于能够不动用刑法修改程序就尽量不动用，或者即使在修改刑法时，在设置入罪范围与法定刑时如果能够轻缓也应当尽量轻缓，而在针对构罪要件与处罚范围的刑法解释上，也应当尽可能地进行限缩解释。

（三）协调性原则

刑法解释必须注重其整体协调，主要包括刑法解释的内容与其他法律规范之间的协调、刑法解释各条文之间的内部协调以及与刑法典以及其他形式的刑法规范之间的协调等内容。所谓刑法解释的内容与其他法律规范之间的协调，即是指在刑法解释的过程中，应当注重刑法解释后的内容与其他法律之间保持协调一致。这种协调主要体现为刑法解释应该充分考虑到刑罚措施仅仅属于其他法律规范实施的最终强制力量与保障，而不能随意将本来可以由其他法律规范规制的某种危害社会的行为解释为刑法规制的范围。如果确有必要将其划分到刑法规制的范围，也必须先由刑法规范将其确认为犯罪。所谓刑法解释内容各条文之间的内部协调以及与刑法典以及其他形式的刑法规范之间的协调，是指在解释刑法时，应从总体上对刑法规范进行综合平衡，使各罪名及其相关法定刑的布局合理，比例协调，同时，基于基本原则对刑事司法具有指导与制约意义，应当注重刑法解释与刑法基本原则以及总则性规定之间的协调统一。另外应当注意，当原本可以依照刑法将其认定为犯罪时，并且不存在法律适用的障碍，仅仅是因为司法机关在适用法律时不能准确掌握刑法而导致适用错误，就不能盲目地借助刑法解释对其定罪处罚，否则刑法本身就失去了存在的意义。

（四）适时性原则

如果刑法解释总是处于不断变化的非稳定状态，则会使国民难以了解刑法的真正内涵，进而对刑法解释存在的必要性产生怀疑。同样，由于刑法解释内容更新过快就无法为人所知，而很难为国民的日常生活、社会交往提供有效的行动指南，甚至不利于司法机关据此作出相关的司法活动。然而，刑法解释不同于刑法修改，需要遵循适时性原则，并且必须在法律框架范围之内作出解释。刑法解释的适时性要从刑法解释的及时性与正当性着眼考量：第一，应当考察刑法规范对此类情形是否有相应具体的规定，如果在刑法规范的范畴之内就可以解决该类问题，就没有必要对此再作出刑法解释。第二，刑法不可能把某一犯罪的每一种具体情形都描述得十分清楚，当出现某种行为新类型，无法按照经验或者现有理论找到相应的具体规定时，就应当在罪刑法定原则的基础上，判断此类情形是否可以涵盖在相关刑法规范之下，但必须避免类推解释或者用类推解释思维引导解释方向。如果基于某些原因仍然无法对其进行判断，而该行为又确实值得刑法处罚时，则须申请启动刑法修改程序，待刑法对这一类行为进行相应规定之后，才能对其进行刑法规制，而不是运用刑法解释来解决这一类入罪化问题。

三、从刑法修改的理性反思刑法解释的态度

刑法修改属于立法的范畴，立法是具有节制性的，"从实质正义的观点，一个不完善的法律应尽可能地立刻予以改善；然而正义终究也决不能忍受任何经常变更的立法，因为如此一来可能造成法律适用的不平等而导致违背正义"①。因此，刑法修改的理性体现为有节制的修改。同时，刑法的修改应该慎重，尤其在修改的过程中可能涉及到刑法处罚范围的扩大。而刑法解释态度的选择是刑法修改理性在刑法解释范畴的引摄。因此，刑法解释态度的选择必然受到刑法修改理性的影响。这里就必须审视刑法修改理性是如何影响刑法解释态度选择的，抑或刑法修改理性是如何与刑法解释的态度选择相关的。

（一）刑法解释制定的态度

"刑法之解释在于使所发生之具体事实，能适当地妥善获得解决，已达到制定刑法之目的，是故解释之于刑法犹如营养之于生物，至少可延长其生命，使其适用成为可能。亦可谓刑法系由解释而生长而发展而醇化。"② 刑法需要通过解释来弥补刑法作为成文法的不足，就好比不完善的法律需要尽可能地予以改善。我国当前所普遍采用的刑法解释都是规范化的表述，并不是针对个案的表述，使得原本属于司法范畴的刑法解释变成了一种准刑法规范，在司法实践中具有准立法的功能，并在司法实践中成为各级法院和检察院在办理刑事案

---

① ［德］阿图尔·考夫曼：《法律哲学》，刘幸义等译，法律出版社 2004 年版，第 276 页。
② 陈朴生、洪福增：《刑法总则》，五南图书出版有限公司 1982 年版，第 3 页。

件时必须遵循的规范。① 同时，还存在着大量的立法明确规定的刑法解释有权主体与其他一些行政部门联合颁布刑法解释的情形，这种情形显然与立法法等有关法律解释的规定相左，必须予以纠正。在颁行有关刑法解释时，应当与刑法修改一样，保持一种节制的理性，并逐渐将目前刑法解释中的立法性现象转变为适用性，回归刑法解释的本质。当然，刑法解释毕竟不同于刑法修改，刑法解释制定的节制与刑法修改的节制存在差别，有必要从这些差异中确定刑法解释制定的态度。

首先，刑法解释制定的节制与刑法修改的节制存在程度上的不同。刑法的修改关涉的是罪与非罪、此罪与彼罪，即刑法处罚的范围。伴随着风险社会的产生，对于可能危害社会的行为，立法者的容忍度也会有所上升，在认定某种行为是否应当作为犯罪处理又或者是否应当将某种行为提升为一种更为严重的犯罪，往往会慎之又慎，如若经常性的修改刑法，会导致民众的无所适从，更有甚者会有损刑法的威严，因而刑法的修改应当有所节制。而刑法解释则重在将刑法处罚的轻重具体化、明确化，讲究适时性。刑法解释以现有的刑法规范为基础，也不能超出刑法文义范围的射程而任意解释刑法。刑法解释颁行即便稍微频繁密集一些，也不会影响普通民众对刑法规范的认识与遵守，但是繁多的刑法解释也会造成司法实践的适用混乱，相同或者相近刑法条文有多次解释甚至矛盾解释更容易引起司法适用的不公。相比而言，刑法修改节制的程度相较于刑法解释制定的节制程度要略高一层。

其次，刑法解释的制定与刑法修改的能动性有所不同。刑法的修改对于完善刑法条文具有积极的作用，立法的缺陷只有通过有权机关经过正当程序才能予以补充、修改或废止。立法应当具有独立性，不受其他机关、团体或者组织的干涉。刑法的修改并不是立法者的个人意志，而是当刑法在面对日益复杂多变的危害行为时，所做出的主动回击。而刑法解释的制定，主要是最高司法机关为了解决审判、检察工作中具体应用法律、法令的问题，针对的是法律适用过程中的个别化问题，若在刑法规范的范围内能够有效适用其定罪量刑，则完全没有必要进行刑法解释。刑法解释的制定是处于消极被动的地位，只有在司法实践过程发生适用问题时才有解释的必要，否则肆意制定刑法解释会有损司法的中立性。因此，刑法的修改与刑法解释相比而言，应当是积极主动的，而刑法解释的颁行应当是消极被动的。

最后，刑法解释的制定与刑法修改在注重程序上有所不同，刑法修改较之

---

① 参见利子平、詹红星：《刑法司法解释、现状、成因及其走向》，载《南昌大学学报（人文社会科学版）》2003 年第 6 期。

刑法解释的制定更加注重程序的正当。刑法的修改实际上就是一种立法的过程，我国对于立法程序的规定是相当严格的，其中议案的提出、草案的形成、法律案的审议、法律案的表决和公布都需要按照相关法律的规定进行，在修改过程中不能出现任何漏洞，否则该项立法不能被最终通过。刑法修改的过程十分注重程序的正当性。而刑法解释的制定，虽然也有相关法律对此予以规定，但现实中程序性要求远远不够，在现行有效的刑法解释中违反相关规定最严重的情形表现为主体的不适格，对于没有刑法解释权的行政部门、社会组织等联合颁布刑法解释的情形，有学者曾指出："一个司法解释涉及哪个部门、单位，哪个部门、单位就要联署，否则就是不同意或'不知道'，在它那个部门、领域，这个司法解释也就难以贯彻实施。"① 可见，即使存在没有刑法解释权的机构对其进行解释，该解释依然被赋予普遍适用的效力，并且没有有效的机制对该刑法解释进行相应的监督，使其并不需要经过繁琐的程序就可以颁布实施。

综上，通过比较刑法解释的制定与刑法修改，认为刑法解释制定的态度是指，在刑法解释适时性的基础上应当尽量克制对刑法解释的制定，尤其应当避免制定内容重复、相互冲突的刑法解释，同时应当保持刑法解释制定的消极被动地位，另外，在制定刑法解释的过程中应当加强对程序的重视，以此才能充分发挥刑法解释的释法作用。

（二）刑法解释限度的态度

刑法修改更注重从实质上考察某种行为是否值得动用刑法科处刑罚，其理性限度并没有形式上的限制，因为其本身就是一种创造法律的过程。而对于刑法解释的限度，就本质来说，存在形式解释与实质解释两种不同的路径之争，即对刑法解释的范围是以其字面含义为限还是以其刑法规范的目的为限，因而有必要在形式解释还是实质解释的对立中做出权衡。形式的刑法解释主张对刑法规范进行字面的、形式的、逻辑的解释；形式解释论主张在对刑法进行解释的时候，只有当行为包含在法律文本当中，这种刑法解释才是符合罪刑法定原则的；② 形式解释论者反对通过实质判断将实质上值得科处刑罚但又缺乏形式规定的行为入罪。③ 而实质的解释则以重视社会情势的变化与刑法适用为目的，主张根据变化了的情势与目的的考量来发现刑法规范的意义、目的的一种

---

① 张军：《最高审判机关刑事司法解释工作回顾与思考（1980－1990）》，载《法学研究》1991年第3期。

② 参见黄明儒：《刑法规范的适用性解释论略》，载《法治研究》2015年第5期。

③ 参见陈兴良：《形式解释论的再宣示》，载《中国法学》2010年第4期。

解释，实质的刑法解释主张对刑法法规进行实质的、价值的、合目的的解释。① 实质解释论主张对构成要件的解释必须以保护法益为指导，而不能仅仅停留在法条的字面含义上，并且不反对不利于被告的扩大解释。②

刑法解释的主要功能是为了适用刑法，从实质上考察某种行为是否值得动用刑法应当属于刑法修改的范畴，因而从维护罪刑法定原则的精神出发，形式解释的路径更值得被刑法解释所提倡。当然，这里所主张的形式解释并不反对将单纯符合刑法分则条文含义但实质上不具有刑罚处罚性的行为排除在犯罪圈之外，这样就不会导致处罚范围的扩大。同时，这种形式解释论亦并非一味地反对实质解释，只是主张实质解释应该在罪刑法定原则的指导下受到形式解释的限制，对行为的入罪解释不应仅仅考察其社会危害性，还要考察其是否在刑法条文的规范本质含义之中。只有肯定刑法分则条文的行为指导意义，才能使得社会一般人能够预测自己的行为后果，不至于因为罪刑不可测而限制自己的行为；相反，如若不考虑刑法分则条文的规范本质含义，片面强调罪刑法定原则的实质层面，仅对行为作法益侵害性或社会危害性的实质考察，就有可能陷入类推解释的泥潭，使得罪刑法定原则限制任意入罪的功能丧失殆尽；同时，这在某种程度上也是对社会一般人的过度期许，毕竟并非每个人都是刑法专家，在行为之前很少会作刑法上的法益侵害性的实质考察。因此，坚持形式解释论所主张的刑法条文的行为指导意义是防止有罪类推，保障国民自由的"防火墙"。另外，考虑到我国当前司法整体水平还有待提高的现状，形式解释论也更有利于提高司法效率和维护司法公正。③ 在英国，法律解释有一条"黄金规则"，即一般而言，法律应按其字面的、文字的最惯用的意义来解释；也有例外情况，如果严格按照字面意义会在具体案件中产生极为不合理的、令人难以接受和信服的结果，并且不能想象这个结果的出现是立法机关订立法律时的初衷时，法院应采用变通的解释，无须死板地依从字面上的意义，以避免与公义不符的结果。④

因此，对于刑法解释限度的态度，本书主张的是基于罪刑法定原则，通过对具体问题运用各种刑法解释方法从而达到符合构成要件效果的形式解释观。具体而言，这种形式解释观肯定法益在犯罪构成中的作用。在当前我国四要件犯罪构成体系之中，除了符合刑法条文所规定的构成要件外，还必须在实质上

---

① 参见黄明儒：《刑法规范的适用性解释论略》，载《法治研究》2015 年第 5 期。
② 参见张明楷：《实质解释论的再提倡》，载《中国法学》2010 年第 4 期。
③ 参见黄明儒：《刑法规范的适用性解释论略》，载《法治研究》2015 年第 5 期。
④ 参见陈弘毅：《当代西方法律解释学初探》，载《中国法学》1997 年第 3 期。

具有严重的法益侵害性，才能认定构成相应的罪名，如果不具备严重的法益侵害性，即使符合刑法条文所规定的构成要件，也应当完全排除在犯罪之外，也就是说，这种形式的解释路径肯定了法益的限制任意入罪功能，可谓一种实质观基础上的形式解释论。其与实质解释论的根本分歧不在于是否抛弃实质解释，而在于是否肯定刑法条文的限制入罪功能。实质观基础上的形式解释论主张对任何行为或规范进行解释时，应该分两步进行考量：首先是实质违法性即法益侵害性的考量；其次是形式违法性即刑法规范本质含义的考量。行为欲入罪，则两者缺一不可，行为欲出罪，则无任意一者即可。①

第二节　刑法解释与刑法修改理性冲突之产生

从 1979 年刑法到 1997 年刑法整体修订前 24 个单行刑法的颁行，从 1997 年刑法颁行修订至今，已有一个单行刑法与十个刑法修正案。此外，从我国 1997 年刑法修订至今，最高人民法院与最高人民检察院相继单独或者联合颁行了将近 400 个刑法解释，平均每年要颁行 10 个左右的刑法解释。这种情况足以反映为了适应社会的要求，我国刑法不断在进行着修改并且还尚未达到完备的地步。现行刑法的不断修订源于我国社会一直处于现代化与转型化的过程，以至现行刑法规范还远远不能有效应对不断出现的各种新类型犯罪，随着社会的变迁，刑事政策也会随之作出相应的调整，由此，刑法需要予以适时修改已是不争事实，但刑法修改的启动需要比较严格的程序，能否满足我国社会发展的适时需要，就成为一个非常现实的问题。这种立法的必然滞后性所导致的某种新类型犯罪现象不能及时通过立法解决的问题，有时可以通过刑法解释功能的有效发挥予以解决。但这样就可能会出现刑法解释的限度问题，必须寻求刑法解释的限度与刑法修改之间的可能冲突如何发生的因素，才能对这一问题找到科学合理的协调解决方案。

一、刑法解释与刑法修改理性产生冲突的因素

刑法解释与刑法修改都是为了刑法规范的正确适用，然而，在刑法解释的制定与刑法修改的过程中，刑法解释若没有相应的指导原则、不能适当处理司法权与立法权的关系，使得刑法解释的目的偏离了初衷，则很有可能导致其与

---

① 参见黄明儒：《刑法规范的适用性解释论略》，载《法治研究》2015 年第 5 期。

刑法修改的理性之间产生冲突。为了防止刑法解释与刑法修改理性之间产生隔阂、冲突，有必要追本溯源，从源头探寻刑法解释与刑法修改理性产生冲突的因素，以便对症下药。

（一）间接因素：刑法解释还没有建构系统的解释原则

刑法解释的目的是为了更好地适用刑法规范，明确刑法规范的应有之义。那么，若单纯只是从适用刑法的角度出发，刑法解释就只需要运用解释技巧解决刑法规范在适用过程中出现的问题，而这样制定的刑法解释也是合乎法律程序的。然而，在司法实践中，即使相似的个案其具体情况也会存在差异。如果单纯只是为了适用某一相关规范所做的解释，就有可能在日后遇到类似情况时，再做出内容重复，甚至相互冲突的刑法解释，尤其当我国正处在社会的转型时期，对某一事物的认识和理解也可能会发生转变。如果过于沉浸在刑法解释的技艺性层次却缺乏传统法解释学意义上的刑法解释原则，那么，刑法解释的理论体系必将丧失其对刑法规范的渗透性和贯穿力。只有刑法解释原则才是具有全局意义、统领刑法解释其他方面的终极问题。① 因此，刑法解释应当遵循一定的解释原则，缺乏原则指导的刑法解释只是为了适用刑法而制定的刑法解释，极有可能导致与刑法修改理性相冲突情形的发生，因而有必要明确建构刑法解释的原则，并且使之系统化、体系化，更好地贯穿于刑法解释的过程中。刑法修改的目的旨在使刑法更加科学、能够更好地与社会发展的需要保持同一性，同时也是为了更好地适用刑法规范。刑法的修改是否科学合理，在很大程度上影响着刑法规范的生命力与有效性，在这种意义上，刑法的理性修改也必须遵循一定的原则。刑法修改理性原则只有贯穿在刑法修改的始终，才能将维护人权、自由、平等、公正等价值内化为刑法的本质，从而实现刑法的目的。如果刑法解释与刑法修改其中一项缺乏相应的指导原则，或者都缺乏指导原则，这两项刑事法律工作运作起来就特别容易发生龃龉，甚至导致失去应有的理性态度。

（二）直接因素：立法权与司法权的交叉

最高人民法院、最高人民检察院颁布的刑法解释，是针对审判工作、检察工作中具体应用刑法规范存在问题时予以个别化的表述。现行刑法解释考虑到司法适用的普适性与统一性，在解释形式上也会采用一些较为规范性、抽象性的用语，而基本具备了法律规范的全部特征，这样的刑法解释就会成为一种事实上的刑事立法，而导致司法权与立法权出现交叉的现象。司法机关本应当以一个中立的身份来充分、有效地行使自身的自由裁量权，在刑法规范的合理范

---

① 刘艳红：《刑法解释原则的确立、展开与适用》，载《国家检察官学院学报》2015 年第 3 期。

围之下作出适当的判决。如果此时司法机关一边充当案件的裁判者，一边又充当规则的制定者，司法机关自身的中立性就难让民众切实感受到，而且对其自身而言，也会导致司法机关摒弃刑法规范的相关内容，过于依赖形式规范的刑法解释。特别是其中有些内容本应该属于刑事立法活动产生的规范性内容，如果由刑法解释予以制定，就更易产生司法权与立法权交叉的现象。刑法解释的制定程序相较于刑法修改的程序要宽松得多，从客观上减少了刑法规范出台的相关环节程序。必须恪守的原则是，不管司法权再怎么扩张，无论是从其权力的本身属性，还是其权力行使的程序，都不能僭越或者干预立法权，也不允许其成为准立法权，更不能取代立法权，否则必然会导致其与刑法修改理性相冲突。

关于刑法解释权的主体属性，理论上存在较大争议，但明确有法律依据的刑法解释权主体只有最高司法机关。根据法律的规定，最高司法机关有权对其具体工作中适用法律存在问题作出相关解释，由最高人民法院、最高人民检察院各自做出与其工作相关的刑法解释，但在司法实践中，有关审判工作、检察工作对同一法律事项的处理目的不同，认识也可能不一致，也可能导致最高司法机关之间所作的刑法解释存在互相冲突的情形，对此，全国人民代表大会常务委员会《关于加强法律解释工作的决议》规定："最高人民法院和最高人民检察院的解释如果有原则性的分歧，报请全国人民代表大会常务委员会解释或决定。"然而，由于这种报请制解决分歧的路径与程序比较麻烦，在司法实践中很少采用，目前一般采取由最高人民法院和最高人民检察院采用联合颁行司法解释的方式消解分歧。但由于法院和检察院分属不同职能的司法机关，如果刑法解释总是采用这种联合解释的方式，也容易让人产生对裁判机关中立性的怀疑。有些刑法解释中还联合一些没有法律上授权解释刑法的部门和社会团体参与解释工作，而成为事实上的刑法解释主体，这种欠缺法律依据的做法应当尽量减少，否则让人误会那些参与刑法解释的部门也成了司法机关。特别是没有解释权的部门和社会团体参与发布刑法解释，就会让人感觉这些权力机构参与刑法解释的目的在于保障其自身的部门利益。作为刑事法律规范而言，无论是其制定、修改还是适用，都应当反映社会发展历史进程对犯罪的认知与处理要求，而不是为了维护有关部门和社会团体的利益。因此，应当加强刑法解释适用的监督，使其能够有效地贯彻实施，避免联合发布刑法解释，否则必然会导致其与刑法修改理性相冲突。

（三）根本因素：依赖解释的实用性与工具性

刑法解释的目的是为了解决成文法的局限性问题，通过对刑法规范的内容进行阐释而将刑法规范适用到每个具体的个案中去，使刑法规范能够适应纷繁复杂的社会生活。一般而言，只有在刑法规范存在认定困难、分歧，为了正确、统一适用刑法，才需要启动刑法司法解释程序，通过运用解释技巧将刑法规范中可能存在之义通过文字固定下来，使刑法的适用能够更加明确，并有据可依。刑法解释从颁布之初就被打上了实用性与工具性的标签。正因为这种实用性与工具性，法律工作者在司法实践中也开始对司法解释越来越具有依赖性，法官在裁判过程中若没有找到相应的刑法解释，都不敢轻易根据刑法规范定罪量刑，律师在辩护过程中也通常会绞尽脑汁地寻找其辩护意见是否有刑法司法解释作为支撑。有学者将这种刑法司法解释现象视为相对于法律制定权、法律实施权和决定权的一种单独权利。① 刑法司法解释在成为一种权利后，得以充分甚至扩展的行使，刑法解释文本的数量和内容已经远远超过了刑法规范内容之和，从而造成了刑法解释在司法实践中被视为一种法律适用的首选依据，并且是一种不可或缺的依据这种不正常现象。现有刑法解释的颁布更多的只是为了彰显刑法解释权而解释，经常会出现将一些原本刑法规范就已经规定的内容进行解释的现象；或者出现对于一些法官本来完全可以根据自己的认知能力理解并且作出合理、令人信服裁判的刑法条文进行过度解释的现象；甚至每颁布一个修正案后，就必然会就有关于罪名的解释、时间效力的解释、具体罪状以及法定刑等发布相应的刑法解释。如在《刑法修正案（九）》颁行之后，最高人民法院就颁布了《关于〈中华人民共和国刑法修正案（九）〉时间效力问题的解释》，最高人民法院、最高人民检察院联合颁布了《关于办理贪污贿赂刑事案件适用法律若干问题的解释》《关于执行〈中华人民共和国刑法〉确定罪名的补充规定（六）》等多部相关司法解释。在一定意义上，刑法修改注重规范的制定及其普遍适用性，刑法解释则应当是对普遍适用的难以明确其准确涵义的刑法规范进一步阐释，由个别化的表述所组成，但我国现阶段刑法司法解释过于依赖解释的实用性与工具性，最终使得刑法解释形式往规范化的方向发展，具有普遍适用的效力，从而容易与刑法修改后具有普遍效力的刑法规范产生冲突。

二、刑法解释与刑法修改理性之间的冲突形式

（一）刑法修改先于刑法解释启动所发生的刑法修改与刑法解释之间的龃龉

目前存在一些本可以通过刑法解释来达到有效适用刑法的目的却通过刑法修改的方式来完成而发生冲突现象。

---

① 张志铭：《法律解释操作分析》，中国政法大学出版社 1999 年版，第 220 页。

刑法制定的功能在于其规范性条文的有效适用。只有通过对刑法规范的有效适用，才能将类型化的犯罪与具体实际中发生的犯罪事实对应起来使其成为活的法，罪刑法定原则才能真正得以贯彻。作为刑法规范渊源的刑法条文，其适用当然必须通过解释来实现，只是刑法总则规范的适用往往也是通过刑法分则规范而展开的。无论一部刑法制定得多么详尽，也仅仅是由文字表达出来并由概念和规则组成的规范系统，而很难与纷繁复杂的社会事实一一对应，司法者不可能通过简单机械的相互对照即可按图索骥地予以适用。更何况刑法规范本身也存在相应的模棱两可之处而容易引起歧义或者含义模糊，甚至存在漏洞。在针对这些所谓疑难问题时，司法者必须借助于某种技术特别是解释技术来处理刑法规范与客观事实之间不能契合对应之处，从而达到刑法规范的合理科学适用。对于这种技术处理，通常会涉及对法律条文含义的重新界定或者认定，因而可以说刑事司法适用活动即是一种刑法解释工作。[①] 刑法解释对刑法规范的有效适用起到重要作用。但要是幻想通过所谓的人类普遍理性制定出一部永恒并且具有普适性的刑法典，则不过是一种荒诞无稽的想法，从来不可能有一劳永逸的法律存在。[②] 同时，对于刑法修改的主体、程序等有严格的规定，若在可以进行解释的情况下还通过刑法修改的方式来维护个案正义，实则是在浪费立法资源。如《刑法修正案（八）》通过新增条文的形式将黑社会性质组织的特征规定在刑法中，但基本上只是抄录了《关于审理黑社会性质组织犯罪的案件具体应用法律若干问题的解释》（2000 年）这一司法解释中有关黑社会性质组织的特征描述，而没有实质的变动。尽管有学者认为这种方式其实是上升相关定义的法律位阶，是一种立法技术的提升，法治理念的更新，[③] 但如果对刑法解释的内容都需要通过立法来予以肯定，刑法解释也就没有存在的必要了。在已经对刑法规范作出科学合理理解而且并没有设置新的刑法规范的前提下，完全不需要再通过修改刑法的方式来予以确认，否则就容易让人怀疑刑法司法解释与刑法修改各自功能的相互错位。

（二）刑法解释创设新的规范现象所产生的与刑法修改理性的冲突

"无论立法者多么充满理性和睿智，他们都不可能全知全觉地洞察立法所需要的一切问题，也不可能基于语言文字的确定性和形式逻辑的完备性而使法律文本的表达完美无缺、逻辑自足。"[④] 在刑事立法当中总是难免出现各种漏

---

① 黄明儒：《刑法规范的适用性解释论略》，载《法治研究》2015 年第 5 期。

② 黄明儒：《论刑法的修改形式》，载《法学论坛》2011 年第 3 期。

③ 参见郭泽强：《从立法技术层面看刑法修正案》，载《法学》2011 年第 4 期。

④ 张志铭：《法律解释操作分析》，中国政法大学出版社 1999 年版，第 58 页。

洞，有的是因为只进行片面解释从而造成不应有的漏洞，有的是因为没有进行法益解释造成不应有的漏洞，有的是因为进行了消极解释而造成不应有的漏洞，有的是因为过于追求立法的精细而造成不应有的漏洞，有的是因为忽略立法类型化原则而造成不应有的漏洞，有的是因为漠视刑法的最后性而造成不应有的漏洞。① 而这些法律漏洞有的需要刑法解释来弥补，有的则需要刑法修改来弥补。对于通过需要刑法修改来弥补的那些规范内容，采用刑法司法解释的方式，就容易超出刑法规范既定含义的范围进行解释，这种解释显然就发生了与立法权的交叉。如果确实需要对这种刑法司法解释所涉及问题或者现象进行刑罚规制处理，也只能通过刑法修改的方式进行。刑法的理性修改，除了修正刑法条文文本中存在的某些文字表述、内容不协调之处外，主要是针对变化发展了的社会政治、经济和科学文化的需要，由立法机构进行适当修改、删减、补充，其目的在于使刑法适应社会需要，保持与社会的同一性。② 这些内容在刑法修订之初有些是无法预计的，很难涵盖在刑法规范既定含义的范畴之下，如果通过刑法解释来重新赋予其含义就很容易导致僭越立法现象的产生，而违背罪刑法定原则，造成不适当的定罪量刑。

三、刑法解释与刑法修改理性产生冲突的消极影响

（一）刑法解释与刑事立法的界限容易混同

刑法解释与刑事立法是两种不同的法律活动。刑法解释的过程是刑法适用的过程，是建立在已有刑法规范的基础之上的法律解释活动。解释是以一定的客体（往往是文本）为前提的，是在对文本所包含的意义的理解基础上的阐发。③ 刑法解释是把包含在刑法文本中的意义即立法意蕴阐发出来的活动，但刑法解释的内容不能超出刑法规范的应有之义。与此不同，刑事立法是对刑法规范的创设、修改与废止的一项立法活动。刑事法律的严厉性，决定了刑事立法活动的过程应当理性而严谨，这直接体现在刑事立法的主体、程序等要比刑法解释的主体、程序等更加严格。既然刑事立法属于立法活动，就不能频繁进行，这样不利于刑法本身的稳定性和可预测性。然而，刑法解释发生与立法权交叉的现象，其实质就是使原本属于刑法解释的活动上升为刑事立法活动，将本属于刑事立法的内容在刑法解释中得到解决，这样的结果是不仅会导致刑法解释与刑事立法界限的模糊，而且不利于刑法的稳定性和可预测性。

---

① 熊永明：《我国罪名建言热潮之隐忧及其批判》，载《法学评论》2015 年第 6 期。
② 黄明儒：《论刑法的修改形式》，载《法学论坛》2011 年第 3 期。
③ 参见陈兴良：《本体刑法学》，商务印书馆 2001 年版，第 25 页。

（二）不利于司法资源的合理利用

无论是刑法解释还是刑法修改都需要经过一套严密的程序，虽然刑法修改的程序较之刑法解释的程序更为复杂，但终究需要运用相应的司法资源。因此，一旦本应由刑法解释就可以达到有效适用刑法的目的，却通过刑法修改的方式来完成，那么就会动用较多的司法资源。反之，若刑法解释产生了创设性的刑法规范，则需要由有权机关对其进行弥补，要么直接宣布其无效，要么通过颁布新的司法解释来使原有不当的司法解释失效，或者之后统一进入到刑法司法解释清理机制，如果确有必要动用刑法规制新型侵害法益行为，还有可能通过刑法修改的形式对其进行规定。在刑法解释与刑法修改理性产生冲突的情形下所耗费的司法资源，已经远远超过了正常情形下所需要耗费的司法资源，甚至可以说是做了一些无用功。同时，在我国当前司法资源严重失衡的情况下，随意对司法资源的浪费都有可能造成其他司法环节的资源缺失，不利于我国法治建设的进步与发展。

（三）容易出现司法权与立法权的交叉混同

刑法司法解释是有司法权解释主体对我国刑法规范的明确、细化及运用阐释，目的是使含义抽象或者模糊的刑法条文变得具体和清晰可辨，以便于在个案中的判断。由此，刑法解释必须在刑法规范下解释，不能超出法律规范的逻辑范畴。换句话说，刑法解释应当遵循法律规范的既定含义，不能肆意扩张其范围，更不允许做类推解释。[①] 如果刑法解释超出法律规范的既定含义作出解释，就属于刑法司法解释与立法现象的交叉，而由司法机关创设了新的刑法规范，这种规范创设性的刑法司法解释是对立法权的不当介入。这种现象与法官在裁断案件时，超出了刑法本身的含义理解刑法规范而作为定案根据进行判案相比，对刑法权威性的破坏有过之无不及，因为法官这种僭越立法的裁判方式仅仅属于个案问题，并没有普遍的效力，而且可以通过相关程序对其进行纠正，但如果将某个问题通过刑法司法解释的方式确立下来，就会以刑法规范的形式得到广泛适用，而导致所有相关案件的司法都会僭越立法。规范创设性的刑法解释的产生致使司法机关实际上集创设规范与适用规范的权力于一身。[②] 而这样的做法势必导致司法擅断，使得司法机关既充当裁判者又充当规则的制定者。如果司法机关同时又作为规则的制定者，就极易导致司法机关摒弃刑法规范的相关内容，甚至有可能为了得到自己想要的判决效果而进行相应的司法解释，

---

① 游伟、赵运锋：《"社会危害性"的刑法地位及其运用》，载《法律适用》2010 年第 9 期。
② 李翔：《论创设性刑法规范解释的不正当性》，载《法学》2012 年第 12 期。

由此产生的司法专横与司法擅断问题会造成诉讼不公，不利于刑法目的的实现。

（四）刑法规范的权威性会受到质疑

刑法解释新设刑法规范容易导致刑法规范的权威性受到质疑。在司法实践中法官按理应当首先根据刑法规范的内容进行评判，当刑法规范用尽之后才可以求助于司法解释。如果司法机关自身可以创设在刑法规范应有含义之外的刑法解释，司法机关或者司法工作人员在司法裁判时就很容易跳过寻求相应刑法规范这一环节，而直接将目光投向寻求是否存在相应的刑法司法解释。这种现象让人似乎感觉，法官判案好像必须要有相应的刑法司法解释才能够正确处理案件，而无论刑法规范是否已有明确规定，也不愿针对个案的刑法适用探求刑法规范的原意。刑法司法解释看似简单，其背后却有深刻的内涵：不仅意味着对刑法条文之间关系的深刻理解，而且也意味着对刑法条文背后所体现的价值观的深刻领悟。[①] 其他国家并没有统一司法解释，法官在判案时，主要是依据其自身对规范的理解而作出相应解释，刑法司法解释是我国的首创，在我国当前的法治背景下依然起着积极的作用[②]，但随之而来的问题就是刑法解释如果突破了刑法解释本应行使的权限范围，就会僭越立法权。必须要尽量避免创设性刑法解释的出现，对于刑法解释的颁布也应慎之又慎，否则会极大地损害立法权。

第三节　刑法解释与刑法修改理性冲突之消解

在我国刑事司法实践中，刑法解释特别是刑法司法解释为我国统一刑事司法适用作出了巨大贡献，[③] 甚至出现刑法司法解释的功效大于刑法典的现象，如有学者认为："在我国的实际司法活动中，刑事司法解释已成为刑事法律的渊源之一，并指导着刑事司法活动。"[④] 或认为司法解释权是一种介于立法与法律适用之间的准立法权。[⑤] 也有学者认为："刑法解释这种弥补立法的模糊

---

① 黎宏：《日本近现代刑法学的发展历程及其借鉴意义》，载《法学评论》2004 年第 5 期。

② 从最高人民法院、最高人民检察院 60 年来的实践来看，人们普遍认同司法解释有如下几个积极作用：一是保障法律的正确适用；二是统一法律适用的尺度；三是补充、发展法律。参见董皞：《新中国司法解释六十年》，载《岭南学刊》2009 年第 5 期。

③ 这一点从我国 1997 年刑法修订至今最高人民法院与最高人民检察院相继单独或者联合颁行了 300 多个刑事司法解释，并且法官判案首先想到的依据就是有无相应的司法解释可以作为依据而不是刑法本身，就可以得出相关结论。

④ 刘宪权：《我国刑事司法解释时间效力的再思考》，载《法学》2002 年第 2 期。

⑤ 参见叶巍：《新刑法溯及力原则新探》，载《中国刑事法杂志》2001 年第 2 期。

性规定、实质意义上的'二次立法'实质上并没有超越了全国人大及其常委会的刑法立法权。"① 我国目前刑法规范的适用处于一个刑法司法解释非常发达，刑法立法解释则相对比较薄弱，法官在具体司法过程中所循之法往往是刑法司法解释而不是自主解释适用刑法条文本身的现状，这种现状显然不是刑法规范适用的理想状态，也不应当成为刑法规范适用的常态。② 但却导致刑法解释与刑法修改理性之间产生一系列冲突问题。因此，有必要正确面对刑法解释与刑法修改之间的冲突，协调处理刑法修改与刑法解释之间的关系。在刑法修改的理性之下，为刑法解释寻找一个理性的限度，为刑法解释与刑法修改寻求一种有效的协调机制。

一、刑法解释与刑法修改理性冲突消解的原则

法律为满足永久变动的社会需要，其不能、也不允许频繁地修改、增设法律以使得法网更加严密，这就为包括刑法解释在内的法律解释提供了存在的理由和生存的空间。③ 从刑法的实践来看，在适用任何刑法规范前，都必须先对刑法进行解释和理解，明确该规范的真实含义，然后才能将其正确地适用于具体的事实，法律解释是实现其裁判的基本需要。④ 刑法解释看似简单，但其背后却有深刻的内涵：不仅意味着对刑法条文之间关系的深刻理解，而且也意味着对刑法条文背后所体现的价值观的深刻领悟。⑤ 刑法解释在司法实践中占有重要地位，刑法的有效适用离不开解释。那么该如何协调刑法解释与刑法修改之间的关系，消解其所产生的冲突，有必要遵循以下两个原则。

（一）应当将罪刑法定原则作为最基本的准则

有学者认为，罪刑法定原则与刑法解释之间始终是一种对立统一的矛盾，⑥ 罪刑法定原则需要协调严格规则与刑法解释之间可能存在的问题，但罪刑法定原

---

① 理由如下：第一，不同层次刑法渊源的存在是正常的。第二，规范性刑法解释是在权力机关授权的条件下行使的法定职能，并不违背民主主义原则。在刑法学界，许多研究者注意到了大量司法解释侵犯立法权，是司法权的不当扩大，而忽略了刑法司法解释对刑法条文的具体化和细则化，更大程度上是对司法权和刑事自由裁量权的限制。（参见牛克乾：《规范性刑法解释与罪刑法定原则的契合与冲突》，载《刑法论丛》2010 年第 4 卷）

② 参见黄明儒：《刑法规范的适用性解释论略》，载《法治研究》2015 年第 5 期。

③ 参见杨柳：《释法抑或造法：由刑法历次修正引发的思考》，载《中国法学》2015 年第 5 期。

④ 参见唐稷尧：《事实、价值与选择：关于我国刑法立法解释的思考》，载《中外法学》2009 年第 6 期。

⑤ 参见黎宏：《日本近现代刑法学的发展历程及其借鉴意义》，载《法学评论》2004 年第 5 期。

⑥ 参见牛克乾：《规范性刑法解释与罪刑法定原则的契合与冲突》，载《刑法论丛》2010 年第 4 卷，第 76 页。

则已经从绝对的罪刑法定发展到了相对的罪刑法定，其主要表现就在于从完全反对法官对刑法进行解释到允许法官对刑法进行严格解释。[①] 另有学者强调，根据刑法解释原理，对刑法用语，应当适应社会发展，结合现实语境，作出符合同时代一般社会观念和刑法精神的解释，这并不违背罪刑法定原则，相反是贯彻罪刑法定原则的当然要求。[②] 既然要通过遵循罪刑法定原则来消解刑法解释与刑法修改之间的冲突，就有必要在罪刑法定原则的框架下进行相应的刑事活动。对于本可以通过刑法解释来达到有效适用刑法目的却通过刑法修改的方式来完成的这种冲突形式，立法机构不论是通过修改、删减、补充等任何方式来修改刑法都是违背罪刑法定原则的。罪刑法定原则要求明确性，既然在刑法规范的合理范围内可以做出解释，就没有必要再通过刑法修改的方式，此时的刑法修改最多也就是画蛇添足，无益于刑法规范在司法实践中的适用。对于通过刑法解释导致僭越立法的现象，更是罪刑法定原则所不允许的。刑法解释应当以罪刑法定原则为基础，在刑法规范既定的含义之下，结合具体的案件事实，作出适当的解释，这样既不会违背国民的预测可能性，也可以有效地达到适用刑法的目的。

（二）应当遵循法益保护原则

刑法解释与刑法修改起冲突的原因，主要是在司法机关认为有必要规制而刑法规范又没有对某种行为进行明确规制时，到底是选择用刑法解释来达到刑法规制的目的，还是选用刑法修改的方式来达到刑法规制的目的。当刑法并没有明确规定的行为是否入罪，是否可以通过刑法解释来达到相应的处罚目的，就需要查明相应的刑法规范没有明确规定是立法时就造成的，还是因为社会生活的多变导致的滞后性所造成的，或者是法律自身的特点决定的。这时如果这

---

① 参见陈兴良：《罪刑法定主义的逻辑展开》，载《法制与社会发展》2013 年第 3 期。

② 原因在于：其一，一个词的通常的意义是在逐渐发展的，在事实的不断出现中形成的；法律制定以后，其所使用的文字还会不断产生新的含义；任何一种解释如果试图用最终的、权威性的解释取代基本文本的开放性，都会过早地吞噬文本的生命；在解释刑法时，必须正视刑法文本的开放性，适应社会生活事实的发展变化科学界定法律用语的准确含义，不能将"熟悉与必须"相混淆，否则便会人为窒息刑法的生命，使刑法惩治犯罪、保护法益的功能无法有效实现。其二，坚持罪刑法定原则不仅要求做到"法无明文规定不为罪，法无明文规定不处罚"，也要求做到"法有明文规定应为罪，法有明文规定应处罚"；同时，将罪刑法定原则中的"法无明文规定"曲解为"法无明确规定"是教条的、错误的，在有的场合下，甚至可以说在很多场合下，即便刑法本身及有权刑法解释对某些行为（实质是某些刑法用语）并未作出明确、具体的规定，但若能在准确把握刑法精神、科学运用刑法解释原理的前提下，将该行为解释进刑法的明文规定之中，则对该行为进行定罪处罚就并不违反罪刑法定原则，相反，恰恰是贯彻罪刑法定原则的当然要求。（参见刘宪权：《论罪刑法定原则的内容及其基本精神》，载《法学》2006 年第 12 期。）

种理解不违背刑法规范既定含义，符合罪刑法定原则，并且符合法益保护的必要，则可以根据刑法的精神作出刑法解释。但如果刑法解释不符合罪刑法定原则的要求，但又必须规制某种行为以达到保护法益的目的时，可以选择以修改刑法的方式来填补疏漏，而不能选择用刑法解释来将其这种行为规制为犯罪行为并予以相应的刑法制裁。法益保护原则是权衡某个行为侵犯的法益是否值得通过解释来弥补刑法规范的不明确，以及是否值得用刑法来保护而有必要通过刑法修改的方式规制该行为必须要考虑的原则。在这一意义上，刑法解释并不排斥刑法修改，在刑法没有明文规定为犯罪行为而无论怎样合理运用各种解释方法都不能解决那些理应以犯罪论处的行为，就应当通过刑法修改的方式增加相应的条文进行规制，对于那些含混地通过既存规定无法得出合理解释的，也应当通过修改刑法使其明确。[①] 因而，法益保护原则应当作为权衡某个行为是否值得刑法解释或者值得刑法修改的前提，如果连法益保护的前提都不存在，那就根本没有解释的必要、就更加谈不上进行针对性的刑法修改。

二、刑法解释与刑法修改理性冲突消解的方式

（一）明确立法权与司法权的关系

刑法解释与刑法修改的主体不同，使得刑法解释权与刑法修改权的来源也不相同。刑法解释权来源于最高司法机关，而刑法修改权来源于全国人大及其常务委员会。在人类社会进入国家状态、产生"国家权力"之初，权力尚处于浑然一体的状态，此时并无所谓的分权之说。随着社会文明、政治文明的不断进步，尤其是在启蒙思想家洛克、孟德斯鸠等人的极力倡导和推动下，权力开始从混沌中走向分化。[②] 司法权的出现主要是出于对权力进行制约的需要。具体而言，司法权是通过对纠纷的处理来维护立法者所要推行的法律价值；而立法权在于推行某种法律价值，也就是说，立法机关通过制定法律，把立法者要在社会中推行的某种法律价值通过法律条文加以具体化，依次为社会成员提供相应的行为模式，从而使社会处于在立法者看来是一种值得追求的社会状态。[③] 因此，立法权实质上是一种创设的权力，而司法权实质上是一种判断的权力。刑法修改实则是对犯罪与刑罚进行补充、修订或废除的创设，而刑法解释主要是对现有规范的适用进行一个再判断。刑法解释虽不同于法官在审理过程中的适用解释，但其本质上并不存在差别，都是为了使抽象的法律规范能够

---

① 参见张明楷：《论刑法修改应妥善处理的几个问题》，载《中外法学》1997 年第 1 期。
② 汪习根：《司法权论》，武汉大学出版社 2006 年版，第 15 页。
③ 孙万胜：《司法权的法理之维》，法律出版社 2002 年版，第 16 页。

运用到具体的社会生活中。因此，法官不能造法，同理，刑法解释亦不能造法，只允许其在最大文义射程范围内来解释刑法。刑法规范的释义通过文本的形式将其内容固定下来，在我国现阶段的司法环境中是必要的，但从长远来看也只会是暂时的，以文本的形式固定下来的内容总是会具有局限性，而现有刑法解释仍大量使用"其他"类似兜底条款的用语使之与解释的明确性相违背。在法治社会中，法官的地位肯定会不断得到提高，因为我们最终会将法律解释的权利交由法官垄断，把法律意义的最终阐释权交给法官，这实际上是法治的一种要求。① 社会发展、刑事政策以及法治观念、制度变化都可能引起刑法规范的改变，立法也并不能包办所有的司法活动，但司法也绝对不能冲破底线充当立法者的角色。

（二）依程序制定刑法解释

依程序制定刑法解释，是指有权主体依照法律规定的步骤、顺序、方式，制定、修改或者废止刑法解释。刑法解释具有普遍适用的效力，因而刑法解释的制定必须遵从相应的程序要求，以保证刑法解释目的的实现。刑法解释制定程序的规定，经历了 1981 年全国人大常委会通过的《关于加强法律解释工作的决议》、2005 年全国人大常委会通过的《司法解释备案审查工作程序》、最高法 2007 年出台的《关于司法解释工作的规定》以及 2016 年最高检出台的《最高人民检察院司法解释工作规定》，这些规范性文件为刑法解释的制定提供了程序保障，并推动了我国刑法解释工作的进程。然而，迄今为止我国还没有任何法律对刑法解释的制定程序予以明确规定，相关具体规定还只是出现在"两高"各自制定的司法解释工作规定当中，并且"两高"规定的司法解释制定程序还存在不一致的情形。② 因此，为了规范我国刑法解释工作，有必要规定统一的刑法解释制定程序，并且严格遵守程序要求。

依程序制定刑法解释的前提是需要明确刑法解释的主体。对此，1981 年全国人民代表大会常务委员会《关于加强法律解释工作的决议》以及 2015 年修订的《立法法》均予以规定，只有最高人民法院、最高人民检察院才有权

---

① 参见《全国法解释学研讨会纪要》，载《法学研究》2001 年第 2 期。

② 最高人民法院制定刑法解释根据《最高人民法院关于司法解释工作的规定》：需经过立项、起草、报送、讨论、发布、施行与备案。最高人民检察院制定刑法解释根据《最高人民检察院司法解释工作规定》第 9 条的规定，即"制定司法解释按照以下程序进行：（一）立项；（二）调查研究并起草司法解释意见稿；（三）论证并征求有关方面意见，提出司法解释审议稿；（四）提交分管副检察长审查，报请检察长决定提交检察委员会审议；（五）检察委员会审议通过；（六）核稿；（七）签署发布；（八）报送全国人民代表大会常务委员会备案"。

对其审判、检察工作中具体应用法律的问题作出解释。① 因此，最高人民法院、最高人民检察院有权单独制定刑法解释。那么，最高人民法院和最高人民检察能否共同制定并联合发布刑法解释？根据 2007 年最高法出台的《关于司法解释工作的规定》第 7 条规定："最高人民法院与最高人民检察院共同制定司法解释的工作，应当按照法律规定和双方协商一致的意见办理"，2016 年最高人民检察院出台的《司法解释工作规定》更是明确规定，"对于同时涉及检察工作和审判工作中具体应用法律的问题，最高人民检察院应当商请最高人民法院联合制定司法解释；对最高人民法院商请最高人民检察院联合制定司法解释的，最高人民检察院应当共同研究、联合制定"，据此，最高人民法院和最高人民检察有权联合发布刑法解释，但是法院和检察院分属不同职能的司法机关，若对某些具体应用法律的问题共同作出解释，那又将法院的中立性置于何处？因此，只能由法院或者检察院单独作出刑法解释，当其解释存在冲突时再交由全国人民代表大会常务委员会决定。

其次，应当为刑法解释的制定配套相应的法律监督程序，明确违背刑法解释制定权限和程序的相关办法。在我国现有的法律规范中，还没有任何法律位阶的规范对刑法解释的制定程序予以明确规定，相关内容也仅限定在"两高"各自制定的司法解释工作规定当中。同时，相关法律文件中对于刑法解释的制定违反法定程序也缺乏相应的监督措施，不像立法法中规定，赋予了有关机关相应权限予以改变或者撤销某一法律规范，② 而有关刑法解释的监督，只是针对其具体内容同法律规定相抵触之后，可以提出要求最高人民法院或者最高人民检察院予以修改、废止的议案，或者提出由全国人民代表大会常务委员会作出法律解释的议案，由委员长会议决定提请常务委员会审议，③ 并没有赋予有关机关对其存在程序违法时进行改变或撤销的权利，至于刑法解释中是否存在

---

① 《立法法》第 104 条规定："最高人民法院、最高人民检察院以外的审判机关和检察机关，不得作出具体应用法律的解释。"

② 《立法法》第 96 条规定："法律、行政法规、地方性法规、自治条例和单行条例、规章有下列情形之一的，由有关机关依照本法第九十七条规定的权限予以改变或者撤销：（一）超越权限的；（二）下位法违反上位法规定的；（三）规章之间对同一事项的规定不一致，经裁决应当改变或者撤销一方的规定的；（四）规章的规定被认为不适当，应当予以改变或者撤销的；（五）违背法定程序的。"

③ 《监督法》第 33、32 条规定："相关机构认为最高人民法院、最高人民检察院作出的具体应用法律的解释同法律规定相抵触的，可以向全国人民代表大会常务委员会书面提出进行审查的建议，由常务委员会工作机构进行研究，必要时，送有关专门委员会进行审查、提出意见。""经审查认为最高人民法院或者最高人民检察院作出的具体应用法律的解释同法律规定相抵触，而最高人民法院或者最高人民检察院不予修改或者废止的，可以提出要求最高人民法院或者最高人民检察院予以修改、废止的议案，或者提出由全国人民代表大会常务委员会作出法律解释的议案，由委员长会议决定提请常务委员会审议"。

不合理的内容，法条的规定也只是"可以提出审查建议"等非肯定性用语。因而导致在司法实践中即使存在违背刑法解释制定权限和程序现象的发生，也无法得到及时有效地补救。目前刑法解释发布得空前繁荣，而刑法的适用又关乎到民众的基本权利能否得到保障，尽管刑法解释的制定不同于立法那样严格，但若不能严格遵守程序，依程序制定刑法解释，则不仅会违背刑法保障人权的目的，而且不利于刑法目的的实现。在我国现有法律规定的基础上，应当对违反程序制定刑法解释的行为予以规定，赋予有关机关对此行为的监督权，同时，最高法和最高检自身也应当严格遵循刑法解释制定权限和程序的相关规定，从而依法推进我国刑法解释工作的有效开展和具体落实。

（三）规范刑法解释的内容

有关刑法解释的内容，在不同的法律规范中表述不尽相同。根据《关于加强法律解释工作的决议》的规定，刑法解释的内容仅包括法院审判工作或检察院检察工作中具体应用法律、法令的问题；《立法法》规定，刑法解释的内容需要针对具体的法律条文，并符合立法的目的、原则和原意。《关于司法解释工作的规定》进一步明确最高人民法院作出刑法解释的内容是指在审判工作中具体应用法律的问题，而根据法律和有关立法精神，结合审判工作实际需要而制定；《最高人民检察院司法解释工作规定》则明确人民检察院刑法解释的内容是指在检察工作中对具体应用法律的问题，应当以法律为依据，不得违背和超越法律规定而作出。由以上规定可知，规范刑法解释的内容应当包括以下三个方面的要求，并依次递进。

首先，刑法解释的内容应当针对审判、检察工作中具体应用法律的问题，结合审判、检察工作的实际需要制定。刑法解释的内容并不包括对于法律的规定需要进一步明确其具体含义，或者法律制定后出现新的情况需要明确适用法律依据的规定，如若刑法解释对此内容予以明确，则显然是超越了刑法解释的权限，从而充当了立法者的角色。刑法解释只是为了弥补成文法的局限性，因此，并不需要重新拟定一套普遍适用的规则。其次，刑法解释的内容必须以法律为依据，不得违背和超越法律规定。刑法解释的内容必须以法律文本含义的最大射程为边界，特别注重文义。"由于受制于罪刑法定主义之关系，是以不可借解释而创作一个新的罪名，用以处罚刑法所未规定之犯罪，是以刑法之解释特别注重文义，以免因解释之结果而创造新的犯罪。"[①] 刑法解释的内容必须以文义解释为首选解释方法，最大文义射程里面来解释审判、检察工作中具

---

① 蔡墩铭：《刑法争议问题研究》，五南图书出版有限公司1998年版，第27页。

体应用法律的问题。同时，还要防止类推解释。最后，刑法解释的内容应当符合刑法规范的目的，而不是在法律规定中所强调的应符合立法的目的和原意。这是对刑法解释内容最高层次的要求。"进行目的解释，意味着考虑文字背后的真实目的。任何一个刑法条文都是立法者在特定目的指导下形成的，但在时过境迁之后，即使法条文字没有任何变化，法条目的也可能已经改变。时过境迁之后的新目的，是时过境迁之后的法律的真实含义的创造者。"① 因此，适用刑法时应当结合当下社会现实的变化以寻求刑法用语的真实含义，而不再拘泥于立法时的目的和原意。

综上，刑法解释的内容必须有关审判、检察工作中具体应用法律的问题，以刑法为依据，并满足刑法规范的目的。在判断刑法解释的内容是否正当时，以上三个要求缺一不可。就我国目前的司法环境下，规范刑法解释的内容首先应当做到的是符合前两个基本要求，伴随着法治社会的进程，逐步实现刑法解释内容的规范化，从而消解刑法解释与刑法修改理性的冲突。

（四）清理现有的刑法解释

在我国刑法解释中存在一种特殊的工作机制——司法解释的清理机制，它不同于刑法解释的废除，因其特殊性被单独规定在有关司法解释工作规定中，但其工作机制中也包含废止这一清理结果。最高人民法院《关于司法解释工作的规定》第 30 条规定："司法解释需要修改、废止的，参照司法解释制定程序的相关规定办理，由审判委员会讨论决定。"〔被废止的最高人民法院《关于司法解释工作的若干规定》（1997 年）第 15 条则明确规定了司法解释的清理："司法解释的清理、编纂由最高人民法院审判委员会决定，具体工作由研究室负责，各审判庭、室参加。"〕最高人民检察院也有相应规定："应当定期对司法解释进行清理。司法解释清理参照司法解释制定程序的相关规定办理。"也就是说，在司法实践中，不管是废止刑法解释还是清理刑法解释都得参照制定程序进行，有关刑法解释的废止，往往是在新的刑法解释出现之后被自动废止，现实中也存在着批量被清理的刑法解释②。2015 年司法解释汇编根据司法解释集中清理结果，共收录三部分内容：不仅包括废止的司法解释和司法解释性质文件，还包括继续有效的司法解释和司法指导性文件。但还缺乏针

---

① 张明楷：《刑法学（上）》，法律出版社 2016 年版，第 43 页。

② 1994 年至 2012 年 8 月，最高人民法院先后共分 7 批对本院制定的 167 件司法解释予以废止，还会同最高人民检察院分两批联合废止了"两高"制定的 41 件司法解释和司法解释性质文件。在 2015 年完成了新中国成立以来第一次全面集中清理司法解释的工作。为全面及时总结司法解释清理成果，最高人民法院研究室历经一年编纂的《最高人民法院司法解释汇编（1949—2013）》正式出版。（载 http：//www.chinanews.com/fz/2015/04－08/7192560.shtml，访问日期：2017 年 1 月 10 日）

对现有的刑法解释与修改后的刑法规范的清理工作，应当选择清理司法解释的方式来消解现有刑法解释中与刑法修改理性之间的冲突之处。

就清理刑法解释这项工作而言，一般是指参照制定程序对现有的刑法解释进行修改、补充或者废止。具体来说，包括以下四个方面的内容：第一，需要确定继续有效的刑法解释。即使刑法解释在制定过程中存在一些问题，也不能否定所有的刑法解释，尤其是那些符合刑法规范目的的刑法解释，基于司法资源的考虑，确定继续有效的刑法解释实质上也是防止司法资源的无端流失。第二，修改相关刑法解释的内容。随着社会经济的发展和转型，对某一事物的认识很可能发生改变，使得之前对此作出的刑法解释部分内容已经滞后，从而影响法官在裁判中适用相关法条，但如果其整体上依然符合刑法规范的目的，那就可以对该刑法解释进行补充或修改，而没有将其废止的必要。第三，将最高法、最高检与其他部门联合发布的具有法律适用内容的规范性文件，归属到司法指导性文件。根据法律的规定，只有最高法和最高检享有制定刑法解释的权利，然而，在司法实践中存在着最高法和最高检与其他部门联合发布刑法解释的现象，对于这些违反解释权限发布的刑法解释本应当予以废止，考虑到这是与其他部门协商后有关法律适用的结果，将其归属到司法指导性文件可能会更加合适，不仅综合考虑到了相关部门的意见，而且该文件并不具有法律效力。第四，废止部分司法解释和司法解释性质文件。针对已经过时或者在相关法律中已经明确修正过其内容的刑法解释，就没有必要再以规范性文件的形式存在，对于此类司法解释和司法解释性质文件就可以予以废止，而并不会影响到刑法规范的适用。同时，如果存在相互矛盾的刑法解释，应当择一选择符合刑法规范目的的解释，避免适用的冲突。

后　记

刑法学作为一门应用学科，其理论指导功能的有效发挥，有利于刑事司法实践富有理性，也更富有公平公正，因而既要着重关注刑法适用过程是否符合现行规范的意旨，也要关注那些已无法通过解释的途径予以合理适用刑罚规范而从道义上或者从政策层面上必须予以刑罚规制的行为之入罪化问题。这一意义上，刑法的功能实现就尤为重要，"法律的功能在于伸张法律上的正义。也即是法律上的正义透过其规范机能，实现到人类的生活上来。如果一个生活类型未受法律规范，那么在该生活类型所发生的问题，即不能找到法律上的答案。如果该问题经判断，认为不适合归属于法外空间，则这种情形之存在便是在法律补充的讨论上，被提到之法律对该问题的'不完满性'"①。在我国刑法修改较为频繁的背景下，个人认为，较为彻底解决这一问题的基础性路径，应当属于刑法修改如何保持理性的问题，因而在几年前，以《刑法修改理性研究》为题申请了一个湖南省教育厅的重点项目。

有关刑法修改问题的思考，源于我在武大求学时参与由喻伟老师主持、李希慧老师负责具体研究指导的一个国家社科基金重点项目"刑事立法的理论与司法实践"的研究。随着刑法学知识的增长，刑法知识也略显系统，越发认为刑法修改问题仍然值得深入研究，理论上的研究成果并未起到应有的理论指导作用，刑法为什么要改，怎么改，什么时候改，谁来主持修改，修改的原则与方法等，似乎立法部门基本不予关注或者很少主动提及修改的原则，有些条文甚至接连修改，还没来得及适用新修改的条文，就又开始了另一次修改，有关立法与刑法修改的理论几乎成了自说自话。究其原因，个人认为，现有理论的问题应当在于还很少有人系统地从理性的角度研究刑法的修改问题，希望本课题研究成果能够对此有所裨益。

本书即是由我主持的湖南省教育厅科学研究重点项目"刑法修改的理性研究"（编号：13A101）的最终研究成果。其实书稿已经按照课题预见的时间

---

① 黄茂荣：《法学方法与现代民法》，台湾大学法学丛书（32），作者自印，2011年版，第456～457页。

完成，我一直想着课题成果尽可能尽善尽美，而各种事务性的工作让我的这种修改完善进展非常慢，经过两年多的时间，文稿终于得以修改完毕。目前呈现出来的这本书稿可能还是会有很多不足，但我们整个课题撰写组都已经尽心尽力，还敬请读者诸君海涵。

本书首先由我拟出撰写研究大纲，分由我的几个学生在我的前期成果研究基础上参与研究撰稿，在项婷婷初步统稿返给大家修改后，再由我最后统稿定稿，具体分工如下：

引言：黄明儒（湘潭大学法学院教授、博士生导师）

第一章：王振华（同济大学马克思主义学院博士生）、黄明儒

第二章：段湘湘（湘潭大学刑法学硕士）、黄明儒

第三章：黄明儒、王振华

第四章：项婷婷（湘潭大学法学院博士生、淮南师范学院法学院教师）

第五章：瞿目（湘潭大学法学院博士生）、黄明儒

由于各撰稿人写作风格、对课题的整体把握以及刑法学功力不一，有时也存在一些观点之间相互冲突或者重复表达的地方，为了使全文基本文风与观点协调一致，尽可能简洁表达课题意见与结论，统稿过程稍显漫长。而整个统稿过程也不是一个完整连贯的时间，也难免会导致一些疏漏和瑕疵未被发现。对此，我作为课题负责人理应承担全部责任，并希望各位读者诸君不吝施教，以使我们未来继续的研究得以完善进步。

本书的完成得益于省教育厅对我的支持与宽容，也得益于学校科研管理人员与法学院领导、同事对我的支持与关心，中国检察出版社及其本书责任编辑对本书的出版给予了很大支持，并付出了辛勤的劳动，在此，一并致以诚挚的感谢！

主稿人　黄明儒

2019 年 1 月 30 日